国民语文能力构成研究

阅读篇

王荣生

◎ 著

U0331202

华东师范大学出版社

·上海·

图书在版编目(CIP)数据

国民语文能力构成研究. 阅读篇/王荣生著. —上海:华东师范大学出版社,2022
ISBN 978 - 7 - 5760 - 2471 - 5

Ⅰ.①国… Ⅱ.①王… Ⅲ.①汉语－阅读教学－教学研究 Ⅳ.①H19

中国版本图书馆 CIP 数据核字(2022)第 022643 号

国民语文能力构成研究(阅读篇)

著　　者　王荣生
责任编辑　师　文
特约审读　劳律嘉
责任校对　张亦弛　时东明
装帧设计　俞　越　卢晓红

出版发行　华东师范大学出版社
社　　址　上海市中山北路 3663 号　邮编 200062
网　　址　www.ecnupress.com.cn
电　　话　021 - 60821666　行政传真 021 - 62572105
客服电话　021 - 62865537　门市(邮购)电话 021 - 62869887
地　　址　上海市中山北路 3663 号华东师范大学校内先锋路口
网　　店　http://hdsdcbs.tmall.com

印刷者　上海颛辉印刷厂有限公司
开　　本　787毫米 x 1092毫米　16开
印　　张　27.75
字　　数　494 千字
版　　次　2022 年 9 月第 1 版
印　　次　2024 年 1 月第 3 次
书　　号　ISBN 978 - 7 - 5760 - 2471 - 5
定　　价　98.00 元

出版人　王　焰

| 目　录 |

引　论　"国民语文能力"的所指 / 1

第一章　所涉主题和内容的研究综述 / 9

一、语文能力包含哪些部分 / 11

二、要哪种取向的语文能力 / 14

三、在哪个层级上描述语文能力 / 17

四、如何描述语文能力要素 / 25

五、语文测试系统建设的关键是什么 / 34

第二章　可发展或突破的空间：研究思路与研究内容 / 41

一、以筹划思维解答语文能力构成问题 / 43

二、按真实情境的功能类型设定描述层级 / 48

三、面对事情本身具体描述能力要素 / 52

四、关于研究内容及术语使用的说明 / 57

第三章　"语篇阅读能力"的多维度观照 / 63

一、影响阅读的主要因素 / 65

二、阅读活动与阅读能力 / 72

三、阅读取向、阅读方式与阅读类型 / 80

四、阅读方法与阅读策略 / 90

五、过程维度与结果维度 / 109

六、总结：描述"阅读能力"的结构化框架 / 118

第四章　情境中的实用性阅读能力 / 121

一、阅读情境及阅读类型 / 123

二、以获取资讯为目的的阅读 / 126

三、程序性文本的操作性阅读 / 138

四、自我导向的致用性阅读 / 149

五、普通读者"有难度的"理论读物阅读 / 164

六、必读理论书的分析性阅读 / 209

七、论说性文章的理解性阅读 / 235

八、批判性阅读与批判性反思 / 266

第五章　学科阅读与学术语言能力 / 283

一、学科阅读的情境 / 285

二、透过学科看世界 / 287

三、概念、概念视角与概括性知识 / 294

四、学科阅读的特点及其能力要求 / 307

五、在学科学习中发展"学术语言能力" / 335

六、"问题情境"中的探究学习 / 338

第六章　测评面相的文学阅读能力 / 349

一、文学阅读的多重面相 / 351

二、描述"测评面相的文学阅读" / 359

三、"测评面相的文学阅读能力"框架 / 390

结　语　研究结论和后续工作 / 409

一、主要研究结论 / 411

二、本研究的创新之处 / 419

三、待后续开展的工作 / 423

主要参考文献 / 427

附　录　匿名评审专家项目鉴定意见 / 436

引 论
"国民语文能力"的所指

- 国民个人运用语言文字的能力
- 国家通用语言文字的运用
- 侧重在义务教育阶段之后
- "普通国民"在真实情境中
- 可施行较大规模能力水平测评

引论

　　"国民语文能力"指国民个人在真实情境中运用国家通用语言文字的能力。在本研究中，侧重在义务教育阶段之后的"普通国民"在真实情境中运用国家通用语言文字的能力，这些能力可以通过适当的方式方法予以测评。

1. 国民个人运用语言文字的能力

　　"国民语文能力"指国民个人运用语言文字的能力。

　　语言政策研究有三个相关的概念：（1）国家语言能力。指政府处理海内外的涉及国家战略利益事务的语言能力。国家语言能力是国家综合国力的一部分，与国家软实力、政治、经济、文化、国家形象密切相关。"这种语言能力不取决于一个国家掌握语言的绝对人数，也不取决于一个国家语言教育的普及程度。"[①]（2）全民语言能力。指一个国家全体国民运用语言的能力，体现的是语言的普及程度和整体水平。（3）国民语言能力。指个人运用语言的能力，以各类语言能力测试的结果为标准[②]。

　　本研究中所指的"国民语文能力"与上述"国民语言能力"是同一个概念。

　　国民语文能力在很大程度上决定着国家的发展潜力。从传统的 3Rs（读写算），到 21 世纪学生应具备的最为重要的关键能力 4Cs——创造性和创新能力、批判性思维和问题解决能力、交流能力、合作能力，无不体现着世界各国对国民语文能力的高度重视。

　　国民语文能力包括听、说、读、写、看、视觉呈现等方面[③]，以及对汉语言文字的认识等语言素养和由语言文字所承载的传统文化素养。

2. 国家通用语言文字的运用

　　本研究的"国民语文能力"指国民个人对国家通用语言文字的运用的能力。

　　国家通用语言文字是普通话和规范汉字。根据《中华人民共和国国家通用语

---

① 文秋芳，张天伟.国家语言能力理论体系构建研究［M］.北京：北京大学出版社，2018：2—3.
② 文秋芳，张天伟.国家语言能力理论体系构建研究［M］.北京：北京大学出版社，2018：3.
③ 刘正伟.文学经典、国家标准与国际语言文学教育［J］.语文学习，2017（05）：10.

言文字法》,除法律另有规定的之外,国家机关、学校及其他教育机构、汉语文出版物、广播电台、电视台、公共服务行业、信息处理和信息技术产品,应当使用国家通用语言文字并符合国家通用语言文字的规范和标准。

国家通用语言文字的运用包括书面语体和口语语体。在本研究中,书面语体的阅读涵盖纸质阅读、网络阅读、手机阅读、广播听读、视频等;书面语体的写作包括纸笔写作和媒体写作。口语表达和交流,这里主要是指较为正式的口语语体,侧重在较正式场合的人际交往,如公共场合中社会角色身份的人际交往、正式或非正式的小组交流、面对听众的发言和报告等。

本研究中所说的"阅读",主要是现代汉语读物,也包括古代汉语的作品,含文言文和古代白话。古代汉语的作品,在本研究中称作"阅读学习",更多地与传统文化素养相联系。

3. 侧重在义务教育阶段之后

"教育首先考虑的应当是为学生的读写能力打下坚实的基础。世界上任何职业的开发都无法弥补阅读、交流和思维技能的缺乏。"[①]提升国民语文能力,青少年当然是重中之重。

在义务教育普及的态势下,青少年指的就是中小学在校学生。国际上通常把青少年的阅读学习分为"学会阅读"和"从阅读中学习"这两个连续的阶段,其中,小学三四年级(9 岁左右)被视为转换期[②]。"学会阅读",即学生具备一定的识字量、掌握最基本的阅读技能、能对文字符号进行解码并从书面材料中获得意义。"从阅读中学习"是为了获取某种信息、查询重要的细节、解答某个问题、评估所阅读的材料、应用阅读资料、享受阅读的乐趣等而进行的阅读。学生在"学会阅读"的基础上,通过阅读,因应人生的种种目的,丰富和扩展自己的人生经验。

在义务教育阶段,学生的语文能力培养一直由语文学科承担主要任务。本研究认为,语言是连接学校各门课程的最重要元素,阅读、写作、聆听、说话、视看、演示和非语言交流等能力与素养是跨学科的、超学科的。语文能力的培养,不仅仅是语文学科的事,它应该是基础教育所有课程需共同承担的任务,也必须落实在中小学各门课程中。从当今国外的经验看,中小学语文课程似乎应该是双轨的:一轨是作为中小学独立科目的"语文",即语文学科课程,在美国等国的中小学中分为

---

① [美]H. Lynn Erickson.概念为本的课程与教学[M].兰英,译.北京:中国轻工业出版社,2003:137.
② 谢锡金,等.儿童阅读能力进展——香港与国际比较[M].香港:香港大学出版社,2005:14.

"语言艺术"和"文学"两个科目；另一轨是作为超学科重要元素而体现在中小学所有科目中的"语文"，或称（跨）学科阅读和（跨）学科写作。

中小学语文学科的研究，包括课程标准、教材、教学和测评，是一个专门的研究领域。本研究所预设的情境，是非语文学科的教学情境和考试情境，且侧重在义务教育阶段之后。换句话说，本研究要解决的问题，不是中小学语文学科的课程、教材、教学和测评问题，其着眼点是"从阅读中学习"而不是"学会阅读"。

当然，本研究中关注的问题，也不是完全与中小学语文学科无关。作为一名中小学语文学科的资深研究者，希望能将本研究的一些成果回馈到中小学语文学科中。毕竟，国民语文能力的形成，必须经过中小学语文学科系统的语文学习，中小学语文学科与国民语文能力有着密切的关联。所以，本研究在有些领域提及的某些话题，会涉及中小学语文学科的课程、教材、教学和测评问题。

"国民语文能力"朝向未来，而中小学生正是国家发展、中华民族振兴的未来。今天的成人，是昨天的中小学生；今天的中小学生，是若干年后的国家栋梁。

4. "普通国民"在真实情境中

"真实情境"是与以往"脱离真实世界"的"学校情境"或"正式的学校情境"相对立的一个词语，在我国尤其是与"应试教育"相对立。

本研究中所说的"语文能力"，是指"普通国民"在通常状态下的听、说、读、写等方面的能力。在本研究中，将分别表述为"口语交际的场景""常态的阅读"或"常态取向的阅读"以及"真实语境的任务写作"。

"普通国民"不是对国民身份的称谓，而是对国民的角色身份的辨识用语。"普通"相对于"专业"或"专家"。以阅读为例，工程师、医生阅读本专业的学术期刊是"专业阅读"，文学教授研究某本小说是"专业阅读"。然而，工程师、医生阅读小说则是"普通国民"的阅读，文学教授阅读非专业领域的读物，如哲学、历史等书籍杂志，也是"普通国民"的阅读。依此类推，哲学学科专业人士阅读历史读物，历史学科专业人士阅读哲学读物，中国古典文学专业的师生阅读现当代文学作品，或中国现当代文学专业的师生阅读古典文学作品，在本研究中，都视作"普通国民"的阅读。

本研究将"普通"和"专业"严加区隔，尤其是将"普通读者"与"中国语言文学专业"的"专家"相区隔。本研究所说的"普通国民"的语文能力，不包括"中国语言文学专业"的专家从事本专业领域的研究工作所需的"不普通"的语文能力。

本研究中所说的"语文能力",也不含"语文教学能力",不包括教育部《中小学幼儿园教师培训课程指导标准(义务教育语文学科教学)》中所界定的中小学语文教师备课样式的"课文的教学解读"能力,但包含"课文的教学解读"中的"文本解读"能力——"能按读者的常态阅读方式理解和感受文本,并反思自己的阅读过程和阅读方法"①。换言之,本研究将中小学语文教师以确定的教学目标和教学内容为目的的"课文的教学解读"能力视作专业的特殊能力,而将其中作为基础的"文本解读"能力视作"普通国民"的语文能力。中小学语文教师自身的阅读、写作和口语交际等能力,均属于"普通国民"的语文能力的范畴。

5. 可施行较大规模能力水平测评

"能力"与"测评"是一对互指的概念。测评,是对特定能力的测评;能力,必须通过某种形式的测评而可衡量。

本研究的发端,是投标国家社科基金重大项目"国民语文能力研究暨测试系统分类建设",投标未中,改立国家社科基金重点项目,去除了关于语文能力测试的内容,而聚焦在国民语文能力构成研究上。尽管不直接针对语文能力测试,但在语文能力构成的研究中,可施行的较大规模能力水平测评,始终在考量的视野内。

当然,可施行的较大规模能力水平测评,并不局限在现有的主要着眼于"学习阅读(学习写作)"的语文学科的中考、高考和国家基础教育质量监测中的语文考试等测试系统和测试工具。

从学校的(应试的)"语文"转向真实情境中的"语文",是基础教育语文课程和语文考试改革的大方向。真实情境中的"语文",与"普通国民"在真实情境中运用国家通用语言文字,在很大程度上是同质的。研究"普通国民"在真实情境中运用国家通用语言文字的能力构成,其目的之一就是推进基础教育语文课程改革,开发基于真实情境的语文能力测评系统及其测评工具。

所谓"应试",也就是"考什么就教什么",为考而教。而"考什么"则受到测评工具和施行条件的制约。但是,这种制约并不是必定的,而是有可能克服的。

以朗读为例,我们知道,朗读是重要的语文能力,朗读在中小学语文教学中占据了大量课时,然而长期以来,语文学科的考试却从未涉及朗读,这显然是有问题的。而之所以未能顾及朗读,除了大规模考试施行条件等外在因素以外,主要的原

---

① 中华人民共和国教育部.中小学幼儿园教师培训课程指导标准(义务教育语文学科教学)[M].北京:高等教育出版社,2019:53.

因是我们一直不清楚要测评的能力是什么、有哪些能力要素，因而也不清楚该如何合适地测评。

朗读既是阅读理解的过程和方法，也是阅读理解的结果的有声表达。通过课文关键词语或语句的停连、重音、语气、节奏等方面的表达，可以推测学生对课文的感受和理解。基于这样的认识，我们尝试性地为国家基础教育质量监测中心开发了"基于理解的朗读测试"工具，计算机软件系统可以根据测评工具的标准，自动判别学生用手机、电脑等工具录制的朗读音频。这就为较大规模的朗读能力测试开创了可施行的条件。

上述事例，说明语文能力测试系统建设的关键是要明确测试什么的"构念"。而合适的"构念"，取决于语文能力构成的研究，取决于对能力要素的辨识和清晰的描述。

综上，我们从五个方面界定了本研究的"国民语文能力"，即侧重在义务教育阶段之后的"普通国民"在真实情境中运用国家通用语言文字的能力。具体地描述"普通国民"在真实情境中的听、说、读、写等语文能力构成及能力要素，是本研究的主题。

第一章
所涉主题和内容的研究综述

一、语文能力包含哪些部分

二、要哪种取向的语文能力

三、在哪个层级上描述语文能力

四、如何描述语文能力要素

- 听说能力要素的描述方式
- 写作能力要素的描述方式
- 阅读能力要素的描述方式

五、语文测试系统建设的关键是什么

第一章

正如相关学者所指出的：国民语文能力事关民族意识的核心价值呈现，事关民族文化传统的记录、传承和发展，事关当代和未来国民素养的养成和表现，事关语言文学作为推动中国走向发达社会最重要生产力要素之一的建构和评价。语言是文化的载体，语文能力是国民素质的集中体现，语文教育是基础教育的基础，语文测试备受全社会的关注。本研究的重要性和社会意义，毋庸赘言。

语文能力和语文测试研究是一项需要高度社会责任感的、严肃的学术工作。据不完全统计，在 2005—2015 年的十年间，仅国家社科基金项目、教育部人文社科项目、全国教育科学规划项目和国家语言文字工作委员会科研项目，与本研究同类或密切相关的立项课题就有 123 项，其中重大或重点项目有 28 项，直接标示语文能力测评标准的有 16 项。而今，社会对语文教育、语文测试的诟病依然此起彼伏；媒体对国民语文能力的忧虑时有见闻且日渐犀利。这足以表明语文能力研究和语文测试研究，任务之艰辛，突破之艰难。

有关本研究所涉主题和内容的研究状况[①]，是从以下五个方面进行梳理的。(1)语文能力的构成问题：语文能力包含哪些部分？(2)语文能力的取向问题：要哪种取向的语文能力？(3)语文能力的描述层级问题：在哪个层级上描述语文能力？(4)描述语文能力要素的视角和方法问题：如何描述语文能力要素？(5)语文能力测试系统建设在设计阶段的"构念"问题：语文测试系统建设的关键是什么？

一、语文能力包含哪些部分

"语文"是一个集合概念，由不同的部分构成。问"语文是什么"实际上是问"语文由哪些部分构成"。正如问"体育是什么"，只能用"体育有哪些类别"来回答一样。

[①] 有关本课题所涉主题和内容的研究状况的梳理截至 2015 年。2016 年之后所涉主题和内容的研究状况未加系统梳理，国家社科基金、教育部人文社科基金、国家语言文字工作委员会课题等，增加了一些立项项目，相关著作和研究论文续有发表，但据本人参与的国家考试中心、国家教材局等相关研讨活动的情况看，整体上尚无根本性改变。

　　语文包含哪些,是历史地形成的,但也会因当下的现实需要而发生变化。语文能力的构成问题,与其说是一个理论问题,不如说是一个战略抉择问题。

　　语文的核心,自然是听、说、读、写。语文能力最主要的构成,当然是听、说、读、写能力。但除听、说、读、写之外,还应该包括哪些部分? 各个部分应该如何统筹? 在听、说、读、写中,应该包含哪些类型、应该突出哪些方面? 古今中外,其抉择有明显差异。不同国家民族,在不同历史阶段,其"语文能力"既有人类共通之处,也有国家民族和时代的鲜明个性。

　　以我国历年语文课程标准为例:清末《钦定学堂章程》《奏定学堂章程》规定,中小学语文应包括字课、习字、读经、读古文词、作文、词章。1936 年《初级中学国文课程标准》分阅读、文章作法两大范畴;其中阅读又分精读和略读两项——精读考查的方法是"复讲、问答、测试、默写或背诵"等,略读则要求"每学期至少系统地读两本书"。1963 年《全日制中学语文教学大纲(草案)》将教学内容分三项,"语法、修辞、逻辑等知识"与"课文""作文"并列,成为语文的核心构成部分。1986 年《全日制中学语文教学大纲》增加"听说能力"这一范畴。2000 年《九年义务教育全日制初级中学语文教学大纲(试用修订版)》剔除了"语文知识"这一范畴,并将听和说合并为"口语交际"。2001 年颁布的《全日制义务教育语文课程标准(实验稿)》和 2011 年修订的《义务教育语文课程标准(2011 年版)》设定五个学习领域:识字与写字、阅读、写作、口语交际、综合性学习。

　　我国香港地区的中国语文教学,有阅读、写作、聆听、说话、文学、中华文化、品德情意、思维、语文自学九个范畴。新加坡小学华文课程与教学法检讨委员会在聆听、说话、阅读、写作四大范畴的基础上,于 2011 年新增了"口语互动"和"书面互动"两个范畴。

　　加拿大、澳大利亚、新西兰等国,均明确将"视读及展示"纳入语文,使语文能力形成口头语言、书面语言与视觉语言"三足鼎立"的局面。

　　《德国完全中学 10 年级课程标准》的"语文能力范围"包括:对语言和语言运用的学习和研究、听与说、写作、阅读(印刷和媒体资料),其中由"对语言和语言运用的学习和研究"统摄,体现出"四位一体"的结构模式。①

　　《法国普通教育高中语文大纲》明确:文本、语言、文化,是法国语文的学习对

---

① 洪宗礼,柳士镇,倪文锦.母语教材研究(6):外国语文课程标准译介[M].南京:江苏教育出版社,2007:222.

象，"其主要目标是掌握语言、了解文学和吸收文化。这三个独立的目标处在同等重要的位置上"。而"文本"居于核心地位，"学习文本"是法国语文教育的首要目的，如"每个学生每年至少读六部文学作品及一些节选"①。

我国语文教育界，包括介入语文教育的各路学者，通常将"语文"视为实体概念，所关注的是"语文性质"问题。其提问方式是"什么是语文"，其解答问题的方式，则主要通过思辨：或是把"语文"两字分拆，比如语言文字、语言文章、语言文学、语言文化等，然后按分拆后的语义加以演绎；或是采用换词法，比如语文知识应用、语言运用能力、言语能力、语文素养、语言文字应用、语用能力等，然后用所换的新词加以推演。其所得出的结论，通常是一些旗号式的论断："思想性""工具性""人文性""语言论""言语论""言意论""语感论""素养论""语用论"等。各种论断又争执不断，而争执各方又似乎都坚信，只有一种答案是"唯一"正确的。

应该看到，对"语文性质"的种种见解及其争辩，在特定的背景下，都有其现实意义，乃至重大意义。但是，我国语文课程标准的沿革、国外语文课程标准（语文能力标准）的多种呈现，这些事实至少告诉我们："什么是语文"这种提问和解题的方式，恐怕是不对的；这种研究视角和路径，看来并不明智。

从国际有影响的相关资料看，"能力"的概念已大大扩展，从以往单纯的认知维度，扩展到了知、情、意等多个方面。

——在法语地区有重大影响的比利时课程专家罗日叶（Xavier Roegiers）提出："对某一个体而言，能力就是为了解决某一类问题情境，以内化的方式调动已被整合的一整套资源的可能性。"②

——《欧洲语言共同参考框架：学习、教学、评估》明确定义："能力，即是完成某种活动所必需的学识、才干和情绪。"③

我们应该以开阔的视野，面对国民语文活动的实际，站在国民语文能力全面提升的高度，通过明智的筹划，来解答我国国民语文能力应该由哪些部分构成的问题。

---

① 洪宗礼，柳士镇，倪文锦.母语教材研究（6）：外国语文课程标准译介［M］.南京：江苏教育出版社，2007：205.
② ［比］易克萨维耶·罗日叶.学校与评估：为了评估学生能力的情境［M］.汪凌，周振平，译.上海：华东师范大学出版社，2011：92.
③ 欧洲理事会文化合作教育委员会.欧洲语言共同参考框架：学习、教学、评估［M］.刘骏，傅荣，主译.北京：外语教学与研究出版社，2008：10.

二、要哪种取向的语文能力

语文能力,不但有一个"哪些构成"的问题,而且还有一个"哪种取向"的问题。这集中地表现为听、说、读、写能力的取向。

拿"阅读"来说:阅读取向有常态、异态和变态之分。常态,就是在正常的情况下读者通常的阅读取向,或具有较高阅读能力的读者一致采取的阅读取向。异态,就是基于合理的目的、任务而采取与通常的不一致的阅读取向。比如小说,编辑校对样稿,是一种读法;社会学家想知道当时社会人们的饮食习俗,是另一种读法。变态,就是扭曲的阅读取向。基于某种错误的观念,而采取一种奇特的阅读取向,有意或习惯性地曲解文本。急功近利只顾分数的"应试教育",是导致变态的阅读取向的原因之一。

取向问题是研究语文能力和语文能力测试的首要问题。能力与所听、所说、所读、所写联系在一起,体现在为达到特殊目的的听、说、读、写的具体活动中。不同的目的,不同的所听、所说、所读、所写,合成听、说、读、写的不同方式。而不同的方式,运用着有所区别的能力,也需要有所区别的方法(知识、技能、策略、态度)。在讨论培养和测试语文能力之前,我们有必要事先查明,期望学生现在或将来所从事的,是哪种取向的听、说、读、写活动。这样,我们才能明了究竟要培养学生的哪些语文能力,才能继续研究怎样来培养这些能力,又如何去测试等一系列的课题。

应该说,国外尤其是欧美国家,对语文能力的取向是相当自觉的,并将这种自觉较为有效地体现在它们的语文课程研制和语文测试的设计中。《全美外语教学学会 K-12 学习者能力标准指南》的"最基本的原则"是沟通,要的是一种用于沟通、为了沟通的语言能力。《欧洲语言共同参考框架:学习、教学、评估》要的是一种"面向行动的"语言交际能力。

在语文测试研究中,"构念"是个重要术语。"构念"是对意欲测试的"语文能力"加以清晰化界定的过程,其中首先关注的就是取向问题。下面以外语教学与研究出版社引进的三本书为例来加以说明。

库欣·韦格(Sara Cushing Weigle)的《写作评价》开宗明义:"进行写作评价研究时首先应该考虑的问题是:测什么——从测试目的出发如何定义写作能力? 我们感兴趣的是学生能否写出符合语法的句子,还是他们通过写作实现特定的交际功能?"①

---

① [美]Sara Cushing Weigle. 写作评价[M].韩刚,导读.北京:外语教学与研究出版社,2011:8.

奥尔德森(J. Charles Alderson)的《阅读评价》谆谆告诫：构念是界定测试设计的基础，会渗透到所有评价任务和测试问题的设计中。"测试构念如果不当，则会给教学和学习带来负面的反拨作用。"①

卢奥玛(Sari Luoma)的《口语评价》认为："测试中涵盖的语言特征愈能与口语本身的特征接近，测试结果就愈能有效地说明口语能力。这是对口语测试的根本认识。"②该著作用一章的篇幅介绍口语的特征，徐海铭在导读中敏锐地看到作者"颇有'纠偏'的意图"，并借题发挥，联系到我国的英语教学："笔者认为，对口语特征的误解和偏见，甚至无视，其实不仅仅体现在口语测试中，而且还体现在口语教材的编写上。"③

遗憾的是，我国语文教育和语文测试的研究与实践，在语文能力取向问题上，似乎左突右冲、手足无措。这表现在以下三个方面。

第一，语文教育界圈外的社会人士，将对基础教育中的语文能力取向的强烈不满表现为情绪化的批判，往往也只表现为情绪化批判。这从书名或文章标题就能闻出火药味来：如《中国语文教育忧思录》④《直谏中学语文教学》⑤《对抗语文：让孩子读到世界上最好的文字》⑥。几乎每一位辅导过自己孩子语文作业的家长，尤其是知识分子家长，对中小学语文教学中的语文能力取向扭曲，都会有炽烈痛感。有感于此，徐江专门写了一本《高考作文辅导再辅导》⑦。社会人士的批判，尽管在涉及一些具体专业知识的时候对我们认识语文能力有所启发，但其主要的意义在于：以激烈的方式警示我们应高度关注语文能力的取向问题。

第二，在语文教育研究中，有一些外界看来可能会感到很奇怪的话语，譬如："要把语文课上成语文课""语文课要上出语文味""语文教学要倡导'真语文'"等"主张"。语文教育研究界此起彼伏的"语文性质"之争，其实是以一种迂回的方式，表达语文能力取向的新"观念"。然而种种"观念"和"主张"，往往也只停留在"观念"和"主张"上，缺乏实现的具体路径和可行方案，缺乏导向常态语文能力取向的方法和手段。

---

① ［英］J. Charles Alderson. 阅读评价［M］. 王笃勤，导读. 北京：外语教学与研究出版社，2011：25.
② ［芬］Sari Luoma. 口语评价［M］. 徐海铭，导读. 北京：外语教学与研究出版社，2010：11.
③ ［芬］Sari Luoma. 口语评价［M］. 徐海铭，导读. 北京：外语教学与研究出版社，2010：15.
④ 王丽. 中国语文教育忧思录［M］. 北京：教育科学出版社，1998.
⑤ 孙绍振. 直谏中学语文教学［M］. 广州：南方日报出版社，2003.
⑥ 叶开. 对抗语文：让孩子读到世界上最好的文字［M］. 上海：复旦大学出版社，2013.
⑦ 徐江. 高考作文辅导再辅导［M］. 上海：上海教育出版社，2004.

振臂疾呼,并不能解决问题。因为语文能力取向不仅仅是"观念",它要落实并表现到具体的语文能力要素上。杨启亮指出:"读读我们浩如烟海的中小学语文试卷,就足以获得它(非体验的语文教学)在语文知识技能训练方面有效功能的证明,甚至,这些试卷还证明了当代语文教学创造的奇迹:学生竟能凭借意志和单调的智慧,精确无误地回答那些连课文作者都莫名其妙的问题。"①"回答莫名其妙的问题"需要具备特定的能力要素,正是对这些要素的娴熟把握,才使学生练就了一套奇怪的本领。叶黎明在研究中学议论文教学 18 个典型课例后发现:语文课堂上相当长时间内所教的"议论文",其实是"事理(事例)说明文"而已。②"话题型议论文"写作,通常是论点先行,再找与论点一致的论据;"论证"实际上等同于用事例"具体说明"道理,"论证"就是道理的形象化、具体化。"学生用新颖感人的事例来重复读者早已熟悉的道理,俨然是'正确的废话'。"话题型议论文丧失了议论文写作"说服他人"的真实目的,变成了感想、意见、态度等各种各样"论点"的"漫谈",而"寻找对自己观点有利的证据,无视其他观点与证据。这样的论证很可能因失之偏颇而不堪一击。"也就是说,所谓"事理(事例)说明文",有一些特定的能力要素,正是对这些要素的心领神会,才使学生练就了一套说"正确的废话"的能力。长期以来,语文教育始终迷恋在"观念"上解决问题;但"观念"如果不落实到具体的能力要素和具体的语文知识上,那么人们所期待的"新观念",在语文教学和语文测试的实践中是不大可能被拥有的。

第三,语文教育实践,在抨击"应试教育"的嬉笑怒骂中,在倡导"素质教育"的舆论中,在呼唤"真语文"的声浪中,依然我行我素。失衡的语文能力取向,成了语文教育和语文测试的最大陷阱。大量的证据告诉我们:我们语文课程里学生在学、在写、在考的文章,是"文学性的散文"。我们所欲培养的"阅读能力",其实是"阅读文学性的散文"的能力;所欲培养的"写作能力",实际上练就的是"小文人语篇",也就是被中高考所定义的"优秀作文"——用"好词好句"构造的乖巧"散文"。学生被教会的,很可能是一种"套用"(抄袭)材料的"宿构"能力,是一种言不由衷"大话""套话"连篇的"说话"能力,而不是真实情形中契合日常的书面表达能力和口语沟通能力。③

要哪种取向的语文能力? 这是一个需要我们认真对待的严肃问题。

---

① 杨启亮.体验语文:一种教学方法论的解释[J].语文教学通讯(初中版),2002(10):8.

② 叶黎明.写作教学内容新论[M].上海:上海教育出版社,2012:291—292.

③ 王荣生.语文课程与教学内容[M].北京:教育科学出版社,2015:111.

如果我们漠视取向问题，或取向含混，或因缺乏可靠的方法和手段而难以把语文能力取向引导到常态的航道上，那么，通过测试促进国民语文能力的努力，就很可能会南辕北辙，最终事与愿违。

三、在哪个层级上描述语文能力

这个问题，在我国语文能力和语文测试研究中，并没有被明确地提出来过。自然选择的层级，是听、说、读、写这些范畴。研究语文能力，实际上是分别研究阅读能力、写作能力、听话能力、说话能力或口语交际能力。

然而，"阅读""写作""听说"也是集合概念。拿"体育"来类比，相当于体育中的"球类""田径""体操"等运动项目类别。阅读能力、写作能力、听话能力、说话能力或口语交际能力，相当于"球类能力""田径能力""体操能力"等，是在"相当宏观的范畴"这个层级上对语文能力做相当概括而笼统的描述。

为什么会这样呢？为什么要在相当于"球类"的范畴层级，去笼统地描述语文能力呢？

其主要原因当然是对语文教育和语文测试的研究不足、功力不到，所积存的"粮草"不多，但也有不得不如此的苦衷在。

第一，过于倚重心理学的现成研究。

阅读、写作、听说等与认知能力密切相关，向来是心理学研究的重点。心理学研究的旨趣，是在严格控制变量的条件下通过实验和推断揭示人类的认知规律和心理机制。心理学解开了听、说、读、写的大量秘密，为我们认识阅读、写作、听说等，提供了丰富的科学知识。

例如：莫雷《阅读与学习心理的认知研究》[①]、莫雷等人《文本阅读信息加工过程研究：我国文本阅读双加工理论与实验》[②]、沈德立《学生汉语阅读过程的眼动研究》[③]、闫国利《阅读发展心理学》[④]、白学军等人《阅读心理学》[⑤]等，以及对听、说、读、写能力有较多涉及的朱智贤等人《思维发展心理学》[⑥]、申继亮等人《中学语文

---

① 莫雷. 阅读与学习心理的认知研究［M］. 北京：北京师范大学出版社，2006.
② 莫雷，冷英，王瑞明. 文本阅读信息加工过程研究：我国文本阅读双加工理论与实验［M］. 广州：广东高等教育出版社，2009.
③ 沈德立. 学生汉语阅读过程的眼动研究［M］. 北京：教育科学出版社，2001.
④ 闫国利. 阅读发展心理学［M］. 合肥：安徽教育出版社，2004.
⑤ 白学军，闫国利，等. 阅读心理学［M］. 上海：华东师范大学出版社，2017.
⑥ 朱智贤，林崇德. 思维发展心理学［M］. 北京：北京师范大学出版社，2002.

教学心理学》[1]、辛涛等人《小学语文教学心理学》[2],等等。

然而,心理学是一门发展中的学科,目前的研究只能抵达阅读、写作和听说这一层级的某些地方。严格控制变量,意味着"一般的人"在相对纯粹的条件下做"一般的阅读",从实验研究得出的理论到实际应用或许有相当长的距离,何况其中仍有不少可能尚待进一步验证的推论。

林崇德教授高屋建瓴,从智力和思维的高度研究学科能力,提出研究听、说、读、写能力的双向网格表(如表1-1所示)[3]。

表1-1 听、说、读、写能力双向网格表

语文能力 交叉点 思维品质	听	说	读	写
思维的敏捷性				
思维的灵活性				
思维的深刻性				
思维的独创性				
思维的批判性				

这一研究,打破了长期以来就学科能力论学科能力、就语文能力论语文能力的狭隘眼光,为从更广阔空间来认识和描述听、说、读、写能力开拓了新思路。但是,在目前似乎还很难与语文教育、国民语文能力的研究和语文能力测试发生直接关系。

下面以阅读为例。

莫雷教授用活动—因素分析法[4],确定小学生的阅读能力有语言解码、组织连贯、模式辨别、筛选贮存、语感、阅读迁移六个主要因素,中学生的阅读能力有语言解码、组织连贯、模式辨别、筛选贮存、概括、评价、语感、阅读迁移八个主要因素。在研究阅读能力结构的同时,还编制了"语文阅读水平测量量表",清晰地划分了理解性阅读、评价性阅读、应用性阅读、保持性阅读和快速阅读五个部分,其中小学段二十二个分测试,中学段二十三个分测试,较客观地确定了学生语文阅读水平在群

---

① 申继亮,谷生华,严敏.中学语文教学心理学[M].北京:北京教育出版社,2001.
② 辛涛,黄高庆,伍新春.小学语文教学心理学[M].北京:北京教育出版社,2001.
③ 林崇德.教育的智慧:写给中小学教师[M].北京:开明出版社,1999:147—153.
④ 莫雷.阅读与学习心理的认知研究[M].北京:北京师范大学出版社,2006:20—21.

体中的相对地位(如表1－2所示)。

表1－2　中文阅读分项测验①

类别	考察内容		测验名称
理解性阅读	微观理解	词语的理解	词义的理解、文章中词义的理解、词义的辨析、词法的理解、文言文词的理解
		句子的理解	句子含义的理解、文章中句子含义的理解、句子结构的理解、句子关系的理解、句子技巧的理解、错句病句的理解、文言文句子的理解、文言文断句
		文章局部内容的理解	文章局部内容的字面性理解、文章局部内容的推理性理解
	宏观理解		文章整体内容的理解、文章篇章结构的理解、文章写作方法的理解
评价性阅读	评价		对文章的评价
应用性阅读	应用		对阅读所获得的新知识的运用
保持性阅读	保持		课文局部内容的保持、课文整体内容的保持
快速阅读	速度		快速阅读理解、快速阅读保持

　　这项研究,为了解我国中小学生阅读能力提供了科学依据和测量工具,但局限和困难也是明显的:不消说二十多个分测试项,大规模考试承受不起,单就表格最左栏的五个类别看,似乎也主要适用于实用性文章阅读中的"理解性阅读类型",而且还是"为了测试的阅读"。

　　在语文教育界,对语文能力的研究,通常是从国外的心理学研究中择取有关结论,或加以延伸,或辅之以自身的研究(即往往是非严格意义上的实验研究)做一些调剂、调整。例如:章熊《中国当代写作与阅读测试》②、朱作仁和祝新华《小学语文教学心理学导论》③、王小明等人《语文学习与教学设计(小学卷)》④、何更生等人《语文学习与教学设计(中学卷)》⑤、谷生华等人《小学语文学习心理学》⑥、董蓓菲

①　祝新华.促进学习的阅读评估[M].北京:人民教育出版社,2015:50—51.
②　章熊.中国当代写作与阅读测试[M].成都:四川教育出版社,2000.
③　朱作仁,祝新华.小学语文教学心理学导论[M].上海:上海教育出版社,2001.
④　王小明,等.语文学习与教学设计(小学卷)[M].上海:上海教育出版社,2004.
⑤　何更生,吴红耘,等.语文学习与教学设计(中学卷)[M].上海:上海教育出版社,2004.
⑥　谷生华,等.小学语文学习心理学[M].北京:语文出版社,2003.

《语文教育心理学》①等,其中有较大影响的学者是章熊、朱作仁和祝新华。

美国阅读心理学家史密斯(N. B. Smith)提出阅读有四种认知水平:字面的理解(literal comprehension);阐释(interpretation);评价性阅读(critical reading);创造性阅读(creative reading)。受此启发,章熊于1991年列出了四种水平的阅读能力要素(如表1-3所示)②。

表1-3 四种水平的阅读能力要素(表格根据文本内容编制)

阅读能力要素	含义	具体要求和指标
复述性理解	着眼于理解读物的表层信息,侧重记忆	(1)能正确地把握局部或细节;(2)能正确地把握整体或主要内容;(3)能正确地把握内容的发展过程
解释性理解	要求把读物的内容转化为自己的认识(既包括读物的表层信息,也包括读物的深层信息),需要读者进行必要的分析、综合、抽象、概括,有时还要进行抽象材料具体化和分散材料系统化的思维加工	(1)能对读物的主要概念做出正确的解释;(2)能对读物的重要局部或细节的寓意做出解释;(3)能对读物做出整体解释;(4)能解释读物各局部与整体的关系;(5)能联系有关的概念或材料对读物的内容做出解释
评价性理解	读者在分析的基础上对读物的内容或艺术方法做出是非、好坏、优劣的判断。它意味着读者需要具备一定的鉴别能力和欣赏能力	(1)能够对自己感兴趣的部分做出评价;(2)能够从自己的立场对读物的主要内容做出评价;(3)能够从作者和读者自己这两个不同的角度与立场对读物的主要概念、观念或内容进行分析、评价;(4)能够从读物的局部(或细节)与主体的关系的角度对读物进行分析、评价;(5)能够对作者的意图、读物的客观价值、得与失进行全面的分析与评价;(6)能够联系相关的或同类的读物进行比较和评价
创造性理解	在分析、评价的基础上,超越读物的内容范围,产生另一种见解或思想,以及探索出另一问题的答案或解决问题的新途径	(1)了解或发现读物的各种用途;(2)了解读物所涉及的新概念、观念、思想或方法,并加以发展;(3)就上述内容提出新的、不同的或相反的见解;(4)联系实际或结合相关材料,提出新的问题、见解或思路

1999年,王云峰在《近二十年阅读能力研究与阅读教学模式的发展》一文中系

---

① 董蓓菲.语文教育心理学[M].北京:北京大学出版社,2006.
② 章熊.思索·探索:章熊语文教育论集[M].北京:人民教育出版社,2002:189—191.

统地梳理了此前二十年关于阅读能力结构的理论研究并指出："以上这些研究虽然促进了人们对阅读能力的认识,但并未完整、清晰地揭示阅读能力的构成,加之其结论主要是借助思辨获得的,缺乏可操作性,因此对教学实践的发展没有多少直接的帮助。"①他的这个判断,至今似乎依然适用。

当然,在十几年后,这种情况已有改善。祝新华在 2005 年概括了国内外多种阅读理论,发展了六层次阅读能力因素——测试题型系统(如表 1－4 所示),他所编制的测试工具,在中国香港、新加坡等地应用,均取得了较满意的成绩。

表 1－4　六层次阅读能力因素——测试题型系统②

等级	特点	认知能力	试题举例(略)
复述	认读原文,抄录词句,指出显性的信息	辨认/认读	
解释	用自己的话语解释词语、句子的表面意思	转译	
重整	分析、综述文本内容,辨识(判断)表达技巧	分析、综合、比较	
伸展	引申含义,拓展内容	推论、推测、想象	
评鉴	评说思想内容,鉴赏语言表达	批判性思维	
创意	找新方法,提新想法,运用所读信息解决问题	创造性思维、求异性思维	

正如澳大利亚的阅读研究专家乔纳森·安德森(Jonathan Anderson)所指出的,阅读是一种整体性行为："尽管阅读可以分析成次一级的技能……,但一次应用一个次级技能并不构成阅读。阅读可以说是只有在流畅的完整行为过程中把各个部分综合在一起时才会出现。"③

现在看来,在"阅读"这一相当宏观的范畴层级来描述语文能力,以及以认知的单一维度来描述语文能力,都有检讨的必要。这条路径的前景,似乎不甚明亮。

第二,受制于我国语文课程标准的架构方式。

我国语文课程,仅 1949 年之后,就经历了八次课程改革。语文课程改革的核心,是语文能力构成的变革,是要"哪种"语文能力的取向转移。但在语文教学大纲

---

① 王云峰.近二十年阅读能力研究与阅读教学模式的发展[J].中学语文教学参考,1999(06):4.
② 祝新华.促进学习的阅读评估[M].北京:人民教育出版社,2015:57—58.
③ [英]博比·尼特.阅读:阅读技巧指南[M].贺微,张荣建,江地,译.重庆:重庆出版社,2004:7.

或语文课程标准的架构方式上,始终把阅读、写作、听说这一层级,作为语文能力描述的基本单位。

1963 年的语文教学大纲,曾试图将层级下放到"记叙文""说明文""议论文"等"教学文体"——初中是简单记叙文、简单说明文、简单议论文;高中是复杂记叙文、复杂说明文、复杂议论文。但是,理论研究和教学实践证明,这一努力并不成功。"教学文体"并不是真实的文体,它把记叙类、说明类、议论类的"文类"概念改造为"文体"概念,究其实,不过是一些关于记叙、说明、议论的陈述性"语文知识"。比如:记叙文六要素,说明文的顺序和说明方法,议论文的论点、论据、论证方法三要素,等等。"教学文体"在 20 世纪 90 年代就质疑不断,至 2000 年终被舍弃。

2000 年的中小学语文教学大纲矫枉过正,刻意回避"记叙文""说明文""议论文"等文类或文体概念,而简单化地用"课文"或"文学作品"来指称,譬如"整体感知课文"。2001 年后的语文课程标准,在具体目标条目上有文类或文体的标记,但因描述过于笼统,因而对读写的指引力不足。比如:"写简单的说明性文章,做到明白清楚","阅读新闻和说明性文章,能把握文章的基本观点,获取主要信息"。这两条目标,其实可简化为"写(文章)做到明白清楚","阅读(文章)能把握基本观点,获取主要信息"。

从教材和教学的角度看,文类和文体的特性也是被长期忽视的。我国语文教学的主导文类是"散文":语文教材中的课文绝大部分是散文,作文也主要是写随笔式的小散文,其他文类的读写所占比例很少。在教学中,除了贴上文类和文体的标签之外,不同文类和文体的课文,其教学内容和教学方法,几乎雷同。中考、高考的阅读材料通常一篇是散文或小说,另一篇是议论文或说明文,但所考的都是以认知水平来描述的"阅读能力"。写作教学和测试,长期以来都是"去语境""无对象"的,而且"文体不限",这样所能评价的当然只能是"作文能力"了。

在哪一个层级来描述听、说、读、写能力,并无一定之规。但从我国语文教育和语文测试的实践看,在阅读、写作和听说的范畴层级来描述语文能力,弊多利少。在范畴层级只能做概括性的笼统陈述,而难以具体描述语文能力的要素,这给我们的语文教学和语文测试带来很大的麻烦:我国语文教学中"教什么""学什么"始终是个难题;我国语文教师,长期受"不知道该教什么"的困扰;对大多数语文教师和广大学生来说,阅读到底在考什么,写作到底在考什么,似乎是一个难以猜透的谜团。语文学习靠全覆盖、题海战术的办法来应试,这与不知道学什么、不知道考什么,应该有直接关联。

新时代的语文教育和语文测试,应该强调基于真实情境的真实任务。这就要求语文能力的描述层级,尽可能与真实情境中的"真实阅读""真实写作""真实口语交际"的类型相一致、相匹配。如果依旧拿"体育"来类比的话,描述能力的层级,要求下移到类似"篮球""排球""足球"这样的"真实项目",如此才能具体地研究"打篮球的能力""打排球的能力""踢足球的能力"。

综观国外的语文课程标准,语文能力的描述层级正在下移。

美国 2010 年《州共同核心课程标准》中的《英语语言艺术标准》,是美国首部国家层面的母语课程标准。该标准的一大特色,是将文学类文本与信息类文本分列并置,在"文学作品阅读标准"外又细分出"信息文本阅读标准"①。

美国国家教育进展评估(National Assessment of Educational Progress,简称 NAEP)委员会制定的写作评定框架,强调"写作即交流"。《2011 年 NAEP 写作说明》依据三种交流目的和功能——"为了劝说"(to persuade)、"为了解释说明"(to explain)、"为了传递(真实的或虚构的)经验"(to convey experience),划定三种写作类型(如表 1-5 所示),并在四、八、十二年级设置各自的比例。写作评价也有三种评分细则,分别对应上述的劝说性写作任务、解释性写作任务、传达性写作任务。②

表 1-5 NAEP 写作评定框架

写作任务的交流目的	四年级	八年级	十二年级
劝说	30%	35%	40%
解释说明	35%	35%	40%
传递经验	35%	30%	20%

芬兰学者卢奥玛在《口语评价》中指出:恰当的口语任务设计是口语评估的核心之一。③ 所谓恰当的口语任务设计,就是让考生置身于特定的语境中,根据语境的要求完成某一交际任务。任务设计参考口语沟通任务类型表(如表 1-6 所示),进一步设计了描述型任务、叙述型任务、指示型任务、比较型和对比型任务、解释型和预测型任务、决策型任务等。

---

① 张欣亮,童玲红.美国初中英语课程阅读标准译介及启示[J].外国中小学教育.2013(12):55—61.
② 荣维东,杜鹃.美国 NAEP(2011)写作评价体系框架及其启示[J].语文教学通讯.2016(23):40—43.
③ [芬]Sari Luoma.口语评价[M].徐海铭,导读.北京:外语教学与研究出版社,2010:16—17.

表1-6　口语沟通任务类型

事实性交谈	评价性交谈
描述	解释
叙述	说理
讲授	预测
比较	决策

欧洲语言共同参考框架(The Common European Framework of Reference for Languages,简称CEFR)综合量表,分三等六级对语言能力进行了"最概括"的"能做"描述。从该量表对语言能力的具体描述框架可以看出,描述语文能力的层级最终落在语言交际活动的最右栏的任务类型以及交际语言能力、语言交际策略的具体事项上。以语言交际活动为例,如表1-7所示(表格根据第三、四章内容编制)①。

表1-7　语言交际能力描述框架(语言交际活动)

语言交际活动	输入	口语形式	总体听力理解	听母语使用者对话
				听现场讲话
				听通告和指令
				听有声媒体和录音
		视听	视听理解	听懂电视节目和电影
		书面形式	总体阅读理解	阅读通信、函件
				浏览快读
				为获得信息和讨论阅读
				阅读操作说明
	互动	口语形式	总体口语互动	听懂讲本族语的人讲话
				对话
				朋友间的非正式讨论
				正式讨论、与会
				功能性合作(如修理汽车、讨论文件、组织活动)

---

① 欧洲理事会文化合作教育委员会.欧洲语言共同参考框架:学习、教学、评估[M].刘骏,傅荣,主译.北京:外语教学与研究出版社,2008:21—96.

续表

			索要物品和要求提供服务
			交流信息
			访谈
	书面形式	总体笔头互动	信函
			做笔记、留言和填写表格
输出	口语形式	总体口头表达	连贯自述：描述个人经历
			连贯自述：论证(如辩论)
			共同场合发布公告、通告
			对听众讲话
	书面形式	总体笔头表达	创作：描述、叙事、书评、影评等
			报告和评论、论文

　　语文能力的描述层级，下移到真实情境的阅读、写作和口语沟通的功能类型，这是当今趋势。我们应根据国民语文活动的实际情形，从有利于语文教育和语文测试的角度，来判定国民语文能力描述的合宜层级，从而归纳具有中国特色的阅读、写作和口语沟通的"功能类型"，并较具体地提炼和描述其能力要素。

四、如何描述语文能力要素

　　依据"什么理论、从哪个视角、用什么方式"来描述语文能力的要素，我国至今没有一以贯之的理念，也没有自己的话语体系。目前主流的听、说、读、写能力要素的描述视角和方式，有各自不同的来历。

（一）听说能力要素的描述方式

　　听说能力要素的描述，主要模仿作为第二语言的英语教学。

　　听说或口语沟通，作为语文课程的范畴，在我国是晚近的事。听说能力或口语沟通能力，目前尚没有纳入语文大规模考试，以往的语文教育研究对这方面也重视不够，着力不多。

　　大部分关于听说教学和口语测试的译著，由英语教学界引进并原文影印或翻译出版。听说能力要素的研究，主要集中在作为第二语言的英语教学，以及作为第二语言的汉语教学上，也应用于第二语言的测试方面。例如：《语言测试的设计与评估》[①]《语

---

① ［英］J. Charles Alderson，Caroline Clapham，Dianne Wall. 语言测试的设计与评估［M］. 杨惠中，导读. 北京：外语教学与研究出版社，2000.

言测试实践》①《语言测试要略》②《语言测试和它的方法(修订版)》③《口语教学与研究》④《英语听力教学》⑤《英语口语教学》⑥《口语与应用语言学》⑦等。

在汉语听说的研究方面,毛忠明、黄自然等人在《口语测试理论与实践:口语测试理论及国内外主要口语测试种类简介》⑧中,较系统地梳理了国外语言测试理论的发展脉络,评析了国内外几种主要的口语考试项目,介绍了第二语言口语考试的设计、施测、评估的原则和要点。受欧洲语言共同参考框架的启发,杨惠中等人在《中国语言能力等级共同量表研究:理论、方法与实证研究》⑨中,探讨了汉语能力等级共同量表的建设问题,其中在口语能力这一方面进行了一定的实证研究,提出"语言要素的运用能力"描述层次及参数例表(如表1-8所示)。

表1-8 "语言要素的运用能力"描述层次及参数例表

一级参数	二级参数	三级参数
语言要素的运用能力	语音能力 (范围、准确性)	词语、音节、音素等的发音
		语调、句调(陈述、疑问、感叹、祈使等)
		语句的轻重音
		节奏、停顿
	词汇能力 (范围、准确性)	词汇量大小
		词语使用的准确性
		词语使用的恰当性
	语法结构能力 (范围、准确性)	语法形式的准确性
		语法结构的丰富性
		语法结构的复杂性

① [美]Lyle F. Bachman, Adrian S. Palmer. 语言测试实践[M]. 上海:上海外语教育出版社,1999.
② [美]Lyle F. Bachman. 语言测试要略[M]. 上海:上海外语教育出版社,1999.
③ 刘润清,韩宝成. 语言测试和它的方法(修订版)[M]. 北京:外语教学与研究出版社,2000.
④ [英]Rebecca Hughes. 口语教学与研究[M]. 北京:外语教学与研究出版社,2005.
⑤ [英]Penny Ur. 英语听力教学[M]. 北京:人民教育出版社,2000.
⑥ [英]Gillian Brown, George Yule. 英语口语教学[M]. 北京:人民教育出版社,2000.
⑦ [英]Michael McCarthy. 口语与应用语言学[M]. 北京:世界图书出版社,2006.
⑧ 毛忠明,黄自然,等. 口语测试理论与实践:口语测试理论及国内外主要口语测试种类简介[M]. 北京:中国书籍出版社,2012.
⑨ 杨惠中,朱正才,方绪军. 中国语言能力等级共同量表研究:理论、方法与实证研究[M]. 上海:上海外语教育出版社,2012.

国内语文教育界的研究,对听说能力的描述层级较为宏观,或是带有推论性质的因素描绘,或是归纳性地罗列听说技能的若干微技能。

关于聆听能力,张鸿苓、张锐于 1987 年提出该能力包含三个方面:语音辨识、语义理解和话语品评①。张敏在 1991 年通过因素分析归纳出十四个变量,如词汇感知、细节感知、理解词义、了解句型、理解内容、分辨正误等②。申继亮将听话能力分解为听话注意力、听话理解力、听话记忆力(短时记忆力)、听话评鉴力四项指标;通过问卷调查和测试,分析了中学生的听说能力特征及其在城乡之间和性别上的差异,并归纳出了影响中学生听说能力的主要因素③。

关于说话能力,申继亮根据说话活动的心理过程和功用价值,将说话能力分解为:说普通话的能力、遣词造句能力、表达能力三种主要能力④。张敏也把说话能力结构因素归纳为十四个变量,如语句正确、礼貌用语、会话应对、神态表情、体势动作、标准语音、语量语速等⑤。祝新华则将说话能力因素修订如下。

1. 组织内容:根据特定的语境或规定的问题,兼顾聆听对象的特点、场合等因素,确立话题、观点、具体细节等。

2. 安排语脉:确立所讲内容的先后层次。说话扣住话题、围绕中心;按需取舍说话内容,安排详略;有条理,言之有序。一个完整的说话内容,大的条理包括开始、展开和结束部分,或包括引言、正文、结束部分,而小的条理包括语间因果、前后关系适当等。

3. 遣词造句:为表达内容选择适当的词汇,表达符合口语习惯,简洁、准确、得体。

4. 发音:语音准确、清晰、响亮,语调高低、语速快慢恰当,节奏感强。

5. 使用体态:恰当运用面部表情,采取合适的手势和姿态,有效地表情达意⑥。

---

① 张鸿苓,张锐.中学语文教学[M].北京:光明日报出版社,1987:24—26.
② 张敏.儿童听话和说话能力的因素分析及其测评研究[J].教育研究,1991(06):65.
③ 申继亮,谷生华,严敏.中学语文教学心理学[M].北京:北京教育出版社,2002:149.
④ 申继亮,谷生华,严敏.中学语文教学心理学[M].北京:北京教育出版社,2002:157.
⑤ 张敏.儿童听话和说话能力的因素分析及其测评研究[J].教育研究,1991(06):66.
⑥ 祝新华.建构促进学习的语文聆听、说话与口语互动能力的评价体系[J].华文学刊,2014(23):1—21.

关于口语交际教学和测试的研究才刚刚起步。其中具有参考价值的是：王志凯、王荣生《口语交际教例剖析与教案研制》①，王荣生《口语交际的课程意识》②《口语交际的课程内容及活动设计》③，李明洁《新专题教程：高中口语交际新视点》④，祝新华《建构促进学习的语文聆听、说话与口语互动能力的评价体系》⑤，等等。

国民语文在听说方面取得卓越成绩的是普通话考试。普通话是国民语言文字素养的重要构成，然而正如有研究者所指出的："我国针对国家通用语言文字的国家级测试目前只有'普通话水平测试'和'汉字应用水平测试'，两者都还不是全面的中文应用能力测评。"⑥

据报道，国家语言文字工作委员会重大项目"中小学生普通话口语能力标准与测评体系研究"于 2014 年 7 月开题，着手研究中小学生普通话口语能力的评价标准和测评体系⑦，至今似未见相关成果发表。

(二) 写作能力要素的描述方式

写作能力要素的描述，是在我国早期写作理论的"筐子"里进行的。

研究的路数，是基于我国"作文"的样式，借助文章学的话语，结合一些中小学生作文的样本，对"写作文"的能力要素做种种大同小异的归纳。如朱作仁于 1984 年将写作能力分为"审题、确定中心思想、搜集材料、整理材料、选择体裁、语言表达、修改"等⑧。吴立岗于 1984 年把写作能力结构分为搜集和积累材料、命题和审题、提炼和表达中心思想、安排文章结构、用词造句、修改六个部分⑨。祝新华采用因素分析的定量方法考察中小学生的作文能力结构，认为：小学生的写作能力主要有确定中心、组材、选材、语言基本功和修辞能力等⑩；中学生的写作能力主要有

① 王志凯,王荣生.口语交际教例剖析与教案研制[M].南宁:广西教育出版社,2004.
② 王荣生.口语交际的课程意识[J].语文教学通讯,2005(09):4—7.
③ 王荣生.口语交际的课程内容及活动设计(上)[J].语文学习,2004(11):30—32;王荣生.口语交际的课程内容及活动设计(下)[J].语文学习,2004(12):4.
④ 李明洁.新专题教程:高中口语交际新视点[M].上海:华东师范大学出版社,2004.
⑤ 祝新华.建构促进学习的语文聆听、说话与口语互动能力的评价体系[J].华文学刊,2014(23):1—21.
⑥ 张一清.建立中文应用能力测评系统的构想和思考[J].语言文字应用,2009(02):104—113.
⑦ 中华人民共和国教育部语言文字信息管理司.国家语委重大科研课题"中小学生普通话口语能力标准与测评体系研究"开题会召开[EB/OL].(2014-07-15)[2020-06-15].http://www.cltt.org/tuiguangputonghua/tp_1_xueshuyanjiu/20160830231.html.
⑧ 朱作仁.语文教学心理学[M].哈尔滨:黑龙江人民出版社,1984:379—383.
⑨ 吴立岗.小学作文素描教学[M].杭州:浙江教育出版社,1984:11.
⑩ 祝新华.语文能力结构研究[J].教育研究,1995(11):59.

驾驭语言、确立中心、布局谋篇、叙述事实、择用方法等①。

有的还将类似的因素加以组织改造，如王权用因素分析法进行研究，概括出中学高年级学生写作能力结构的三个群因素：写作能力因素；由词汇量、造句等能力组合成的词语能力；词汇量因素②。王可、张璟、林崇德用因素分析法，将写作能力归并为写作思维能力、文本形成能力、基本文书能力三个维度③。高原、刘朏朏的研究和实践探索将写作能力分为观察力、记忆力、思考力和想象力，试图通过认知能力的提高带动表达能力的提高，构建"观察—分析—表达"三级作文能力体系。

较为扎实的研究，是章熊主持的"汉语书面语言测试研究""中学生言语技能与写作相关性研究"等课题项目，以及陆续出版的著作，如：《中国当代写作与阅读测试》④《思索・探索：章熊语文教育论集》⑤《中学生言语技能训练》⑥《和高中老师谈写作教学》⑦等。通过高考作文的大样本分析，章熊提出中学生写作的语言能力指标为"规范、连贯、得体"，其中"连贯"是中学生作文的最薄弱点。在《和高中老师谈写作教学》一书中，章熊等人从"材料的使用和处理""认识的深化与成篇""言语技能训练"三个方面对中学生作文能力展开了一些探讨。

总体而言，在我国早期写作理论的"筐子"里进行的写作能力要素的描述，对我国中小学写作教学和写作测试实践，均未发生实质性影响。

中小学作文教学、考试作文的命题和评卷，按照习以为常的"优秀作文"套路，集中反映在了中高考作文的经验性命题和经验性批卷上，也反映在中考、高考作文的考试要求和评分细则上。

审题、选材、结构、语言等这一套体系的早期写作理论，早在 20 世纪 90 年代就已被（高校）写作研究界舍弃了。这得益于对国外写作理论的了解：祁寿华《西方写作理论、教学与实践》⑧打开了写作和写作教学研究的视野；戴建林、朱晓斌《写作心理学》⑨，较早地向国内介绍了"海耶斯—弗劳尔写作模型图"、伯瑞托（Bereiter）等人的"知识表述模型的结构图"、凯洛格（R. R. Kellogg）的关于"写作技

---

① 祝新华. 语文能力结构研究[J]. 教育研究，1995(11)：60.
② 王权. 中学高年级学生作文能力结构特征的研究[J]. 心理科学，1995(02)：80—84.
③ 王可，张璟，林崇德. 中学生写作(认知)能力的构成因素[J]. 心理科学，2008(03)：520—523.
④ 章熊. 中国当代写作与阅读测试[M]. 成都：四川教育出版社，2000.
⑤ 章熊. 思索・探索：章熊语文教育论集[M]. 北京：人民教育出版社，2002.
⑥ 章熊，张彬福，王本华. 中学生言语技能训练[M]. 北京：人民教育出版社，2005.
⑦ 章熊，徐慧琳，邓虹，等. 和高中老师谈写作教学[M]. 北京：人民教育出版社，2012.
⑧ 祁寿华. 西方写作理论、教学与实践[M]. 上海：上海外语教育出版社，2000.
⑨ 戴建林，朱晓斌. 写作心理学[M]. 广州：广东高等教育出版社，2003.

能的认知要素模型"等,并在构思、修改等方面做了一定的研究。

随着对国外写作理论的了解逐渐增多,以及对写作"课例研究"的成果积累,关于写作教学和写作能力的研究,近年有突破的迹象,这主要反映在语文课程与教学论专业的博士论文上,如叶黎明博士《语文科写作教学内容研究》[①]、魏小娜博士《语文科真实写作教学研究》[②]、荣维东博士《写作课程范式研究》[③]、周子房博士《写作学习环境的建构:活动理论的视角》[④]、邓彤博士《微型化写作课程研究》[⑤]等。这些扎实的研究,以及王荣生主编的《写作教学教什么》[⑥]等著作,筚路蓝缕,为中小学写作课程与教学的重构,为基于真实写作任务的写作能力描写,逐渐开辟了一条新路。

(三)阅读能力要素的描述方式

阅读能力要素的描述方式,参照的是修订版之前的布卢姆(B. S. Bloom)教育目标分类学。

如前所述,我国心理学界在"阅读"这一层级上对阅读能力的因素分析,以及语文教育界借鉴国外心理学研究进一步择取、延伸、调剂、调整所做的阅读能力因素的归纳,对阅读教学和阅读测试很少产生实质性的作用。

在会考、中考、高考等大规模语文考试中,描述或解释阅读能力的要素,采用的是修订版之前的布卢姆教育目标分类学,并做了一些本土化的改编。以全国普通高等学校招生统一考试语文科(上海卷)测试为例,在现代文阅读方面,考试内容和具体检测目标如下。

1. 识记与理解:

(1)理解词语、句子在文中的含义。

(2)理解语法、修辞现象在表达文章内容上的作用。

2. 分析与综合:

(1)筛选并整合文中信息。

(2)分析词、句、段在文中的作用。

---

① 叶黎明.语文科写作教学内容研究[D].上海:上海师范大学,2007.
② 魏小娜.语文科真实写作教学研究[D].重庆:西南大学,2009.
③ 荣维东.写作课程范式研究[D].上海:华东师范大学,2010.
④ 周子房.写作学习环境的建构:活动理论的视角[D].上海:华东师范大学,2012.
⑤ 邓彤.微型化写作课程研究[D].上海:上海师范大学,2014.
⑥ 王荣生.写作教学教什么[M].上海:华东师范大学出版社,2014.

（3）分析文章的思路、结构、写作特点。

（4）概括文章内容和主旨，分析作者情感和写作意图。

（5）根据文章内容，进行推断、想象和探究。

3. 鉴赏与评价：

（1）鉴赏作品中富有表现力的词语和句子。

（2）鉴赏作品的艺术形象、表现手法和语言风格。

（3）评价作品的内容和表现形式。

从测试的角度看，"教育目标分类学"比较适合语文基础知识的测试；在写作方面（按"教育目标分类学"应归入"创造"）几乎毫无用武之地；在阅读上使用，也很别扭。

中考、高考采用命题组的专家经验命题法。命题的主要专家通常由大学中文系语言学或文学教授，加上几位中学优秀教师或教研员所组成，其中没有心理学专家，更不会有教育统计与测量方面的专家参与其中。命题组专家在选择好测试材料后，根据自己的阅读经验和专业理解，在文本中斟酌命题点（考点）并尝试命题，再经反复讨论修改确定试题、确定评分标准、拟写参考答案。在这一系列过程中，"识记、理解、筛选、归纳、分析、概括、鉴赏、评价"等动词只是作为工作中交流的通用词汇，"教育目标分类学"本身对命题点（考点）的确定和试题编制不发生作用。只有到了写试题说明报告时，才采用"对号入座"逆推的办法，勉强将试题与上述动词挂钩，制作成双向细目表。

考试之后的试题分析，对考点和试题的评论，通用的也是"教育目标分类学"词汇，但其间乱象丛生。据王建军的博士论文《高考小说阅读试题内容分析框架研究》披露："当前对于高考语文小说阅读同一试题的考试内容，命题者、试题研究者等不同主体之间所给出的界定不一致的现象十分普遍。"[①]这全方位地表现在：试题内容界定与题干中所用认知动词不一致；命题人员、试题研究人员对同一试题内容界定不一致；不同命题单位对同类试题内容界定不一致；同一命题单位对其不同年度的同类试题内容界定不一致；不同研究者对同一试题内容界定不一致。阅读试题内容界定不一致给小说阅读的教、考等都造成了消极的影响。

一方面，是中考、高考等命题专家凭借经验从文本确定命题点（考点）；另一方面，却用一套连命题专家也可能不太明白的话语来解说这些命题点（考点）。这难

① 王建军.高考小说阅读试题内容分析框架研究［D］.上海：上海师范大学，2015.

道没有问题吗?

以"教育目标分类学"的认知能力水平来解说"考点"和考生的阅读能力水平,其过程迂回曲折,其解释也相当牵强。早年强力引荐"教育目标分类学"的高凌飚教授在《学习质量评价:SOLO 分类理论(可观察的学习成果结构)》的序言中指出:"布卢姆的教育目标分类学人为地将内容与过程分割开来,既不合理,也导致了评价目标的空泛化。"①因课程长期缺乏内容标准而导致空泛化的后果,在语文学科尤其显著。当然,这不是布卢姆、安德森的问题,是我们没能把好的理论用对地方。

近年温红博、李英杰等人尝试将 SOLO 分类理论应用到语文测试中,尤其是在主观题评分标准和评分方法的拟定方面,取得了明显的实效。但是,SOLO 分类理论的着力点在"可观察的学习成果结构"上,从结构上的复杂程度科学地评判学习结果(即学生的答案)的质量。正如"教育目标分类学"本来就不承担描述阅读能力要素的功能一样,SOLO 分类理论也不具有这样的功能。

这样,如何从心理学角度描述阅读能力的要素,就没有了着落。近年的做法是"借鉴"国际阅读测试项目,主要是国际阅读素养进展研究项目(Progress in International Reading Literacy Study,简称 PIRLS)、国际学生评估项目(Programme for International Student Assessment,简称 PISA)、美国国家教育进展评价(NAEP)这三大阅读考试框架。美其名曰是"借鉴",其实是套用并做相当随意的改编或改造。

以 PISA 为例:PISA 的阅读测试框架(如表 1-9 所示)是从多个维度建构的高度结构化的框架。

表 1-9 PISA 阅读测试框架

文本 学生需要阅读哪类文本	● 媒介 ● 环境 ● 文本形式(文本的呈现方式) ● 文本类型(文章的体式)
认知方面 读者阅读文本的目的和方法是什么	● 获取与检索 ● 整合与解释 ● 反思与评价
情境 从作者的观点来看,文本的用途是什么	● 个人应用 ● 公共应用 ● 教育情境 ● 职业情境

① 约翰·B·彼格斯,凯文·F·科利斯.学习质量评价:SOLO 分类理论(可观察的学习成果结构)[M].高凌飚,张洪岩,主译.北京:人民教育出版社,2010.

尽管 PISA 只是一种测试框架,而且是一种有特定测试目的的测试框架——横向比较不同国家和地区的 15 岁学生应用于实际生活的阅读能力,但这一框架对我们如何聚合多个维度来描述阅读活动和阅读能力的要素有很大的启发。

然而,国内的"借鉴",不是从原理上去学习,而是倾向于简单的"拿来"。

(1) 把本来是高度结构化的框架分拆为不同的零件,然后根据自己的需要较随意地借用这些零件。例如:讲情境就单讲情境,似乎情境与认知之间毫无联系;讲文本形式(如非线性文本)就单讲文本形式,似乎文本形式跟阅读方法没有关系。如一篇很优秀的硕士论文《小学生阅读能力学业水平评价的研究》在借鉴 PIRLS、PISA、NAEP 等三大阅读考试框架的基础上,提出了一个新的阅读能力评价指标体系。文中提及"该体系由测试情境和阅读能力两块构成:测试情境分为为了获取信息而进行的阅读、为了获得文学体验而进行的阅读、为了完成某项任务而进行的阅读。阅读能力包括阅读感知、提取信息、形成解释、合理使用文本信息解决实际问题"[1]。

(2) 把本来是多个维度聚合的立体化结构,简化为单维的平面结构。最直接的做法就是"标题党":将原来"教育目标分类学"中的词语,改换成 PISA 框架中的词语,如"获取与检索""整合与解释""反思与评价"等。通常要做一些相当随意的改编或改造,比如将"获取"改为"识别";而本来与文学阅读压根不发生联系的"反思与评价"(PISA 测试不涉及文学阅读),为适应我国语文阅读考试,不得不修改为"鉴赏与评价"。

"教育目标分类学"中的词语能够用 PISA 框架中的词语替换,以及两者被改编后的相似性(如"鉴赏与评价"),这些都清楚地告诉我们:PISA 阅读测试也是用认知能力来解释阅读能力的。PISA 测试的本意是:通过阅读能力的测试来评估一个国家或地区未来人力资源的认知水平发展的潜力——从这个角度看,PISA 阅读测试不是通常意义的个体阅读能力的测试,而主要是立足于群体认知水平的国际检测。

阅读能力要素的描述,本来有两个方向:①认知的方向,描述阅读的思维过程;②文本的方向,描述命题点(考点)及合理的答案,即描述阅读的理解结果。以往的倾向是从认知这一方向来描述阅读能力的要素,而且是从跨学科的认知心理学角度。

---

[1] 李英杰. 小学生阅读能力学业水平评价的研究[D]. 北京:首都师范大学,2006.

从认知的方向描述阅读的思维过程,就要倚重心理学研究;而心理学研究目前能抵达的,是"阅读"这一相当宏观的层级,对文学阅读还几乎没有涉及。这一难题是不是有办法解决? 能不能从文本的方向来描述阅读能力的要素? 对我国语文教育和国民语文能力测试系统的建设而言,从哪个方向描述更为有利? 阅读过程与阅读结果本来就是一体的两面,有没有可能将两者结合起来描述阅读能力的要素,或不同情况做不同处理? 阅读能力的要素描述是否能取得突破性进展,取决于对这些问题的回答。

从上面的综述中可以清楚地看出:长期以来,对语文能力的描述,我们是在听、说、读、写的范畴层级做相当概括、笼统(空洞)的陈述;而描述语文能力的要素,则或模仿、或套用,乃至生搬硬套,缺乏研究视角和研究方式的自觉,所描述的语文能力要素,几乎停留在常人的"常识"水平,像雾里看花虽有似无。这种状况如不能改观,语文能力和语文测试的研究要取得有价值的实绩,恐怕难以实现。

五、语文测试系统建设的关键是什么

一般来说,语言测试的开发由测试的设计、操作和管理三个阶段构成。考试无小事,语文测试,尤其是大规模、高利害的语文测试,在上述阶段的每个细节上稍有不慎,都可能产生较大的影响。从这个角度讲,语文测试系统建设的每一阶段、每一环节,都是关键。

设计阶段,首先是"构念",也就是明确地界定所要测试的"语文能力",提炼和描述这些语文能力的要素。其次,具体描述这些语文能力要素的指标,划定等级标准,编制测试大纲或说明。最后,依据测试大纲,研制测试工具,编制试题,拟定评分细则,进入实施测试的阶段。

毫无疑问,语文测试系统在设计阶段的关键是"构念"。综合《阅读评价》《写作评价》《口语评价》等著述,可以梳理出"构念"在两个层面上的含义。

1. 作为测试设计基础的"构念"

作为测试设计基础的"构念",相当于前述的"语文能力研究"。一方面是理论研究,学理地回答"语文能力由哪些部分构成""要哪种取向的语文能力""在哪个层级描述语文能力""如何描述语文能力"等问题。另一方面是实证研究,具体地界定语文能力的构成,具体地描述阅读、写作和口语沟通的各种"类型"的能力要素。

2. 针对特定测试任务的"构念"

根据测试任务,收集和研究相关信息,围绕"为什么测""谁参加测""谁来评卷"

"谁会使用测试所提供的信息""有哪些因素的制约"等问题,在明确测试目的、受试者的人群特征等基础上,确定测试内容——界定所要测试的具体的"语文能力",具体地描述这些语文能力的要素以及能力要素的指标。从操作的角度看,针对特定测试任务的"构念"分两步完成,在实践操作中这两步可能交替进行:第一步,基于作为测试基础的"构念",参照所描述的阅读、写作和口语沟通的各种"类型"的能力要素;第二步,根据特定的测试任务,选择相应的听、说、读、写"类型"及其能力要素,并根据具体情形对能力要素做必要的修正、补充或改造。

下面以口语测试为例。

在《口语评价》一书中,芬兰专家卢奥玛用了整整一章讲述"口语本质",涉及口语的语言学描述、口语的互动性及口语的社会性和基于情景的特点。所有这些视角都把口语看成是日常生活中不可或缺的部分。从这些视角出发,口语评估开发人员就能清晰理解"口语能力"意味着什么,然后再把这一理解落实到测试任务的设计和评分标准的制定过程中。

那么,口语有哪些具体特征? 这些特征与判定口语能力有什么关系,又应该如何根据这些特征来描述口语能力呢?

按照该著导读徐海铭的简介,卢奥玛从如下方面做了阐述:(1)发音准确和发音可理解性的关系,后者比前者更重要。(2)口语的词语、语法和语篇特征,如根据主题采用连续词和重复等手段把思想内容组织起来;口语的词语、语法和语篇特征都指向交际性,重点在于"让人觉得自然"。(3)口语的一些具体特征,如使用类指词,使用固定短语、填充词和犹豫标志词,使用"像口语般"的词能够增加口语的流利感。(4)在正常的口语中,包含不少口误和错误。(5)口语沟通的即时加工和互动性,"作为有意义言谈的口语"导致了言谈中语义的开放性。(6)就口语的专门用途做了分门别类的介绍,如作为交往闲谈的口语与用语传递信息的口语。(7)"言谈框架"的组成构件。(8)礼貌原则与口语中出现话语冗长、表达不直接、重复,甚至答非所问的现象[①]。

基于口语的上述特征,卢奥玛进一步回答了如下问题:(1)在口语评价中,原则上应该考什么、不应该考什么,也就是我们所说的听说能力的取向问题。譬如:不能机械地用书面语语法标准来衡量,也不能简单地按正确、丰富等来评估口语词汇能力。"测试中涵盖的语言特征愈能与口语本身的特征接近,测试结果就愈能有

---

① [芬]Sari Luoma.口语评价[M].徐海铭,导读.北京:外语教学与研究出版社,2010:11—15.

效地说明口语能力。这是对口语测试的根本认识。"①(2)口语能力在"范畴"层级的一些关键要素。譬如：能增加流利感的一些固定短语和典型的口语词汇的使用；有效使用类指词；成功使用固定短语、填充词和犹豫标志词等"小词"；言谈的互动性、语义的开放性、交流的自然性等。(3)不同口语类型的口语特点和能力要素。譬如："用于传递信息的口语"的要点是"应该让听话人明白说话人传递的信息"。它的能力要素有：①说话人确立双方交谈的共同点。②将信息分解为易于理解的语块。③有逻辑地组织信息和展开信息。④询问、重复、核查对方是否理解等诸多方面的表现②。卢奥玛说："这些概念都应该体现在打分表中，评分者凭借量表区分不同等级的考生。"③

　　以上是作为测试设计基础的"构念"。在该著导读中所引用的"墨尔本大学医学专业学生诊断性口语评价量表"，能让我们清楚什么是针对特定测试任务的"构念"④。

表 1－10　口语类型：非正式讨论(表格根据文本内容编制)

打 分 项 目		评分标准均按 1—6 分评分
能力要素	参与的充分性	
	观点的质量	
	人际技能	
	连贯和表述	
	语域和声调	
语言标准	语言	
	产出	

　　在这个项目中(如表 1－10 所示)，"参与的充分性""观点的质量""人际技能"等与任务相关的标准，比一般语言测试中使用的标准更为宽泛。"这些任务和标准是由评估开发者和测试分数使用者——墨尔本大学医学院的教育者共同制定的。他们认为这些概念(核心能力要素)在学生未来工作的实际语境中非常

---

① ［芬］Sari Luoma. 口语评价［M］. 徐海铭，导读. 北京：外语教学与研究出版社，2010：11.
② ［芬］Sari Luoma. 口语评价［M］. 徐海铭，导读. 北京：外语教学与研究出版社，2010：14.
③ ［芬］Sari Luoma. 口语评价［M］. 徐海铭，导读. 北京：外语教学与研究出版社，2010：14.
④ ［芬］Sari Luoma. 口语评价［M］. 徐海铭，导读. 北京：外语教学与研究出版社，2010：24.

重要。"①

　　然而,我国语文测试研究者和设计者,似乎对"构念"的重要性认识不足。他们所关注的是测试研究的上端(如该测试的重要性、理念等),主要是测试设计的后面几个步骤。有研究者提出,"研制全面衡量学习者、使用者使用中文水平的测评系统,势在必行。建立中文应用能力测评系统的科研工作大致可以划分为三个部分:一是研制中文应用能力等级标准;二是研制中文应用能力测试大纲;三是编制试题、试卷,确定评分标准及细则,建立题库等"。"建立上述测试系统必须首先处理或解决好五个关键问题:一是测试的范围,特别是语言知识与语言能力的关系;二是测试的形式;三是评分的依据和标准;四是测试环境与语言应用环境的关系;五是测试结果的解释及利用"②。

　　如果将上述两段文字对照起来看,"研制中文应用能力等级标准"与"评分的依据和标准"似乎同指。那么,"中文应用能力"所应该测试的阅读、写作、口语沟通的"类型"是哪些? 这些"类型"的能力要素是什么? 这些作为测试设计基础的"构念"并没有被纳入视野;与测试目标群体、测试分数使用者相关联的特定测试任务的"构念",也没有被考虑。

　　据报道,与本研究同类的"国民语言文字能力标准与测评体系研究"课题已于2011 年开题,课题组围绕"国内外语言类测试项目的比较""国民通用语言文字能力标准的研制""测试方式与测试系统开发研究""测试的命题""测试的测量学和评价研究"五个方面开展研究工作③。其中只有一项子课题"国民通用语言文字能力标准的研制"与语文能力直接相关。因材料受限,尚不清楚"能力标准"的含义及研究进展。如果像一些研究者对国民语文(社会语文)首先关注"等级的评价标准"那样,那就有可商榷之处了。

　　从已经建设的大规模语文测试系统看,情况正是如此。

　　已进入试运行的汉语能力测试(HANYU NENGLI CESHI,简称 HNC)是国家级汉语综合应用能力测试与评价项目,测试内容分聆听、说话、阅读、写作四个部

① ［芬］Sari Luoma. 口语评价［M］. 徐海铭,导读. 北京:外语教学与研究出版社,2010:24.
② 张一清. 建立中文应用能力测评系统的构想和思考［J］. 语言文字应用,2009(02):104—113.
③ 中华人民共和国教育部语言文字信息管理司. 国家语委"十二五"科研项目开题系列报道之五:"国民语言文字能力标准与测评体系研究"课题开题会在教育部考试中心召开［EB/OL］.(2011 - 11 - 02)
　　［2020 - 06 - 19］. http://www. moe. gov. cn/s78/A19/yxs_left/moe_811/s232/201111/t20111102_130157. html.

分。在汉语能力测试中,与语文能力相对应的主要是《汉语能力测试大纲》"总则"中的"测试等级"与"级别标准"。以聆听与阅读为例,各等级的要求如表1-11所示(采用机考,均为客观题)。

表1-11 汉语能力测试等级标准(聆听与阅读)

一级	能听懂、读懂反映日常生活中具体的人、事、物的语言材料
二级	能听懂、读懂生活类信息、简要社会新闻和通俗故事类文学作品
三级	能听懂、读懂社会新闻、娱乐新闻等简单的新闻报道以及与日常生活、工作、学习相关的说明性和记叙性材料
四级	能听懂、读懂国内、国际有关政治、经济、文化等方面的新闻报道。能阅读与工作和学习相关的专业性材料以及小说、诗歌、散文等文学作品
五级	能听懂、读懂国内、国际有关政治、经济、文化等方面的新闻评论。能听懂、读懂自然科学和人文社会科学的普及性材料(刊载于大众媒体,以普及知识为主要目的的听读材料)。能欣赏中外文学名著,针对所读的文学作品表达自己的总体感受和理解
六级	能听懂、读懂自然科学和人文社会科学的一般性材料(刊载于非学术媒体,以包括专业人士在内的社会大众为受众的听读材料)。能赏析文学作品,抓住不同类型文学作品的特点和要素进行评论。能借助工具书读懂文言文

四级标准的聆听,"考核内容"和"能力要求"如表1-12所示。

表1-12 汉语能力测试(四级)·聆听考核内容和能力要求

考核内容	能 力 要 求
聆听	能听懂他人话语中引用的常用典故并理解其用意 能理解说话者的基本立场和观点 能概括说话内容的要点,抓住关键 能结合说话者的语调、语气、手势、表情等,理解其隐含意图或言外之意

国家职业汉语能力测试(ZHIYEHANYU NENGLI CESHI,简称ZHC)是测查应试者在职业活动中的汉语能力的国家级职业核心能力测试。《国家职业汉语能力测试考试大纲》中的"考试内容和能力"采用说明加样题的方式呈现,考试内容目前以阅读理解和书面表达为主,其中阅读理解分三个部分,书面表达分五个部分(如表1-13所示)。

表 1‑13　国家职业汉语能力测试考试内容、题型与能力要求

考试内容	题型	能力要求
阅读理解 第一部分	每题给出 1 段文字，提 1 个问题，4 选 1 答案	主要考查对句段的概括、归纳、理解能力
阅读理解 第二部分	提供若干篇短文，每篇有若干个问题，4 选 1 答案	主要考查对篇章综合分析的能力
阅读理解 第三部分	给出 1 段陈述，4 选 1 答案	主要测查对句段的演绎推理能力
书面表达 第一部分	找出错别字	主要考查对汉字的辨识能力
书面表达 第二部分	分词语替换和词语填空两类	主要考查对词语的应用能力
书面表达 第三部分	分病句辨析和句子填空两类	主要考查对句子的应用能力
书面表达 第四部分	提供若干篇短文，每篇有若干个问题	主要考查对篇章的综合表达能力
书面表达 第五部分	写两篇作文	直接测查应试者对汉语言文字的驾驭能力

其中，阅读理解第二部分和书面表达第五部分，附有能力的"具体要求"（如表 1‑14 所示）。

表 1‑14　国家职业汉语能力测试阅读理解与书面表达的具体要求

阅读理解第二部分具体要求	书面表达第五部具体要求
• 一定的阅读速度 • 利用阅读材料中的关键词或关键语句快速查找主要信息及重要细节 • 正确理解阅读材料中具体词语、语句的含义 • 概括归纳阅读材料的中心、主旨 • 判断新组织的语句与阅读材料原意是否一致 • 分析阅读材料中的具体因果关系 • 根据上下文合理推断阅读材料中的隐含信息 • 判断作者的真实态度、意图、倾向、目的等	• 正确书写汉字，正确使用标点 • 准确使用词语 • 灵活使用不同句式 • 语句表达简明、连贯、得体 • 谋篇布局适当、合理 • 正确运用常见的修辞方法 • 中心明确，内容切题、丰富，条理清楚 • 熟练掌握记叙文、议论文、说明文及常用应用文等不同文体的特点

　　据初步了解,上述两个国家级的语文能力测试系统,均进行过对象为在校生的小规模实测。这两项测试项目都有"对当前语文教育的有益补充"的良好愿望,在大规模语文测试的某些方面也有开创性的举措,比如汉语能力测试试图将聆听能力和说话能力纳入语文测试,国家职业汉语能力测试力求在试题结构上提高语文测试的效度。但就语文能力研究而论,语文能力测试的设计"构念",尤其是试题所实际体现出的"构念",并没有突破性的迹象。语文能力的取向,依然是隐晦的、含混的;描述语文能力仍在"范畴"的层级;语文能力的表述还是一如往常的笼统;语文能力的要素同样面目难识。因而,目前所制定的能力标准或等级评价标准,还难以看出能发挥"以测试促进教学"积极作用的机制及路径。

第二章
可发展或突破的空间：研究思路与研究内容

一、以筹划思维解答语文能力构成问题

二、按真实情境的功能类型设定描述层级

三、面对事情本身具体描述能力要素

四、关于研究内容及术语使用的说明

　　·关于研究内容

　　·关于术语使用

　　发展或突破，无非两种可能：一种是跟别人做同样的事，而比其他人做得更好一些；另一种是做与别人不一样的事，并且做了其他人可能做不了的事。本研究的空间，在于后者。正如上文对国内外有关本研究所涉主题和内容的研究综述所示，如果我们在研究的视角和路径上依然故步自封而不求变革，那么要取得语文能力和语文测试研究的发展或突破，可能性不大。

　　新的研究视角和路径，主要表现为三大原则：(1)以筹划思维解答语文能力构成问题；(2)按真实情境的功能类型设定描述层级；(3)面对事情本身具体描述能力要素。

一、以筹划思维解答语文能力构成问题

　　认知与筹划，是两种思维方式。认知是理论思维，是为了弄清对象的本来面目；筹划是工程思维，是为了设计理想且具有现实可行性的方案。认知与筹划虽有紧密联系，但仍有区别。这就要求我们自觉地遵守思维方式的划界：用理论思维构造理论；用工程思维设计工程。如果没有自觉的划界意识，就会发生认知与筹划的僭越，这在我国语文课程标准研制过程中曾有深刻的历史教训。

　　语文能力极其复杂。语文能力几乎与人的能力等同，涉及个人与社会的各个方面。语文能力研究，如果提问不当，或解答的方式不对，就很容易迷失在各种复杂的关系上。

　　有人提出：建立语文能力测试系统，首先要处理或解决好测试的范围问题，"特别是语言知识和语言能力的关系"[①]。这个问题很可能被理解为"语言知识和语言能力是什么关系？"如果真是如此，那么这个问题在当前就是一个无解的"死题"。一方面，语文知识极其多样；另一方面，语文能力并未界定。换言之，知识和能力的关系，在不同的人、不同的学习阶段，对不同的具体知识，其关系不能一概而论。

---

① 张一清.建立中文应用能力测评系统的构想和思考[J].语言文字应用，2009(02)：109.

　　语文知识至少有两种：一种是关于对象的知识，如语言学、文章学、文学知识；一种是关联主体和对象的知识，如阅读知识、写作知识、口语沟通知识。语文知识至少有两种呈现方式：语理的和语感的。比利时学者罗日叶还定义了"方法性知识"与"有实际效用的知识"①。所谓"方法性知识"，是指在形成能力过程中学习的一些"专门的知识"，如语法知识中的"主语""谓语""同位语"等。这些知识用于研究语言，是进一步学习所必需的，而在实际的听、说、读、写活动中它们是"无用"的。而另一种知识，是在听、说、读、写中"有实际效用的知识"，譬如"这""那"等指代词应从上下文中明确其指代的对象，如果不具备这一知识(语理的或语感的)，那就不可能读懂有指代词的语句。那么，"语言知识和语言能力的关系"，是怎样一种关系？

　　这个问题，如从认知心理学视角看，是一种解答法；如从语文学习或语文教学的视角看，又是另一种解答法。那么我们是站在哪个立场、从什么视角来提出这一问题的呢？

　　本研究基于提升国民语文能力的立场，抱着"以测试促进学习"的目的。换言之，本研究是从作用于语文测试的视角来研究语文能力问题的。在研究中，我们把语文能力的构成问题，以及各部分之间的关系问题，看成是筹划问题，即看成是谋求"较佳"方案的设计问题。

　　"语言知识和语言能力"的关系，如从语文能力测试的视角看，这个问题的最佳答案就是这两者不发生关系——至少是在本研究中，不必考虑它们的关系问题。

　　识字多的人，是不是阅读能力就强？普通话发音标准的人，是不是口语沟通能力就好？语言文字素养，很大程度上表现在语文知识的学养中，包括罗日叶所说的"方法性知识"。那么，掌握语文知识多的人，是不是听、说、读、写的能力就强？本研究不考虑这样的"认知"问题。而只是说，作为受过教育的国民，应该会写常用字、应该能说普通话。换言之，一个跑步天生快的人，当然跑步能力强；但一个跑得同样快的人，同时知道许多关于跑步的知识，甚至还能当教练指导别人，显然后者素养更高一些。哪怕跑得不是特别快的人，但是他对跑步的知识很了解，仅从关于跑步而言，谁也不能否认他有这方面的"学养"。"方法性知识"虽不是能力本身，但这并不意味着它不重要；相反，"方法性知识"是进一步学习所必需的，在教学的场

---

① ［比］易克萨维耶·罗日叶.整合教学法：教学中的能力和学业获得的整合(第二版)［M］.汪凌,译.上海：华东师范大学出版社,2010：78.

域，它是能力提高的必要台阶。"主语""谓语""同位语"等语文知识，是受过语文教育的国民应该知道的，因而包含在语言文字素养之中，也要求反映在语言文字素养的某些测试中。

"语文能力的构成"与"语文课程内容的构成"，是同一个事物从不同视角的表述，术语虽不同但所指相同。根据本人的研究，语文课程内容主要由三个方面构成：（1）作为文学、文化素养的具体所指的"定篇"，即学生应该较深入学习的名家名篇。（2）包括事实、概念、原理、技能、策略、态度在内的"语文知识"，以形成学生的语文能力和语言文字素养。（3）具有课程意义的"语文经历"，给学生提供多种语文学习机会，如名著阅读与分享、作文展示和交流、在公开场合主题演讲等①。

在本研究中，文学、文化素养问题将会转化为经典名著的阅读经历和理解感受问题。那么，是不是读过这几本名著的人语文能力就强？ 是不是读过这几本书的人一定就比读了另一些书的人文学、文化素养高？ 本研究不考虑这样的问题。而只是说，作为有教养的国民，在有明确向导甚至明确要求的情况下，应该读过这些书，应该对这些书有较好的理解和感受。

同样，阅读能力强，读书多，文学、文化素养是否就高？ 交流能力强，能说会道，语言文字素养就一定高吗？ 本研究也不考虑这类问题。在本研究中，我们把阅读能力与文学、文化素养看成是并行的两条线，而不考虑两者之间的关系。我们把沟通能力与语言文字素养也看成是并行的两条线，同样不考虑两者之间的关系。换言之，作为有教养的国民，应该具有较高的阅读能力；作为有教养的国民，应该具有较好的文学、文化素养，应该读过并较好地领悟一定的经典名著；作为有教养的国民，应该具有较好的交流能力，包括写作能力和口语沟通能力；作为有教养的国民，应该具有较好的语言文字素养。这几个方面，都是国民语文能力所要求的，它们并行不悖，而不必要纠结其相互之间的复杂关系。

很显然，汉语言文字素养、中国文学和传统文化素养，是中国国民语文能力的重要构成。同样，在儿童阅读推广、全民阅读推广、"书香中国"建设的大背景下，整本书阅读，也应该是国民语文能力的重要构成。媒体阅读和媒体沟通能力，是现代国民所必备的语文能力。在绘本普及、中国儿童文学图画书（绘本）取得了世界瞩目成绩的今天，至少对儿童和家长、幼儿园教师和小学语文教师而言，绘本阅读，也应该是语文能力的必要构成。这无须论证，更无须细究它们之间的种种复杂关系。

---

① 王荣生.语文课程与教学内容[M].北京：教育科学出版社，2015：37.

在本研究中,不考虑读与写的关系,也不考虑说与写的关系。我们满足于已有的研究和通识性的假设:较强的阅读能力有助于形成较好的写作能力,较强的写作能力通常伴有较好的说话能力,反之亦然。较强的写作能力能促进阅读,较好的说话能力亦能促进写作。尽管"并非如此"的案例信手可拈。

文学、文化素养,显然不仅来源于阅读,也来源于写作、口语交流,还来源于多种途径多种媒介;语言文字素养,显然不仅表现在书面表达与口语沟通上,也强烈地表现在阅读活动中。但是,基于全民阅读的推广,基于在社会生活中语言文字素养表现在写作和口语中的问题更为显在,更需要改善,我们把文学、文化素养与阅读相关联,而把语言文字素养的侧重点放在写作和口语沟通上。在后续研究中,我们倾向于将"语言文字素养"与"传统文化素养"合并,因为传统文化最重要的载体就是贯穿古今的汉语言文字。

在既往研究的基础上,综合上述考虑,国民语文能力构成的框架,初步设计如图 2-1 所示。

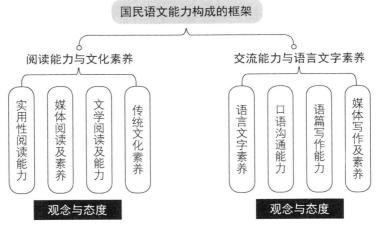

图 2-1 国民语文能力构成的框架

事实上,不但语文能力有构成的问题,语文能力各范畴,如阅读、写作、口语沟通,以及文学、文化素养和语言文字素养等,也均存在构成的问题。比如"阅读",不但有实用文章、文学作品等文本体式,不但有理解性阅读、文学鉴赏、批判性阅读等类型,而且还受阅读的观念、态度和经历等因素的影响。

我们先来看学生阅读能力的形成过程。

在语文教学中,学生有两个身份。第一个身份是"读者",他所要做的事是理解、感受一篇课文。然而，因知识储备和生活经验的制约，因阅读能力尚有待于发展，他在课前的自主阅读通常会遇到问题和困难：课文的有些语句，他可能理解不了，甚至理解偏误；课文的有些地方，他可能感受不到或感受不深。因此，他要学习。这就有了第二个身份——"学习者"，他必须做的事，就是学会如何阅读，提升阅读能力。

　　一篇课文，学生在什么地方会有问题和困难呢？我们分析大量的案例后得出：学生会遇到问题和产生困难的地方，通常就在这一文本的关键点上。因此，理解感受这些关键点（即学生在自主阅读时有问题和困难的地方），就成了阅读教学的"教学点"，也就是教学目标。

　　那么，怎么达成目标呢？其实有多种路径，比如唤起学生的相应生活经验、补充一些理解课文所必需的百科知识、教师的讲解等，但语文教学的主要路径，是指导学生学会如何抓住这些关键点并产生合适的理解感受，也就是学习并掌握新的阅读方法。于是，学生就必须学习相应的语文知识。学生凭借所学的语文知识并对其进行具体运用，从而对课文进行理解感受。

　　一篇课文的教学，学生经历着学习的过程，学会抓住文本关键点，加深、丰厚对课文的理解感受。接着，学习其他课文，逐渐积累，提高阅读能力和素养（如图 2 - 2 所示）。

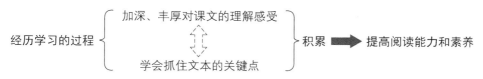

图 2 - 2　阅读能力和素养提升路径图

可以看出：积累而成的阅读能力和素养，即"广义的阅读能力"，主要有三个方面（如图 2 - 3 所示）。

图 2 - 3　阅读能力所涵盖的内容

　　"广义的阅读能力"研究和测试，应该完整包含"阅读理解能力""阅读观念态度"和"文学、文化素养"。阅读能力不仅包括从各种文本中建构意义的能力，还包括支持终身阅读的行为和态度。阅读的行为和态度对个体在阅读型社会中最大化地实现自己的潜力有着巨大的作用。人们通常所说的"阅读测试"，只涉及其中的"阅读理解能力"（即狭义的阅读能力），而且仍停留在"认知"这个单一维度上。如果站在提升国民语文能力的高度看，这种阅读测试是不完整的。

这就需要抉择、筹划，需要综合多种因素来判断，应择取和凸显哪些方面。在本研究中，阅读能力彰显哪些阅读类型——语篇类型，写作能力侧重哪些写作样式——任务类型，口语沟通突出哪些交流场景，均依据国民语文能力提升的需要和现实要求而定，而不"学究式"地拘泥于某种"理论"。

二、按真实情境的功能类型设定描述层级

判别不同阶段、不同行业国民语文生活中主要的"阅读类型——语篇类型""写作样式——任务类型"和"口语沟通场景"类型，需要做大量的调研和辨析工作。稍有不慎，便失之千里。

比如，制定"普通话演讲水平测试标准"，就可能需要斟酌很多问题："演讲"是我国国民口语沟通的主要类型吗？如果是，那么集中在哪些阶段、哪些行业、哪些人群？如果针对某些行业的群体演讲确实是口语沟通的主要类型，那么又是"哪一种"演讲呢？是"演讲比赛"形式的演讲吗？

中小学语文教学中口语交际教学的重点，应该是"组织中的口语交际"。然而，目前中小学口语交际教学的重心却放在日常生活中的口语交际上，比如购物、问路、招待客人等。组织中的口语交际，如讨论、演讲等虽有所顾及，但往往因缺乏具体场景的技能学习而变成了"说话的活动"。市面上流行的"口语交际训练"之类的书籍，则又侧重在特殊场合的口语交际，穿插讲述种种口语表达高超艺术的轶事，这恐怕是本末倒置了。

研究语文能力和语文测试，应该借鉴国外优秀的研究成果。但是，国外的阅读和阅读测试研究、写作和写作测试研究、口语沟通和口语测评研究，针对的是他们语文生活中的"阅读类型——语篇类型""写作样式——任务类型"和"口语沟通场景"类型，我们不能照抄照搬。

我国香港地区 PIRLS 项目主持人、香港大学语文研究中心谢锡金教授在《儿童阅读能力进展——香港与国际比较》的"第二章：阅读是什么"一开头就说了一句一针见血的话："在尝试回答'阅读是什么'这个简单又复杂的问题之前，我们无法不先

有一个假设：阅读中文篇章与阅读外文（尤其英语）篇章，没有本质的分别。"①

这句话的注释几乎用了满满一页的篇幅。谢教授有中英文阅读的纯熟经验，在注释中从阅读认知心理的角度立论也颇有依据——其实，PIRLS 和 PISA 等全球性的阅读测试能得以通行，本身就证明人类在阅读能力方面的共同性和共通性。但是，中国人的阅读与英国人的阅读真的没有分别吗？ 这种分别是因不重要而可以忽略吗？ 中国人写的文章与美国人写的文章，真的没有分别吗？ 中国人的说话及沟通方式与国外的差别是不重要的，因而可以忽视吗？ 这类问题，显然需要我们深思，需要我们站在国民语文能力和素养的国家战略高度，慎重对待。

中国语文是中国的语文。中国国民语文能力，是中国语文的能力。国民语文能力的提升，体现在国民的语文生活中，落实到国民语文生活中"真实情境"的听、说、读、写，尤其是"真实情境"听、说、读、写的主要类型上。那么，有哪些主要类型呢？ 不同阶段、不同行业国民语文生活中"真实情境"听、说、读、写的主要类型有哪些？ 这只有在充分的调研和辨析之后才能妥善回答。

如前文所述，语文能力研究，主要是阅读能力研究、写作能力研究、口语沟通能力研究。

下面以口语沟通为例。

本人在研究中提出，参考沟通理论和传播理论，结合我国中小学教学的实际，口语沟通的场景类型可以分为四大类（如图 2-4 所示）：（1）日常生活中的口语沟通；（2）组织中的口语沟通；（3）特殊场合的口语沟通；（4）倾听与非语言交流（为上述三大类所共有，为了教与学的方便，予以单列）②。

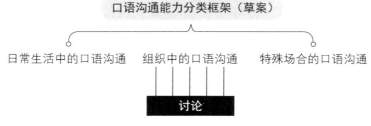

图 2-4　口语沟通能力分类框架

与外语学习重在日常生活的口语沟通不同，作为母语的语文教学以及语文测

① 谢锡金，等.儿童阅读能力进展——香港与国际比较［M］.香港：香港大学出版社,2005：9.
② 王荣生.语文课程与教学内容［M］.北京：教育科学出版社,2015：334—347.

试,重心应该放在组织中的口语沟通上。而组织中的口语沟通能力,如讨论、演讲等,在日常生活中较难自然习得,因而需要专门学习"怎么听说"。"怎么听说",也就是在某一场景的口语沟通活动中应该"听、说什么",应该"做什么"或"不做什么"的规则。因而又必须细分场景。比如"讨论",就要区分是"交流分享""主题研讨",还是"解决问题",是"协商意见",还是"激发创意",等等。不同目的、不同交际场景的"讨论",需要不同的技能,其"能力要素"各有分别,"怎么听说"的规则也大相径庭。比如:交流分享,要聚焦主题;解决问题,必须在规定的时间内拿出集体的方案;协商意见,需要达成一致;激发创意,就应该鼓励天马行空、奇思异想。

从普遍性—特殊性的向度,语文能力可以按概括性—具体化的不同程度,做不同层级的描述(如图 2-5 所示)。

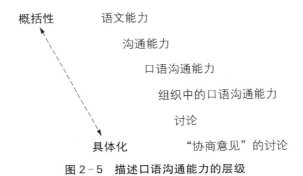

图 2-5　描述口语沟通能力的层级

如前所述,我国语文能力的描述层级,长期以来滞留在类的"范畴"中,理论研究难以深入,对语文教学和语文测试的实践也不能起效。因此,语文能力描述的层级应该下移。

那么,应该下移到哪一层级呢? 辩证唯物主义的原理告诉我们:普遍性存在于特殊性之中。基于"语文能力测试"的意图,本研究倾向于下移到社会中的听、说、读、写"真实情境"类型。也就是说,不在"讨论"这个层级来研究"讨论"的能力,而是下移到"协商意见"这一层级来研究协商意见"这种讨论"的能力。

这样做,有上通下贯的功效。

上通:在语文能力取向问题上,变"抗争"为"疏导"。落实到"真实情境",就有可能化解语文教学和语文测试中长期得不到矫正的语文能力取向问题。换言之,使语文能力取向问题获得一种技术上的解决,而自然地导向常态的语文能力。这样,语文教学和语文测试,就能在"真语文"中安居。

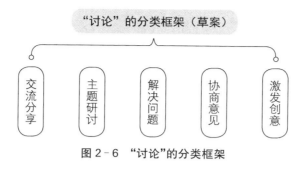

图 2-6　"讨论"的分类框架

　　下贯：连贯到语文能力要素的描述。在"交流分享""主题研讨""解决问题""协商意见""激发创意"这样的层级，语文能力要素较容易描述（如图 2-6 所示）。比如："交流分享"必须紧扣主题，应该重点说与别人有所不同的见解或经验，言谈中要联系别人的话并做正向的回应，等等。而"解决问题"，则必须明白问题之所在，必须分析产生问题的主要原因，必须考虑问题解决的现实条件，必须权衡几种解决问题的办法并评估其优劣得失，最终必须在规定的时限内拿出相对较优的解决问题的方案。

　　不难看出，在"真实情境"的层级所提炼和描述的能力要素，与人的"直感"较为一致，因而容易学习和掌握，也便于能力的迁移。能力要素清晰，就能为语文测试提供作为测试设计基础的"构念"，研制语文测试工具就会有章可循，至少不会在"测试哪些能力要素"上犯迷糊。

　　本研究将按照"真实的"阅读类型——语篇类型，描述阅读能力要素；按照"真实的"的写作样式——任务类型，描述写作能力要素；按照"真实的"沟通场景类型，描述口语沟通的能力要素。

　　阅读、写作、口语沟通，统一按"真实情境"来描述语文能力要素，这将彻底改变我国语文教育和语文测试研究中"阅读""写作""口语沟通"的能力要素描述理据不明、视角混乱的状态，逐步形成属于中国的共同、互通的话语体系。

　　根据国民语文活动的实际，判别不同阶段、不同行业国民语文生活中"真实情境"的听、说、读、写的主要类型，是本研究的主要内容之一。能力描述的层级问题，随着研究的开展，其复杂变化的一面也会显现。本研究的基准描述层级是"真实情境"中的听、说、读、写的具体"类型"，在具体进行描述工作的过程中，层级上下移动的调整也会出现——从有利于语文教学和语文测试的角度，哪种选择更有利，在决策时会遇到种种问题。

　　以实用性阅读为例,本研究最终辨析、确认"普通国民"在真实情境中的实用性阅读,主要有以下八种阅读类型(如图2-7所示)。

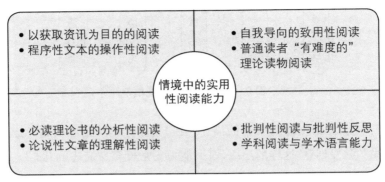

图2-7　实用性阅读的八种类型

　　每种阅读类型,或又细分出亚类型。例如,"以获取资讯为目的的阅读",包括三种亚阅读类型。(1)知道"去哪里找":探测性阅读;(2)知道"找什么":搜索性阅读;(3)知道"有什么":检视性阅读。

三、面对事情本身具体描述能力要素

　　面对事情本身,是现象学的基本观念。本研究在研究态度和研究方式上,对现象学这一观念心向往之,并身体力行。

　　本研究不是对"语文能力"种种信念(理论、观点、说法、看法等)的研究,而是"悬置"语文能力研究中存在的种种"信念",努力"在经验的事实的基础上要求通过直观来获取本质洞察,即获得对本质因素及其在它们之间的本质关系的把握"[①]。

　　具体地描述语文能力要素,是本研究的重中之重,也正是本研究的最大难点。下移到听、说、读、写"真实情境"类型,就与人们的听、说、读、写的自然经验较为接近。怎么读报纸,怎么读小说,怎么写报告,等等,这几乎每个人都能说上几条,在行当中的人还能说得头头是道。所以或许会引人误会,以为对语文能力要素的这种描述是相当轻松而便利的事。如果有这样的想法,那就大错特错了。

　　下面以文学为例。

　　凭大学教学四十年的经验,孙绍振先生对文学研究界提出质疑:"试问大学中文系教授,让你们去教中学语文,在微观分析中,有多大把握能保证超越中学水平?

---

① 倪梁康.面对实事本身:现象学经典文选[M].北京:东方出版社,2000:7.

有多少能够进入文本内部结构，揭示深层的、话语的、艺术的奥秘呢？"①不错，关于文学，关于文学作品，关于小说、诗歌、散文等，文学界有大量的研究，丰富的文学研究成果是本研究基础性的参考文献。但是，对作品解读而言，文学界的研究主要是在两端：一端是上位的，在"文学"门类的层级，或是小说、诗歌、散文等较大"范畴"的层级。再落下来，比如现代诗、古代诗；再落下来，说不定就到了另一端，也就是落到了对具体作家作品的研究上。所以，近年文学界如谭帆教授等，呼吁分文体（体裁、体式）研究并身体力行。按照本研究的需要，尽管是分文体（体裁、体式）研究，层级还是过高。另一端是具体作品的解读，如孙绍振先生大量的作品解读著作，细致入微，为我们打开了一扇扇窗，展示了一幅幅美丽风景。但是，作品细读是以篇为单位的，从本研究的需要看，层级又过于具体了。

从国民语文生活中"真实情境"文学阅读的角度看，适合本研究所需层级的"主要类型"且直接可用的资源，其实并不多见。

实用文章的阅读和写作、口语沟通，那情况就相当不妙。从本书所列的关于阅读、写作和口语沟通的参考文献中，不难看出：基于本土研究有质量的成果，很少。我们关于阅读、写作、口语沟通的绝大多数知识均来自国外，可供参考的主要文献是翻译的；即使是本国作者所著，其理论资源往往也主要是他国的。

国外关于阅读、写作和口语沟通的研究很丰富，也是本研究最主要的参考文献。然而，正如上文所说的，他们研究的，是他们的阅读、他们的写作、他们的口语沟通。其中当然有人类共同和共通的部分，但其中哪些能与我们的水土相服，哪些可能在借鉴中要有所改造，哪些"拿来"也没有用处，这需要我们细细分辨、斟酌拿捏。

那么，就要依赖于我们在语文生活中听、说、读、写的经验了。本研究的主要研究方法中的德尔菲法（专家规定程序调查法）和（有组织的）专家经验反思法就是依赖专家的经验。难度在于要从人们的经验中、要从我们自身的经验反思中，抽取稳定的、带有本质性的能力要素，而这些要素，我们过去往往是无意识的，并不知晓。

在语文教师培训课程标准研制中，我们深知其难。我们向专家教师——资深教研员和语文特级教师问这样的问题：如果要用三个点来判定语文教师阅读课堂教学能力的好坏，并能较容易地分出四个等级，那么是哪三个点？经数次集体讨论后得出：（1）应答处理时，教师应答的关注点；（2）当教学出现与预想不一致时，教学时间的调节原则；（3）教学过程和之后，教学效能感的判断依据。比如"应答处

---

① 孙绍振. 名作细读：微观分析个案研究(修订版)［M］. 上海：上海教育出版社，2009：1—2.

理"的最低水平,就是不管学生说些什么,最后都要回到他的"标准答案"——反正我就要讲这些,课堂交流只是花招而已;稍好一点的,能关注学生对课文的感受;更好的水平,关注到了学生对感受的反思;最高的水平是能把学生的不同理解和感受关联起来,并带领学生走向更高的理解和感受。

同样,我们这样问:阅读某种类型的短篇小说,如果我们要用三个点来判定对于这类小说的阅读(文学想象)能力的高低,并能较容易地分出四个等级,请问是哪三个点? 相信这个问题并不容易回答。

抽取稳定的、带有本质性的能力要素,并加以较通俗的清晰描述,这是本研究的重点,也是难点。

国家公务员申论考试的成功经验,对本研究提供了有益的启示。

第一,测试功能定位明确,语文能力取向自觉而鲜明。

申论考试是具有模拟公务员日常工作性质的能力测试。申论要求考生从一批材料中去发现问题并解决问题,全面考查考生搜集和处理各类日常信息的素质与潜能,以适应当今国家公务员实际工作的需要。申论有着明显区别于其他诸论的特点。申论的写作,避开了传统作文中那些未必适合于考查公务员的因素,使必须考查的能力得以突出。

第二,规定特定写作样式,语文能力界定清晰。

申论是指针对给定材料或者特定话题而引申开来、展开议论的一种文体,是随着公务员录用考试制度而出现、推行的一种新兴文体。申论考查的"语文能力",相比较基础教育阶段认定的"语文能力"有较大的拓展。它涉及:(1)阅读理解能力。同样一则材料,切入角度不同的人,往往会从中获得不同的信息。有的应考者能看得深些,有的应考者则看得浅些,这可以充分反映出应考者阅读理解能力的高低。(2)分析归纳能力。一要分析给定材料的量的方面,即反映的内容和问题、方面和层次;二要分析给定材料的质的方面,即给定材料所表达的观点和意见。同时,要充分考虑材料所包含的两极,避免片面化、绝对化。(3)解决实际问题能力。这是申论的主要考查目标。(4)文字表达能力。用词规范、准确,简明扼要,说理透彻。

第三,语文能力要素描述到位、明白。

(1)严格按申论要求的特点进行构思,根据行文者身份及行文对象进行布局,注意结构的完整性,一般用总分结构,突出重点部分,开头结尾做好设计。

(2)对给定资料所反映的问题进行综合分析,对问题进行分类:分清主要问题和次要问题;分清有关联的问题和无关联的问题;确认哪些是最需要解决的问题。

（3）原因分析，应当弄清其问题产生的原因，并且弄清所有有关联的问题产生的主要原因和次要原因。

（4）注意文字的连贯性，巧用关联词和承接、连接词（如而且、反而、从而、进而、继而、既而、然而、因而、不但……而且、不仅……也、最终、于是、尽管……）。

（5）注意字数不得超出规定。

申论考试中的语文能力取向自觉而鲜明，语文能力界定清晰，语文能力要素的描述到位明白，这是值得我们学习和借鉴的。

当然，像申论那样去发明一种文体，并不是语文能力测试系统建设通常要做的事情；但是，像申论那样去想办法测试真实情形所需要的语文能力，正是语文能力测试系统建设通常要做并要做好的事情。

比利时的"任务型语言教育"课程研制，也给我们以启发。

在梳理教学研究的文献后，比利时的"任务型语言教育"的课程研制者们发现："几乎任何和教学活动相关的事情现在都可以被称作'任务'。"[1]因此，他们清醒地意识到："为了防止……令人不知所云，有必要明确使用'任务'这一词语时，我们想表达什么。"[2]作为目标的"任务"，他们定义为："任务是人们为了达到某种目的而从事的活动，活动的开展使语言的使用成为必需。"[3]这样，确定第二语言学习的目标任务，"基本上等同于描述语言学习者需要完成的任务以及完成这些任务必须使用的语言类型"[1]。

首先，从社会角度看语言学习的需求，也就是"为什么要学习这门语言"。然后，对需求进行描述[5]。

（1）区分使用语言的不同领域。参考《欧洲语言共同参考框架：学习、教学、评估》区分的语言应用的四个宽泛领域：个人的、公众的、职业的、教育的。

（2）对特定语言学习的人群的学习需求进行实证研究，将看似无限的个体语

---

[1]　［比］Kris Ven den Branden.任务型语言教育：从理论到实践［M］.陈亚杰，薛枝，粟霞，译.北京：外语教学与研究出版社,2011：3.

[2]　［比］Kris Ven den Branden.任务型语言教育：从理论到实践［M］.陈亚杰，薛枝，粟霞，译.北京：外语教学与研究出版社,2011：3.

[3]　［比］Kris Ven den Branden.任务型语言教育：从理论到实践［M］.陈亚杰，薛枝，粟霞，译.北京：外语教学与研究出版社,2011：4.

[4]　［比］Kris Ven den Branden.任务型语言教育：从理论到实践［M］.陈亚杰，薛枝，粟霞，译.北京：外语教学与研究出版社,2011：4.

[5]　［比］Kris Ven den Branden.任务型语言教育：从理论到实践［M］.陈亚杰，薛枝，粟霞，译.北京：外语教学与研究出版社,2011：14—35.

言学习的需求重新汇合、概括为可操作的需求。

（3）综合学习者的主观需求和社会的客观需求，列出语言使用的相关领域和具体情境，并确定"典型语境"。如儿童教育领域，成人学习者的典型语境是：①为孩子在学校注册上学；②参加学校组织的家长会；③孩子生病时通知学校。

（4）从语言使用情境导出任务。如电话预订旅馆的语言任务分别是：①询问或理解关于房间的一些问题；②回答有关停车设施的问题；③表达个人要求和愿望；④理解关于费用的简单说明。

（5）从任务到类型任务。定义类型任务，以具体语言任务的共同特点对任务进行分类，虽然这些任务在细节上可能有差异。比如买电视机、买微波炉、买汽车等，可以划归在"购买物品"这一类型任务中。

（6）描述"类型任务"的参数。①语言行为。涉及相近类型语言行为的任务被归为一类。②公众。细分为"本人""熟悉的对话人""不熟悉的对话人"。对话人不同不仅意味着任务不同，而且还按任务复杂程度排列——学习者和对话人之间的距离越远，任务就越复杂。③信息处理水平。指学习者想要使用某个文本的认知活动，可划分为四个水平——复制水平、描述水平、重构水平、评价水平。④文本聚类。包括所涉及的最典型的文本体裁的集群。⑤文本特征。与执行任务所需的语言知识有关，它决定了文本的复杂程度，如语法、词汇、文本结构、主题、语域、语音等各个方面。

（7）这些参数的结合可以使许许多多的目标任务群集成简单可行的"类型任务"。例如：①在描述水平上，语言使用者可以理解文章的主要思想和观点，如新闻报道、纪录片、电影等娱乐文本、体育评论等。②在重构水平上，语言使用者可以找出文章中的相关信息和说明，如公告、广告、商业广告等。③在评价水平上，语言使用者可以比较不同文本中的信息、论点和结论，如广告和商业广告等。

（8）在课程标准中对类型任务进行系统描述。包括类型任务各参数的描述表和类型任务的文本特征描述表。类型任务各参数的描述表，纵向按信息处理水平排列，横向分别是"语言行为"、"涉及的语篇类型"（信息、指令、说明等）、"文本"（如广告和商业广告）、"信息处理的层面"、"情境范例"（如比较移动通信的不同资费信息，找出最便宜的资费方式）。

母语比第二语言要复杂得多，但上述的研制思路和方法，对认识和描述国民语文生活中的"任务类型"仍有借鉴意义。

如果我们能够辨析、确认国民语文生活中"真实情境"听、说、读、写的主要类型，并能够清晰而具体地描述各种主要类型的能力要素，那么就可能描述出国民语文能力构成及能力要素的分类谱系，这相当于建立了国民语文能力要素的总资源库。

语文能力要素分门别类地储存在资源库中，当建设针对目标对象的语文测试系统时，建设者就可以根据测试的需要，从"语文能力要素资源库"中提取相应的能力要素，然后根据测试的需要加以情境化"配伍"应用（如图 2-8 所示）。

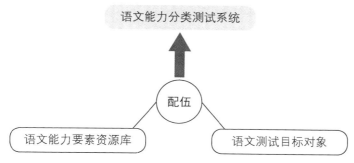

图 2-8　语文能力要素的情境化配伍

如在综述中所说的，我国国民语文测试系统建设目前遇到的最大问题或瓶颈是测试内容。对所要测试的阅读、写作和口语沟通的各种"类型"的能力要素，不甚了了；语文能力各部分、方面的测试系统，缺乏共同、互通的"构念"基础和整体架构。建立"语文能力要素资源库"，这就为语文教育和语文测试提供了共同、互通的参照蓝本，为国民语文能力测试系统分类建设提供了共同、互通的作为测试设计基础的"构念"。从这个意义上讲，"语文能力要素资源库"相当于做了统一"度量衡"的工作。

四、关于研究内容及术语使用的说明

本研究为国家社科基金重点项目，研究主题聚焦在"国民语文能力构成"上。

（一）关于研究内容

原拟研究内容是两个方面。

1. 阅读能力与传统文化素养

拟解决的主要问题是：不同阶段、不同行业"真实的"阅读类型——语篇类型有哪些？其能力要素是什么、有哪些？主要源于阅读的最重要的传统文化素养有哪些？

研究内容和目标：研究"真实的"阅读类型——语篇类型,描述阅读能力要素;从测试的视角,研究主要源于阅读的文化素养,尝试提炼要素。

2. 交流能力与语言文字素养

拟解决的主要问题：不同阶段、不同行业"真实的"写作样式——任务类型有哪些? 其能力要素是什么、有哪些? 不同阶段、不同行业"真实的"口语沟通场景有哪些? 其能力要素是什么、有哪些? 主要表现在交流中的最重要的语言文字素养有哪些?

研究内容和目标：研究"真实的"写作样式——任务类型,描述写作能力要素;研究"真实的"口语场景类型,描述口语沟通的能力要素;从测试的视角,研究主要表现在交流中的语言文字素养,尝试提炼要素。

在初步的研究中,我们意识到传统文化素养和语言文字素养的关联性更为密切,拟合并为一个专题。

全方位地勾勒国民语文能力构成并描述其各种功能类型的能力要素是一个浩大的工程。作为一种基础理论研究,国民语文能力构成的研究面对一系列基本的理论问题;课题的复杂性和任务的艰巨性,超出了我们的预估。

以文学阅读为例,我在本书第六章里写道：

> 把文学和文学阅读作为话题来谈论的,似乎是两种人：一种是文学批评家和文学理论家;一种是文学教师,包括中小学语文教育研究者和语文教师。
>
> 文学批评家和文学理论家所谈论的文学与文学阅读,实际上谈论的是自己或自己主张的文学阅读,即有能力充分理解文学文本的文学阐释者的阅读,也就是超越普通读者的阅读。文学批评家和文学理论家观点各异、主张纷呈。根据安托万·孔帕尼翁的判断："文学理论是相对主义的而非多元主义的教科书。换言之,多样答案是可能的,但一个有了可能,另一个就失去了可能;它们皆是可接受的,但却互不相容。被这些理论称之为文学的或定性为文学的东西其实并非一回事情,它们互相排斥,无法纳入一个全面统一的文学观;它们关注的不是同一个事物的不同方面,而是不同的事物。"①

---

① ［法］安托万·孔帕尼翁.理论的幽灵——文学与常识［M］.吴泓缈、汪捷宇,译.南京：南京大学出版社,2011：18.

　　文学教师，包括中小学语文教育研究者和语文教师，所谈论的文学阅读，实际上谈论的是文学教育或文学教学，即学生的文学阅读，其目的是培养学生的文学阅读能力。所用的武装，大致是从不同的文学理论听来的或读来的，再加上自己的一些猜想，也是观点各异、主张纷呈。对"文学阅读能力"是什么，如何培养以及何以如此培养，也无法纳入一个全面统一的文学教育观。

　　一方面，提倡书香社会，倡导国民阅读，而关于国民阅读，许多倡导者似乎以为主要是文学阅读；另一方面，我们对普通读者的文学阅读是怎么一回事情，几乎一无所知，古今中外几乎没有可资利用的实证研究的学术资源。

　　认清这样的事实，着实令人震惊。

于是，我们就不得不面临这样一个研究任务：试图描述出人们实际所意想的普通国民的"文学阅读"，即人们在谈论国民文学阅读时，所意想的、默认的、预设着的"文学阅读"的模样。如果"文学阅读"的面相不清，那么国民"文学生活"中的"文学阅读能力"就难以辨别，所谓"文学阅读能力测试"势必无的放矢。

与文学阅读类似的学术生态环境，同样存在于实用性阅读、写作和口语沟通等领域。这也意味着德尔菲法（专家规定程序调查法）在本研究中的功效要大打折扣。不同学术背景的专家各执己见，这可能会互相激发思考但较难形成共识，或只能在相当宽泛的意义上形成一些共识。事实上，作为人文学科的基础理论研究，采用学术背景各异的团队合作的办法，本来就未必妥当。

面对这样的现实，本研究改变策略，改诸领域平行全面推进为集中主题逐次攻关。与其伤及全身，不如断其一指。在研究方法上，也更多地依赖文献研究，与世界范围的顶级专家的相关著作"对话"，在借鉴国外研究成果的基础上，面对我国国民语文生活的真实情境，谋求本土化的创新成果。

课题研究中先行完成的是阅读领域，共六章。主体内容是三个部分。

（1）构建描述"阅读能力"的结构化框架，为系统地描述阅读类型及其能力构成要素奠定基础。

（2）具体地描述情境中的实用性阅读能力，描述八种主要阅读类型的能力构成及能力要素。

（3）构建"测评面相的文学阅读能力"框架模型，为系统地描述普通国民"文学生活"中主要阅读类型的文学阅读能力构成及要素奠定基础。

国民语文能力,阅读是其最主要的方面。辨识、确认普通国民在真实情境中的主要阅读类型,勾勒主要阅读类型的能力构成并具体地描述其能力要素,标志着本研究的重大进展,所取得的成果是开创性的。

(二) 关于术语使用

学术术语的磨合和选用,是本研究的难点之一。主要有三个方面的困难。

第一,英文术语的中文译词。

毋庸讳言,各专业领域目前流通的学术术语主要来源于英语。英语的词汇量巨大,词语有词性标记,造词相对容易,用缩略语表述的术语,其原词含义在词形中可较完整留存等。而对译的汉语,有时难以准确地表述原义,所对译的词语在汉语词汇系统有其固有的语义联系或语义联想。

比如"阅读","read"是动词(隐含着主语,谁阅读),"reading"是动名词(隐含着宾语,阅读什么),阅读理解是"reading comprehension",理解知识是"understanding knowledge",两处的"理解"用词不同。阅读过程是"processes of comprehension",指阅读理解的心理过程,与阅读的外在行为无关。

再如"略读",英文中有三种含义:一是阅读之前的"preread-skimming",相当于预览;二是通常讲的略读"skim-reading",是一种与精读相对的阅读方式,一般我们所说的"略读"指的就是这一种略读;三是阅读之后的"review-skimming",指在对各部分、各章节分别进行精读之后,再返回到整体,用较快速度通篇略读,加深整体连贯的理解。

又如"问题",在英文中分别有"problem"(难题)、"question"(提问)、"difficult"(困难)、"trouble"(麻烦、困惑)、"issue"(有争议的议题)等词汇,而中文翻译通用"问题"一词,所以"解决问题"的含义有时容易混淆。"problem-based learning"(简称 PBL,即基于问题的学习),目前翻译为"问题学习"或"问题化学习",汉语词汇的语义联想与原产地的含义或有较大偏差。"big idea"(核心的"概括性知识"),时下翻译为"大概念""大观点""大观念""大理念""大思想"等,至少在语文教育界,在"反知识"的舆论语境中,这串学术词汇看来极难按其本义被认识。

本研究的术语使用,力求与英文原义相吻合,为避免不当的词语联想,有时宁可表述啰嗦些。例如:阅读理解,表述为"语篇的阅读理解";阅读过程,必要时表述为"阅读理解的心理过程";"review-skimming",表述为"阅读之后的通篇略读";

"problem-based learning"使用词组"基于问题的学习"而不予简化；"big idea"则按其含义，用核心的"概括性知识"指称。

第二，同一个研究领域，指同一个事物，但不同的研究者使用的是体现不同理念的概念术语。

如文学阅读，传统的用语是文学鉴赏、文学欣赏、作品赏析、作品欣赏等。近几年，文学理论界倾向用文学消费、文学接受、文学解读、文学反应、文本解读、文本阐释、文本分析等术语。不同的术语，主要的差别似乎在"语境"的变化和"理念"的不同上，其核心的指向都是一致的：指向文学文本的阅读或欣赏的精神活动，即文学体验。

人文学科术语繁多，每一概念术语，不同的研究者所界说的含义各有不同，这一方面反映了人文学科学术研究的多样化发展，另一方面也对吸收利用其研究成果造成了一定的障碍。

本研究的术语使用，力求选择其中最能体现所指含义的术语，并采用该术语的原创者或对该术语加以概念化的学者界定的含义。例如，采用温儒敏教授所界定的"文学生活"这一术语，采用朱迪思·朗格（Judith A. Langer）予以概念化的"文学想象"这一术语。

第三，不同的学科，对同一个事物，都各自有一套该学科通用的学术词汇。

比如：语篇类型（discourse type），在语言学研究中所使用的同义或近义的称谓有"篇章类型（text type）""语类""文类""风格""文体"等；在文学研究中，通常使用的是"体裁（genre）"，较常见的同义或近义的术语有"文学文类""文体""体式""风格""流派"等。

再如：本研究中的"语文能力"，在语文课程研究中称作"语文课程目标"。"语文能力要素"，在语文教学研究中或称为"课程内容""教学目标""教学内容"，从应试的角度称为"考点"，从命题的角度称为"测试内容""命题点"等。它们是不同学科领域因研究视角不同而对同一个事物的不同的称谓，术语不同但所指相同。

本研究参考较多的语篇阅读心理学、批判性思维等领域，也都各有一套本领域通用的学术词汇。比如：语篇阅读心理学所讲的"阅读"，特指无专门目的的"自然阅读"；批判性思维所讲的"主张"和"理由"，即逻辑学所讲的"结论"和"前提"。

本研究的一些术语，取自不同学科，并按照该学科领域通用的含义使用。例如："连贯阅读"这一概念，取自语篇阅读心理学；"参照式解读"这一概念，取自传播学研究；"致用性阅读"这一概念，取自职场培训领域。

总之,本研究秉持"以筹划思维解答语文能力构成问题""按真实情境的功能类型设定描述层级""面对事情本身具体描述能力要素"这三大原则,术语兼采不同学科领域,力求准确而适用。本研究的主体部分——"阅读能力"的结构化框架、实用性阅读八种主要阅读类型的能力构成、"测评面相的文学阅读"能力框架模型,所使用的主要术语,每一个都有明晰的概念界定并交代了其学科来历。

从这个意义上说,本研究也希望能够获得一个作为副产品的研究成果,形成人们在谈论阅读、阅读能力、阅读能力要素时,经界定的一套可通用的学术词汇。

第三章
"语篇阅读能力"的多维度观照

一、影响阅读的主要因素

· 阅读主体的制约因素

· 阅读态度

· 语篇类型

· 文本难度

二、阅读活动与阅读能力

· 广义的阅读活动与阅读能力

· 狭义的阅读活动与阅读能力

· 特指的阅读活动与阅读能力

三、阅读取向、阅读方式与阅读类型

· 阅读取向

· 阅读方式

· 与语篇类型的对应关系

· 阅读类型

四、阅读方法与阅读策略

· 阅读策略

· 阅读方法

· 阅读方法和阅读策略,各得其所

· 附:阅读方法的教学

· 附:阅读策略的教学

五、过程维度与结果维度

· 阅读活动中的行为及表现

· 阅读理解时的"推论"

· 阅读理解测评的侧重维度选择

· 关于阅读理解水平

六、总结:描述"阅读能力"的结构化框架

· "广义的阅读能力"描述框架

· "狭义的阅读能力"描述框架

第三章

阅读能力是最基本、最重要的国民语文能力。儿童青少年的学习活动离不开阅读，成人的可持续发展更离不开阅读。社会越发展，对国民的阅读能力的要求也越高。国际教育领导研究中心称："如今的社会，即使是刚入门的初级工作岗位，在阅读能力上的要求也远远高于中学生毕业时所达到的水平。21世纪职业市场的竞争中，对现代年轻人的阅读能力的要求已远远高于对上几代人的要求。"[①]

阅读的自然单位是语篇[②]。澳大利亚的阅读研究专家乔纳森·安德森指出："尽管阅读可以分析成次一级的技能，如分辨字母和辨识词语，但一次只应用一个次级技能并不构成阅读。阅读可以说是只有在流畅的完整行为过程中把各个部分综合在一起时才会出现。"[③]

本研究所讲的"阅读"，指语篇阅读，包括整本书、完整的篇章和相对完整的片段；本研究所讲的"阅读能力"，即语篇阅读能力。

一、影响阅读的主要因素

阅读取决于两个方面：一是阅读主体（读者），二是阅读对象（语篇）。只有在阅读主体（谁阅读）和阅读对象（阅读什么）的关联中，我们才能谈论阅读活动和阅读能力（如图3-1所示）。

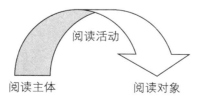

图3-1 阅读主体、阅读对象与阅读活动

① ［美］卡伦·坦珂斯莉.教会学生阅读：策略篇［M］.王琼常，古永辉，等，译.北京：教育科学出版社，2008：2.
② ［美］D·W·卡罗尔.语言心理学（第四版）［M］.缪小春，等，译.上海：华东师范大学出版社，2007：154.
③ ［英］博比·尼特.阅读：阅读技巧指南［M］.贺微，张荣建，江地，译.重庆：重庆出版社，2004：7.

影响阅读活动和阅读能力的主要因素,是阅读主体的制约因素、阅读态度、语篇类型,以及文本难度。

(一) 阅读主体的制约因素

包含两个因素(如图 3-2 所示)。

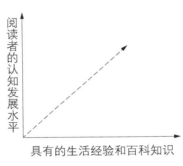

图 3-2　阅读主体的制约因素

1. 阅读者的认知发展水平

包括智商和认知发展阶段。认知发展阶段可采用皮亚杰认知水平发展阶段的理论(感觉运动阶段、前运算阶段、具体运算阶段、形式运算阶段)和维果茨基(Lev Vygotsky)的"最近发展区"理论。

2. 具有的生活经验和百科知识

认知心理学研究表明,"仅有良好的阅读技巧并不是决定我们从阅读里学到什么的主要因素","阅读者在阅读时所具有的先前知识深深地影响其对课文内容的理解,先前知识对帮助阅读者做有用的推论具有强有力的作用"①。

在本研究中,阅读主体的制约因素,只作为背景因素考虑。

阅读者已经具有的生活经验和百科知识,与文本的内容难度密切相关。因此,在本研究中,将其转化为文本的内容难度问题。一般而言,熟悉的话题、与特定读者所具有的生活经验和百科知识相符或相近的文本内容,难度较低;反之,则文本的内容难度较高,甚或超出特定读者可阅读理解的阈限。

阅读者的认知发展水平,在阅读活动中,表现为阅读者所能够进行的阅读类型、所能够适应的文本的形式难度和内容难度、所能够运用的阅读方法和阅读策略。

---

① [美]Richard E. Mayer. 教育心理学——认知取向(第二版)[M]. 林清山,译. 台北:远流出版公司,1991: 325—327.

(二) 阅读态度

可从两个方面来界定(如图 3-3 所示)。

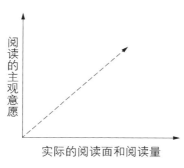

图 3-3 阅读态度的两个方面

1. 阅读的主观意愿

包括阅读的动机、对阅读活动的价值和情感体认、阅读的兴趣和趣味等。

有效的阅读,是自主、自愿的活动。越是高能力的阅读者,阅读的主观意愿越强烈;一旦丧失了阅读的主观意愿,阅读活动就难以维系,因而也无从养成较高的阅读能力。

2. 实际的阅读面和阅读量

实际的阅读面和阅读量,是阅读态度的外化表现。

实际的阅读面,指特定读者所能进行的阅读类型。阅读类型,是阅读取向与语篇类型的交集①。

实际的阅读量,指一个时间段内(年/月/周)所阅读的整本书、杂志、报纸等的数量。有声读物、电子书等各种通过电子媒介传播的文本,通常以每天用于阅读的时间为计量单位。

阅读态度,PISA 称之为"个人阅读参与度",PIRLS 则将其细分为"对阅读的自我概念及态度""课余的阅读习惯"和"使用电脑的习惯"。二者均采用结构性问卷的方式对阅读态度进行考察。考察隐含着以下三个通行的假设。

(1) 阅读的主观意愿,与阅读能力正相关。

(2) 阅读面和阅读量,与阅读能力正相关。

---

① 阅读类型,具体界定请见本章第三部分"阅读取向、阅读方式与阅读类型"。

(3) 阅读的主观意愿,与实际的阅读面和阅读量正相关。

因此,阅读的主观意愿,很大程度上可以通过阅读面和阅读量来测量。但如果有人因为非主观原因而没有表现出他本来可以实现的阅读面和阅读量的话,也可能有必要将阅读的主观意愿单列为一项加以考察。

阅读的主观意愿的考察,通常采用结构性问卷,由个人根据自己的情况勾画相应的选项,相当于个人的主观报告。在调查中由个人所报告的阅读的主观意愿,如"喜欢阅读""比较喜欢阅读"等,并不一定能精准反映他的真实情况,因而需要实际的阅读面和阅读量予以佐证。

(三) 语篇类型

语篇(discourse)是实际使用的语言单位,是交流过程中一系列连续的语段或句子所构成的语言整体,包括纸质或电子媒体中一段或以上相对完整的文字材料,以及经某种转写的口头语言材料,例如独白、仪式讲话等①。语篇或译为文本、篇章(text)。

语篇类型(discourse type)、篇章类型(text type),大致相当于"体裁"(genre)②。语言学研究中所使用的同义或近义的称谓,还有"语类""文类""风格""文体"等。文学研究中使用的同义或近义的术语,较常见的如"文学文类""文体""体式""风格""流派"等。

语篇类型可以看成是一个"连续体":"各种语篇依据自身的特征在其中占据各自位置的连续体。一个连续体就是一个有众多确定点的刻度尺。每一个点都能辨别出来,但点与点之间的起止却相互模糊。连续体上每一种类中的项目并非都符合一个标准,而是因为它们彼此间的相似点超过了不同处。"③

参考 PISA 阅读测试框架,语篇类型可从文本形式和文本体式两个维度描述(如图 3-4 所示)。

1. 文本形式

文本形式,指文本外在的表现形式(如表 3-1 所示)。如:纸质文本与电子文本、单个文本与多重文本,以及连续性文本、非连续性文本和混合文本等形式。

---

① [英]戴维·克里斯特尔.现代语言学词典[M].沈家煊,译.北京:商务印书馆,2000:358.
② 舟永平.《体裁、关联与整体连贯——语类语用学》导读[M]//[英]Christoph Unger.体裁、关联与整体连贯——语类语用学.上海:世界图书出版公司,2008:28.
③ [英]博比·尼特.阅读:阅读技巧指南[M].贺微,张荣建,江地,译.重庆:重庆出版社,2004:1.

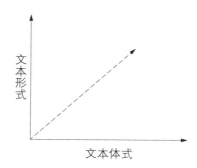

图 3-4 描述语篇类型的两个维度

表 3-1 多样的文本形式

文本形式	单个纸质文本						电子文本	多重文本
	整本书			篇章				
文学作品	中、长篇小说,剧本,作品集,绘本等			散文、诗歌、短篇或节选小说、单幕或节选剧本等				
实用性文本	连续性文本	非连续性文本	混合文本	连续性文本	非连续性文本	混合文本		

2. 文本体式

PISA 将"文本体式"称为"文体类型",主要依据文本的表达方式进行分类。如:描写型、叙述型、说明型、议论型、指示型、交流和互动型等。其中交流和互动型,主要适用于电子文本。

在本研究中,称之为"文本体式"。"文本体式"是综合性的实用的概念,合取语言学和文学理论等相近概念的含义,如文类、体裁、语体、文体、风格、流派、特色等。

文本体式的分类,大致可分三个层级,必要时可在第三层级之后再行划分下位层级(如表 3-2 所示)。

其中第一层级、第二层级,可按通行的划分法进行分类。

表 3-2 文本体式的分类及层级

第一层级	(虚构)文学作品			(非虚构)文学作品			实用性文本			
第二层级	诗歌	小说	剧本	散文	传记	报告文学	叙事文	议论文	说明文	应用文
第三层级	……	……	……	……	……	……	……	……	……	……

复杂性体现在第三层级及之后。在本研究中,采用"实用的"办法,认可现实中

实际应用的类别划分法。

采用"实用的"办法,意味着认可各种实际中使用到的多个维度的切分。由于维度不同,第三层级及之后的具体小类,相互之间难免重叠交叉。例如:小小说、短篇小说、中篇小说、长篇小说,是一个维度的切分;侦探小说、科幻小说、言情小说、儿童文学作品等,是另一个维度的切分;中国古代小说、中国现当代小说、外国小说,也是一个维度;现实主义小说、浪漫主义小说、现代派小说,则又是另一个维度。

阅读和写作是文体思维。对文本体式(文体类型)的把握,是最重要的阅读能力之一,也是达到较高理解水平的先决条件之一。

本研究对文本体式的特征描述,合取种种维度,采用多角度叠加合成的描述法。例如鲁迅的《风筝》,可从以下角度分别描述其文体特征:(1)这是一篇散文——因而重心是作者主观情感的表达;(2)这是一篇回忆性散文——因而作品中有两个"我",一个是当时的"我",一个是写文章时的"我",阅读时要注意把握文中两个"我"的关系;(3)这是鲁迅的一篇散文,因而体现了鲁迅独特的思想和行文风格;(4)这是选自《野草》的一篇散文,因而带有散文诗的特色,题目"风筝"有象征意义。

(四) 文本难度

规范的术语是"readability",指文本的"易读性"或可读性,也有译作"文本复杂性水平""文章的难度"等。

国外对"readability"的研究已有上百年历史。如何判别英语文本的难度,历代许多研究者给出了多种判别的指标,形成了各具特色的中小学生读物分级系统。

在小学阶段,最简要的判别文本难度的办法是根据生词量。学生能不费力地自主阅读,每 100 个单词中错误少于 5 个(95%的正确率),则是"独立型文本";每 100 个单词中错误少于或等于 10 个(90%的正确率),则是"教学型文本";每 100 个单词中错误多于 10 个(89%以下的正确率),则是"挫折型文本"①。

美国的"蓝思阅读框架",从图书的语义难度(词汇的词频)和句法的复杂程度(句子长度)这两个维度,来衡量一个出版物的难易程度,并开发了在英语国家广为使用的读物分级系统。例如:盖瑞(William S. Gray)与拉里(Bernice Lary)将影响可读性的变量分为"内容、风格、格式、组织"四种类型,并析出五个评估"风格"的标

---

① [美]莎朗·沃恩,希尔维亚·L·汤普森.教会学生阅读:方法篇[M].顿祖纯,译.北京:教育科学出版社,2008:62.

准因素：(1)平均句子长度；(2)难词的数量；(3)人称代词的数量；(4)特殊用语的比例；(5)介词短语的数量。

美国《路易斯安那州选文评鉴指南》从文本复杂度的量化维度、文本复杂度的质性维度、读者与阅读任务维度综合判别语文教材选文的难度：(1)文本复杂度的量化维度，是通过计算机软件而测量出的文本复杂级数，包括词频或词汇长度、句子长度、文本连贯性等方面。如通过专门数字软件，计算出不同文本的难度级数码。(2)文本复杂度的质性维度，是通过分析框架来判别文本复杂度，包括文旨、文意、文本结构、语言特点、背景知识等方面。(3)读者与阅读任务维度，是跳出文本内容，从读者角度（如读者的阅读动机、兴趣、期望、背景知识或生活经验等），以及阅读任务特点的角度（如任务复杂度及问题难度等），依据专业经验对文本进行判定[1]。

中文的情况要复杂得多。单凭词频和句法的复杂程度（句子长度），或者再增加另一些"语言点"，还不足以作为判别文本难度的可靠指标。中文读物的文本难度鉴别，目前也不存在被广泛认可的量化维度的指标，主要还是依赖专家经验法，尽管有随意性过大的弊端。

本研究重点不在文本难度的具体判别。我们仅从便于理解和应用的角度，将文本难度切分为形式难度和内容难度两个方面（如图 3-5 所示）。

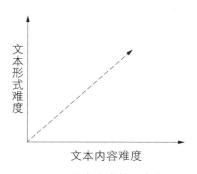

图 3-5　文本难度的两个方面

1. 文本形式难度

文本形式难度主要靠专家经验判别，或可开发量化评判参考系统。文本形式难度的指标，列举如表 3-3 所示。

① 张欣亮.美国母语教材文本复杂度的评鉴标准研究——以路易斯安那州选文评鉴指南为例[J].上海教育科研,2014(11)：52.

表 3-3　文本形式难度的指标

	较低难度	中等难度	较高难度	很高难度
生字量				
词汇难度				
语句复杂度				
段落组织(衔接、连贯)				
篇章结构(标记等)				
文本长度				
排版形式				
……				

2. 文本内容难度

文本内容难度主要靠专家经验判别,或由特定人群的调查数据举证。常见的参考指标,列举如表 3-4 所示。

表 3-4　文本内容难度的指标

	较低难度	中等难度	较高难度	很高难度
所需的背景知识				
主旨的显隐				
行文线索或行文逻辑的复杂程度				
文意表达的直曲				
……				

二、阅读活动与阅读能力

"对某一个体而言,能力就是为了解决某一类问题情境,以内化的方式调动已被整合的一整套资源的可能性。"[①]阅读能力,体现在阅读活动中。

阅读活动有广义、狭义、特指之分(如图 3-6 所示)。广义的阅读活动,指做阅读这件事。狭义的阅读活动,指具体语篇的阅读过程。特指的阅读活动,指在所设置阅读测试情境中的阅读活动和阅读理解过程。

---

① [比]易克萨维耶·罗日叶.学校与评估:为了评估学生能力的情境[M].汪凌,周振平,译.上海:华东师范大学出版社,2011:92.

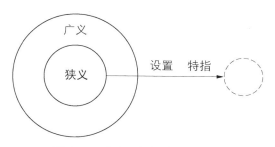

图3-6 广义、狭义、特指的关系

与广义、狭义、特指的阅读活动相应,阅读能力也有广义、狭义、特指之分。广义的阅读能力,即"阅读素养";狭义的阅读能力,指阅读理解能力,核心是阅读方法和阅读策略的运用;特指的阅读能力,通俗的解释就是阅读测试所得的分数。

(一)广义的阅读活动与阅读能力

1. 广义的阅读活动

广义的阅读活动,指做阅读这件事。表现为各式各样的阅读行为,包含众多差异悬殊的阅读类型,从随意翻阅报纸杂志,到正襟危坐复习背诵,从学童的大声诵读,到学者的细读琢磨。

做阅读这件事,较正式的过程,一般要经历阅读前、阅读中、阅读后三个阶段。

阅读前,萌发阅读的意愿,做种种必要的准备工作,或预览、预视,或暂时中断后再行接续。

阅读中,即狭义的阅读活动,指具体语篇的阅读过程,从眼睛接触所读语篇的第一个字,到读完最后一个字。

阅读伴随着思考和评价。思考和评价,在阅读中进行,有时也表现为连续性阅读活动的暂时中断(如掩卷而深思),往往要延续到阅读活动之后。

古今中外的"读书法""读书方法",大多讲的是广义阅读活动的读书法、读书方法,涵盖了阅读前、阅读中、阅读后,往往又侧重在阅读前和阅读后。讲述阅读方法的书籍有很多,如《阅读的战略》[①]《阅读:阅读技巧指南》[②]《如何高效阅读》[③]《实用性阅读指南:把读到的知识转化成能力》[④]《秋叶:如何高效读懂一本

---

① 顾晓鸣.阅读的战略[M].上海:上海人民出版社,1987.
② [英]博比·尼特.阅读:阅读技巧指南[M].贺微,张荣建,江地,译.重庆:重庆出版社,2004.
③ [美]彼得·孔普.如何高效阅读[M].张中良,译.北京:机械工业出版社,2015.
④ [日]大岩俊之.实用性阅读指南:把读到的知识转化成能力[M].陈怡萍,译.南昌:江西人民出版社,2017.

书》①《如何有效阅读一本书：超实用笔记读书法》②等。尤其是以理解为目的的学科阅读，往往要经历阅读前、阅读中、阅读后的多重循环。对专业知识的深度理解和牢固记忆，其功夫主要在对教材内容阅读后的精加工阶段。

2. 广义的阅读能力

广义的阅读能力，或曰"阅读素养"(reading literacy)，指"从阅读中学习"的能力——获取信息、学习知识、解决问题、参与"文学生活"、获得思想和精神的启迪。

PIRLS 和 PISA 这两项权威性的国际阅读测试，均以"从阅读中学习"来界定"阅读"并制定测试框架。

PIRLS 对"阅读"的描述是："一项既属于个人认知也涉及社会成规的活动，参与者(即读者)被要求能够流畅、有效率地把语言符号为载体的篇章，转化为其他读者也会获得相似结果的意义，俾能在社会上成为无论个人性情发展，抑或社会功利上均有成就的成员。"③

PISA 对"阅读素养"的界定是"为了实现个人发展目标，增长知识、发挥潜力并参与社会活动，而理解、使用、评价、反思文本并参与阅读活动的能力"；"阅读素养的发展不局限于知识和技能的发展，也涉及动机、态度和行为"④。

本研究把"广义的阅读能力"操作性定义为：在真实的情境中，个人愿意、能够进行的阅读活动及其所能达到的理解程度。广义的阅读能力，主要涉及以下四个方面。

(1) 所持有的阅读态度。按上文中的界定，阅读态度指阅读的主观意愿，外化为实际的阅读面与阅读量。

(2) 能适应的文本难度。包括上文中所界定的文本形式难度和内容难度。

(3) 所擅长的阅读类型。阅读类型，是阅读取向与语篇类型的交集⑤，如小说阅读、诗歌阅读、论说性文章的理解性阅读、操作性阅读、批判性阅读等。所擅长的阅读类型越多样，"从阅读中学习"的能力就越强。

(4) 能达到的理解程度。进行特定阅读类型的阅读，形成对具体语篇的阅读

---

① 秋叶.秋叶:如何高效读懂一本书[M].北京:北京联合出版公司,2015.
② [日]奥野宣之.如何有效阅读一本书:超实用笔记读书法[M].张晶晶,译.南昌:江西人民出版社,2016.
③ 谢锡金,等.儿童阅读能力进展——香港与国际比较[M].香港:香港大学出版社,2005:11.
④ 国际学生评估项目中国上海项目组.质量与公平:上海 2009 年国际学生评估项目(PISA)研究报告[M].上海:上海教育出版社,2013:6.
⑤ 关于"阅读类型",请详见本章第三部分。

理解,并达到一定的理解水平,即狭义的阅读能力。

狭义的阅读能力,也就是阅读测试所要评估的阅读理解能力。假设,合适的阅读测试能够较准确地评估个人的阅读理解能力。那么,针对广义的阅读能力,需要专门考察的项目有:实际的阅读面、阅读量和能够独立阅读的文本难度(如表3-5所示)。

表3-5 "广义的阅读能力"测评的考察项目

考察项目	考察的方法
实际的阅读面	结构性问卷调查
实际的阅读量	结构性问卷调查
能够独立阅读的文本难度	结构性问卷调查或专项测试

(二)狭义的阅读活动与阅读能力

1. 狭义的阅读活动

狭义的阅读活动,指具体语篇的阅读理解过程(processes of comprehension)。

图3-7 阅读主体、阅读对象与阅读过程

阅读,是眼睛"看"连贯的文字[①]。眼睛怎么看,涉及两个方面。

第一,涉及无意识的眼动技能。

阅读过程中的眼动有四种模式:回扫、回视、眼跳、注视。回扫是从上行之尾到下行之首。回视是眼睛又退回到刚才注视过的地方。眼跳是从一些字跳到另外一些字,跳的跨度即眼跳距离;在阅读时眼跳不能获得视觉信息,因而也不发生理解。阅读时主要在注视期间获得信息,注视即较长时间(单位是毫秒)地看,被注视的字词语句叫"注视点"[②]。

---

① "读"的第二义项:阅读;看(文章)。参见中国社会科学院语言研究所词典编辑室.现代汉语词典(第5版)[M].北京:商务印书馆,2005;336.

② 沈德立.学生汉语阅读过程的眼动研究[M].北京:教育科学出版社,2001;44—47.

阅读中的眼动是无意识的,很容易形成每行注视固定次数的"运动习惯",而不受阅读内容的影响。研究者认为,是否容易形成这种"运动习惯"是阅读较快的读者与阅读较慢读者的一个区别特征①;对阅读较慢的读者可通过专门的训练加以调节,形成新的眼动习惯。调节的总方向,是减少眼动中的"浪费"。具体的方法有:加大视觉幅度、尽可能增大眼跳距离、努力减少回视次数、坚持默读(避免发音干扰)等,其目的是形成快速阅读(速读)。

第二,涉及大脑的阅读理解活动。

阅读中的"看",与其说是眼睛在看,不如说是大脑在"看",由人脑获得语篇的意义。

"在阅读过程中始终存在着两条视线,一条是(眼睛)生理性的外部视线,一条是(大脑)心理性的内部视线。"②外部视线的"注视点",其实就是内部视线的"意识点","人们阅读时所注视的内容正是他所加工的内容"③。

因此,阅读中的"理解"问题,可以看成"注视点"和"意识点"的关系问题。换言之,眼睛的"注视点"应该看到语句和语篇的关键点,"注视点"要与"意识点"同步④。

"通过视线扫描,筛选关键性语言信息,结合读者头脑中储存的思想材料,引起连锁性思考,这就是阅读过程。"⑤

从"眼—脑"的角度,具体语篇的阅读过程,大致可以归结为相互联系的两个要点(如图3-8所示)。

① 眼睛"看到"(注视)语篇的关键点。

② 大脑"看出"(理解)关键点的意义。

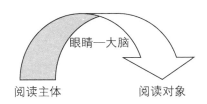

图3-8 "眼睛—大脑"的阅读理解活动

① 白学军,闫国利,等.阅读心理学[M].上海:华东师范大学出版社,2017:8.
② 顾晓鸣.阅读的战略[M].上海:上海人民出版社,1987:32.
③ 闫国利.阅读发展心理学[M].合肥:安徽教育出版社,2004:268.
④ 白学军,闫国利,等.阅读心理学[M].上海:华东师范大学出版社,2017:12.
⑤ 章熊.思索·探索:章熊语文教育论集[M].北京:人民教育出版社,2002:191.

"语篇的关键点",或称"文本关键点",包括语义方面和非语义方面,前者如语篇中的关键词语、关键语句、关键语段、篇章结构等,后者如诗歌的断行、分段等语篇形式的特征、特点等。"关键点的意义",指语义方面和非语义方面的意思和意味。

2. 狭义的阅读能力

狭义的阅读能力,指在具体语篇的阅读过程中所体现的阅读理解能力,通称"阅读理解能力"。

心理学研究把阅读分为"解码"和"解释"这互为关联的两个领域①。解码即认字识词,建立符号和语义的链接②。解释即理解语句和语篇的意义,需借助上下文加以推论。

阅读活动的核心是理解(如图3-9所示),"这几乎是所有教育家、心理学家的共识"③。正如阅读研究专家詹森(M. Jensen)所指出的:"阅读和理解之间的区别仅仅是语义上的区别,因为没有理解,阅读就只是在追随书页上的记号。"④

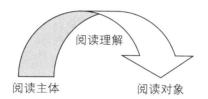

图3-9 阅读活动的核心:阅读理解

从阅读主体的角度看,对一个特定语篇的理解,主要源于三个方面。

(1)解码能力,也就是认字、识词、断句的基础能力。

(2)读者对语篇所涉主题(话题、内容)的生活经验和百科知识。

(3)理解过程的心智活动,可以表述为阅读方法和阅读策略的运用。

---

① "从稍微狭窄一点的意义上来说,阅读意味着它是对某一特定文本进行解码和解释的具体而自愿的行为。"[荷]托伊恩•A•梵•迪克.作为话语的新闻[M].曾庆香,译.北京:华夏出版社,2003:145.
② 阅读教学中流行的"贴标签"做法,其实是建立语料与术语(标签符号)的连接,这也应该看成是一种"解码"的行为。比如:"阅读议论文",就是让学生指认事实论据、道理论据、对比论证、举例论证、比喻论证的语料;"阅读说明文",就是让学生在文章中找到列数字、下定义、打比方、举实例、作比较等说明方法的相应部位。
③ 《心理学百科全书》编辑委员会.心理学百科全书[M].杭州:浙江教育出版社,1995:518.
④ [英]博比•尼特.阅读:阅读技巧指南[M].贺微,张荣建,江地,译.重庆:重庆出版社,2004:8.

在基本具备解码能力、对语篇所涉主题内容比较不陌生的前提下,可以认为语篇的理解主要来源于理解过程的心智活动,即阅读方法和阅读策略的运用(如图3－10所示)。

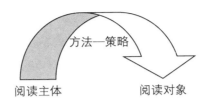

图3－10　阅读能力: 阅读方法与阅读策略的运用

在这个意义上讲,语文教学中经常说的"学会如何阅读""掌握阅读方法""提高阅读能力",表达的意思相近——学会如何阅读,也就是要掌握阅读方法;而掌握了阅读方法,也就意味着提高了阅读理解的能力。

阅读教学,主要是使学生学习运用阅读方法和阅读策略;阅读能力测试,实质是要测试在语篇阅读的过程中运用阅读方法和阅读策略的能力。从阅读教学和阅读测试的角度,语篇阅读理解能力大致可以看成是阅读方法和阅读策略的运用。

(三) 特指的阅读活动与阅读能力

1. 特指的阅读活动

特指的阅读活动,是为了测试的目的而人为设置的一种阅读活动。

从原理上讲,阅读测试是用可靠的方式测量个人的真实阅读理解能力,测试情境中的阅读活动和阅读理解过程,应该与狭义的阅读活动一致。

但是,阅读测试尤其是大规模的阅读测试,采用的是反应性测试——根据要求在规定的时间内阅读指定的语篇,完成文后的一系列测试题,如选择题、简答题和短小的论述题等。这种测试情境与常态阅读有实质性的差别,导致阅读测试中出现所特有的与常态阅读很不相同的课文(试卷)扫描模式,或曰"应试答题模式"。

根据白学军、闫国利的研究,阅读测试中的阅读活动有顺序扫描和逆序扫描两种模式。顺序扫描,即先读文,再读题、做题;逆序扫描,也就是先读题,再读文、做题[1]。随着学生年级的提高,使用逆序模式的学生逐渐增加。根据读题、读文、答题

---

[1] 白学军,闫国利,等.阅读心理学[M].上海:华东师范大学出版社,2017:264—265.

的不同往复行为,两种模式又可各细分出三种方式。比如逆序扫描:(1)读题—读文—重读文—做题;(2)读题—读文(到某一处)—做题—接着读文(到某一处)—做题;(3)读题—读文—有选择地重读—做题。

无论是哪一种模式,都与常态的阅读活动和阅读理解过程很不一样,尤其是逆序扫描,似乎是一种受测试方式的限制而被造出来的,是阅读测试中所特有的阅读活动。如何善用反应性测试? 如何在阅读测试中实施表现性评价? 尚有许多问题需要进一步研究。

2. 特指的阅读能力

特指的阅读能力或可操作性定义为:一次特定的阅读作业或阅读测试所获得的分数。其判定过程一般包括以下要素。

(1)一些特定的文本。

(2)有一些特定的指标,表现为一系列测试题。

(3)试题设定标准答案(或评分标准)和赋分值。

(4)以与标准答案(或评分标准)的符合程度,赋分。

(5)以得分(总分)多少来判定能力水平的高低。

具体有以下两种情况。

一是形成性评价,主要是在中小学语文学科的教学过程中形成的评价。从原理上讲,形成性评价应该是基于本阶段的教学目标,聚焦在本阶段教学所培养的某项或某些特定的阅读能力。

二是终结性评价,是在一次具有代表性的(随机抽样意义上的)阅读测试中评价考生表现出的阅读能力。该评价应用于大规模阅读测试,由此推断考生的阅读理解的潜能,以得分高低予以判定。

阅读是具体的,通常是围绕一个特定文本的阅读;阅读能力,当然要通过特定的阅读测试加以评判。关键是:这一个特定的文本,要具有代表性;这一特定的阅读活动,应该具有随机抽样的意义;这一测试所测的,是应该测试的阅读能力;所赋的成绩,对学生个体的阅读能力,要有足够的解释力。

无论是形成性评价还是终结性评价,目前我国的主要受限于中小学语文学科的、依赖命题者经验的阅读测试,其信度和效度都与基本标准有很大差距。

以广义的阅读能力为指引,扎扎实实做好狭义的阅读理解能力的研究,形成适合于特指的阅读能力的测试框架和测试工具,在我国尚有一段很长的路要走。

阅读测试要提供参与真实性阅读活动的机会。英国学者安德森（J. Charles Alderson）的建议值得我们借鉴：阅读测试的设计"首先选择目标读者可能阅读的文本，然后分析正常情况下读者会怎样处理文本，包括为什么会阅读此文本、阅读的场景和方式、希望从文本中获取的信息以及读后的行为等。这样才能找到合适的测试方式，以及正确地描述任务及界定结果的方式"①。

三、阅读取向、阅读方式与阅读类型

（一）阅读取向

与"阅读取向"类似的学术词汇，有阅读目的（purposes for reading）、阅读任务、阅读观念、阅读态度、阅读姿态、阅读习惯、阅读兴趣、阅读趣味等。从学术词汇的辨析度和可操作化角度，本研究用"阅读取向"一词，统括上述词汇的所指。

阅读，意味着有一个特定的阅读者。读者的阅读目的、阅读任务等，决定其阅读取向。比如：为了检索和获取信息而阅读，为了学习知识而阅读，为了参与社会公共事务而阅读，为了丰富个人的文学生活而阅读，等等。不同的阅读目的、阅读任务，形成不同的阅读取向。

但阅读取向并不等同于阅读目的、阅读任务。它可以成为一种阅读态度、阅读姿态、阅读习惯而相对独立地存在，甚至成为一种阅读的观念。柯勒律治（S. T. Coleridge）在一文中睿智地区分出四种读者：（1）海绵型。读什么吸收什么，随后又几乎原封不动地吐出来，只不过有点脏了。（2）磨砂玻璃型。什么都留不下，只满足于把书翻完，为的是消磨时间。（3）过滤袋型。只把阅读过程中的渣滓留下了。（4）钻石型。不光自己读书受益，还使别人也受益。"钻石型"读者，就是会主动阅读的读者，他们善于与文本对话。四种读者，习惯性地表现着迥然相异的阅读取向②。

阅读取向，有常态、异态和变态之分。

1. 常态的阅读取向

在通常的情况下，常态的阅读取向是具有较高阅读能力的读者们一致采取的阅读取向。

常态的阅读取向，读者的阅读目的，一般与作者所采用的语篇类型的功能相一

---

① ［英］J. Charles Alderson. 阅读评价［M］. 王笃勤，导读. 北京：外语教学与研究出版社，2011：40.
② ［英］博比·尼特. 阅读：阅读技巧指南［M］. 贺微，张荣建，江地，译. 重庆：重庆出版社，2004：8.

致。比如,把小说当小说读,把诗歌当诗歌读,把散文当散文读。阅读是一种社会性的交往活动,"作者写作是希望读者分享他们所表达的意义,从而成为互相理解的群体中的一分子"①,"学习阅读就是加入这个群体"②。

取向常态是一种需要学习才能获得的阅读能力。

2. 异态的阅读取向

异态的阅读取向,就是基于合理的目的、任务,而采取的与通常不一致的阅读取向。

异态的阅读取向,往往是高度职业化的。比如:编辑校对作者样稿,是一种读法;语言学家统计某种句法的使用情况,是一种读法;社会学家想知道当时社会人们的饮食习俗,是一种读法;依据小说中的描写,研究那时的服饰样貌,则是另一种读法。企业家"水煮"《三国》或从《水浒传》中看出企业管理的门道,同样是异态阅读取向的独特读法。

3. 变态的阅读取向

变态的阅读取向,是基于某种错误的观念,而采取一种奇特的阅读取向,有意或习惯性地曲解文本。其本质是一种扭曲的阅读取向。

变态的阅读取向,是阅读和学习阅读最大的陷阱。钱理群先生曾举过一个例子。他所接触的大学中文系的学生,拿到小说问的第一句话往往是:"老师,这篇小说的'主题'(即'中心思想')是什么?"钱先生说,捧起一篇小说,不是用自己的心去触摸它、去感受它,而是习惯性地执意去"概括",往往还是套用某种现成的公式去"概括"所谓的"主题","那么这种人已经与文学无缘了"③。显然,那种"已经与文学无缘"的"阅读能力",是我们中小学阅读教学一直所推崇的,大量的事实证明我们也的确让学生具备了这种能力。不幸的是到了大学,文学教师则要花十二分的力气将它"通通磨掉"。

本人曾随便抽语文教材的一篇议论文,问学生:"这篇文章的观点对不对?"学生们回答:"对!"我又问学生:"这篇文章写得好不好? 论证是不是严密? 语言是不是恰当?"学生又纷纷回答:"好! 严密! 恰当!"于是我问:"这篇文章我们都还没有读,你还不知道它写的是什么,更不知道它是怎么写的。请问:你们凭什么说它观

---

① [加]佩里·诺德曼,梅维丝·雷默. 儿童文学的乐趣[M]. 陈中美,译. 上海:少年儿童出版社,2008:79.
② [加]佩里·诺德曼,梅维丝·雷默. 儿童文学的乐趣[M]. 陈中美,译. 上海:少年儿童出版社,2008:79.
③ 王丽. 中国语文教育忧思录[M]. 北京:教育科学出版社,1998:62.

点对、论证严密、语言恰当？凭什么？"显然，学生从来没有被人这样诘问过。我们的学生在语文教学中一直在做的所谓的阅读，就是这样一种近乎盲目的"朝拜取向"：一篇文章还没有读，甚至不用读，就知道它对，就知道它好；这匪夷所思。

阅读取向问题，实质是"哪一种阅读"的问题。

明晰"哪一种阅读"，是研究国民阅读能力和阅读能力测试的前提。国民阅读能力的研究和阅读能力测试，要牢牢扎根于常态的阅读取向，要注意与高度职业性的异态的阅读取向相区隔，尤其要防止落入变态的阅读取向的大陷阱。

(二) 阅读方式

"一位读者要追求的目标——为了娱乐，获得资讯或增进理解力——会决定他阅读的方式。"[①]"哪一种阅读"，势必要连贯到"如何阅读"。阅读取向不仅仅是目的、任务，也不仅仅是态度、姿态、习惯、观念，它会外化为与其取向一致的阅读方式。

人们平常所说的"如何阅读"，实际上有两个层面：一是宏观的、战略层面的"大方法"，由阅读取向而外化的阅读方式；一是微观的、战术层面的"小方法"，某种语篇类型的具体的阅读方法（如图 3-11 所示）。

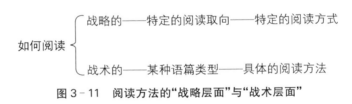

图 3-11 阅读方法的"战略层面"与"战术层面"

阅读方式，可以从多个角度描述，不同角度的描述互有交叉重叠。

（1）从阅读行为的角度。朗读和默读、精读、略读、速读、泛读、跳读等。

（2）从文类的角度。最大的文类划分是三大类：虚构的纯文学、写实的杂文学（散文等非虚构文学）、非文学的实用性文章，彼此有截然不同的阅读方式。

（3）从学科的角度。例如：数学（学科）阅读、历史（学科）阅读、地理（学科）阅读等。不同的学科有各自的特点和学科阅读方式。

（4）从认知活动的角度。如 PISA 依据"读者阅读文本的目的和方法是什么？"

---

① ［美］莫提默·J·艾德勒，查尔斯·范多.如何阅读一本书［M］.郝明义，朱衣，译.北京：商务印书馆，2004：18.

所描述的"获取与检索""整合与解释""反思与评价"①。

（5）从熟练阅读者经验的角度。古人读书法所说的"熟读精思""厚积返约""虚心涵泳""披文入情""出入法"等，其实都是特定阅读取向的、战略层面的阅读方式。

阅读取向与阅读方式，本是一体两面。但久而久之，一些抽象程度很高的阅读方式，很容易被忽视其内含的阅读目的、阅读取向。比如：朗读和默读、精读、略读、速读、泛读、跳读等。联系阅读目的、阅读取向，才能较好地理解这些阅读方式，从而较有效地学习和应用。

好的阅读者，其阅读目的、阅读取向与阅读方式，是一致的。为了检索和获取信息，通常是速读、跳读；为了学习知识，必须精读；为了丰富个人的文学生活，自然用文学的阅读方式，披文入情；阅读传统经典，要反复精读、熟读精思。

阅读能力较弱的阅读者，其阅读方式与目的、取向分裂，甚至南辕北辙。比如：以抽象概括的方式"体会"作者的情感，用表情朗读的方式"获取"新闻的信息，用扫读法（scanning）、跳读法（skimming）"品味"散文，以论点、论据的标签法"学习"古文，以死记硬背法"理解"学科教材内容，等等。

（三）与语篇类型的对应关系

阅读取向、阅读方式，与语篇类型有较紧密的对应关系。对应有以下两种情况。

1. 较明显地对应

如果阅读取向较直接地体现为阅读方式，阅读取向、阅读方式与语篇类型的对应关系就较明显。比如，上文提到的把小说当小说读，把诗歌当诗歌读，把散文当散文读，文学阅读的取向直接表现为文学的阅读方式，又分化为小说、诗歌、散文各自的阅读方式。

理论性文本、指示操作程序的说明书、科学等学科的教科书、学术论文、各类图表非线性文本、新闻消息等，阅读方式与阅读取向有明显的一致性，因而阅读方式与语篇类型的对应关系也较明显。上述语篇类型都有相应的阅读方式，并连贯到与取向相匹配的具体的阅读方法。例如：理论性文本，通常是理解性阅读；指示操作程序的说明书，则是需要边读边做的操作性阅读。

---

① 此处为 2000—2015 的 PISA 测试框架，2018PISA 阅读测试框架在认知方面改用"认知策略"。

因为对应关系明显,阅读者往往习以为常,甚至习焉不察。"有能力的读者不知不觉地将这些(语篇类型)惯例和准则吸收进他们的阅读经验,而对阅读具有制约作用,使得读者解释作品的半自觉活动成为可能。"①

2. 较迂回地对应

如果阅读取向较隐蔽地内含在阅读方式中,阅读方式与语篇类型的对应,要落到具体的阅读方法中才能显现。朗读和默读、精读、略读、速读、泛读、跳读等,这些从阅读行为角度描述的抽象程度很高的阅读方式,其阅读方式就是较隐蔽地内含着阅读取向。

当我们谈论这些阅读方式时,比如精读、略读,似乎与阅读取向不发生关系,因而也难以觉察到它们与语篇类型的联系。但是,一旦要实施这些阅读方式,实际的阅读活动必然要落实在特定语篇类型的某一具体语篇上。这样,精读、略读就要具体化为小说的精读、散文的精读、教科书的精读、学术论文或学术著作的精读等,而不同的语篇类型,所实施的阅读方式及其具体的阅读方法,是有很大差别的。

比如,阅读技术文章,精读的要点是:(1)定义与术语。在阅读任何技术性的文章时,首先你必须从了解术语着手。(2)举例。举例有助于澄清抽象原则。(3)分类与列举。作者运用分类来归纳广泛的细节。(4)对比的运用。借呈现相反的状况,凸显复杂的资料。(5)因果关系。因果关系是科学研究的基本探索方法,阅读技术性文章,你必须认清这种关系及其意义②。

而阅读童话等小说,精读的要点是:(1)把描写具象化。(2)读取人物。(3)发现故事,体验情节。(4)寻找主题。(5)探求主题结构。(6)聆听叙事声音,辨识聚焦者③。

再比如,科技文的"情报阅读",略读的方法是:(1)阅读文章的标题。(2)阅读内容概要。(3)阅读小标题。(4)注意图表的内容。(5)阅读每一段的第一个句子。(6)快速地浏览段落的其余部分。(7)阅读最后一个段落。

这显然与阅读长篇小说的"略读"很不一样。

朗读其实也隐含着与一些语篇类型的对应关系。各类图表的非线性文本、混

---

① 王先霈,王又平.文学批评术语词典[M].上海:上海文艺出版社,1999:469.
② [美]隆恩·弗莱.有效阅读[M].尤淑雅,译.广州:新世纪出版社/花城出版社,2001:86—99.
③ [加]佩里·诺德曼,梅维丝·雷默.儿童文学的乐趣[M].陈中美,译.上海:少年儿童出版社,2008:86.

合文本,无法朗读;在常态的阅读中,理论性文章、指示操作程序的说明书、科学等学科的教科书、学术论文或学术著作等,则无须朗读。适用于朗读的,不同语篇类型的朗读法也各不相同:诗歌是朗诵,故事是讲述,戏剧是表演,绘本是演绎,话本小说是说书,新闻是播报,会议报告是口述,通知、告示、决定等公文是宣读,其语速、语势、语气、停连、重音、节奏等,都有不同的讲究。

事实上,当人们谈论阅读和阅读方式时,会自觉或不自觉地预设了某类或某些类的语篇类型。心理学家所研究的"阅读",基本上是短篇故事类文本的"连贯阅读";人文学者呼吁读书,其心目中的书往往是思想文化的经典著作;文学家倡导阅读,实际上是文学阅读,甚至是童话小说阅读;管理者和企业家谈阅读,谈的往往是经济学、管理学等方面书籍的"致用性阅读"。

无论是承认还是刻意回避,为测试而设置的特指的阅读活动,所测试的总是特定取向的、特定阅读方式的、特定语篇类型的阅读能力。纵观我国中小学语文教师教阅读、中考和高考语文考试考阅读,究其本质是在教散文阅读,主要也是在考查散文阅读能力。

总之,脱离了具体语篇就无从谈论阅读。而具体语篇,总是特定语篇类型的具体语篇,常态的阅读取向就是与语篇类型的功能相一致的阅读。

人们平常所说的"如何阅读",实际上讲的是:基于某种特定取向的阅读方式,去理解特定语篇类型的文本关键点的方法(如图3-12所示)。

图3-12 阅读取向、阅读方式与语篇类型的关系

阅读取向、阅读方式与语篇类型的对应关系,国际上有较广泛影响的阅读测试,如PIRLS、PISA、NAEP等对此都有清晰的认识。

PIRLS在论述文本类型时指出,文本类型与阅读目的是严格对应的:"为文学体验而进行的阅读"的文本是文学文本,最重要的形式是叙述性小说;"为获取和使用信息而阅读"的文本是信息文本,如日记、信件、传记、个人账本、议论/劝说性文章、说明性文章等。

NAEP项目明确指出:阅读目的主要与文本类型相关,不同的阅读目的决定了不同的阅读方式。文本的属性会影响阅读理解过程,不同的文本类型必须用不同的方式和方法去阅读,好的读者善于调整阅读行为来适应所读的文本类型。文学类文本,例如小说、诗歌、寓言等,阅读目的是为了愉悦和获得对社会、人生的新观点,因此需要从头到尾完整阅读;而信息类文本,主要是为了获取信息,因此不必完整阅读①。

NAEP 阅读使用的文本分两大类:一是文学类,包含小说、非虚构文学作品与诗歌;二是信息类,包含说明类文本、议论性文本、程序性文本。为了进一步描述文本的基本类型,NAEP 采用"文本地图法",从文本结构与特征/写作技巧维度,对每一种文本类型做了更加细致的客观描述,为测试的文本选择和试题的编写提供详细的指导。

(四) 阅读类型

阅读取向、阅读方式与语篇类型的交集,构成阅读类型。

阅读,总是某种阅读类型的阅读。需要研究的是择取哪一种阅读取向,关注哪一些阅读方式和语篇类型,从哪些角度、在哪一个层级来描述语篇类型和归纳阅读类型。

阅读取向、阅读方式是阅读主体方面,语篇类型是阅读对象方面。阅读类型既可以从阅读主体的角度来归纳和描述,凸显阅读取向及其阅读方式,而隐含与之相对应的语篇类型;也可以从阅读对象的角度,按语篇类型归类,而隐含与之相对应的阅读取向及其阅读方式。两种角度描述的阅读类型重叠交叉。

与本章第一部分对语篇类型(文本体式)的处理方法一样,对阅读类型,本研究也采用"实用的"办法,认可实践中较通行的各种类型,对"阅读类型"的特征描述,也采用多角度叠加合成的描述法。

按语篇类型归类的阅读类型有:诗歌阅读、小说阅读、戏剧或戏曲剧本阅读、散文阅读、绘本阅读、传记阅读、史书阅读、新闻与报刊文章阅读、学术论文或学术著作阅读、科学等教科书阅读、知识普及读物阅读、广告阅读、公文阅读、非线性文本阅读、混合文本阅读、多文本阅读等。

在本研究中,文学的主要阅读类型,倾向于从语篇类型的视角描述。示例如表3-6 所示。

---

① 叶丽新.测试框架:语文考试改革的重要着眼点[J].中国教育学刊,2014(04):23—28.

表 3-6 语篇类型视角的文学阅读类型

文学阅读类型——语篇类型的视角									
虚构文学作品阅读				综合性文学作品阅读			非虚构文学作品阅读		
叙述话语		抒情话语		绘本	影视	戏剧	散文	传记	报告文学	其他
短篇小说	长篇小说	现代诗歌	古典诗词	……	……	……	……	……	……	……
……	……	……							…… ……

如必要,或可再从不同维度分出亚类,如古代诗歌阅读、古代散文阅读、现代小说阅读、幻想小说阅读、文言小说阅读、古白话小说阅读、纪传体史书阅读、科幻小说阅读、侦探小说阅读等。

实用性阅读倾向于从阅读取向和阅读方式的角度描述。以篇章为例,举隅如下。

1. 信息性阅读

从"可胜任文本"获取信息,艾德勒(Mortimer J. Adier)称之为"不超越理解力的阅读"[①]。包括知道"去哪里找"的探测性阅读、知道"找什么"的搜索性阅读、知道"有什么"的检视性阅读等,通常都是快速阅读。

2. 理解性阅读

文章的理解性阅读,也称"分析性阅读",是文章阅读的主要类型。理解性阅读,目的是读懂文章说了什么。理解文章的关键,是抓住要点;而抓住要点,要通过重要语句的把握。

然而,什么是重要语句? 哪些是重要语句? 这没有笼统的答案。中小学语文教学向来有抓住文章要点、理解文章重要语句的说法,但"记叙文""说明文""议论文"的知识框架,会导致"要点"和"重要语句"抽象化。试图用一种方法去抓住所有文章的要点、去识别和理解所有文章的重要语句,其结果是造就了无所适用的"阅读方法"。

但也不是毫无规律可循。文章总是特定体式的文章;不同体式的文章,有不同的特性,比如学术随笔、文艺随笔、杂文和学术演讲词等。针对不同体式的文章,要求有不同的读法。把握重要语句的前提,是认识文章体式的特性。按照体式的特

---

① [英]毛姆,等.阅读的艺术[M].陈安澜,等,编译.上海:上海翻译出版公司,1988:42—45.

性去阅读,往往就能比较合适地判断重要语句的所在,把握语句的方式也会比较到位。

3. 操作性阅读

操作性阅读的对象,是讲述做事方法和行为方式的文章。其重点在"怎么做",或直接说明操作方法、行为规则,或通过做事原理、行为机制的阐述,指导人们合理地进行实践活动。

从阅读主体这方面看,操作性阅读有两种情形:第一种情形,是阅读中有操作。我们边阅读边操作,并努力把自己的阅读理解转化为具体操作,比如阅读电器使用说明书。第二种情形,是阅读后有行动。我们抱着实践的目的去阅读,并努力把自己的阅读理解落实到实践的行为中,比如阅读"如何欣赏中国文学"这类文章。

要而言之,操作性阅读不仅是求"知",而且要去"做";不仅是知道别人说了什么,而且要把别人的所说与自己的实践相关联。

4. 批判性阅读

批判性阅读是批判性思维的运用。批判性思维是一种成熟的思考过程,它包括对其观点的相关证据进行评估,并最终从这些证据中得出合理的结论。

批判性阅读涉及互为关联的两个方面,一是阅读对象,二是阅读主体。着眼于前者,批判性阅读的重点,是对文章内容进行客观公正的评估,不妨称为"评估性阅读"。着眼于后者,批判性阅读的重点,是对我们自己的观念和思想进行理性的反思,亦可称为"反思性阅读"。

5. 研究性阅读

研究性阅读,指以研究问题为目的的资料阅读,简称"研读"。研读大致包括两个方面:一是综合运用"理解性阅读"和"批判性阅读",理解和评估别人的研究成果;二是在"接受"的基础上谋求"创造",或在别人研究的基础上对问题做进一步研究,或应用别人的研究成果研究相关问题,或受别人研究的启发提出新问题并进行研究。

研究性阅读关注所讨论的主题,读者是为了研究"自己的问题"而读书。比如,为了弄清"中学'文学鉴赏'的含义是什么?",而对论述"文学鉴赏"的相关书籍论文进行研读。

研究性阅读是"双线"并进的阅读:一条是我们对"作者的问题"的理解线路,一条是我们对"自己的问题"的思考线路。

对"作者的问题"的理解,是接收,是理解性阅读和批判性阅读的综合运用(如

表 3 - 7 所示)。

表 3 - 7 理解性阅读与批判性阅读的区别点

阅读类型	阅读目的	阅读时关注的问题
理解性阅读	准确把握文章的意思	文章说了什么
批判性阅读	理性评估作者的观点	作者说得对吗

对"自己的问题"的思考,则是在接受性阅读基础上谋求创造。在接收的同时,寻求问题解决的思路:阅读这些材料,我想到了什么? 对解决我所关心的问题有什么启示?

研究性阅读,往往涉及大量的相关材料,梳理这些材料,就进入了"同主题阅读",即相同主体材料的比较阅读,得到的有形的成果就是"文献综述"。

6. 多重文本阅读

因阅读目的、任务,将多篇文章相互联系,这也是阅读的常态。其阅读方式主要有:(1)互文阅读,如同一作者的有关联的作品。(2)参读,如借助白话译文或多家解说理解古代经典名篇。(3)比照阅读,关注两个或以上文本的不同点。(4)同主题比较阅读,关注相同点和不同点。比照阅读、同主题比较阅读,都是较高思考水平的阅读方式,其前提,是读者能够较好地理解相关联的各个单篇文章。

在真实情境中,有经验的读者会把书按不同的阅读目的做个性化的分类。例如,哲学家冯友兰把书分为三类:一是精读书,作为学业的基础,"一一寻究,得其要领";二是略读书,观其大略,一般了解,开阔眼界,扩大知识面;三是翻阅书,供不时之需,随手翻阅汲取①。

诗人纪宇把所读之书也分为三类:一是粗读书。浏览,知道书名、著者、主要内容就可以了。用时可以查,能找到就行。二是细读书。动笔墨,圈画,抄重点。三是常读书。爱不释手,几乎有空就看,而且反复思考;每天睡前看一会儿,外出时也随身带着,细嚼慢咽②。

培训专家秋叶把书分为四类:(1)工具书。词典一类的书,如语言类和信息技术专业类的,遇到不懂的随时翻阅。(2)专业书。现代社会每个人都得懂一门专业

---

① 王余光,徐雁. 中国读书大辞典[M].南京:南京大学出版社,1993:287.
② 王余光,徐雁. 中国读书大辞典[M].南京:南京大学出版社,1993:309.

技术安身立命,自己专业方向的书,不管是经典原著还是新书都得通读。(3)视野书。如关于社会学、心理学、经济学、管理学、传播学的书等,有助于从多个维度观察和思考社会现象。(4)潮流书。如商界一些名人写的随笔等①。

日本高效阅读专家桦泽紫苑从效益的角度也把书分为四类:(1)超短期投资——网络信息、报纸、周刊杂志。(2)短期投资——技能书,可以马上应用的技能。(3)中期投资——有关工作方法、学习方法等的书。(4)长期投资——有关思想、哲学、生活方式等的书②。

上述个性化的分类,不同的书预示着不同的阅读取向和阅读方式方法,实际上就是个人性的阅读类型的区分。

四、阅读方法与阅读策略

阅读方法、阅读策略,都是对"如何阅读"的描述,但描述的角度不同,所属的知识类型不同,其知识来源也有差别。

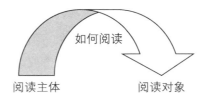

图 3 - 13 如何阅读:阅读方法与阅读策略的运用

(一)阅读策略

随着译著的引进,"阅读策略"这个词语开始进入我国语文学科的话语体系。已有不少人注意到,"阅读策略"与我国语文教学中的"阅读方法"有些不同③。

这不仅仅是用词的不同,作为学术词汇,"阅读策略"有它的背景和历史。

从译著看,"阅读策略"有两种用法。一种是泛指,可能如心理学家奥尔松(Stellan Ohlsson)一样,"出于一致性的考虑"④而使用"策略"一词。比如《美国学生阅

---

① 秋叶.秋叶:如何高效读懂一本书[M].北京:北京联合出版公司,2015:7—8.
② [日]桦泽紫苑.过目不忘的读书法[M].张雷,译.北京:中国青年出版社,2016:143—144.
③ 朱永新.丛书序:在读写中思考与创造[M]//[加]阿德丽安·吉尔.阅读力:文学作品的阅读策略.岳坤,译.南宁:接力出版社,2017:3.
④ [美]斯特兰·奥尔松.深层学习:心智如何超越经验[M].赵庆柏,唐云,陈石,等,译.北京:机械工业出版社,2017:104—105.

读技能训练》①中就罗列了 300 条,书名中被译为"技能"的词,在原文中则是"策略"(strategies)。一种是特指,指元认知知识,它们来源于国外的心理学科——学习心理学、教育心理学、认知心理学、语言心理学、阅读心理学等。包括以下三个方面。

1. 学习策略

学习心理学所研究的"学习",主要是在学校背景下的学习。而学校的学习,正如有严厉批判者所指出的,在很长一段时间内,是处于"被动学习"情境的。"被动学习"情境的学习,很大程度上就是聆听老师讲课、阅读教科书等材料,以及现在的观看在线视频课程②。"他们(学生)在课堂上所学到的内容取决于他们对所读东西的理解和记忆能力。"③这样,"学习"就与"阅读"密切关联。学习心理学所证实的高效"学习策略",很大程度上也就是理解教科书等材料的策略。所涉及的学习材料,一是低年级学生需要记诵的内容,二是具有相当难度的说明性文本,如科学、物理、几何等教科书的章节。"学习如何阅读,就是学习'如何学习'。"④

然而,学习心理学所关注的,是通过阅读学习学科知识,记忆和理解教科书等材料中所承载的符号、概念、规则等知识。理解(understand)教科书内容(知识)不等于阅读理解(comprehension)。学习心理学已证实并建议学生使用的高效"学习策略",从阅读的历程看,主要用在阅读之后加深记忆和理解阶段。包括以下内容。

(1)复述策略。利用双重编码等多种促进记忆的办法,牢固记住并复现(回忆)言语信息。

(2)精加工策略。利用已知知识对新材料进行解释和扩展的过程。如将所学内容分类记忆,根据说明性文本的组织结构来选择和理解教科书的主要内容,用自己的话解释、总结等。

(3)(重新)组织策略。将材料转变为另一种形式,如进行概述、摘要、绘制认知地图或概念图、划重点、提炼、做各种形式的笔记等。

语言文字是人类最伟大的发明。阅读能力是最重要的人力资源;学会学习,最主要的途径,就是学会通过阅读来学习。毫无疑问,通过教科书等学习材料来学

---

① [美]珍妮佛·塞拉瓦洛.美国学生阅读技能训练[M].刘静,高婧娴,译.北京:北京科学技术出版社,2018.

② [美]理查德·E·梅耶.应用学习科学——心理学大师给教师的建议[M].盛群力,丁旭,钟丽佳,译.北京:中国轻工业出版社,2016:66.

③ [美]特里萨·M·麦克德维特,珍妮·埃利斯·奥姆罗德.儿童发展与教育:上册[M].李琪,闻莉,罗良,等,译.北京:教育科学出版社,2007:420.

④ [美]隆恩·弗莱.有效阅读[M].尤淑雅,译.广州:新世纪出版社/花城出版社,2001:8.

习,至今乃至将来,依然是最主要的学习方式。

2. 阅读理解策略

阅读理解策略,是阅读中所使用的策略,它们来源于阅读心理学的研究成果。

受优秀读者阅读理解过程"出声思维报告法"①的启示,阅读心理学家精心设计的心理实验(心理实验中所使用的文本,是为了验证某个假设而特意制作的文本,主要是较浓缩的说明性短文和民间故事),证实了一些优秀读者普遍使用的阅读理解策略,并在实验性教学中证明了其对发展学生理解能力确实有效。

下面呈现的阅读理解策略,在各种译著中的表述虽然大同小异②,但主要包括以下内容。

(1)预测。包括阅读起始,基于标题、图片和关键词等来预测将要阅读的内容;故事文本阅读中对人物、事件、故事结局等的预测。

(2)联结。一个好的阅读者能够在阅读过程中调取已有的背景知识和个人经验,从而更好地理解文本的意义。

(3)提问。向文本提问。一个好的阅读者在阅读前、阅读中和阅读后都能够提出基于文本和由文本出发的问题,从而更深刻地理解文本的含义。

(4)推断。一个好的阅读者知道并非所有信息都在文本之中,他能够利用文本提供的线索,合理进行补充假设和合乎常理的推断。

(5)图像化。一个好的阅读者能够在阅读过程中,由其"思维之眼"创造出"多重感官图像",从而有助于对文本的理解。

(6)确定重点。一个好的阅读者能够根据文本的组织结构特点对文本中重要和不重要的信息进行分类,并细读重要的内容。

(7)释疑。一个好的阅读者能够意识到自己遇到了理解困难,并为了读懂而停下来,回头重新阅读。

---

① [美]William Damon, Richard M. Lerner. 儿童心理学手册(第六版):第二卷[M].林崇德,李其维,董奇,译.上海:华东师范大学出版社,2009:602—603.

② [美]Richard E. Mayer. 教育心理学——认知取向(第二版)[M].林清山,译.台北:远流出版公司,1991:322—340;[加]阿德丽安·吉尔.阅读力:文学作品的阅读策略[M].岳坤,译.南宁:接力出版社,2017:2;[美]玛格丽特·马特林.认知心理学:理论、研究和应用(原书第8版)[M].李永娜,译.北京:机械工业出版社,2016:156—158;[美]William Doman, Richard M. Lerner. 儿童心理学手册(第六版):第二卷[M].林崇德,李其维,董奇,译.上海:华东师范大学出版社,2009:609—615;[美]卡伦·坦珂斯莉.教会学生阅读:策略篇[M].王琼常,古永辉,译.北京:教育科学出版社,2008:116—117.

（8）综合。一个好的阅读者能够分析信息，整合文本和自己的认识或经验加以思考，并得出结论。

上述各项策略，前后没有必然的顺序，它们相互联系并在实际的阅读理解过程中综合运用。

3. 自我监控和调节

"监控对于认知策略的自我调节运用是非常重要的。"[①]

心理学家描述了有技巧的读者在阅读理解过程中的自我监控和调节。

> 有技巧的读者在阅读过程中会监控自己对文章的理解，特别留意文章中的那些令人困惑的或者与自己已有知识不一致的内容。他们能意识到自己以前是否看到过这些观点以及自己是不是同意这些观点。阅读能力强的读者在感到困惑时会重新读一遍文章，或者放慢阅读速度以便更好地理解文章。他们会监控自己是不是正在专心阅读，还是分心正想其他事情。他们特别关注自己付出努力后是否驶向了所设定的阅读目标。如果发觉文章无助于实现所设定的阅读目标，那么读者可能会加快阅读速度，或者改为浏览全文甚至终止阅读。如果文章中提供了大量的有助于发展其思想的新知识，那么读者可能会运用更多的策略，例如放慢阅读速度、仔细思考、做笔记等[②]。

有两种阅读理解策略特别有助于自我监控和调节：（1）提问。有效阅读者向自己提问以确定他们是否理解了所读内容，即在阅读时监控自己的理解过程。（2）澄清。当阅读者发现他们不能理解某些内容时，例如一个句子使人迷惑或模棱两可，他们会采取一些措施来澄清疑点，如进行重读或逻辑推理[③]。

学习的自我监控和调节也是如此。学生掌握的各种策略知识中最重要的部

---

① ［美］William Damon，Richard M. Lerner. 儿童心理学手册（第六版）：第二卷［M］. 林崇德，李其维，董奇，译. 上海：华东师范大学出版社，2009：596.

② ［美］William Damon，Richard M. Lerner. 儿童心理学手册（第六版）：第二卷［M］. 林崇德，李其维，董奇，译. 上海：华东师范大学出版社，2009：602—603.

③ ［美］特里萨·M·麦克德维特，珍妮·埃利斯·奥姆罗德. 儿童发展与教育：上册［M］. 李琪，闻莉，罗良，等，译. 北京：教育科学出版社，2007：432—433.

分,就是在特定情境下能够帮助其改善作业成绩的信息。[①] 要想实现自我监控学习,学习者必须掌握以下几种能力:为学习活动设定目标;有效安排学习的时间;在所学习的科目上保持注意力集中;使用恰当的学习策略;指向目标的管理过程,自我评价学习策略的有效性并在必要时加以调整;评估学习活动的成效[②]。

综上所述,阅读策略或包括三个主要成分:(1)阅读教科书等学习材料的"学习策略",主要涉及阅读之后的进一步理解;(2)阅读过程中的"阅读理解策略";(3)学习或阅读过程中的自我监控和调节。前两者虽互有交错,但侧重点不同;学习过程的自我监控和调节,很大程度上与阅读过程中的自我监控和调节相类似。它们都属于元认知知识(有的译著称为"元认知技能")。

来源于心理学研究的元认知知识,适用于多种学科。"学习策略"是"所有科学分支学科和一般的学术性科目"[③]的学习策略;"阅读理解策略"是阅读所有文章和书籍的阅读理解策略,尽管心理实验所涉及文本主要是故事性和说明性的。

(二)阅读方法

1. 阅读方法受制于语篇类型

阅读方法特指"有效的"阅读方法,国外较常见的称呼是"阅读技巧"。

什么是语篇阅读理解的有效方法呢? 回答这个问题,需要回顾我们在本章第二部分论述"狭义的阅读活动与阅读能力"时所得出的结论——从"眼—脑"的角度,具体语篇的阅读过程,大致可以归结为相互联系的两个要点:

(1)眼睛"看到"(注视)语篇的关键点。

(2)大脑"看出"(理解)关键点的意义。

这样,所谓有效的阅读方法,就必须是能够解答以下两个问题的方法:

(1)眼睛如何"看到"(注视)语篇的关键点?

(2)大脑如何"看出"(理解)关键点的意义?

也就是说,有效的阅读方法,必须能使阅读者有效地去"看到"语篇的关键点并"看出"这些关键点的意义。那么"如何"才能"看到"并"看出"呢? 答案是要"知道"

---

① [美]William Damon, Richard M. Lerner. 儿童心理学手册(第六版):第二卷[M]. 林崇德,李其维,董奇,译. 上海:华东师范大学出版社,2009:597.

② [美]特里萨·M·麦克德维特,珍妮·埃利斯·奥姆罗德. 儿童发展与教育:上册[M]. 李琪,闻莉,罗良,等,译. 北京:教育科学出版社,2007:248—250.

③ [美]洛林·W·安德森,等. 布卢姆教育目标分类学:分类学视野下的学与教及其测评(完整版)(修订本)[M]. 蒋小平,张琴美,罗晶晶,译. 北京:外语教学与研究出版社,2009:34.

语篇的关键点在哪里。

于是,"如何'看到'语篇关键点并'看出'其意义"这个问题,就转化为"语篇的关键点在哪里"的问题。

而"语篇的关键点在哪里",取决于阅读类型的两个方面:一是阅读主体的阅读取向和阅读方式,二是阅读对象的语篇类型。在常态的阅读取向条件下,主要受制于语篇类型。同一语篇类型的语篇在文本体式上具有共同的特征、特点,诸如内容题材、篇章结构、表达方式、语体风格、语言修辞等。具体语篇的关键点,与这一语篇类型的特征、特点,是个性与共性的关系。共性体现在个性之中,以共性为参照才能辨析出个性。

这样,通过"转个为类",就把"具体语篇的关键点"问题转化成了"语篇类型的特征、特点"问题。比如,诗歌、小说、散文、绘本、故事、寓言、新闻报道、知识普及读物等。

按知识生产的逻辑讲,关于阅读方法的程序性知识,来源于不同语篇类型各自所具有的特征、特点,是把语篇类型的特征、特点这种事实性知识,转化成相应的阅读方法。

依据语篇类型的特征、特点,使阅读者能去"看到"语篇的关键点的方法,这就是有效的阅读方法。

新闻的阅读方法,是依据新闻特征、特点的阅读方法;绘本的阅读方法,以绘本的特征、特点为依据;中国古代近体格律诗的阅读方法,体现着文言诗的句法和近体诗的格律;神话、寓言、民间故事、童话等,都是叙事作品,但体式各异,因而阅读方法也同中有异。

心理学研究证明:"阅读和理解说明文的过程完全不同于阅读记叙文的过程,因此,必须经过专门的培训和练习,大多数学生才能在阅读说明文时愉快胜任。"[①]总而言之,会读新闻的人,未必能读小说;会读小说的人,未必能读文件;会读文件的人,未必能读操作手册。

有效的阅读方式,是紧扣语篇类型特征、特点的阅读方法。例如,古书、古文,阅读(学习)方法是:(1)识字与通读。(2)确切理解古文词义。(3)认识古文用词的特点。(4)理解古今语法的差别。(5)熟悉古人的行文习惯。(6)在阅读实践中提

---

① [英]博比·尼特.阅读:阅读技巧指南[M].贺微,张荣建,江地,译.重庆:重庆出版社,2004:23.

高阅读能力①。

阅读方法表征为一系列可实施的操作的程序、步骤。一个较大的操作程序，分解为若干步骤；一个较大的步骤，再分解成若干较小的步骤；较小的步骤，有时还要再行分解，一直分解到可实施或执行。其中较小的步骤，叫作"技能"或"微技能"。

比如："熟悉古人的行文习惯"，分解为六条细目：(1)用词委婉。(2)援用故实。(3)引经据典。(4)变文避复。(5)词语割裂。(6)避讳改字。

2. 阅读方法的知识来源

阅读方法是程序性知识。

"程序性知识反映了具体学科的知识或具体学科的思维方式。"②按布卢姆教育目标分类学的界说，程序性知识分为可自动化执行的"具体学科的技能的知识"和运用时受意识控制的"具体学科的方法的知识"两大类。以语文学科为例，前者如汉字书写的笔画、笔顺的知识，根据汉字形体结构来理解字义的知识，等等；后者如绘本阅读方法的知识，中国近体格律诗的阅读方法的知识，各种文学批评方法的知识，等等。

与阅读策略的知识来源不同，"程序性知识是通过学科领域内部达成共识、取得一致意见或学科规范等途径发展起来的"③。

古今中外有许多讲述各种语篇类型的阅读方法的书籍。例如：《如何阅读一本书》④《如何阅读一本文学书》⑤《文学阅读指南》⑥《如何阅读一本小说》⑦《如何读诗》⑧《儿童文学的乐趣》⑨《童话应该这样读》⑩《图画书应该这样读》⑪《会读才会

---

① 鲍善淳.怎样阅读古文[M].上海：上海古籍出版社,1982：1.
② [美]洛林·W·安德森,等.布卢姆教育目标分类学：分类学视野下的学与教及其测评(完整版)(修订本)[M].蒋小平,张琴美,罗晶晶,译.北京：外语教学与研究出版社,2009：41.
③ [美]洛林·W·安德森,等.布卢姆教育目标分类学：分类学视野下的学与教及其测评(完整版)(修订本)[M].蒋小平,张琴美,罗晶晶,译.北京：外语教学与研究出版社,2009：41.
④ [美]莫提默·J·艾德勒,查尔斯·范多伦.如何阅读一本书[M].郝明义,朱衣,译.北京：商务印书馆,2004.
⑤ [美]托马斯·福斯特.如何阅读一本文学书[M].王爱燕,译.海口：南海出版公司,2016.
⑥ [英]特里·伊格尔顿.文学阅读指南[M].范浩,译.开封：河南大学出版社,2015.
⑦ [美]托马斯·福斯特.如何阅读一本小说[M].梁笑,译.海口：南海出版公司,2015.
⑧ [英]特里·伊格尔顿.如何读诗[M].陈太胜,译.北京：北京大学出版社,2016.
⑨ [加]佩里·诺德曼,梅维丝·雷默.儿童文学的乐趣[M].陈中美,译.上海：少年儿童出版社,2008.
⑩ 汤锐.童话应该这样读[M].南宁：接力出版社,2012.
⑪ 彭懿.图画书应该这样读[M].南宁：接力出版社,2012.

写：导向论文写作的文献阅读技巧》①《怎样学习古文》②《怎样阅读古文》③等。

阅读方法指示如何阅读。学科专家或有经验的读者基于研究或实践经验，提炼出有效的阅读方法，要求或建议学习者予以采纳，并在阅读实践中转化为自己的阅读经验和阅读习惯。

比如我国作为语文课程主导文类的散文阅读，根据本人近十年研究的结论④，学生需学会以下阅读方法⑤。

（1）如果是散文，首先要注意散文中的"我"（作者）字，并在阅读时把"我"理解为"他"。要明白散文是"他"（作品中的"我"）在讲述"他"所感受的人、事、景，是在讲述"他"对人、事、景的感受和认识。散文中作者的独特感受，通常是你（读者）以前在日常生活中感受不到的。

（2）如果是散文，重心一定是作者对人、事、景的独特感受，找到作者表述他独特感受的语句。

（3）如果是散文，作者表述他独特感受的词语或同类词语，一定会在上下文中反复出现，要联系上下文反复出现的这些词语，把握散文的情感线索。

（4）如果是散文，课文中写景等描写语句一定透露着作者的独有发现，要联系作者表述他独特感受的语句，发掘写景语段中作者所选用的词语和句式是如何表达作者情感的。

（5）如果是散文，则读完全文后，返回第一段并朗读，读出你阅读全文所感受的情感，并体会词语、句式、节奏的情感意义。

（6）如果是散文，则读完全文后回到标题，理解标题的含义，并根据作者的情感探测作者取这个标题的用意。

（三）阅读方法和阅读策略，各得其所

提高学习能力和阅读理解能力，掌握阅读方法和阅读策略这两类过程技能，都

---

① ［美］菲利普·钟和顺.会读才会写：导向论文写作的文献阅读技巧［M］.韩鹏，译.重庆：重庆大学出版社，2015.

② 周振甫.怎样学习古文［M］.北京：中华书局，1992.

③ 鲍善淳.怎样阅读古文［M］.上海：上海古籍出版社，1982.

④ 王荣生.语文课程内容的合理性研究——散文为主导文类的困境与突围［C］.教育部哲学社会科学研究后期资助项目（项目编号12JHQ024），2012.

⑤ "如果……那么"，就是程序性知识和元认知策略的典型表达式。"如果"是情境性知识和条件性知识，"那么"是该情境和条件下相应的操作。区别在于：程序性知识的"如果"，意思是"如果条件不变"；元认知知识的"如果"，意思是"如果条件变化"。

是必需。"元认知技能(阅读策略)让学生将大脑中存储的相关信息和他们当时阅读的思维与理解联系起来,而基本的阅读技巧(阅读方法)能促使学生根据文本及其篇章组织建构起自己的理解模式。"①

比较合理的分布,大约是:语文学科的阅读教学,以文学和文章主要语篇类型的"阅读方法"为主,并用化整为零的办法有计划地在学段全程加入"阅读理解策略"的元素;小学和初中的(文学类)整本书阅读指导,建议实施"阅读理解策略"的直接教学;其他学科则注重其学科特点的阅读方法指导,重点是阅读之后的"学习策略"的学习和运用;所有学科共同关注学生阅读与学习过程的自我监控和调节。

1. 整本书阅读指导,适度引进作为学习内容的"阅读策略"

在我国基础教育课程中,尤其是以培养过程技能为重任的中小学语文课程中,把包括学习策略、阅读理解策略、自我监控和调节的"阅读策略"纳入学习内容,具有十分重要的意义。

研究和经验都表明,中小学生以及许多成人读者,较普遍地存在阅读策略的"产生式缺陷"②。虽然在以往的阅读中他们可能曾凭经验"知道"有一些有效策略,但是,他们"不知道"在某个情境中应该运用哪个策略,"不知道"在这个特定情境中可以运用已掌握的某个或某些策略,"不明白"在这个特定情境中如何运用已掌握的策略,"不能"自主地运用策略或只是习惯性地运用自以为是的策略。比如,一些阅读困难的学生往往"不知道"出色的读者通常会反复阅读某部分以便更好地去理解文章③;有阅读障碍的学生通常"不知道",其实优秀的读者会根据文章目的而改变阅读速度④。

阅读策略的"产生式缺陷",在我国中小学生中普遍存在。我国小学语文教材,以短小的课文为主。短小的课文几乎望一眼就能初步感知课文的大致内容,因而学生较容易形成的是"预览"技能,而较难发展(因为不需要)"预测"等阅读理解策略。又因课文教学中教师会频繁提问,所以学生也难以发展"提问"等阅读理解策

---

① [美]卡伦·坦珂斯莉.教会学生阅读:策略篇[M].王琼常,古永辉,译.北京:教育科学出版社,2008:85.

② [美]William Damon, Richard M. Lerner.儿童心理学手册(第六版):第二卷[M].林崇德,李其维,董奇,译.上海:华东师范大学出版社,2009:584.

③ [美]卡伦·坦珂斯莉.教会学生阅读:策略篇[M].王琼常,古永辉,译.北京:教育科学出版社,2008:101—102.

④ [美]卡伦·坦珂斯莉.教会学生阅读:策略篇[M].王琼常,古永辉,译.北京:教育科学出版社,2008:42.

略。以单篇课文,尤其是以短小的课文为阅读教材,最大的损伤,就是抑制了学生阅读策略发展的机会。"推断""联结""释疑""图像化"等形式,或在教学中零零散散地出现过,但大多是作为教学方法的,很少被当作学生的学习内容。况且,语文教育研究界(包括本人)之前对"阅读策略"并无较深入了解者,因而没有相应理论研究支撑的一线语文教师也不能贸然把"阅读策略"当作学习内容并适当地进行教学。

随着《教会学生阅读:策略篇》《教会学生阅读:方法篇》《如何培养良好的阅读品质》《阅读力:文学作品的阅读策略》《阅读力:知识读物的阅读策略》等译著的引进,我们对"阅读策略"及其"阅读策略教学"开始有了较为具体的理解。最重要的是绘本、童话等整本书阅读在小学阶段较广泛地推行,以及初高中语文课程内容明确纳入"整本书阅读",也使"阅读策略"有了可(需)教学的条件和用武之地。

美国、加拿大等国的小学语文课程,以教师自选的绘本、童话小说等整本书作为主要学习资源。可能有不少小学语文教师(实际是全科教师)的教学,原来是这样的:(1)在阅读指定的或学生在推荐书目里自选的绘本、童话小说之前,有分类预测、读图、词汇介绍等指导活动。(2)在阅读后,有各种组织策略(重新组织策略)的应用,如维恩图、思维框、故事地图、读后感、摘要等。(3)但在阅读中,基本上是留白。老师主要起管理的作用,或只有一些随机的指导①。也就是说,与我们目前的写作教学缺乏过程指导一样,他们有一部分教师的阅读教学,其阅读过程指导基本上是放任自流的。

可以想见,在这样的情况下,加入阅读中的"阅读理解策略"这一学习内容,无疑是一场切中时弊的及时雨。2000年,美国国家阅读委员会提出阅读理解策略可以使学生受益;2001年,阅读理解策略明确列入《联邦儿童公平发展2001法案》,成为阅读理解教学的必要内容之一②。

我国小学、初中乃至高中语文课程中的(文学类)整本书阅读,类似上述情况的似乎也较为普遍,不少师生执着于归纳阅读后的种种图、框、表,把本是用来促进阅读理解的手段(支架)错当成了目的,甚至是炫耀的成果。

他山之石,可以攻玉。在整本书阅读进入课程的起步阶段,及时引入阅读中的阅读理解策略的教学,或可避免重蹈美国、加拿大等国以往(整本书)阅读教学的

---

① [加]阿德丽安·吉尔.阅读力:文学作品的阅读策略[M].岳坤.译.南宁:接力出版社,2017:11.
② [美]William Damon,Richard M. Lerner.儿童心理学手册(第六版):第二卷[M].林崇德,李其维,董奇,译.上海:华东师范大学出版社,2009:614.

覆辙。

2. 课文教学的重心,应该是主要语篇类型的阅读方法

学习策略、阅读理解策略,可以"促进学习""促进阅读理解",但不能代替学科内容的学习,也无法取代阅读方法的教学。

课文教学的重心,应该是文学和文章主要语篇类型的阅读方法。

第一,语言知识和语篇类型的知识,是策略运用的前提。

心理学家告诫我们:"许多策略的运用取决于学生关于世界的常识性知识。策略执行过程中就包括了运用相关的已有知识和经验。"①

就我们讨论的话题而言,学生的常识性知识,主要是语言知识和语篇类型的知识。例如,阅读起始的"预测"策略,必须基于标题、图片和关键词等来预测,前提是学生要对不同语篇类型的标题、关键词等有所知晓。在故事文本的阅读过程中,有意识地对人物、事件、故事结局等加以预测,前提是对故事的语篇类型的特点有所知晓。

第二,阅读方法可以取代阅读策略,而且比策略更有效。

策略是解决问题的,只有当已有知识不足以解决问题的时候,才需要策略,才要用策略,策略才有用。例如,学生首先要认字识词(知识),在上下文中确定词义(技能);只有在碰到不认识字词的时候,或者词义的意思与自己知道的意思不一致的时候,才需要动用"利用字形、上下文等线索猜测词义"的策略。如果是重要词语,还需要查阅字典或词典予以确认(知识),若手头无字典或词典,则需要动用"重读上下文以验证自己对该词义的猜测"的策略。

学科教学,重心是学科内容知识和过程技能(程序性知识)。"知识不仅是策略运用的前提,而且能够代替策略运用。"②心理学家们在总结关于知识和策略关系的研究成果之后,得出结论:"这方面的研究成果告诉了人们一条重要的警示——'随着学生头脑中的知识库容量的扩大,学习者越来越多地依赖自己已知的知识而不是通过策略来解决问题。'"③

---

① [美]William Damon, Richard M. Lerner. 儿童心理学手册(第六版):第二卷[M]. 林崇德,李其维,董奇,译. 上海:华东师范大学出版社,2009:622.

② [美]William Damon, Richard M. Lerner. 儿童心理学手册(第六版):第二卷[M]. 林崇德,李其维,董奇,译. 上海:华东师范大学出版社,2009:598.

③ [美]William Damon, Richard M. Lerner. 儿童心理学手册(第六版):第二卷[M]. 林崇德,李其维,董奇,译. 上海:华东师范大学出版社,2009:599.

基于这种研究结论,心理学家们建议:"如果学生仅凭其丰富的知识库而无须运用策略就能完成某项任务,那么教师就不要鼓励学生通过策略来得出答案。在尽可能的情况下鼓励学生运用已有的知识,这一点很重要,因为策略执行会占用短时记忆的许多资源。那些非必需的策略执行占用的资源越少,必需的策略执行以及其他要素的协调配合的操作过程所能支配的资源就越多。"①

从理论上讲,学生阅读一篇新的散文,有两种主动促进理解的办法。

(1)联系自身生活经验、百科知识和以往的阅读经验,运用相应的阅读策略(因没有受过阅读策略的学习,事实上是不能运用的,见上文"产生式缺陷"),理解和感受作品。

(2)联系自身生活经验、百科知识,应用所学的阅读方法及应用的经验(如没有学会相应的阅读方法,则只能退回到上述策略运用的办法),理解和感受作品。

阅读教学,尤其是课文的阅读教学,应该优选第二种办法,即依据散文语篇类型特征、特点的阅读方法。

比如,散文阅读的一个方法是:"如果读散文,就首先注意散文中的'我(作者)'字,并在阅读时把'我'解释为'他(作者)'。""确定重点",是心理学家一致认可的教科书阅读、说明性文章阅读最为重要的阅读理解策略。确定重点,依据的是文本的组织结构特点,而文本的组织结构,因语篇类型而异。从《教育心理学——认知取向(第二版)》②所介绍的"网路建造""顶层结构训练""基模训练"这三个代表性实验教学来看,似乎主要是依据语篇类型而转化的阅读方法的训练,只是其语篇类型较为抽象概括,研究者试图使其成为所有科学分支学科和一般的学术性科目的学习策略。

加拿大"阅读力项目"主持人阿德丽安·吉尔(Adrienne Gear)在进行知识读物的阅读策略试验教学时,发现种类繁多的知识读物必须从语篇类型入手,于是发明了一项名叫"推进"的阅读策略:"积极的读者能够识别和确定知识读物的特点,并对其进行解释。"③包括描述、说明、解释、劝说、传记等"文本结构"和图、表、斜体字、粗体字、小标题等"文本特点"。观其教学设计,主要内容是"寻找知识读物的特点"④,依本人的看法,这其实是语篇类型的事实性知识的教学,依据语篇类型的特

① [美]William Damon, Richard M. Lerner. 儿童心理学手册(第六版):第二卷[M]. 林崇德,李其维,董奇,译. 上海:华东师范大学出版社,2009:622.
② [美]Richard E. Mayer. 教育心理学——认知取向(第二版)[M]. 林清山,译. 台北:远流出版公司,1991:203—218.
③ [加]阿德丽安·吉尔. 阅读力:知识读物的阅读策略[M]. 王威,译. 南宁:接力出版社,2017:25—27.
④ [加]阿德丽安·吉尔. 阅读力:知识读物的阅读策略[M]. 王威,译. 南宁:接力出版社,2017:81—97.

点使其转化为阅读方法,并进行阅读方法的练习和应用。从这个意义上说,"推进"与其说是"阅读策略",不如说是"阅读方法"。

台湾师范大学柯华葳教授主持的"阅读理解策略教学"项目,试图结合小学语文教材的课文,进行阅读策略直接教学。从本人赴台现场考察和对其成果案例的研判,好像不太成功。

该项目共有预测、联结等五项策略。"预测"选较富情节性的幽默小说《倒立的老鼠》,该教师团队的小结是"此策略易引起学生学习的动机,但常是天马行空地猜",教师焦虑于"猜对猜错"的命中率,似未得"预测"促进阅读理解的要义。"联结"也较随意,可能是因为翻译成"联结"而造成的语义联想,该案例额外地加入了"句子与句子间的联结,段落与段落间的联结"这一事实性知识的内容,并作为教学的重点。阿德丽安·吉尔还曾报告他们实验的学校的另一种情况:教"联结",也就是联系自己的经验和背景知识理解作品的语句,任教教师喜气洋洋地告诉她,学生有好多好多的"联结"!"联结"变成了学生谈论自己有关的事情,而不是促使他们更好地理解课文①。

这是一个方面的问题,对"策略"是什么、为什么要教学这些阅读策略、学生用策略来干什么,乃至是谁的策略,理解都不到位。

另一个方面的问题,是课文与策略难相匹配。该项目的其他三项策略是"摘要""摘大意找主旨""做笔记"。前已介绍,这是"学习策略"(不属于"阅读理解策略"),而且主要是科学等学术科目的教科书阅读之后的"学习策略",目的是理解教科书所呈现的学科内容知识。

用语文教材中的课文(如以获取信息为主的科普文、记叙文、一般性话题的议论文等)来教这些"学习策略",往往费力不讨好。用科普文(《日本的樱花》)和记叙文(《欢欢回来了》),来教学写摘要;用记叙文(《笨鹅阿皮》)或一般性话题议论文(《超级人民保姆》),来学习"摘大意找主旨"。这与其他学科通过写摘要、做笔记来理解教科书的学科内容知识,不是同一回事情。对语文学科来说,学写摘要,摘大意找主旨,是阅读和写作的过程技能教学,所学的其实是语文学科中某些语篇类型的阅读方法,通常都难以在真正需要用这些"学习策略"的其他学科中迁移应用。

"这里需要再次强调不同内容之间的迁移没有那么简单","如果'学习如何学

---

① [加]阿德丽安·吉尔.阅读力:知识读物的阅读策略[M].王威,译.南宁:接力出版社,2017:164.

习'项目没有嵌在学科情境中,那么它很可能没什么价值"①。

本人建议,语文学科的阅读教学,应以文学和文章主要语篇类型的"阅读方法"为主,并用化整为零的办法有计划地在学段全程加入"阅读理解策略"的元素,具体可通过以下两个途径。

(1)作为阅读方法的上位"大概念",以加深学生对阅读方法的"理解"。阅读理解策略的概括,都是关于阅读的"核心的概括性知识",即"大概念"。比如"推断",一个好的阅读者知道并非所有信息都在文本之中,他能够利用文本提供的线索,合理进行补充假设和合乎常理的推断。

(2)不同的语篇类型,侧重在某个或某几个"阅读理解策略":比如故事、小说等,侧重"推断""联结""图像化"等阅读策略;说明性文章,侧重"预测""确定重点""释疑"等阅读策略;议论性文章,侧重"推断""提问""综合"等阅读策略,并与"批判性阅读"相联系。在教学法上,则化整为零,在各学段全程教学中相机提出并经常提醒学生有意识运用。

课文教学和整本书阅读指导的学习内容,各自相对独立的分工,也有利于我国语文教师较便利地把握课文教学和整本书阅读指导的各自教学重点,并设法谋求两者的相互促进。

(四)附:阅读方法的教学

阅读方法需要学习才能获得。从大的方面说,学习无非两条路径:一是在自己的阅读实践中自行感悟发现;二是在外力干预下进行有指导的阅读实践,如通过阅读教学、专项培训或学习讲述阅读方法的著作等。

研究表明,许多阅读规则和策略,尤其是较高层次的规则和策略,学生难以自行发现②;依据语篇类型的阅读方法,主要通过第二条路径进行学习。但第二条路径的学习,以往的效果并不理想。原因是多方面的,其中最主要的原因,是我们以往对阅读方法的学习机制了解得不够充分。

对学习者而言,所要学习的阅读方法,是对"如何阅读"的规范性或建议性的指令,比如注意古人的"词语割裂"行文习惯。知道这个指令,当然有必要,但只是"知"是不够的。阅读方法是程序性知识,程序性知识是过程技能,过程技能的本质

---

① [新西兰]约翰·哈迪.可见的学习:最大限度地促进学习[M].金莺莲,洪超,裴新宁,译.北京:教育科学出版社,2015:117.
② 一味推崇"多读多写",是不负责任的说法或做法。

是"行",只有通过"练习"才能掌握。"练习"与"机械操练"不是一回事,有意义的"练习"需知行合一。

但以往我们对"知""行"如何才能"合一",在认识上是不清楚的。

在布卢姆教育目标分类学中,"程序性知识"属于知识维度,"行"是在知识维度的"应用",并精选"执行"和"实施"这两个动词以区分认知行为的两种情况①。从研究的角度、从精准评估的角度,分别"知"与"行",区分"执行"和"实施",都很有必要。但从教学的角度,这种分别和区分,意义不大。过程技能自带"应用"属性,"执行"和"实施"的复杂程度也不是由认知引起的,而是由过程技能本身的复杂性引起的——简单地说,经练习可自动化的技能,比如写字、计算,叫"执行";在应用中需根据具体情境变化调整的过程技能,叫"实施",比如阅读策略和阅读方法。

仿拟埃里克森(H. Lynn Erickson)的"知识的结构"模型,埃里克森和兰宁(Lois Lanning)侧重在阅读教学上,他们平行创建了一个"过程的结构"模型②(如图3-14所示)。先前埃里克森和兰宁认为,过程技能原来的"知—行"模式,是"以技能为本"的二维模式;而他们所创立的"过程的结构",则转变为"以概念为本"的"知—理解—行"的三维模式③。

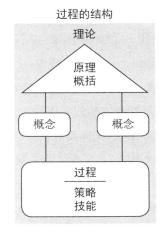

图3-14 埃里克森和兰宁的"过程的结构"模型

---

① [美]洛林・W・安德森,等. 布卢姆教育目标分类学:分类学视野下的学与教及其测评(完整版)(修订本)[M]. 蒋小平,张琴美,罗晶晶,译. 北京:外语教学与研究出版社,2009:58—61.
② [美]林恩・埃里克森,洛伊斯・兰宁. 以概念为本的课程与教学:培养核心素养的绝佳实践[M]. 鲁效孔,译. 上海:华东师范大学出版社,2018:38.
③ [美]林恩・埃里克森,洛伊斯・兰宁. 以概念为本的课程与教学:培养核心素养的绝佳实践[M]. 鲁效孔,译. 上海:华东师范大学出版社,2018:17—18.

（1）模型的第一层级包括"过程""策略""技能"。按作者的定义："过程"是产生结果的行动，如书写过程、阅读过程；"策略"可看作学习者自觉（元认知的）适应并监督其提高学习表现的一项系统计划，其中包含许多技能；"技能"是嵌入策略中的较小操作或行动[①]。这里的"策略"一词是泛指的用法，泛指程序性知识和元认知知识，也就是我们所讲的阅读策略和阅读方法。这一层面包含"知—行"两个方面，学生"知道/理解"某一阅读策略或阅读方法，进而在学习中加以"练习"并尝试迁移、应用。

（2）模型的第二层是"概念"。"概念"隐含在"过程""策略""技能"中，包括条件性知识和情境性知识，以及自我认知。

（3）模型的第三层，即最上层级是"原理/概括"。从第二层的"概念"（concept），获得"概念性视角"；在"概念性视角"与具体的过程技能的互动体验中，形成"概括"或"概括性理解"，即"概括性知识"或"原理性知识"。与"知识的结构"模型一样，埃里克森和兰宁认为，在课程设计上"原理"和"概括"不必区分，因而将模型放在同一个三角形里，可以统称为"概括"或"概括性知识"。其中"核心的概括性知识"，即"大概念"。

（4）"理论"在基础教育课程教学中不太涉及，与"知识的结构"模型一样，也放在最高端的阴影里，意思是不必涉及。

埃里克森所说的"以概念为本"的"概念"，指"大概念"，它涵盖模型第二层的具体的概念（如"散文"），但主要指向第三层的"概括性知识"，尤其是"核心的概括性知识"（如散文表达作者在日常生活中感悟的独特的人生经验）。

知识类型与认知方式，大致是对应的。"概念"的学习，是"理解"。这样，过程技能的学习就从原来的"知—行"二维模式，转变为"以概念为本"的"知—理解—行"三维模式。

"知—理解—行"三维模式，指示我们对过程技能的关注重点和教学的重心，从以往的"知道"某一具体的阅读策略或阅读方法，转向了"理解"该策略或方法所包含的"概念"，尤其是与之相连的"大概念"。换言之，过程技能的学习，不仅要"知道/理解"某一具体的阅读策略或阅读方法是什么，而且还要"理解"为什么要学习这一策略或方法。

[①] ［美］林恩·埃里克森,洛伊斯·兰宁.以概念为本的课程与教学：培养核心素养的绝佳实践［M］.鲁效孔,译.上海：华东师范大学出版社,2018：38—39.

比如散文阅读的一个方法是："如果读散文，就首先注意散文中的'我'（作者）字，并在阅读时把'我'解释为'他'（作者）。"为什么要这么做呢？

因为"散文表达了作者在日常生活中感悟的独特的人生经验"，是"他"（作品中的"我"）在讲述"他"对人、事、景的感受和认识。因为散文中作者的独特感受，通常是你（读者）以前在日常生活中感受不到的；因为散文阅读很容易"人我不分"，你（读者）往往会以自己的经验去覆盖（解读）作者所表达的独特的人生经验。

但是，被告知并记住上面那些"道理"，是没有用的；学生必须"理解"，而且必须经自己的探究才能达至"理解"。也就是说，学生必须在有指导的学习中经历散文阅读，通过有指导的阅读实践逐渐"发现"上述"因为"之后的种种"道理"，从而形成由自身经验支撑的概括性的知识。"理解"了是怎么一回事情，才能"理解"为什么要这么做，才会自愿自觉地去做，进而习惯成自然。

同样，"技术文章"的阅读方法之一，是"必须从了解术语的定义着手"。只有在有指导的阅读实践中"理解"了为什么，才能真正学会怎么做，还能将学会的方法迁移到适应的其他情境中，比如理论性文章。

在论述"阅读方法"的部分中，我们这样定义：依据语篇类型的特征、特点，使阅读者能去"看到"语篇的关键点，这就是阅读方法。若仔细盘查，对"阅读方法"的这个定义似乎有漏洞，因为它只回答了"如何阅读"的第一个问题——如何"找到"语篇的关键点，对第二个问题——对这些关键点，如何"看出"这些关键点的意义，似乎并未涉及。

其实，对第二个问题的回答，是包含在第一个问题的答案里的。借助"过程的结构"模型所蕴含的阅读方法的学习机制，我们可以看出，对第二个问题的回答，蕴含在对"为什么要这么做呢"的探究中。例如：阅读散文，要关注散文中的"我"字，并把"我"解释为"他"——为什么要这么做呢？我们来看其"探究"的过程：（1）"为什么"的探究，体现在有指导的具体散文语篇的阅读活动上。（2）有指导的阅读活动，也就是指导学生看出这一散文语篇的"我"的意思和意味。（3）看出了多个散文语篇的"我"的意思和意味的过程，也就是逐渐地理解"为什么'我'是阅读散文的关键点"的过程，而使学生"透过探究活动和具体教学活动来发现大概念"①，形成上文中"因为"后面的那些概括性的知识。（4）对概括性的知识的逐渐"理解"，伴随这

---

① ［美］Grant Wiggins, Jay McTighe. 重理解的课程设计：专业发展实用手册［M］. 赖丽珍，译. 台北：心理出版社，2008：71.

一阅读方法的多次"练习",使学生逐步形成可迁移的应用能力,并达到精熟的水平(如图 3-15 所示)。

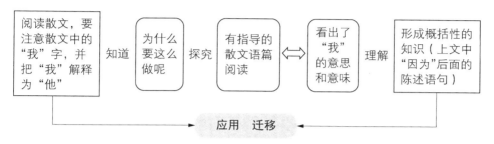

图 3-15 阅读方法学习过程的原理

埃里克森和兰宁的"过程的结构"模型,本意主要是解释阅读策略教学的,但在实际应用中对阅读方法学习解释力和对阅读方法教学的引导力更强些。

按知识的生产逻辑讲,关于阅读方法的程序性知识,来源于不同语篇类型各自所具有的特点,是把语篇类型特点这种概括性知识,转化成相应的阅读方法。因此,过程技能与相关联的内容知识,其"大概念"是共享的。有些人之所以能够在自己的阅读实践中自然地形成一些有效的阅读方法,很可能就是因为他们在自己的阅读实践中自行感悟"发现"了一些所读语篇类型的特征、特点并形成了相应的概括性的知识。学习阅读方法,练习很必要,但更重要的是对语篇类型特征、特点的概念性知识的"理解"。

对"阅读理解策略"和"学习策略"而言,该模型的解释力强弱,要看策略与语篇类型的关联程度。如果较受制于语篇类型,甚至取决于语篇类型,那么应该和"阅读方法"相类似。比如:需依据语篇类型和文本内容的"预测"策略,紧贴语篇类型和文本内容的"提问"策略,"确定重点"策略主要依赖的语篇类型的文本结构,"推断"策略受制于语篇类型且要借助特定的上下文信息。或许意识到有一些策略与阅读技巧(阅读方法)是相近相似的,国外有研究者把"阅读策略"看成是"正在考虑中(即尚未定型的)"[①]的阅读技巧(即阅读方法)。

而另外一些更倾向于阅读者主体的阅读理解策略和学习策略,尤其是自我监控和调节,则解释力较弱,或者难以解释。因为不能再凭该策略所包含的概念而形

---

① Manoil P, Papadopoulou M. Reading Strategies Versus Reading Skills: Two Faces of the Same Coin [J]. Procedia-Social and Behavioral Sciences,2012(46):pp. 817-821.

成的"概念性视角",进而生产出概括程度更高的"概括性知识"。比如："联结"策略——一个好的阅读者能够在阅读过程中调取已有的背景知识和个人经验,从而更好地理解文本的意义;"释疑"策略——一个好的阅读者能够意识到自己遇到了理解困难,并为了读懂而停下来,回头重新阅读;"综合"策略——一个好的阅读者能够分析信息,整合文本和自己的认识或经验加以思考,并得出结论。上述阅读策略,无须也无法再进行"概括"。换言之,对阅读理解活动而言,它们已经是最大的"大概念",且难以凭学生的探究而"从学生那里得到这一概括"[①]——研究和实践证明:阅读策略教学必须采用更加直接的教学方法。"过程的结构"模型所不能解释的,就是这一部分。

(五)附:阅读策略的教学

据本人已阅读的译著,作为学习内容的"阅读策略"教学,有实验教学和试验性实践两种情况。

(1)心理学家的实验教学,从实验教学中发现或证实策略教学的有效方法。

(2)专家与中小学教师合作,或者是经专门研修的有志于阅读教学研究的先进教师带领,以"研究项目""推进项目"的方式开展的带有试验性的教学实践。比如,美国哥伦比亚大学师范学院开展的"阅读与写作项目"、加拿大温哥华和哥伦比亚地区一些学校参与的"阅读力项目"等。

实验教学和试验性教学实践,结论是策略教学必须采用更加直接的教学方法。琳达·达林-哈蒙德(Linda Darling-Hammond)等人《高效学习:我们所知道的理解性学习》推介的阅读策略教学,包括"互惠教学""转换性策略教学""元认知策略教学"等,都是过程技能示范、练习、应用的直接教学法[②]。

直接教学的要点,大致如下。

(1)分项传授给学生需综合起来协调运用的为数不多的几种策略。

(2)每一策略,教师都必须直接清楚地解释和示范(边示范边讲述自己的思维过程)如何运用该策略。

---

① "从学生那里得到这一概括","学习活动的计划应该确保学生能透过探究活动和具体教学活动来发现大概念",是"以概念为本的课程与教学""追求理解的教学设计"等共同的教学原则。[美]Grant Wiggins, Jay McTighe. 重理解的课程设计:专业发展实用手册[M]. 赖丽珍,译. 台北:心理出版社,2008:71;[美]林恩·埃里克森,洛伊斯·兰宁. 以概念为本的课程与教学:培养核心素养的绝佳实践[M]. 鲁效孔,译. 上海:华东师范大学出版社,2018:42.
② [美]琳达·达林-哈蒙德,等. 高效学习:我们所知道的理解性学习[M]. 冯锐,等,译. 上海:华东师范大学出版社,2010:53—84.

（3）学生在教师指导下，阅读经挑选的书册加以练习运用，学生在阅读过程中说明、阐释和监控他们的理解。

（4）通常需要坚持较长时间来练习，在阅读一系列书籍中持续应用，才能达到自动化执行的程度。

（5）把直接的策略教学和间接的元认知教学结合起来，激发学生综合运用多种策略。

（6）最重要的是要促进学生以自我调节的方式长期运用各种策略，包括元认知知识①。

五、过程维度与结果维度

与阅读活动有广义、狭义之分一样，阅读的过程与结果，也有广义和狭义两种含义。

（1）与广义的阅读活动相联系，"过程"指做阅读这件事的行为过程，"结果"即行为导致的结果。"结果"的综合表现，即广义的阅读能力，我们用操作性定义来表述：个人愿意、能够进行的阅读活动及其所能达到的理解程度②。在这里，过程与结果，被解释为"前因"与"后果"的因果关系，或者相关关系。

（2）与狭义的阅读活动相联系，"过程"即具体语篇的阅读理解心理过程，"结果"即对具体语篇的理解，在测评中表现为测试的成绩。在这里，过程与结果，被解释为"互为因果"关系：我们用具体语篇的阅读理解结果，来推测阅读理解的心理过程，即阅读理解能力；同时，我们又用所推测的阅读理解能力，即在阅读理解过程中能做什么或不能做什么，来解释之所以有如此阅读理解结果的原因。

关注阅读活动的过程维度和结果维度，是与广义或狭义的阅读能力测评相联系的。

（一）阅读活动中的行为及表现

针对广义的阅读能力，目前主要采用调查（读者自我报告）的方法，侧重在结果，如实际的阅读面和阅读量、能够独立阅读的文本难度等。调查所获的数据，对了解国民阅读生活的状况，有很大的意义。然而，只知道一些结果的数据，对国民自我提升阅读生活品质的引导性，还不足够。

---

① ［美］William Damon，Richard M. Lerner.儿童心理学手册(第六版)：第二卷[M].林崇德,李其维,
　　董奇.译.上海：华东师范大学出版社,2009：609—615.

② 参见本章第二部分"阅读活动与阅读能力"中的"广义的阅读活动与阅读能力"。

我们认为,对广义的阅读能力测评,应侧重在做阅读这件事过程中的行为表现。

在研制语文教师教学能力的评估时,我们曾得出以下几个研究结论。

(1) 语文教师教学能力的差别,主要不是做同一件事的程度差别(精熟度)。不同能力水平的语文教师,具有不同的语文教学行为,实际在做截然不同的事,具体到做什么、怎么做,其行为方式和行事方法有实质性差别。

(2) 聚焦于做事的准则,即教师在做这件事时所信奉的原则。这些原则往往是内隐的,主要表现为系统性的行为倾向。语文教学不同能力水平的差别,实质是做事准则的差异。

(3) 教学行为是教学能力的表现,不同的教学行为表现,往往标示着不同的教学能力水平。因此,可以采用描述教学行为表现的办法,直观地表征语文教师进行该事项的教学能力;分别描述不同能力水平的教师在该事项具有典型性的行为表现,可以用作语文教学能力的自我诊断工具。

(4) 择取具有比照性的、典型的行为表现,用简练、准确、感性的(表现性)的语言做概括性的综合描述,可以将各种水平的做事准则和行为方式加以具体化呈现①。

我们认为,可以按上述思路,仿拟语文教师教学能力评估的做法,研制国民在真实情境中阅读活动的行为表现的评估标准。

以下两个实例,对评估阅读活动的行为表现,有参考价值。

(1) 职场能力提升培训专家赵周建议的致用性阅读的流程如下。

① 确定致用类的图书,明确阅读目的。

② 较快的速度阅读,略读全书。

③ 遇到核心观点、重要建议,或者较难理解的地方,先判断对自身是否有用;如果有用,则放慢速度,细读相关内容。

---

① 中华人民共和国教育部.中小学幼儿园教师培训课程指导标准(义务教育语文学科教学),2019:6—7.

④ 便签1：用自己的话简要重述知识点，或者总结启发，贴在相应书页中(或画线等)。

⑤ 便签2：回顾自己有没有经历过，或者见过类似的事情、情境，贴在相应书页中。

⑥ 便签3：结合读到的知识(观点、建议、启发)与自己的经验，设想自己今后可以如何运用。总结的内容应该具体而非笼统，贴在相应位置。

⑦ 放便签页，指示牌。

⑧ 用此法读完整本书后(或者读完自己认为值得读的部分之后)，把所有的便签拿出来贴在墙上，提醒自己日后应用，改变行为(用后放回书中)①。

(2) 朱迪思·朗格建议的文学阅读"不间断评估"的生成性目标如下。

① 在阅读后分享初始印象。

② 提出与阅读文本相关的问题。

③ 超越初始印象，反思、发展与丰富理解。

④ 发现文本内外的关联。

⑤ 以多角度思考文本。

⑥ 反思其他可能阐释，批判与支持其中一种。

⑦ 通过文学获得对自我和生活的理解。

⑧ 通过阅读，增强对其他文化和背景的敏感性。

⑨ 将写作作为反思与交流文学理解的途径之一。

⑩ 以典型的文学话语来口头或书面评价一部作品②。

广义的阅读活动中的行为及表现，与人们所预想的愿读书、能读书、会读书的结果，被解释为"前因"与"后果"的因果关系，或者相关关系。上述"建议流程"或"生成性目标"是规范性的，也就是说，如果照样子去做，那么就可能获得预想的好结果；反之，就不大可能获得预想的好结果。

---

① 赵周. 这样读书就够了[M]. 北京：中央广播电视大学出版社，2012：37.
② [美]朱迪思·朗格. 文学想象——文学理解与教学[M]. 上海：上海教育出版社，2015：107.

我国语文教育界所说的"表现性评价",或称直接评估、表现式评估、真实性评估、动态评估等,包括学习档案袋、双向或多向的口头交流、展示作品、专题研习及其他创意式作业等,大都是对广义的阅读能力的评估,评估的是做阅读或做学习阅读这件事过程中的行为表现,它们不是直接的对具体语篇的阅读理解心理过程的评估(即不是直接的阅读理解能力评估)。

(二) 阅读理解时的"推论"

综合心理学的研究,语篇阅读理解的心理过程大致可以描述为以下几个要点。

(1) 字词辨识,句子处理,读者把握语篇的字面讯息。

(2) 读者根据语篇的字面讯息,推论字里行间没有明言的隐含讯息。

(3) 连贯篇章和建立语篇结构,使语篇衔接并连贯成为一个可理解的整体。

(4) 读者把所理解的内容与自己的生活经验相对照,并进行结合,扩展和丰富对世界的认识,进而对语篇进行评价①。

上述心路历程,在阅读活动中几乎是同步进行的,从而产生阅读理解的结果。

阅读理解的结果,即"读者掌握语篇的作者所要表达的,或希望读者知道的意思"②。"实质上是读者在自己的头脑中建构关于文本内容、层次及主题的表征系统的过程,形成局部与整体都连贯的心理表征结构。"③

语篇阅读心理学认为,在"自然阅读"条件下——即认识所读语篇的那些字,能够解码字面意思,对所读语篇所涉的内容主题有相应的背景知识和生活经验,且没有特定阅读任务——决定阅读理解的主要因素是"联系性推论"。

正如 D·W·卡罗尔(D. W. Carroll)在论述语篇理解时所说的:"连接性语篇的理解与其说是依赖于语篇中各个句子的意义,还不如说是依赖于这些句子的排列。"④一般来说,读物本身是具有连接性的,作者使用照应、替代、省略、连词和词汇重复、同义词、下位词等衔接手段,使连续的语句成为语义联系的语篇。但是,语句不可能把所有的信息都描述出来,要形成语段的局部连贯理解和语篇的整体连贯

① 谢锡金,等.儿童阅读能力进展——香港与国际比较[M].香港:香港大学出版社,2005:20.

② 谢锡金,等.儿童阅读能力进展——香港与国际比较[M].香港:香港大学出版社,2005:10.

③ 莫雷.阅读与学习心理的认知研究[M].北京:北京师范大学出版社,2006:91.

④ [美]D·W·卡罗尔.语言心理学(第四版)[M].缪小春,等,译.上海:华东师范大学出版社,2007:155.

理解，读者必须运用多种"推论"。

推论，就是依赖读者所具有的外在于语篇的知识经验对语句之间的关系做出推断。"连贯是在理解过程中得到的而不是通过白纸黑字所给予的，这意味着我们在阅读或聆听中所进行的理解活动对我们的理解（或误解）起了决定作用。"①

对语篇的整体连贯而言，读者对语篇所涉主题内容和语篇结构等语篇类型特征的了解，即主题内容的"图式"和体裁特点的"图式"，起着决定性作用。

对语段的局部连贯而言，对句与句间关系的推论，以及对较远距离语句的语义关系的"架桥推论"②，起着决定性作用。在对主题内容不熟悉的情况下，即"在缺少图式的情况下，局部连贯关系在理解语篇当中必定起着相对比较重要的作用"③。

语篇阅读心理学关注"自然阅读"，因而主要关注基于语篇结构内在特征的、读者自动做出的即时推论，即对建立语篇的局部连贯是必需的推论，且推论所依靠的信息很容易被所读语句或一般常识所激活。不同的研究者，对阅读理解过程中推论的多少和具体推论的种类，有不同的意见。多数研究者把推论分为两类：必需的推论和精加工推论④。必需的推论是维持语篇局部连贯而进行的自动的推论，如保持指代的连贯；精加工推论是建立文本的意义联系、展开文本表述的内容、预期接下来的事件或信息的推论，也称"策略性推论"，如原因先行推论、上位目标（意图）推论、主题推论、主人公的情感反应推论等⑤。

其实，在真实的阅读情境中，"没有特定阅读任务"是相对较少的，也不重要；相反，成人世界的绝大多数阅读，关涉学习、生活、工作、社会和个人精神生活的阅读，都是有（自发或被要求的）特定阅读任务的。

有特定任务的阅读，比"自然阅读"有更多、更强劲的推论。有特定任务的阅读，是依据读者的阅读取向、阅读目的和语篇类型的"图式"而主动进行的、积极的推论，表现为特定的阅读方式及其相应的阅读方法和阅读策略。

我们在前面已数次提到：在基本具备解码能力、对语篇所涉主题内容比较不陌生的前提下，可以认为语篇的理解主要来源于理解过程的心智活动，即阅读方法和阅读策略的运用。

---

① ［美］D·W·卡罗尔.语言心理学(第四版)[M].缪小春,等,译.上海：华东师范大学出版社,2007：182.
② ［美］D·W·卡罗尔.语言心理学(第四版)[M].缪小春,等,译.上海：华东师范大学出版社,2007：160.
③ ［美］D·W·卡罗尔.语言心理学(第四版)[M].缪小春,等,译.上海：华东师范大学出版社,2007：182.
④ 莫雷.阅读与学习心理的认知研究[M].北京：北京师范大学出版社,2006：152.
⑤ 莫雷.阅读与学习心理的认知研究[M].北京：北京师范大学出版社,2006：49—50.

　　阅读理解的过程与理解的结果相辅相成,对语篇的阅读理解结果与理解这一语篇的阅读方法和策略,互为因果。① 也就是说,阅读方法和策略的适当运用能产生较好的理解结果。我们用具体语篇的阅读理解结果,来推测阅读方法和策略运用的心理过程,即阅读理解能力;同时,我们又用所推测的阅读方法和策略,即在阅读理解过程中能做什么或不能做什么,来解释之所以有这样或那样的阅读理解结果。

　　这样看来,NAEP 对阅读理解过程的描述更符合真实情境的阅读。NAEP 认为,阅读理解是一个包含多种不同行为的、动态的、复杂的过程:(1)理解书面文本:寻找和回忆信息,为理解文本进行推论,为此采用的基本技能是书面文字解码和调动词汇知识。(2)深入理解文本意思:读者运用对文本的已有理解和外部经验整合自己的感知。运用更多、更复杂的技能去理解文本的深层含义,同时修订先前的文本感知。(3)根据特定的文本类型、阅读目的和情境,运用文本中的信息——读者运用文中的信息和观念,实现某种特定目的或情境需要②。

　　阅读中还会产生"联想性推论"③。"联想性推论",一般伴随言词的字面理解而自然地生发。借助联想和想象,"再造"内含于字里行间的种种情境,这是文学作品阅读的关键之一。好的阅读者,在阅读中伴有大量的"联想性推论",因而他们所理解的文意要更为丰富。

　　实用文章中的种种论断,背后往往潜藏着作者的描述性预设和价值预设。"描述性预设",是作为论断前提的事实认定。"价值预设",是作为论断前提的价值信念④。比如"禁止吸烟"这一标语,就潜藏着吸烟损害身体、不吸烟者会被动吸烟、被动吸烟伤害健康等描述性预设。"公共场合禁止吸烟",它的合理性建立在吸烟是恶习、伤害别人健康是不道德的行为、不顾禁令是违法行为等一系列"价值预设"的基础上。揭示潜藏在词句背后的预设,是实用文章阅读,尤其是批判性阅读的关键之一。

(三) 阅读理解测评的侧重维度选择

　　阅读的目的,是为获得理解的结果,但学习阅读,则需从阅读理解过程入手。

---

① 在阅读教学和阅读测试中,要严防阅读结果和阅读过程的分裂。只知道课文的"标准答案"而不顾这一答案是怎么读出来的,只要求在不同选项中选出得分项,而不顾它是怎么选出来的,这些行为,都是对阅读和学习阅读的歪曲。
② 祝新华.促进学习的阅读评价[M].北京:人民教育出版社,2015:2—3.
③ 谢锡金,等.儿童阅读能力进展——香港与国际比较[M].香港:香港大学出版社,2005:26.
④ [美]M·尼尔·布朗,斯图尔特·M·基利.走出思维的误区[M].张晓辉,王全杰,译.北京:中央编译出版社,1994:58—81.

学习阅读,即学习如何有效地运用阅读方法和阅读策略。阅读理解的测评,目的是评估阅读理解能力,即有效地运用阅读方法和阅读策略的能力,但测评的入手之处则只能是阅读理解的结果。

　　阅读理解的过程发生在读者的大脑里,而评估必须是对可见的表现进行测评。语篇阅读理解可见的表现,即对阅读理解的表达(如图 3-16 所示)。

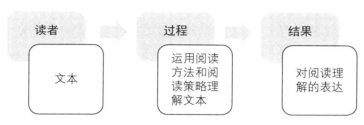

图 3-16　阅读理解的过程与结果

　　"评估通常是间接的。我们观察学习者的学业表现,比如对测试问题是如何做出回答的,从学习者的学业表现来判断其既有知识、学习过程和学习特征。"[①]通过对阅读理解结果的表达,来推断其运用阅读方法和阅读策略的能力,这是我们讨论阅读理解测评的侧重维度时选择问题的前提。

　　在这一前提下,以阅读理解测评的侧重维度来选择问题,实际上是以下两个独立但又相互联系的问题:(1)侧重在哪个维度来引导对阅读理解的表达?(2)阅读理解的结果,如何表达? 即采用哪种测评方法。

　　先讨论第一个问题:侧重在哪个维度来引导对阅读理解的表达?

　　回答这个问题,还是需要回顾我们在本章第二部分论述"狭义的阅读活动与阅读能力"时所得出的结论——从"眼—脑"的角度,具体语篇的阅读理解过程,大致可以归结为相互联系的两个要点:

　　(1) 眼睛"看到"(注视)语篇的关键点。

　　(2) 大脑"看出"(理解)关键点的意义。

　　如果侧重点放在"看出"(理解)关键点的意义,那么更倾向于阅读理解的结果维度;反之,如果侧重点放在"看到"(注视)语篇的关键点,那么就可能更倾向于阅读理解的过程维度,即阅读方法和阅读策略的维度。换言之,如果关注点是文本说

① ［美］理查德·E·梅耶.应用学习科学——心理学大师给教师的建议［M］.盛群力,丁旭,钟丽佳,译.北京:中国轻工业出版社,2016:93.

了什么(文本内容)的答案正确、恰当、充分,那么可能更倾向于结果维度;如果关注的是文本怎么说的(如叙述方式),即为什么文本的这一处或者那一处是关键点,那么就可能更倾向于阅读理解的过程维度。

第二个问题:采用哪种测评方法?

在纸笔考试的条件下,测评有两种方法。

(1) 反应式测试。包括选择性反应题、简短的建构反应题、扩展性建构反应题。选择性反应题,选择一个正确的或最好的答案,大致需要一分钟完成。简短的建构反应题,要求学生用一个词组或一两个句子,给出一个简短的答案,大约用一两分钟时间完成。扩展性建构反应题,要求学生深入思考所读内容,整合某些观念,分析一种情境或解释一个概念等,需用一两段话作答,大约需要五分钟完成①。

(2) 开放的或仅有宽泛引导题的表现式测试。如:阅读一个文本,撰写一个内容概要;阅读一首诗歌之后,问:"这首诗歌对你意味着什么?"

一般来说,反应式测试更适合阅读理解的结果维度,表现式测试则可能更倾向于阅读理解的过程维度。

比如问:"这首诗歌对你意味着什么?"SOLO 分类理论的评判是看:"回答可能具有也可能不具有以下一个或几个特点:诗歌的字面含义和隐含意;音韵、格律,或作者使用的其他结构特征,或诗人使用的艺术手法;认知或智力与情感方面的结合;等等。因此,根据以下标准(即 SOLO 分类标准),我们利用这些特点的存在或者缺失,判断 SOLO 层次。"②也就是说,表现式测试侧重在"看到"(注视)语篇的关键点这一方面,因而倾向于阅读理解的过程维度。

按照我们目前的认识,实用性文本的阅读理解要点是"说了什么",其阅读理解的结果有较高的共识度,因而倾向于阅读理解的结果维度,可采用反应式测试。文学文本的阅读理解的要点是"怎么说的"——"我们所说的'文学性',一定程度上就是指用怎么说来衡量说什么。文学,就是与内容与表述内容之语言密不可分的作品"③。我们在第六章"测试面相的文学阅读能力"中将论述,在"连贯阅读"基础上,"文学想象"原则上没有正误之分(但有优劣高下的差别),因而更倾向于阅读理解

① 叶丽新.国际测量理论与实践视野中的评分标准开发(上)[J].语文学习,2017(09):61—65.
② [澳]约翰·B·彼格斯,凯文·F·科利斯.学习质量评价:SOLO 分类理论(可观察的学习成果结构)[M].高凌飚,张洪岩,主译.北京:人民教育出版社,2010:108.
③ [英]特里·伊格尔顿.文学阅读指南[M].范浩,译.开封:河南大学出版社,2015:3.

的过程维度,侧重在"看到"(注视)语篇的关键点这一方面,宜采用开放的或仅有宽泛引导题的表现式测试。

(四)关于阅读理解水平

阅读理解的水平,表现为结果,即语篇理解的质量、正误深浅;表现为过程,即运用阅读规则和阅读策略的熟练程度及其成效。

理解的不同水平,通过对专家读者、熟练读者与初学读者的比较,或对同一个人在不同学习阶段阅读同一篇或同类语篇的比较等途径可得知。现成可资利用的工具有以下几种。

(1)侧重在阅读理解的结果维度。较常使用的是加涅(R. M. Gagné)的"学习结果分类"和布卢姆、安德森等人研制的"教育目标分类"。分类意味着不同的项目,但也含有"类别高下"的意思。比如安德森等人修订的目标分类,"评价"比"理解"的水准高;在"理解"项中,"推论"比"解释"的水准高。

(2)力图结果维度与过程维度并重。较权威的有 PIRLS、PISA、NAEP 等阅读测试的框架和标准。阅读测试依特定的语料设计特定的题目,通过学生的答案,推测其阅读理解过程,以及阅读理解过程所运用的方法和策略,从而测试特定的阅读理解能力,并依答题结果推测这项能力的精熟度。

(3)侧重在阅读理解的过程维度。SOLO 分类理论将表现式测试的回答分为五个层次,以前述的诗歌理解为例:①前结构。没有回答,或几乎完全不理解诗人在说什么,或给出无关的回答。②单点结构。给出一个相关的结构特征,如评论音律,指出诗人的具体观点,不解释所引用的诗句,或两个对立却无法调和的观点。③多点结构。使用几个具体的观点支持一个较为随意的解释,给出一个或多个独立的观点以及对诗歌结构、释义的评论。④关联结构。使用固定的框架来解释诗歌大部分或全部意义,但这个框架局限于诗人创设的情境与诗人肯定的观点。⑤抽象扩展结构。认为诗人以诗歌为媒介做出一个完整的陈述,允许对诗歌做出其他解释,诉诸不一定是文本所固有的抽象结构①。

需要说明的是,本研究暂不涉及语文能力水平的划分问题。语文能力水平的划分,即根据能力要素的掌握程度,按一定的标准,划分出若干个能力水平的等级。很显然,只有在明白能力要素是什么、有哪些的前提下,才有可能科学地划分出能

---

① 〔澳〕约翰·B·彼格斯,凯文·F·科利斯.学习质量评价:SOLO 分类理论(可观察的学习成果结构)[M].高凌飚,张洪岩,主译.北京:人民教育出版社,2010:109.

力水平的等级。如果连能力要素都不甚了了、一头雾水,那所谓的水平等级就是空中楼阁了。所以,本研究把对这一问题的研究暂且搁置,尽管在描述能力要素时肯定会涉及能力水平问题。

当前盛行的"标准"运动,似乎有令人忧虑的地方。正如前面综述所说,语文能力和语文测试研究,目前的关注点几乎完全扑在了"等级标准"上(如"普通话朗诵水平测试标准研究""朗诵水平测试等级研究""普通话演讲水平测试标准研究""儿童汉语分级阅读的分级标准研究""中文写作水平等级标准及测试大纲的研制"等),但是,如果能力要素不清晰明朗,那么等级标准又从何而来?

而且,目前国内所说的"等级水平"也是单维度的,单指一个测试(阅读)文本或测试(写作或口语)任务的精熟程度。从国民语文能力提升的角度,这里可能还需要斟酌。(狭义的)听、说、读、写能力,其水平等级,应该体现在以下两个方面。

(1)一个测试文本或测试任务的精熟度。

(2)不同类型的测试文本或测试任务中的能力表现。

前者是某一能力的"程度",后者是所拥有能力的"宽度",两者的聚合,才是国民语文能力的"力度"。

六、总结: 描述"阅读能力"的结构化框架

综合本章上述内容,我们得出描述"阅读能力"的结构化框架。

(一)"广义的阅读能力"描述框架

广义的阅读能力操作性定义为:个人愿意、能够进行的阅读活动及其所能达到的理解程度。主要涉及以下四个方面(如图 3-17 所示)。

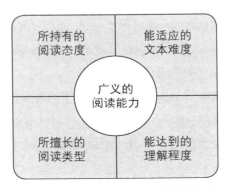

图 3-17 "广义的阅读能力"描述框架

对广义的阅读能力的评估,主要采用调查(读者自我报告)的方法,侧重在结果,如实际的阅读面、阅读量和能够独立阅读的文本难度等。侧重对做阅读这件事过程中的行为表现进行评估的研究尚待跟进。

(二)"狭义的阅读能力"描述框架

狭义的阅读能力,即阅读理解能力,指在具体语篇的阅读过程中所体现的阅读理解能力。描述"狭义的阅读能力"的框架如图 3-18 所示。

认知水平　　阅读目的　　文本形式　　　　　　　阅读策略　　　　侧重维度

读者 ➡ 阅读取向 ⬌ 语篇类型 　阅读类型　 ➡ 阅读理解过程 ⬌ 阅读理解结果

知识背景　　阅读方式　　文本体式　　　　　　　阅读方法　　　　测评方法

图 3-18　"狭义的阅读能力"描述框架

主轴是读者对文本的阅读理解过程及其阅读理解结果。一个具有特定认知水平和知识背景的读者,抱着特定的阅读目的和阅读取向,以特定的阅读方式阅读一个或多个特定语篇类型的文本。

阅读取向、阅读方式与语篇类型的交集,构成阅读类型。特定阅读类型,在阅读理解过程中采用相应的阅读方法和阅读策略,形成阅读理解结果。

体现在阅读理解过程中的阅读能力,主要由三方面构成:(1)解码能力,也就是认字、识词、断句的基础能力。(2)读者对语篇所涉主题(话题、内容)的生活经验和百科知识。(3)理解过程的心智活动,可以表述为阅读方法和阅读策略的运用。在基本具备解码能力、对语篇所涉主题内容较不陌生的前提下,可以认为语篇的理解主要来源于理解过程的心智活动,即阅读方法和阅读策略的运用。

阅读理解能力测评要通过语篇阅读理解的可见表现,即对阅读理解的表达来实现。例如:实用性文本的阅读理解能力测试,倾向于阅读理解的结果维度,可采用反应式测试;文学文本的阅读理解能力测试,倾向于阅读理解的过程维度,宜采用开放的或仅有宽泛引导题的表现式测试。

第四章
情境中的实用性阅读能力

一、阅读情境及阅读类型
二、以获取资讯为目的的阅读
　•知道"去哪里找"：探测性阅读
　•知道"找什么"：搜索性阅读
　•知道"有什么"：检视性阅读
三、程序性文本的操作性阅读
　•程序性知识与技能
　•程序性文本的特点
　•操作性阅读及其难点
　•阅读后的练习：通过"主观错误"学习
　•关于操作性阅读的进一步讨论
四、自我导向的致用性阅读
　•"方法类读物"的类型特点
　•阅读情境与阅读目的
　•完整语篇的"致用性阅读"
　•节选语篇的致用性阅读
　•阅读之后：在实施中深化理解
五、普通读者"有难度的"理论读物阅读
　•普通读者、理论读物及难度
　•首要能力：阅读目的具体化
　•较快地"读过"一本"有难度的"理论书

　•常用阅读类型：通读—略读
　•最主要的阅读类型：选读—精读
六、必读理论书的分析性阅读
　•正确认识理论读物的"理论性"
　•了解作者提出问题的背景
　•按作者的界定理解术语概念
　•理解复杂语句和语段
　•按照作者的大纲理清结构
　•注意与其他章节的联系
　•进行总结与综合
七、论说性文章的理解性阅读
　•论说性文章的界说
　•论说性文章的来源及其语域
　•说明性文章阅读：语篇类型举隅
　•议论性文章阅读：语篇类型举隅
八、批判性阅读与批判性反思
　•批判性阅读基于批判性思维
　•批判性阅读的适用范围
　•批判性阅读的"读法"
　•批判性阅读伴随着批判性反思
　•批判性阅读的学习活动示例

第
四
章

从阅读取向的角度，"阅读"可以分为两大类别：一类是"实用性阅读"，一类是"文学性阅读"①。实用性阅读的对象是"知识读物"，或称"信息类文本"，读者抱着务实的"实用"目的，通过阅读获取资讯、学习技能和方法、了解新知识、理解概念和概括性知识。

实用性阅读与文学性阅读，有全然不同的阅读方式。概言之，实用性阅读是"得其义可以忘其言"，阅读是获取信息、理解知识，读者应该能用自己的语言去重述信息、知识并加以利用；文学性阅读是"品其言才能得其意"，阅读是品味作家的语言，是对作品的体验、反应或阐释。

实用性阅读，是国民语文生活中最主要的内容。情境中的实用文阅读能力，是国民最重要的语文能力，是全民语文能力的集中体现，也是国家人力资源最重要的软实力。

一、阅读情境及阅读类型

在教育领域，"情境"一词，特指与"现实世界"相联系的"真实情境"。"真实情境"，与以往"脱离真实世界"的"学校情境"或"正式的学校情境"相对立。

沿用到实用性阅读，指的是人们（成人）在实际生活、工作、学习中的真实的阅读情境。实用性阅读的情境，一般是从以下两个角度来描述和归纳的。

1. 从作者的角度

从作者的角度，相当于语篇类型的功能的角度。

语篇是作者所写作的。一方面，作者要针对所意向的读者或读者群，表达他对事物的认识；另一方面，他必须选择适当的语篇类型，并在该语篇类型的框架内表达他的认识。表达对事物认识的那些具体的话语，当然是作者个人所独有的；但所选择的语篇类型，则与该语篇类型的其他使用者有着相同、相似的功能目的。

---

① 文学性阅读的对象是文学作品，然而文学作品也可进行"实用性阅读"；同时，实用性文本有时亦可引起对其篇章结构组织和语言表达方面的"文学性"的关注。

如前所述,常态的阅读取向,读者的阅读目的一般是与作者所采用的语篇类型的功能相一致的。因而可以从作者的角度,也就是语篇类型的功能的角度,来描述读者的阅读情境。

PISA 阅读测试框架中的"情境",就是从作者的角度来描述的。针对横向比较不同国家或地区 15 岁学生应用于实际生活的阅读能力(不包括文学阅读)这一测试目的,PISA 阅读测试框架"从作者的观点(角度)来看,文本的用途是什么"这一角度,归纳出四种阅读情境:(1)个人的,为了满足个人需求、个人兴趣而阅读。(2)公共的,为了获取公共信息而阅读。(3)教育的,为了学习新知识而阅读。(4)职业的,为了完成工作任务而阅读。

2. 从读者的角度

从读者的角度,也就是从阅读的现实目的、阅读取向及相应的阅读方式的角度。

原则上讲,读者角度的"文本的用途"与作者角度的"文本的用途"是一致的。但实际的情况是,即使常态的阅读取向,读者的"文本的用途",仍会大于、超越作者的"文本的用途"。

因为语篇类型的功能是多方面的,一个具体语篇被使用有多种可能性,有些未必是作者所意想的。比如绘本,从孩子的角度,当然是有兴趣才去阅读,但从家长和语文教师的角度,往往侧重于教育,希望孩子从中学会生活的知识或语文知识。又如作家写小说,当然希望读者当作小说去读;但读者却可以采取实用性阅读,把小说中的"故事",当作研究某个问题的"案例"。

同一本书,比如《卓有成效的管理者》①,有的人是"理解"的取向,采用归纳式的读法,梳理这本书的脉络逻辑,总结书中八章的主要内容;有的人则是"致用"的取向,择取其中与自己的工作中所遇问题有关联的章节,把书中所讲的方法,应用到具体的实践中②。

作者写一本书、一篇文章,读者既可以完整地读这本书、这篇文章,也可以只读其中某个章节、某几个段落,还可以与别的书或文章并置,进行比较阅读,往往可采取批判性阅读的方式。

培训专家赵周所倡导的"致用性阅读",就很能说明从读者角度的阅读情境的

---

① [美]彼得·德鲁克.卓有成效的管理者[M].许是祥,译.北京:机械工业出版社,2009.
② 赵周.这样读书就够了[M].北京:中央广播电视大学出版社,2012;32—33.

复杂状况。

"致用性阅读"以提升职场能力为目的。其读书的方法,是读者(拆解者)从书中"拆解"出若干可以致用的"关键知识",经自己的体验和反思,应用于职场实践中。按赵周的说法,"致用类图书"可分为四类:(1)实用类,解决实际问题的书籍,如《高效能人士的七个习惯》《如何阅读一本书》等。(2)理论类,比如心理学等方面的著作、《引爆点》等介绍某领域最新研究成果的图书。(3)叙事类,包括传记、通俗历史书、小说等。(4)其他类,专指这样的图书:从图书中"拆解"出来的知识是高度个人化的联想,无关乎作者的原意①。

上述的"实用类",与作者的角度是高度一致的。解决实际问题的图书,作者当然希望用于解决实际问题。

"理论类",比如心理学方面的著作,所讲的原理往往内含着实践的原则,读者结合自己的经验,把原理所内含的实践原则,引申为自己的具体方法并应用于实践中,这当然也是一种常态的阅读,而且是有较高阅读能力者的作为。

"叙事类"中,写实的传记如《乔布斯传》,职场人士从中获得启示并身体力行,这就是榜样的力量;虚构的小说,如职场题材《杜拉拉升职记》,使用"拆为己用"的读法,大致是高度职业性的异态的阅读取向。正如赵周所说:"别人看到的是故事,他(拆解者)却能从中看到启发;别人关注的是情节,他却能联想到自己该怎么做;别人看完后感叹,他看完后却能超越(超越小说主人公的能力)。"②

至于"其他类",则是"拆解者"职业化的个人联想,从图书所"联想"的知识,与作者的原意无关,别的读者恐怕也永远看不出来。在介绍"其他类"时,赵周特意引用了鲁迅《集外集拾遗》中的一段话作为题记:"一部《红楼梦》,单是命意,就因读者的眼光而有种种:经学家看见《易》,道学家看到淫,才子看见缠绵,革命家看见排满,流言家看见宫闱秘事……"。

本研究认为,从作者的角度或者从读者的角度来描述和归纳实用性阅读的情境,都有不尽如人意的地方。作者的目的决定了语篇类型,读者的目的决定了其阅读取向及阅读方式,应该将语篇类型的功能和读者的现实目的这两个方面联系起来,按阅读类型来描述和归纳实用性阅读的情境。

阅读类型是阅读取向、阅读方式与语篇类型的集合。

---

① 赵周.这样读书就够了[M].北京:中央广播电视大学出版社,2012:173.
② 赵周.这样读书就够了[M].北京:中央广播电视大学出版社,2012:179.

在常态阅读的条件下,真实情境的实用性阅读的类型主要有以下几类。

（1）以获取资讯为目的的阅读。

（2）程序性文本的操作性阅读。

（3）自我导向的致用性阅读。

（4）普通读者"有难度的"理论读物阅读。

（5）必读理论书的分析性阅读。

（6）论说性文章的理解性阅读。

（7）批判性阅读与批判性反思。

（8）学科阅读与学术语言能力。

真实情境的实用性阅读的主要阅读类型,构成普通国民真实情境中的实用性阅读能力。由于"学科阅读与学术语言能力"的特殊性,我们另辟一章专论,本章论述前七种阅读类型。

二、以获取资讯为目的的阅读

资讯,指纸质文本中和网络媒体上的有用的信息。这些信息是读者以前所不知道的,而在搜索到或给定的文本中可以直接查询到。

以获取资讯为目的的阅读,意思是通过阅读"知道"了那些原来所不知道的信息。"知道"这个词,取其最基本的词义,相当于注意到了、见到过了、听说过了。所读的文本是读者能够连贯阅读的文本,或者是超过其理解力的但只需达到粗浅阅读水平的文本,而读者所获得的资讯一般也只是临时、临场要用,无须长时记忆。

以获取资讯为目的的阅读,有时要在许多文本中搜索和选择相关文本,有时是在内容较多的文本中检索到特定的信息,不管哪一种情况,都有较紧迫的时间要求,因此,需要较熟练地运用浏览、跳读、扫描、速读、略读等阅读方式。如何熟练地运用这些阅读方式,必要条件之一是要熟悉语篇类型的特征、特点,包括文本形式和文本体式。

（一）知道"去哪里找"：探测性阅读①

1. 阅读情境

从阅读情境看,以获取资讯为目的的阅读,大致是以下四种情况。

---

① "探测性阅读"有时也作含义更宽泛的用法,统指本部分内容中的"探测性阅读""检视性阅读""搜索性阅读"。王余光,徐雁.中国读书大辞典[M].南京:南京大学出版社,1993:358.

（1）随机的。如随手翻阅书报杂志，无特定目的地网上冲浪，对某个广告、海报感兴趣或被吸引等。看似是随机而不经意的，其实往往是由机构、商家等刻意推送的。

（2）被推送的。如被人塞了介绍产品或公司等的广告小册子，电梯四周张贴的海报、通知，网络页面置顶或滚动的瞬时消息，手机微信，等等。

（3）被要求的。如因他人要求，需要即刻告知相关信息；因工作等任务要求，要求即刻知晓某些信息；在阅读测试中被要求快速找到文本中指定的信息。"被要求"有时是隐含的，一些公共信息被认为是相关人员应该知道的，比如一些法律法规、政策性文件、服务公约、面试须知、招生简章、会议通知，等等，都假设相关人员是应该事先知晓的。

（4）主动查询的。因个人的需要或兴趣，去主动查询一些特定的信息。比如，要选择个人旅游的路线、要参加专业证书考试、想知道某个物件的使用方法、想了解某部电影的内容或某本书在说什么等。

前两种情境，基本上是"被送来"的信息，如果要严肃对待的话，就需要批判性思维和批判性阅读。以获取资讯为目的的阅读，主要指后两种阅读情境，即被要求的或主动查询的。

2. 阅读方法及其能力要求

要获取资讯，首先要知道"去哪里找"有用的信息。信息可能储存在网站网页，也可能在辞典、手册、教科书等书籍和杂志里。那么，为获取一个特定的资讯，在海量的信息库里应该如何找？

这就需要进行探测性阅读。

探测性阅读，以网页、书册、篇章为单位，读法是大致地"瞄一眼"标题、作者等信息，搜索与选择相关文本，目的是在短时间内确定网页或读物是否具有阅读价值。

就数字阅读而言，是运用网络的导航工具和检索工具，查询与解决问题相关的网站网页。对纸质阅读而言，相当于书店买书或图书馆借书时的选书的过程，或者在一本杂志里挑选想要读的文章。目前，大部分纸质文本都有对应的电子文本，以往通过书籍和杂志翻阅的查询工作，现在一般都可以借助于网络检索，转变为数字阅读。

数字阅读有利有弊，它所面临的问题，是"信息太多"，而且真伪难辨、良莠混杂。在方便人们便捷查询的同时，也带来了大量的无关信息、伪劣信息的随时干扰。要剔除伪劣信息，排除大量的无关信息，就要高效地找到自己可能需要去读的材料，这取决于以下三项关键能力：辨别信息源的可靠程度，判断信息是否相关，对信息的质量进行形式评估。

第一，辨别信息源的可靠程度。

信息源，包括信息发布的平台、发布者的身份以及发布的时间等。

优先要查询的信息源有：正式颁布的法律、法规，国家和地方政府、企事业单位公布的通知、通告、规定、规程等文件，经审定的工具书、教科书、使用手册，等等。

一般而言，政府网站或企事业单位官网发布的信息，比较可信、可靠。换言之，真实具名发布的信息，比化名或匿名发布的信息可靠。而发布时间过久的信息，很有可能是过时的、无用的信息。

引用、转述别人言论的二手材料或转手材料，大多不可靠。评论、介绍、广告等，其可靠程度视信息发布的平台、发布者的信誉而定。

第二，判断信息是否相关。

判断信息是否相关，其难易程度，视所要解决的问题而有所不同。

问题越具体，判断越容易。比如：要了解看病如何挂号，如何缴费，如何申报纳税，如何报考，等等。

如果问题较为笼统，甚至只有一个大致的主题或话题，判断是否相关就会有较大难度。比如：家长想知道辅导幼儿学习该看哪些书？职场人士想知道为提升自己的能力该学习什么？大学生想知道研究某方面学术问题，需要找到哪些参考文献？等等。

第三，对信息的质量进行形式评估。

网络的信息往往是碎片化的，查询一个主题，哪怕是使用尽量缩小范围的主题词，也有成百上千乃至数万条可能相关的信息。除了辨别信息源的可靠程度之外，还应该对所呈现的文本质量做初步的评估。信息的质量主要体现在信息内容上，查看信息的要素是否完整，比较不同信息的质量，看所需信息是否足够。

3. 探测性阅读的成效

探测性阅读应取得的成效，是以下三个方面。

（1）高效地找到了相关的、可靠的信息源。找到了自己需要阅读的网页、书籍或篇章，或者复制、粘贴文档内容，或者下载文档到文件夹，或者购买、借阅图书杂志。

（2）同时，明确了阅读所找到的文章/网络资源的具体目的。即知道"我为什么要阅读这个材料"，并且知道"自己在阅读时应该留心什么"。

（3）同时，积累了关于信息源的知识。也就是说，知道了如果以后再要查询这类信息或者与此直接相关的信息，可以"去哪里找"。

4. 关于信息源知识

在当今的网络时代，知道信息源，从某种意义上讲，比知道具体的信息更加重要。

具有相关的信息源知识，知道参与公共事务、学习新知识、完成工作任务等较可靠的信息源，并能在需要时加以有效利用，这也是国民语文能力的构成要素之一。

加拿大学者乔治·西蒙斯（G. Siemens）在《网络时代的知识和学习——走向连通》一书中，把知识分为三类[①]：（1）硬知识。指基础性知识、经典性知识，这类知识已经高度结构化了。（2）软知识。指那些还没有被结构化的知识，一般是新产生的知识，这类知识更新快且存在不确定因素，例如网友每天提供的知识。（3）连通性知识。获取知识的线索、途径、管道。西蒙斯认为，管道比管道里的内容更重要，而且必须经常更新我们的管道[②]。知道哪里有某类知识，或者知道谁那里有某类知识，比知道知识具体是什么以及怎样应用这些知识更重要。

关于信息源知识，主要来自以下一些途径。

（1）相关的工具书、推荐书目、专业网站等。比如：专业辞典，文件汇编；重要学术著作中的参考文献；专家推荐的必读书目；可靠的专业网站，需查询信息的官方网站网页；等等。

（2）购书网、读书贴吧、各类书评和同事、同伴、同学、网友的推荐。日本高效阅读专家奥野宣之曾用一个类比的说法：潜水艇有"主动声呐"和"被动声呐"两种声呐系统。主动声呐是靠自身发出声波的反射状态来进行计量的，而被动声呐则是靠接收其他船只或潜水艇发出的声波来活动的。也许你觉得主动声呐听起来很厉害，但是广泛使用的恰恰是被动声呐系统；"人类也是，最先贯彻的应该是'被动声呐'，也就是通过报纸、杂志、书籍和电视等途径，尽可能多地捕捉日常生活中接

---

① 王竹立.碎片与重构：互联网思维重塑大教育[M].北京：电子工业出版社，2015：79—80.
② 王竹立.碎片与重构：互联网思维重塑大教育[M].北京：电子工业出版社，2015：79—80.

触到的信息，把感兴趣的书名或主题都写在笔记本上的随想笔记里"①。

（3）在购书网站、图书馆等随便翻翻、随意看看。在购书网站、图书馆等随便翻翻、随意看看，知道那些书大致讲什么。即使是专业读者，大部分书其实也是这样读过的。例如，我们在上一章里提到的诗人纪宇的"粗读书"②：浏览，知道书名、著者、主要内容就可以了。做到用时可以查，能找到就行。

（4）放在书架里的书。如果有条件，陆续购置一些与所关心领域相关的书籍，这些放在书架里的书你可能永远都不会去读，但知道有这些书跟从不知道有这些书不可相提并论。按照我的经验，书架里的绝大部分书都是我没有读过的，目前也不打算读，但是如果需要研究一个问题，或者想了解某个内容，我知道在书架里有哪些书可能是有用的。培训专家秋叶的经验之谈是："我这个人好奇心特别旺盛，好多书是为了满足好奇心而读，谈不上什么特别的目的，大部分书买回来草草浏览一遍，让自己对某个领域有个概念，当然也许有些概念将来会变成我的一个兴趣关注点。像对管理学、经济学、心理学、历史类、人文类书籍的阅读兴趣，我就是这样慢慢培养出来的。"③

（5）检索自己的阅读记忆。对专业人员，尤其建议把已经读过的书，如大学教科书等，放在随时能看到的醒目的位置。我曾多次向小学和中学语文教师建议，把中等师范学校或大学时代的教科书找出来，放在办公室的书架上，当碰到语文教学内容的问题时，第一反应应该是到这些教科书上去找答案。

据我的观课经验，语文教师教唐诗和教宋词在教学内容上几乎没有差别，这显然是有问题的，通常是既没有教到唐诗的要紧处，也没有教到宋词的关键点。"能不能教出点唐诗、宋词的特点来？"对啊，语文教师通常认可这个要求。但是，他们会问："唐诗、宋词的特点是什么？"找出大学教科书呀！唐诗、宋词的特点，显然不需要语文教师"研究"，去大学教科书里找到答案就对了。可惜，好像语文教师都不记得他们在课堂里曾读过的教科书，不仅忘记了学过的内容，而且好像从来不知道有过这样的内容，甚至就像从来就不知道有这些教科书一样。

培训专家秋叶在《秋叶：如何高效读懂一本书》的封底写道："我曾经问过学经济学的同学，有没有读过经济学领域的经典？如果看到国内报道的财经新闻，比如

---

① ［日］桦泽紫苑.过目不忘的读书法［M］.张雷，译.北京：中国青年出版社，2016：59.
② 王余光，徐雁.中国读书大辞典［M］.南京：南京大学出版社，1993：309.
③ 秋叶.秋叶：如何高效读懂一本书［M］.北京：北京联合出版公司，2015：9.

股价涨跌、某些行业遭遇整体性危机、一些政府指令效果不佳,能否用学过的经济学知识做个分析? 答案往往是没有想过。"[1]忘记了曾学过的知识、不会应用学过的知识,这当然有问题;但是如果连曾经学过这件事情、曾经读过的那些教科书都不记得了,那就彻底有问题了。补救的办法,就是把曾经学过、读过的教科书,找出来(如果还在的话),搬到自己随时可看到的位置,随时提醒检索自己的阅读记忆——关于信息源的知识。

(二)知道"找什么": 搜索性阅读

1. 阅读情境与阅读方式

搜索性阅读,是在相关的、相对可靠的信息源获得的陌生文本中,或者在给定的一个或一些陌生文本中,为解决一个特定问题,快速地查找到能直接回答问题的特定信息。所要查找的信息,一般是事实性知识,主要有两类:(1)具体事实的细节,如谁、何时、何地、何事、怎样、多少数量、什么关系等;(2)名词的含义、术语的定义。

数字阅读是用搜索工具进行关键词检索,所依赖的能力与探测性阅读相类似,关键是要能够辨别信息源的可靠程度。

搜索性阅读主要用于纸质文本。其阅读方式是扫读,英文是"scan",意思是像雷达扫描那样快速扫过可能相关的语段,锁定包含要找信息的语句并加以理解和记录。扫读是视读[2],从整体材料中找出具体信息,要搜索的内容越具体,扫读越容易。最直观的例子是在一页电话号码中找出一个特定的号码。

扫读不同于跳读,一般也不用于熟悉的文本——以前读过或刚阅读过的文章。在熟悉的文本中找一个没记住(不能回忆)的特定信息,是信息的"再认",其阅读方式是依据回忆进行跳读,例如学生在刚读过的课文中去找谁说了那句话。

但是,如果在一个熟悉的实用性文本中找出阅读理解时一般都不会注意到的细节,比如找出这一页有多少个句号,就要用扫读。如果要到一个间隔较长时间的熟悉文本中去找一个特定信息,例如我记得在某本书上有某句话,但却想不起这句话在书的哪一页,在引用做注时,可能就要用扫读去确认这句话在哪一页并校对所引用的文字。

---

[1] 秋叶. 秋叶:如何高效读懂一本书[M]. 北京:北京联合出版公司,2015:封底.
[2] 视读,默读的方式之一,以词群为单位快速阅读,区别于以字为单位的音读。

2. 搜索的单位与语篇类型

在陌生的文本中查找一个特定的信息,并不是漫无章法地硬找。扫读的关键,是牢记要"找什么",并合理地尽量缩小搜索的范围。

搜索性阅读的搜索单位是词语、语句、语段。要合理地缩小搜索范围,就要对所读文本的语篇类型,尤其是对篇章结构有较充分的了解,包括线性文本、非线性文本和混合文本。比如:词典的条目、使用说明书、操作手册、营养标签、旅游地图、地铁线路图、景点介绍、纳税申报表、产品保修书等。

3. 搜索性阅读中的理解

经扫读快速锁定所找的信息,只是搜索性阅读的第一步。关于具体事实的细节的资讯,通常记忆或抄录所读的词语、语句即可。

但关于词义、术语的定义,往往还需要第二步,即仔细阅读语句、语段,加以充分理解。如要查的是本章中的"搜索性阅读"的定义,经扫读查到了这样一句:"搜索性阅读,是在相关的、相对可靠的信息源获得的陌生的文本中,或者在给定的一个或一些陌生文本中,为解决一个特定问题,快速地查找到能直接回答问题的特定信息。"但是,搜索到了这一句,并不等于阅读者就获取了资讯。要获取资讯,需要阅读者能够用自己的话来转述他对这一定义的理解,如此才会成为对阅读者有用的信息。换句话说,在这种情况下,搜索性阅读的能力有四项[①]:(1)锁定包含要找信息的语句(注意)。(2)结合自己的经验加以理解(提取)。(3)用自己的话转述(重新组织)。(4)记忆或记录(记忆)。

非线性文本和混合文本中的图形、表格、示意图等,也是如此,能找到需要的信息点,只是第一步,还需要把图形、表格、示意图的信息转化为自己的叙述性语言,才能达到获取资讯的目的。相应的能力要求是:(1)锁定包含要找信息的词语或图形(注意)。(2)结合自己的经验解释图形、表格、示意图(提取)。(3)用自己的话转述(重新组织)。(4)记忆或记录(记忆)。

4. 搜索性阅读的成效

搜索性阅读的成效,是快速地查找到能直接回答问题的特定信息并加以利用。

---

① 获得资讯三步:选择:阅读资料以便找到需要知识(提取);用自己的话把找到的东西写出来(组织)。[英]博比·尼特.阅读:阅读技巧指南[M].贺微,张荣建,江地,译.重庆:重庆出版社,2004:23;"扫描是为了找某一主题加以仔细阅读。"[美]隆恩·弗莱.如何学习[M].蔡朝旭,译.广州:新世纪出版社/花城出版社,2001:100.

扫读，要么查找到相关内容并能把它准确地记录下来，要么不能准确地找到要查找的内容或者不能正确地记录下来。也就是说，理解不是 100%，就是 0%[①]。

（三）知道"有什么"：检视性阅读[②]

1. 阅读情境与阅读方式

检视性阅读，是在找到相关的、可靠的信息源之后，或者对给定的一个或一些文本进行系统而快速地跳读。目的是在不细读的前提下，高效地了解一个陌生文本的整体概貌和主要内容。比如：刚探测到的某官网的网页或手机 APP，将要读的一本知识读物，将要读的一篇信息类文本，等等。

官网的网页或手机 APP，是检视其页面分布的结构，了解主题目录及其内容组织的框架，熟悉搜索引擎的功能和使用方法的途径。具体到已探测到的文本，屏幕阅读的阅读方式大体与阅读纸质文本雷同。

检视性阅读，通常称为"浏览"。如果阅读者后续对该文本还要进一步再次阅读，则称为"预览"[③]。浏览或预览所采用的阅读方法，是循着知识读物或信息类文本的语篇类型的特征、特点，进行有规律的跳读。

跳读，是对读物或文本的一些部分跳过去不读，但是，跳读的关键不是跳过去不读的部分，而是不可以跳过去的那些要读的部分[④]。对要读的部分，有些内容可速读，有些则要求仔细阅读并加以思考。

浏览或预览，是非常主动的阅读。要熟练地运用跳读，并达到有效和高效的阅读水平，必须熟悉相应的语篇类型的特征、特点。

2. 一本知识读物的检视性阅读

以书中的篇、章节为单位。一本知识读物的检视性阅读没有固定的顺序，但按照下面的顺序，可以较好地把握一本书的概貌——随意翻翻也不能说不是检视，但效果差、效率低。

[①] ［美］艾比·马克斯·比尔，普林斯顿语言研究中心.如何阅读：一个已被证实的低投入高回报的学习方法［M］.刘白玉，韩小宁，孙明玉，译.北京：中国青年出版社,2016：162.

[②] "检视性阅读"，出自 1940 年出版的《如何阅读一本书》，该书中的"检视性阅读"分两类，第一类是相当于"预览"，第二类是"粗浅的阅读"，大致是"略读"。略读的具体读法，参见本章第五部分"普通读者'有难度的'理论读物阅读"。

[③] 预览还有引导进一步阅读的其他功能。参见本章第五部分"普通读者'有难度的'理论读物阅读"和第五章"学科阅读与学术语言能力"。

[④] ［美］艾比·马克斯·比尔，普林斯顿语言研究中心.如何阅读：一个已被证实的低投入高回报的学习方法［M］.刘白玉，韩小宁，孙明玉，译.北京：中国青年出版社,2016：165.

（1）琢磨书的封面，思考书名，尤其是副标题。书名能传递很重要的资讯，包括书的主题、书的类型、书的风格等。例如：《如何有效阅读一本书：超实用笔记读书法》(以下简称《超实用笔记读书》)，该书名直接告知读者这是一本致用类的书籍，重点是"笔记读书法"，非常实用的"笔记读书法"可达到有效(高效)阅读的成效[①]。

（2）关注书的封底。封底往往会呈现书的内容概要，有时是推荐人对书的评议。例如《超实用笔记读书》封底页上部，是每句居中分行排列的六个问句。

<blockquote>
至今读过的书，你还记得多少？

说出自己喜欢的书很容易，但你能答出如下问题吗？

- 这本书讲了什么内容？
- 你最喜欢书的哪一部分？
- 这本书对你有什么影响？
- 它的优点又在哪里？
</blockquote>

（3）略读腰封的作者和译著介绍等信息。出版者会充分利用封页的腰封和封底的腰封，尽量提供重要的信息。

例如《超实用笔记读书》，封页的腰封有"作者介绍"和"内容介绍"，介绍作者"坚持使用笔记本记录"并创造了"一元化笔记读书法"。封底的腰封是展示出版社"后浪小学堂(第二期)"书系的其他图书，有《透视谎言：跟牛津专家学超实用破谎术》等10本。

（4）跳读前言或引言。抓住要点，相当于一篇信息类文本的跳读法。

（5）研读目录页。包括章节的形式、章节标题和章节顺序。目录是一本书的构架，体现作者写书的纲要。例如：《超实用笔记读书》一书，有"用笔记管理读书生活"等五章，每章下面有10个左右的主题式小标题，研读其目录页，可以对该著作的主题、主要内容和各章的关系，有相当清晰的认识。

（6）挑几页感兴趣的内容，跳读或略读。

（7）后记(如有)，跳读或略读。

（8）书的版权页。注意出版时间，包括译著原文的出版时间。出版时间提示

---

① ［日］奥野宣之.如何有效阅读一本书：超实用笔记读书法［M］.张晶晶，译.南昌：江西人民出版社，2016.

该书写作的时代背景,暗示作者可能持有的观点。例如,艾德勒的《如何阅读一本书》,英文修订版是 1972 年出版的,作者的序言又告知其第一版的出版日期在 1940 年。时至如今,这本名著仍然是讲述阅读方法最清晰、最到位的一本书,然而该著作的出版时间,提醒我们还要去关注 20 世纪 70 年代以后关于阅读的研究。事实上,也正是在 20 世纪 70 年代之后,才开始篇章阅读心理学的研究。

（9）参考文献(如有),大致浏览。著作的参考文献,是研究相关专题的重要的信息源知识。《超实用笔记读书》没有列出参考文献,尽管书中对相关文献多有引述。有一本同类的书——《这样读书就够了》①,参考文献共列了 26 本书,除了用于举例的本土职场小说《杜拉拉升职记》,其他全都是美、英、日等国的参考文献,这也从侧面透露了国内对阅读方法研究的现状。

（10）索引(如有),大致浏览。较为正式的大学教科书,一般都有主题或术语索引,便于学生联系不同章节的相关内容。

3. 一篇信息类文本的检视性阅读

以篇章中的段落为单位②。一篇信息类文本的检视性阅读,也没有强制的固定顺序;然而,按照文章小标题和段落的先后顺序浏览,可以更好地理解作者的思路,从而较快地把握文本的内容框架。

信息类文本有众多的语篇类型,论辩/劝说性文本和说明/阐释性的文本,正式语域的文本和非正式语域的文本,书中的一个章节和一个独立的单篇文章,以及不同的学科领域,乃至中西方的不同文化,其语篇类型都有较大的差异。因此,熟悉语篇类型的特征、特点,就十分重要了。

例如:公文类、新闻消息等,因其格式固定,阅读以快速浏览为主。理科或工科的论文是“国际化”的,各有较固定的“套路”;心理学的论文都是按照“问题的提出与实验目的”“实验的对象、方法与程序”“结果与分析”“讨论”“结论”的格式来写的,如果具备相应的学科知识并且对那些语篇类型的格式“套路”比较熟悉,快速浏览就较为容易。而我国的文学研究者,尤其是 20 世纪的前辈学者,所写的“论文”多是散文化的,带有较强的文学性以及个人色彩,比如选入高中语文教材的《谈“木叶”》(林庚)、《唐诗过后是宋词》(葛兆光)等,基本上不能也无法“浏览”——文学作

---

① 赵周.这样读书就够了[M].北京:中央广播电视大学出版社,2012.
② “段落是第一思维单位,所有句子共同构成同一个观点。段落是我们速读时注意的第一个单位。”
　　[美]彼得·孔普.如何高效阅读[M].张中良,译.北京:机械工业出版社,2015:106.

品可以有(事实上读者也经常进行)探测性阅读,以确定自己是否愿意读这个作品。但是,如果不想破坏文学性文本的阅读体验的话,就不能有(事实上也无法进行)检视性阅读。也许绘本(图画书)是个例外①。

由于主要参考文献都是西方学者的著述(国内的著述其实也是复述或转述),浏览一篇信息类文本的"阅读地图",是"西方"式的描述和归纳,主要适用于较正式语域的、较长篇幅的说明/阐释性的文本,尤其是知识读物中的一个章节。

"美国首屈一指的高效阅读权威专家"②艾比·马克斯·比尔(Abby Marks-Beale)在《如何阅读:一个已被证实的低投入高回报的学习方法》一书中,对信息类文本的"阅读路线图",有精确而生动的描述③。

(1)旅程名称——题目。

(2)出发地点——引言段,即文章的第一段,有时还要看第二段。

(3)沿途大城市——小标题。

(4)沿途小镇——每段首句④。

(5)其他有趣的地方——图表与题注、黑体字、项目符号、脚注(告知信息来源或对文中提及的特定主题给出更多的解释等)、作者信息等,文章长度、文中文(工具栏和文本框)、版权登记日(写作的时代背景,暗示作者可能持有的观点)。

(6)各条道路——每个段落的展开内容,略去不读。

(7)旅程目的地——概要或者结束段。

(8)旅程是否完成——结尾问题(适用于课本)。

用"地图"引领阅读,这种精心的浏览过程能够帮助读者熟悉作者的写作框架,从而在开始前就掌握阅读的方向。

诚如上文所说,对信息类文本的众多语篇类型,我们亟须加强研究,尽可能描绘出各种常见语篇类型高效浏览的"阅读路线图"。

4. 检视性阅读的成效

检视性阅读的成效,是能够回答"这本书/这篇文章的主要内容是什么"。

---

① 彭懿.图画书应该这样读[M].南宁:接力出版社,2012.
② [美]艾比·马克斯·比尔,普林斯顿语言研究中心.如何阅读:一个已被证实的低投入高回报的学习方法[M].刘白玉,韩小宁,孙明玉,译.北京:中国青年出版社,2016:封底.
③ [美]艾比·马克斯·比尔,普林斯顿语言研究中心.如何阅读:一个已被证实的低投入高回报的学习方法[M].刘白玉,韩小宁,孙明玉,译.北京:中国青年出版社,2016:98.
④ "95%的段落主题句都在第一句。"[美]彼得·孔普.如何高效阅读[M].张中良,译.北京:机械工业出版社,2015:35.

具体来说,是回答以下四个问题①。

（1）这是一本什么样的书？/这是一篇什么样的文章？依照主题领域与书的种类或语篇类型分类。

（2）这本书/这篇文章在谈的是什么？用最简短的话概括内容主题。

（3）作者在书/文章中想要解决什么问题？确定作者想要解决的理论问题或实际问题。

（4）作者用怎样的整体架构来发展他的观点或陈述他对这个主题的理解？将主要部分按顺序与关联性列举出来。

获取资讯,唯一的证据就是"记住"。研究表明:

（1）进一步阅读书或文章的细节,对仅以记住"这本书/这篇文章的主要内容是什么"为目的的阅读,几乎没有作用。换句话说,在这种情况下,进一步阅读书或文章的细节,基本上是自我安慰式的浪费时间和精力。

（2）如果不能够用最简短的话概括内容主题,并用大纲、表格、图示等方式整理框架结构,要想在以后能够记住"这本书/这篇文章的主要内容是什么",这几乎是不可能的。隔不了多长时间,这本书/这篇文章就很可能毫无印象,至多只保留一个信息源的知识。

如果阅读这本书/这篇文章的目的仅止于获取资讯,那么阅读到此为止,以大纲、表格、图示等方式整理框架结构即可。

如果阅读者后续对该文本还要进一步再次阅读,"预览"的成效还要追加一项（二选一）②。

或者:同时,明确了阅读所找的文章的具体目的。即知道"我为什么要阅读这个材料"并且知道"自己在阅读时应该留心什么"。

或者:同时,进一步明确阅读文本的具体目的。即知道"我为什么要阅读这个材料"并且选择了自己所要阅读的部分内容。

如果是学科阅读"预习"阶段的"预览",包括自学、微信群或线下的同伴互学、学校教学或职后培训等情境,则再要追加两项:

第一,阅读（学习）之前的系统性提问:关于学科"专业问题"、关于"我想知道

---

① ［美］莫提默·J·艾德勒,查尔斯·范多伦.如何阅读一本书［M］.郝明义,朱衣,译.北京:商务印书馆,2004:144.

② 参见本章第五部分"普通读者'有难度的'理论读物阅读"中关于"阅读目的"的论述。

的问题"。

第二，关于这个话题，我已经知道些什么？

三、程序性文本的操作性阅读

被誉为"第二代教学设计之父"①的 M·戴维·梅里尔（M. David Merrill）在《首要教学原理》说：学校教育，尤其是职业教育，"如何做的技能通常是教学的主要目标"②。程序性文本的操作性阅读能力，或许是国民最为重要的阅读能力。

（一）程序性知识与技能

1. 知识类型

不同的知识类型，需要不同的学习方式、教学方法和评估方式，这是教学与评价的基本规律。

布卢姆教育目标分类学将"知识"分为以下四种类型③。

（1）事实性知识。分"具体细节和元素的知识"和"术语知识"两个亚类。我们在本章上一部分讲述的"以获取资讯为目的的阅读"，所要获取的主要就是这类知识。

（2）概念性知识。结构化的知识形式，有"分类和类型的知识""原理和通则的知识""理论、模型和结构的知识"三个亚类。本章第五部分"普通读者'有难度的'理论读物阅读"和第五章"学科阅读与学术语言能力"主要涉及这类知识。

（3）程序性知识。关于"如何做某事"的知识，指做某事的方法、探究的方法，以及使用技能、算法、技术和方法的准则。有"具体学科的技能和算法的知识""具体学科的技术和方法的知识""确定合适使用适当程序的准则知识"三个亚类。本部分内容和下一部分"自我导向的致用性阅读"，都以这类知识为主。

（4）元认知知识。关于一般认知的知识以及关于自我认知的意识和知识。涉及策略性知识、关于认知任务的知识，关于自我的知识等。阅读、写作、听与说都贯穿着元认知知识的运用。

在上述知识分类中，前两类属于学科内容知识，后两类则是过程技能。

---

① ［美］M·戴维·梅里尔.首要教学原理［M］.盛群力，钟丽佳，译.福州：福建教育出版社，2016：514.
② 原文是"如何做的成分技能通常是教学的主要目标"。"成分技能"指"解决某个问题或者完成某个复杂任务所需要的一组知识和技能组合体"。该著"使用'技能'一词统指知识和技能的组合体"。［美］M·戴维·梅里尔.首要教学原理［M］.盛群力，钟丽佳，译.福州：福建教育出版社，2016：52.
③ ［美］洛林·W·安德森，等.布卢姆教育目标分类学：分类学视野下的学与教及其测评（完整版）（修订本）［M］.蒋小平，张琴美，罗晶晶，译.北京：外语教学与研究出版社，2009：22.

　　《首要教学原理》则从"技能"的角度对知识加以分类。"技能",统指知识和技能的组合。梅里尔解释道:"知识,即我们知道的东西;技能,即我们怎么应用,这两者是有区别的。绝大多数学科内容都可以看成是一些基本的知识与技能的组合,本书使用'技能'一词来统指知识与技能的组合。一种成分技能是知识与技能的组合,这是解决复杂问题或者完成复杂任务所必需的。"①梅里尔把"技能"分为以下五种类型②。

　　(1)是什么。关于事实、联系。相当于《布卢姆教育目标分类学(修订版)》中的事实性知识。

　　(2)有什么。名称,描述。涉及事物和过程的各个部分。例如,我们在本章第二部分讲述的检视性阅读——知道一个网页、一本书、一篇文章"有什么"。

　　(3)哪一类。也就是概念性知识。

　　(4)如何做。步骤与顺序。也就是程序,要求完成一组步骤以达成某种结果。主要与"具体学科的技能和算法的知识"相联系。本部分所讲的程序性文本,就是描述或指示这一类技能的文本。

　　(5)发生了什么。条件与后果。涉及较大的程序,通常称之为"过程"。大致相当于"具体学科的技术和方法的知识"。本章第四部分"自我导向的致用性阅读",其所读的文本内容,就以这一类技能为主。

　　很显然,上述分类中的"如何做"和"发生了什么",也可统称为"过程技能"。

2. 过程技能的"知与行"

　　以上两个角度的知识分类,揭示了过程技能的两个方面:知与行。

　　过程技能,只有通过"练习"才能掌握,但"练习"与"机械操练"不是一回事,"练习"是知行合一。

　　"程序性知识"这个术语,凸显了过程技能"知"这一侧面。首先要"知道"并在一定程度上"理解"关于"如何做某事"的知识,即做某事的方法、探究的方法,以及使用技能、算法、技术和方法的准则。比如写一个字,按笔顺和字的间架结构写,这是技能;但前提是对为何用这种笔顺、汉字的间架结构特点,以及提笔和落笔的要领等有所了解,要"知"使用技能的准则。凸显过程技能的"知"这一侧面,对正确理解过程技能,对过程技能的有效教学,都是非常重要的。

　　但"程序性知识"这个词,也会带来一些麻烦,因为它仅仅指称了程序性知识"知"

---

① ［美］M·戴维·梅里尔.首要教学原理［M］.盛群力,钟丽佳,译.福州:福建教育出版社,2016:48—49.
② ［美］M·戴维·梅里尔.首要教学原理［M］.盛群力,钟丽佳,译.福州:福建教育出版社,2016:49—53.

这一个侧面。"程序性知识通常以需要遵循的一系列或序列步骤的形成出现。"①梅耶(Richard E. Mayer)将这一观点说得言简意赅:"程序:一步一步的过程。"②威金斯(Grant Wiggins)和麦克泰(Jay McTighe)更直截了当:"技能目标具有天然的程序性。"③过程技能,本质是"行"——动作行为或认知行为。心理学家斯特兰·奥尔松甚至认为,"程序性知识"这个术语本身就有误导,恰当的称谓应该是"实践性知识";"实践性知识是目标、情境(或一类情境)和行动(或行动类型)的三方联合","有能力、知道做什么就是指什么时候、在哪些条件下应该做什么(以及不应该做什么)"④。

(二)程序性文本的特点

1. 程序性文本的内容

程序性文本的内容,相当于梅里尔所说的"如何做"技能。程序性文本描述或指示做某个活动的步骤与顺序,目的是使阅读者(学习者)知道"如何做"并学会"如何做"。主要有两种类型:动作技能的操作步骤,具体活动的行为流程。

（1）动作技能的操作步骤。如:标准七步洗手法(如图 4-1 所示),灭火器

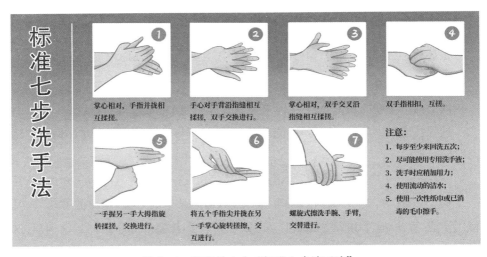

图4-1 程序性文本:"标准七步洗手法"

---

① ［美］M·戴维·梅里尔.首要教学原理［M］.盛群力,钟丽佳,译.福州:福建教育出版社,2016:40.
② ［美］理查德·E·梅耶.应用学习科学——心理学大师给教师的建议［M］.盛群力,丁旭,钟丽佳,译.北京:中国轻工业出版社,2016:60.
③ ［美］格兰特·威金斯,杰伊·麦克泰.理解为先模式:单元教学设计指南(一)［M］.盛群力,沈祖芸,柳丰,等,译.福州:福建教育出版社,2018:147.
④ ［美］斯特兰·奥尔松.深层学习:心智如何超越经验［M］.赵庆柏,唐云,陈古,等,译.北京:机械工业出版社,2017:103—104.

的使用方法,健身操的动作要领,菜谱的应用,照相机调白平衡,填写一张电子表格,制作思维导图,技术手册中的操作程序,等等。PISA 阅读测试框架把这一类文本归并入"描述类文本"。

(2)具体活动的行为流程。有些比较具体,分步介绍活动的操作顺序;有些比较概括,给出流程的行为主要顺序,或提出注意事项。如:急救程序的图解,软件使用指南,人员招聘和面试的程序,接打商务电话的规则,教学的教案编制规范,等等。PISA 阅读测试框架把这一类文本,归并入"指示类文本"。

2. 语篇类型的特征、特点

程序性文本,包括纸质文本、视频课程、网络在线课程等。

(1)文本形式多样,有线性文本、非线性文本、混合文本。关于动作技能的操作步骤,大多是混合文本,有文字描述或指示,有图形示例,如动作示意图、活动流程图等。视频课程、网络在线课程,大多是视频、图片与声音或文字的混合。

(2)一个较完整的文本,一般有三部分的内容:介绍原理或功用,说明动作步骤或行为流程的要领,列举注意事项。但在具体的文本中三部分内容的组织和表达情况各异,往往是混合在一个语段甚至一个语句中。如下述这个语段:

> 用干粉灭火器扑救容器内可燃液体火灾时,应从火焰侧面对准火焰根部,左右扫射。当火焰被赶出容器时,应迅速向前,将余火全部扑灭。灭火时应注意不要把喷嘴直接对准液面喷射,以防干粉气流的冲击力使油液飞溅,引起火势扩大,造成灭火困难。

(3)语言平实并力求简洁。短小的语句往往是大量使用省略,有时可能会过分简要,如非线性文本所描述的动作行为,多用短语而不是完整句;有时为了表述准确到位,则使用句式较为复杂的长句,如上面灭火器使用的那个语段中的三个句子。因重点在动作步骤或行为流程,介绍原理或功用的部分,往往比较概略,因而需要阅读者具有相应的背景知识才能较好地理解。

(4)名词较多,且多是所涉及领域的术语,如上例中的"干粉灭火器""容器""喷嘴""液面""气流""冲击力"等。有些看似日常用语,但语义理解的要求比日常使用要严格,如"标准七步洗手法"中的"掌心""手指尖""手背""手腕""手臂"等。动词也有严格的语义,如"标准七步洗手法"中的"搓""擦""揉搓""旋转"等,理解到位并不容易。

(5) 本来是连贯的动作步骤或行为流程,受制于线形的语言只能分条或逐项表述。例如:

商务电话 18 条黄金规则①

◇ 电话铃响了 3 遍或 4 遍之前迅速拿起电话——打电话的人不喜欢等得太久。

◇ 笑着接听电话,你的笑容会通过你的声音显示出来,这会让你显得更加友好。

◇ 打电话时,要确信这个时间对对方来说很方便。

◇ 在应答电话时,要做口头上的问候,告诉对方你的姓名、公司名称及所属部门。

◇ 要表现出对对方的理解,可以用温暖友好的语调和他迅速建立起关系来。

◇ 可以通过询问来获得信息,也可以通过求证的方式来明确你已理解了的信息。

◇ 如果可能的话,尽量迅速准确地回答对方的问题;如果你无法帮上忙的话,那么就告诉他们你能够为他们做什么。

◇ 经常性地用一些提示语言向对方表示你正在听。例如"是的""我明白"或"对"之类的提示语。

◇ 向对方重复一下他告诉你的姓名、电话号码、传真,以保证你记下的是正确的。

◇ 做个记录,记下所有必要的信息。俗话说得好:"好记性不如烂笔头。"

◇ 向对方求证一下所有的重要信息,也就是你们正在讨论的问题。

◇ 应该记下他们的详细信息,并向他们保证你一定会把他们的消息传达到合适的人那里并要求他们回电话。

◇ 全神贯注于打电话给你的人。没有人能够同时和两方面谈话又能获得双方的全部信息。

---

① [英]林·沃克.电话技巧[M].王辉,译.北京:中国社会科学出版社,2001:46—47.

◇ 将注意力集中放在当前的这个电话上，不要问一些无意义的话来打断对方。

◇ 牢记通话双方都应该知道他们在与谁谈话。

◇ 双方协商好要采取的方案。

◇ 结束电话时再确定一下你的记录。

◇ 适当的结束方法。不管在什么环境下，都该在结束时证实一下讨论的所有问题，并感谢对方为此花费的时间和精力。

（6）程序性知识是实践性知识，其中蕴含着许多无法用语言表达的缄默知识。换言之，用语言和文字来描述动作步骤或行为流程的要领，只能是执行或实施的大致轮廓，其中许多细节需要阅读者（学习者）在不断尝试练习的实践中自行揣摩才能领悟。比如，"标准七步洗手法"中的"搓"，用多大力，轻重如何，这在文字和示意图中并没有标示，但在实际操作时却可能是影响效果的重要细节。把分条列举的各步骤，组合成一个流畅的完整过程，这中间需要阅读者（学习者）自行补充许多细节。

（三）操作性阅读及其难点

操作性阅读是一种十分特殊的阅读方式：阅读中要有操作，边阅读边操作，边操作边阅读。操作性阅读不仅是求"知"，而且要去"做"。尤其是动作步骤或行为流程那部分的内容，阅读过程必定是断断续续的，几乎要一句一句地阅读理解，阅读一句需练习数遍，才能把别人书本上的语句，转化为自己阅读理解的实际操作。

如果抱着阅读小说或新闻的那种心态，那是无论如何都读不懂程序性文本的。像上面举例的"商务电话18条黄金规则"，虽然全文仅18条规则，但要真正读懂且转化为自己的连贯的操作技能，说不定是一门要花数天时间的培训课程。哪怕是看似简单的"标准七步洗手法"，对大多数人来说，要真正读懂并学会，恐怕都不是一件容易的事情。

对大多数人来说，程序性文本是"挫折型文本"，因为程序性文本的语篇类型特点，几乎都是阅读时的难点。

（1）略读[①]（skim）全文，按介绍原理或功用、说明动作步骤或行为流程的要领、列举注意事项这三个方面，梳理内容。这或许需要重新组织文本的内容结构。

（2）重点在于读懂动作或流程的分解示意图。反复对照图示与文字，分步熟

---

① 略读，并不是大略读一下。参见本章第五部分"普通读者'有难度的'理论读物阅读"中对"略读"的解说。

悉每一个动作步骤或行为流程的要领(大致轮廓),边阅读边尝试操作。

(3) 参考注意事项,反复推敲语句中的名词与动词,结合自己的生活经验和相关知识,对照示意图揣摩步骤操作的一些细节。

(4) 边操作每一动作步骤或行为流程,边用自己的话解说动作或行为(在教学中,用"你说我做"的教学方法)。

(5) 将分条表述的各步骤连贯起来阅读理解,在头脑中想象连贯动作,并尝试做连贯的动作。

(四) 阅读之后的练习:通过"主观错误"学习

操作性阅读,与其说是"阅读",不如说是"学习",通过阅读学习知识和技能。正如将在第五章"学科阅读与学术语言能力"所论述的,对学习新知识和技能来说,阅读是学习的开始,而不是学习的结束。真正的学习,主要的功力是在阅读之后。

操作性阅读的特殊性,不仅体现在阅读之中,也体现在阅读之后。

程序性文本的阅读(学习),在阅读后要延续较长的一段时间。"具体学科的技能和算法的知识"这类程序性知识,要通过不断练习达到精熟的水平,亦即达到能够(无须有意识地)自动化执行。比如:写字的技能,正确坐姿,标准七步洗手法,灭火器使用,健身操,急救程序,软件使用,接打商务电话,等等。

达到自动化执行的途径是不断地练习,但练习又不完全是坚持去做的意思。

技能的学习分为三个阶段,开始是"入门"阶段,也就是我们上面讲的边阅读边操作,到尝试连贯动作行为这一阶段;中间是"掌握"阶段,也就是我们目前讨论的练习阶段;最后是"优化"阶段,主要通过内隐学习进行,在实践中熟能生巧。

心理学家斯特兰·奥尔松深入地研究了"练习",通过计算机模拟揭示了"练习"之所有有效的机理。他在《深层学习:心智如何超越经验》一书中论述到:技能,初学者通常是别无选择地"在工作中学习"的,就像"被扔进游泳池的深水区"。但是,"如果在工作中学习是唯一的选择,那么依赖后天习得技能不会成为原始人成功生存的策略";"相反,技能通常是通过练习而习得的。在练习中,学习者反复尝试执行一项他尚未完全掌握的任务,目的不是在于得到某种结果,而是在于提高任务的掌握程度"①。

在练习阶段,偏差在所难免。如果不及时加以矫正,就会形成错误的动作行为

① [美]斯特兰·奥尔松.深层学习:心智如何超越经验[M].赵庆柏,唐云,陈石,等,译.北京:机械工业出版社,2017:97—98.

习惯。只要看一看学生写字时的坐姿、做广播体操的动作、洗手的步骤，就会知道及时矫正有多么重要。那么，为什么明明错得离谱，学生却不能改正呢？因为他们在练习时没有意识到自己的错误。只有将实际客观存在的"客观错误"，转变为行为者能够主观意识到的"主观错误"①，错误才能得到注意并通过进一步练习加以矫正。那么，怎么才能使行为者意识到自己的"主观错误"呢？奥尔松解释道，在教学或培训情境，靠教师或培训者的提醒反馈②。

由此看来，学生错误的坐姿、洗手等动作行为习惯，真是教师和家长的失职造成的。那么在自学的情境呢？通过程序性文本的操作性阅读来学习某项技能，相当于自学的情境，只有练习者能不断地主动将自己难免有偏差的动作行为与"标准"做比照，才有可能自我发现"主观错误"。而"标准"，就在入门阶段的程序性文本中，也就是那些动作或流程的要领——轮廓和细节、步骤及连贯性。

正如通过教学视频来学习游泳的人在练习过程中还要反复观看视频一样，通过程序性纸质文本学习技能的人，也需要不断地回看其所依据的阅读材料——在练习阶段，重看、回看视频或文本，目的是及时发现自己动作行为的偏差，并补充学习可能遗漏的要领和细节。

一些重要的动作技能或行为流程的文本，往往张贴在生活、学习和工作的场所中，其目的就是时常提醒，以供对照。比如："标准七步洗手法"张贴在公用水池边，写字的标准坐姿图张贴在学校的教室中，实验规范流程挂在实验室的墙上，"商务电话 18 条黄金规则"也应该挂在电话咨询机构的显著位置。可惜，张贴这些文本的人，却往往忘记了为什么要张贴。

通过自我发现的"主观错误"学习，是操作性阅读在练习阶段的最重要的能力。缺乏这项能力，要么形成错误的动作行为习惯（如果是一项全新的技能），要么退回原样而放弃学习（如果是一项改进的技能）。换言之，通过阅读程序性文本而学习技能，很可能全无成效。

（五）关于操作性阅读的进一步讨论

当你买了一个新型号的手机、笔记本电脑、电视机、洗衣机时，你是否能读懂它们的使用说明书？你能否按说明书的操作程序完成所需要的设置？明明每个字都

---

① ［美］斯特兰·奥尔松. 深层学习：心智如何超越经验［M］. 赵庆柏，唐云，陈石，等，译. 北京：机械工业出版社，2017：119.

② ［美］斯特兰·奥尔松. 深层学习：心智如何超越经验［M］. 赵庆柏，唐云，陈石，等，译. 北京：机械工业出版社，2017：111.

认识，但怎么也读不懂使用的说明，磕磕绊绊怎么也搞不定设置的操作。这样令人尴尬的经历似乎很多人都遭遇过，也包括那些能够流畅阅读莎士比亚的文人学者。

这是怎么回事呢？为什么会普遍地出现这样的状况呢？正是这样的提问，引发了日本学者外山滋比古的对阅读和阅读教育问题的系统思考，形成了对其思考进行系统整理的《阅读整理学》一书。

外山滋比古提出，有两种不同性质的阅读：一种是α型阅读，一种是β型阅读。

α型阅读"是根据既知已经验过的事物所产生的言语活动"①，也就是基于既知的阅读。对文章提到的事物本身，读者虽然没有直接具体的经验，却拥有同类型的知识和经验，阅读既知的东西，通常只要了解文字就可以理解内容。有时虽不能确定文字的意思，还是可以掌握文章的大意的。

与此相对的是β型阅读。β型阅读"是为了认识未知事物而展开的言语活动"②，也就是认识未知的阅读。认识未知的阅读，只能从语言文字去理解内容，典型代表就是学校的教科书。认识未知的阅读面对两面墙：一是语言文字，如果不了解陌生的词语便读不懂；二是语言文字所指的事物，就算了解文字或词汇的意思，但是读完文章依旧如云里雾里，对文章所言说的未知事物一知半解，往往会造成误解③。

外山滋比古认为④，α型阅读相当于幼童基于熟悉情境的"母乳语"，他将之称为α型语。β型阅读相当于学校教育情境的"离乳语"，用抽象的词语表达事物的概念，他将之称为β型语。α型和β型是一个连续体，α和β两个端点之间，形成偏α或者偏β的各种样态（如图4-2所示）⑤。

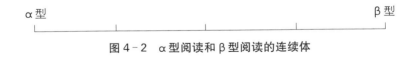

图4-2 α型阅读和β型阅读的连续体

从《阅读整理学》中反复申说的三个例子看，外山滋比古所说的β型阅读，大致是以下三种情况。

（1）自己的阅读经验例子，由于对板球比赛的球队、球员及其专业术语一无所

①　[日]外山滋比古.阅读整理学[M].吕美女，译.北京：北京联合出版公司，2014：101.
②　[日]外山滋比古.阅读整理学[M].吕美女，译.北京：北京联合出版公司，2014：101.
③　[日]外山滋比古.阅读整理学[M].吕美女，译.北京：北京联合出版公司，2014：57—59.
④　[日]外山滋比古.阅读整理学[M].吕美女，译.北京：北京联合出版公司，2014：98—100.
⑤　[日]外山滋比古.阅读整理学[M].吕美女，译.北京：北京联合出版公司，2014：90—91.

知,在他看来,阅读报纸上板球比赛的新闻消息,比阅读莎士比亚的作品要难得多①。

（2）作者被选入语文教材里的一篇文章中有这样一句:"所用的词语与想要表达的实际事物之间,并无必然的关系。"一班小学生在词典查了这句话中每一个词的词义,却还是读不懂,致谴责信要求作者"改正"②。

（3）一些语言文学专家抱着"想要快速读完一遍就完全理解"的想法读文字处理机的使用说明书,惨遭挫折却不反思自己的阅读能力,反而振振有词地谴责写说明书的人。同类的例子还有教授读不懂报税的流程方法③。

上述三个例子,都涉及两方面的问题:一是相关的背景知识的问题,不具备相关的百科知识和生活经验。二是特定阅读方式的问题,不具备这种阅读方式的阅读能力。

阅读理解需要阅读者具备相应的百科知识和生活经验,学习知识需要唤醒和补充相关的知识和经验,学校教育需要时刻牢记"学生总是带着自己的原有经验和知识来学习的"④,这在当前已经成为常识。

外山滋比古的思考比其他论者深刻的地方在于以特定阅读方式来界说特定的阅读能力和学习能力,并由此展开对阅读和阅读教育问题的系统思考。

（1）关于儿童阅读教育的问题。儿童阅读教育,主要通过学校的语文教学进行,从儿童熟悉的生活入手培养识字、解句、分段、读篇的基础阅读能力,所读的语篇以儿童文学作品为主。在幼儿和学龄初期,儿童文学作品所展示的世界,是未知的事物。但久而久之,未知变成了已知,而语文教学又用许多额外的材料和讲解,让原本充满未知要素的作品被误想成已知的东西,最后只做到 α 型阅读,停滞于所能读的作品类型上⑤。

英国前阅读协会主席博比·尼特(Bobbie Neate)还指出了另外一种现象:在包括语文教材在内的少儿读物中,有些语篇类型是儿童读物所特有的,她称为"教诲式语篇"⑥。教诲式语篇,是作者以成人教诲小孩子的姿态和语气语调来讲述知

① ［日］外山滋比古.阅读整理学［M］.吕美女,译.北京:北京联合出版公司,2014:31—35.
② ［日］外山滋比古.阅读整理学［M］.吕美女,译.北京:北京联合出版公司,2014:3—8.
③ ［日］外山滋比古.阅读整理学［M］.吕美女,译.北京:北京联合出版公司,2014:9—13.
④ ［美］约翰·D·布兰思福特,等.人是如何学习的:大脑、心理、经验及学校(扩展版)［M］.程可拉,孙亚玲,王旭卿,译.上海:华东师范大学出版社,2013:13.
⑤ ［日］外山滋比古.阅读整理学［M］.吕美女,译.北京:北京联合出版公司,2014:110—112.
⑥ ［英］博比·尼特.阅读:阅读技巧指南［M］.贺微,张荣建,江地,译.重庆:重庆出版社,2004:108.

识的语篇。它有三种类型①：一种是知识类，类似于我们中小学语文教材中的"说明文"，比如《死海不死》《看云识天气》等；一种是叙事类，类似于专为小学语文教材编写或改编的故事；还有一种，是混杂文类，用讲故事的方式讲述知识内容，作者为了避免使用一些专业术语而想方设法改用看似容易理解的同义词代替。熟悉这些语篇类型的阅读，可能对从阅读中学习知识、对以后阅读成人世界"真实的读物"造成特有的困扰。

（2）关于国民阅读的状态。一方面，是大众阅读趣味的取向；另一方面，是出版社为追求销量而竭力迎合大众的趣味。两者不断地交互影响，形成了纯 α 型阅读和偏 α 型阅读的大众传播文化，致使大多数日本人只能从事偏 α 型的阅读方式。"离开学校之后，一生再也没有机会接触 β 型阅读的人，并不在少数。"②

"一本接着一本读完手边的书，真的比没有读书好吗？"③对此，外山滋比古的回答显然是否定的。他认为 β 型阅读才堪称真正的阅读："β 型阅读是所有学科的基本阅读方式。"④"β 型阅读成为产生新思考和新认识的工具，其功能非常重要。"⑤"学校担负的最重要的任务，就是培养学生阅读未知的能力。"⑥

与此相关，美国教育研究专家伦泽（Lunzer）和加德纳（Gardner）研究发现学校中存在三种类型的读者⑦。

（1）接受型阅读。被作者牵着跑的读者。书面的材料是基于读者的先前经验的，在这种情形下，读者不需要开动脑筋，因为书上的内容他们完全有能力应付自如。接受型阅读常出现在记叙文的阅读中，也就是上面所说的 α 型阅读。

（2）思考型阅读。出现在读者深入思考内容的时候。可能不会像接受型阅读中那样把书从头读到尾，而是读一句或一段之后停下来想一想。这种类型的阅读更有可能出现在说明文中，因为书中的材料有可能对读者来说是全新的。也就是上面所说的 β 型阅读。

（3）排斥型阅读。最常出现在中学里面。读者对某一特定内容或题目没有什

---

① ［英］博比·尼特.阅读：阅读技巧指南［M］.贺微，张荣建，江地，译.重庆：重庆出版社，2004：108—110.
② ［日］外山滋比古.阅读整理学［M］.吕美女，译.北京：北京联合出版公司，2014：102.
③ ［日］外山滋比古.阅读整理学［M］.吕美女，译.北京：北京联合出版公司，2014：136.
④ ［日］外山滋比古.阅读整理学［M］.吕美女，译.北京：北京联合出版公司，2014：113.
⑤ ［日］外山滋比古.阅读整理学［M］.吕美女，译.北京：北京联合出版公司，2014：101.
⑥ ［日］外山滋比古.阅读整理学［M］.吕美女，译.北京：北京联合出版公司，2014：60.
⑦ ［英］博比·尼特.阅读：阅读技巧指南［M］.贺微，张荣建，江地，译.重庆：重庆出版社，2004：18—19.

么背景知识，并且发现有那么多他们从未接触过的知识和概念，他们根本无法真正理解那些东西，也就是上面所说的停滞在 α 型阅读而无法适应 β 型阅读的状况。

学校教育和社会文化，造就了一批只能进行 α 型阅读的国民，这也意味他们排斥 β 型阅读。

在所有的排斥型阅读中，程序性文本的操作性阅读尤为突出。因为学校教育几乎没有教①，而谈论读书的高雅人士似乎也认为程序性文本的阅读不登大雅之堂。美国著名阅读心理学研究专家古德曼(Ken Goodman)承认："我们或多或少都有点功能性文盲。"②他自嘲地说，自己读不懂合同，"你(指读者)也别期望我能看懂教人编织的书"③。

然而，正如梅里尔在《首要教学原理》中所说的：学校教育，尤其是职业教育，"如何做的技能通常是教学的主要目标"④。程序性文本的操作性阅读能力，或许是国民最为重要的阅读能力。

阅读心理学专家读不懂合同、不能读懂教人编织的书，本人也对程序性文本的阅读深感发憷。但是，这是一件可以自谅、可以夸耀的事，还是一件应该引以为羞愧的事？如果大部分国民乃至全体，对学校教育的主要目标——阅读记载"如何做"的程序性文本，都是功能性文盲，那么语文教育、国民的语文能力和语文素养又该从何谈起？

四、自我导向的致用性阅读

信息是资源，知识就是力量；获取信息、学习知识，目的都是致用。从这个意义上讲，阅读任何一本传达知识的书籍、信息类文本，都应该是致用性的。

但本部分所讲的"致用性阅读"，含义要狭窄得多，特指"方法类读物"的阅读。

(一)"方法类读物"的类型特点

"方法类读物"，是为解决生活、学习、工作的实际问题提供具体方法、策略或者方法论指导的图书和文章。它们的书名或篇名，常常有诸如"技巧""方法""策略""如何""艺术""有效""高效""学会"等词语，或者隐含着上述词语的意思。例如：

---

① 在中学语文教材，只有王荣生、倪文尖主编的《国家课程标准高中实验课本(试编本)：语文必修·第五册》中有一个操作性阅读单元，也只有一篇课文是程序性文本的操作性阅读。王荣生，倪文尖. 国家课程标准高中实验课本(试编本)：语文必修·第五册[M]. 上海：上海教育出版社，2007：102—134.
② [美]肯尼·古德曼. 谈阅读[M]. 洪月女，译. 台北：心理出版社，1998：77.
③ [美]肯尼·古德曼. 谈阅读[M]. 洪月女，译. 台北：心理出版社，1998：77.
④ [美]M·戴维·梅里尔. 首要教学原理[M]. 盛群力，钟佳丽，译. 福州：福建教育出版社，2016：52.

《如何阅读一本书》①《如何说清楚,听明白》②《关键对话——如何高效能沟通》③《高效率读书法》④《有效沟通(第7版)》⑤《有效传播(第七版)》⑥《思考的艺术》⑦《倾听的艺术(第5版)》⑧《说话的艺术》⑨《谈话的艺术》⑩《访谈的艺术(第10版)》⑪《谈判的艺术》⑫《当众说话的艺术(修订第8版)》⑬《演讲的艺术(第七版)》⑭《电话技巧》⑮《倾听术:轻松实现高效能沟通的秘密》⑯《超级聊天术》⑰《怎样说话才打动人:智慧沟通的27种策略》⑱《只需倾听——与所有人都能沟通的秘密》⑲《学会提问:批判性思维指南(第七版)》⑳《高效能人士的七个习惯》㉑《领导沟通力》㉒《有效沟

① ［美］莫提默·J·艾德勒,查尔斯·范多伦.如何阅读一本书[M].郝明义,朱衣,译.北京:商务印书馆,2004.
② ［美］莫提摩·阿德勒.如何说清楚,听明白[M].林乔森,译.海口:南海出版公司,2003.
③ ［美］科里·帕特森,约瑟夫·格雷尼,罗恩·麦克米兰,等.关键对话——如何高效能沟通[M].毕崇毅,译.北京:机械工业出版社,2012.
④ ［日］加藤周一.高效率读书法[M].杨国强,译.新北:新雨出版社,1980.
⑤ ［美］桑德拉·黑贝尔斯,理查斯·威沃尔.有效沟通(第7版)[M].李业昆,译.北京:华夏出版社,2005.
⑥ ［美］特里·K·甘布尔,迈克尔·甘布尔.有效传播(第七版)[M].熊婷婷,译.北京:清华大学出版社,2005.
⑦ ［美］文森特·赖安·拉吉罗.思考的艺术[M].金盛华,李红霞,邹红,译.北京:机械工业出版社,2013.
⑧ ［美］安德鲁·D·沃尔文,卡罗琳·格温·科克利.倾听的艺术(第5版)[M].吴红雨,译.上海:复旦大学出版社,2010.
⑨ ［美］罗丽莎·马吉欧.说话的艺术[M].正林,王权,译.长沙:湖南人民出版社,2014.
⑩ ［美］戴博拉·弗恩.谈话的艺术[M].曹毅然,译.桂林:广西师范大学出版社,2006.
⑪ ［美］查尔斯·J·斯图尔特,威廉·B·凯什.访谈的艺术(第10版)[M].龙耘,译.上海:复旦大学出版社,2008.
⑫ ［美］杰勒德·I·尼尔伦伯格.谈判的艺术[M].曹景行,陆延,译.上海:上海翻译出版公司,1986.
⑬ ［美］约翰·哈斯林.当众说话的艺术(修订第8版)[M].马昕,袁靖,译.北京:世界图书出版公司,2014.
⑭ ［美］S·卢卡斯.演讲的艺术(第七版)[M].李斯,译.海口:海南出版社,2002.
⑮ ［英］林·沃克.电话技巧[M].王辉,译.北京:中国社会科学出版社,2001.
⑯ ［日］松桥良纪.倾听术:轻松实现高效能沟通的秘密[M].千太阳,译.北京:中信出版社,2013.
⑰ ［日］斋藤孝.超级聊天术[M].李静宜,译.南京:译林出版社,2012.
⑱ ［澳］克里斯·科尔.怎样说话才打动人:智慧沟通的27种策略[M].刘永俊,李均洋,译.北京:中央编译出版社,2003.
⑲ ［美］马克·郭士顿.只需倾听——与所有人都能沟通的秘密[M].苏西,译.重庆:重庆出版社,2010.
⑳ ［美］M·尼尔·布朗,斯图尔特·M·基利.学会提问:批判性思维指南(第七版)[M].赵玉芳,向晋辉,等,译.北京:中国轻工业出版社,2006.
㉑ ［美］史蒂芬·柯维.高效能人士的七个习惯[M].高新勇,王亦兵,葛雪蕾,译.北京:中国青年出版社,2010.
㉒ ［美］罗伯特·莱夫顿,维克托·巴泽塔.领导沟通力[M].马燕,译.北京:华夏出版社,2005.

通——管理者的沟通艺术》①《卓有成效的管理者》②《销售的革命》③等。

　　"方法类读物"的内容主题,大致可分为两类:一类是专门的,讲述某个专业领域各项工作的方法,如教育、管理、商务等领域各项工作的方法或策略;一类是较通用的,涉及人类行为各个方面,如思维方法、阅读方法、学习策略、沟通策略、问题解决策略等。

　　"方法类读物"的语篇类型特点,可以通过以下两方面的比较来认识。

1. 方法与原理

　　"方法类读物"大致相当于艾德勒在《如何阅读一本书》里所界定的"实用型的书"④,但偏向于他所界说的第一个小类。

　　按照艾德勒的界说,"实用型的书"分为两个小类:第一类以行事的规则为主,如烹饪书、驾驶指南、讲如何阅读的书等,也就是我们在本部分所讲的"方法类读物"。第二类重在阐释规则背后的原理,历史上许多经典的经济、政治、道德巨著就属于这一类。阐释原理的书,看似像"纯理论的书",但它与"纯理论的书"的不同点在于它所论述的是人类行动的问题——要解决的问题终究是可以做得很好或更糟的实用的问题。因此,尽管论述经济、政治、道德原理的书籍,在书中并没有明说,但高明的读者总能从所论述的原理读出言外之意,并衍生出能解决当前现实问题的一些方法、策略⑤。

　　把论述经济、政治、道德的书籍,包括涉及人类行为的管理学、教育学、社会学、心理学等学科的书籍归入"实用型的书",这是很有见地的。确实,在严格意义上说,"一本实用型的书没有被实用(致用)地阅读……就是失败的阅读"⑥。

　　然而,读这一类看似像"纯理论的书",并且从其所论述的原理衍生出解决当前现实问题的方法或策略,在阅读方式上,毕竟与说明方法或策略为主要内容的"方

---

① 余世雄.有效沟通——管理者的沟通艺术[M].北京:机械工业出版社,2009.

② [美]彼得·德鲁克.卓有成效的管理者[M].许是祥,译.北京:机械工业出版社,2009.

③ [美]尼尔·雷克汉姆,约翰·德文森慕斯.销售的革命[M].陈叙,译.北京:中国人民大学出版社,2009.

④ [美]莫提墨·J·艾德勒,查尔斯·范多伦.如何阅读一本书[M].郝明义,朱衣,译.北京:商务印书馆,2004:167.另一译本,译为"实用性书籍".[美]莫蒂默·J·阿德勒,等.如何阅读一本书[M].蔡咏春,周成刚,译.上海:上海译文出版社,1991:177.

⑤ [美]莫提墨·J·艾德勒,查尔斯·范多伦.如何阅读一本书[M].郝明义,朱衣,译.北京:商务印书馆,2004:169—171.

⑥ [美]莫提墨·J.艾德勒,查尔斯·范多伦.如何阅读一本书[M].郝明义,朱衣,译.北京:商务印书馆,2004:171.

法类读物"有很大差别。因此,本研究把这一类书籍和文章的阅读,归到"普通读者
'有难度的'理论读物阅读"和"学科阅读与学术语言能力"这两种阅读类型中。

这并不是说,"方法类读物"里没有原理、没有理论。"方法类读物"当然以具体
的方法、策略为主要内容,但是,为了说明方法、策略之所以可行和有效,必须阐述
那些方法、策略所依据的原理,有的还需用较多的篇幅来阐述原理。而且,所依据
的原理不仅是上述被归入"实用型的书"那一类学科的原理,还包括艾德勒称之为
"纯理论"领域的学科理论(如图4-3所示)。比如,如何阅读、如何沟通等问题,就
与哲学、语言学、人类文化学、生理学、脑科学等学科理论有关。

相关学科理论　　所依据的原理　　具体方法

图4-3 "方法类读物"的理论、原理和方法

原理和理论,是"方法类读物"的重要内容。理解并相信方法、策略所依据的原
理和理论,是"方法类读物"阅读理解的重点之一。

然而,这往往也是难点之一。"方法类读物"毕竟以方法、策略为其主要内容,
因而在阐述原理和理论时较为概要、简略,有时为了便于读者理解,作者还会刻意
回避一些专业术语而改用看似简单易懂的日常用语来表达。概要、简略加上日常
用语,如果作者处理得当,就能言简意赅且通俗明了。但是,要将原理和理论,言简
意赅且通俗易懂地转达,确实是一件很困难的事情,实际的情况往往是述说难以清
透,有时还词不达意,因而反倒难上加难,造成误解。

2. 方法与程序

"方法类读物"与"程序性文本"是两种语篇类型。

"程序性文本"中的"程序",是"具体学科的技能和算法的知识"。程序是规定
的,其步骤或流程是固定的,执行不受具体情境影响,按步骤和流程操作所得到的
结果一般也是固定的,学成之后的执行是几乎自动化的"正确"习惯。比如我们在
本章第三部分举例的"标准七步洗手法",标准是固定的,无论是在家里还是在学
校,凡洗手均要求按此标准执行,以确保免受细菌、病毒的侵染。如果养成了习惯,
每次洗手就会很自然地执行七步法,而无须刻意协调动作。

"方法类读物"中的"方法",涵盖以下三类知识类型。

（1）方法，即"具体学科的技术和方法的知识"①，做某事的有效方法。比如，阅读方法、演讲方法、教学方法、科学方法、研究方法等。有效方法是建议性的指令，方法的实施受具体情境影响，其步骤或流程可因情境不同而有所调整，按步骤和流程操作所得到的结果，也会因不同情境而有所差异。学成之后的实施则必须是主动的、由主观意识所促使，有时还需要有主动努力去做的意志。

（2）策略，即策略性知识，包括策略使用的情境性知识、条件性知识等。比如，记忆策略、学习策略、问题解决策略、市场营销策略等。一般策略比方法使用的领域更广泛，受情境的影响更大，尤其是与人打交道时，无论是策略的使用还是使用的效果，往往因时、因地、因人而异。

（3）关于自我知识，对自己个性、能力、情绪、情感、态度、信念等方面的认识。世界上没有两个一模一样的人，各式各样的人情世态，存在很大的个体差异。

为了有利于学习者关注方法、策略使用的情境，教学设计专家梅里尔把方法、策略这类知识技能，称之为"发生了什么"。其定义为："从一组条件预测结果或者从一个未曾预期的结果查明欠缺的条件。"②

这一定义，有两个要点：第一，条件和结果。"发生了什么"技能，由一个"如果……那么"的命题表示；如果条件成立，那么结果自然发生。比如，如果有效地使用"浏览"（具备条件），那么就能快速地知道一篇信息类文本的主要内容（结果自然发生）。反之，花了很多时间阅读却不能够回答"作者在文章中想要解决什么问题"（未曾预料的结果），那一定是没有学会浏览的方法（欠缺的条件）。第二，一组条件。条件是一个情境特征，有不同的值；结果也是一个情境的特征，它随条件的变化而变化。一组条件导致一些结果；当条件改变时，结果也相应改变。比如，同样使用"浏览"方法（具备条件），一本理论性的书与一本"方法类"的书（条件改变），所要知道的主要内容就会有差异（结果也相应改变）。又如，日文的否定词是放在句末和段末的，那么日本学生在学习时就要把浏览"沿途小镇——每段首句"这一规则，修改为浏览每段的首句和尾句并特别留意尾句中的否定词，否则就很可能会出现系统性的误解，理解错作者的意思③。

---

① ［美］洛林·W·安德森，等.布卢姆教育目标分类学：分类学视野下的学与教及其测评（完整版）（修订本）［M］.蒋小平，张琴美，罗晶晶，译.北京：外语教学与研究出版社,2009：22.
② ［美］M·戴维·梅里尔.首要教学原理［M］.盛群力，钟丽佳，译.福州：福建教育出版社,2016：47.
③ ［美］M·戴维·梅里尔.首要教学原理［M］.盛群力，钟丽佳，译.福州：福建教育出版社,2016：53.

方法、策略是情境性的,"方法类读物"也是情境性的。

首先,作者论述某种"有效方法",必然基于他所置身的情境。比如,讲阅读方法的书或文章,作者当然在讲他所赞赏或主张的"那一种阅读",即一定有作为前提的特定情境的预设。比如:我国古代的读书法,主要是学习圣贤"经史子集"的读书法,或者是把古文的种种技巧应用于八股文的阅读法;艾德勒在《如何阅读一本书》中主张阅读的是西方历史上的"伟大的著作"。"方法类读物",无论作者是否明说——作者往往不加明说,它们所论述的都是基于某种情境的方法、策略。

其次,为了证明方法、策略的可行和高效,"方法类读物"往往会举一些成功实施的案例。这些案例,其实也与构成情境的其他条件有关系。情境是由"一组条件"构成的,而成功的案例,是在那样的条件下运用这样的方法、策略才取得了显著成效。

另外,"方法类读物"中,有一些是讲述作者从自己的经验提炼出来的方法,并用自身的经历来证明该方法或策略的成效。基于自身的经历和经验,是高度情境性的,其方法或策略或许是个性化的。

"情境"是"方法类读物"阅读理解的关键。

是否把自己纳入"同类的情境",决定了读者是否去阅读某个领域的"方法类读物",决定了读者能否理解作者所讲述的方法、策略,更决定了读者是否愿意将"知道了"的方法和策略应用于实践。

换句话说,读者是否把自己纳入"同类的情境",是决定"实用型的书"是否有用的关键。

综上所述,"方法类读物"语篇类型主要特点,可以概括为三个词:原理、方法、情境(如图4-4所示)。

图4-4　"方法类读物"语篇类型的主要特点

（二）阅读情境与阅读目的

1. "方法类读物"的阅读情境

"方法类读物"是情境性的，读者阅读"方法类读物"，也是情境化的。

在常态的情况下，读者去阅读某个内容主题的"方法类读物"，大致是以下几种阅读情境。

（1）开始一段新的人生旅程，比如，上大学、入职、调换到新岗位、创业、建立婚姻关系、养育孩子等，主动学习相关内容主题的"方法类读物"①。

（2）意识到自己在生活、学习、工作中遇到了一些问题，想通过阅读相关的书或文章，找到一些解决问题的有效方法。比如，关于阅读方法、学习策略等。

（3）为提高本职工作的各项能力，被上级要求，阅读和学习指定内容主题的书籍，相当于通过阅读获得职场能力的提升。

（4）听别人介绍，或同学、同事推荐去阅读那些被赞誉"很有用"的书或文章，并期望对自己也"很有用"。

（5）平时就关注与生活、学习、工作相关的某个内容主题，经常探测"方法类读物"的书讯，时常阅读一些富有新意的"方法类读物"，并有意识地谋求应用。

无论是上述哪一种阅读情境，对于"方法类读物"的阅读，读者在阅读之前都已经有明确的致用目的，都自知是为了解决某些或某个具体的实际问题而去阅读。即使是"被要求"的阅读，也是在阅读之前就被明确地告知要学以致用。在内容未知晓的阅读之前，就已经有明确的致用目的，这是"方法类读物"常态阅读的最主要特征。

2. "致用性阅读"的致用目的

致用性阅读，是以读者的致用目的为主导的阅读活动。

这句话有两层含义。

第一，以读者的阅读目的为主导的阅读活动。

任何一本书或文章，都至少有两种阅读方式：一种是由作者主导的，读者依照作者的写作目的，完整地阅读并准确地理解文本的内容；一种是以读者主导的，阅读者根据自己的阅读目的，选择性地阅读并利用文本中的某些内容。

---

① "有学者研究发现，83％的成人学习者正是为了应对生活中的转变才投入学习的，而这些转变又多数与职业有关（56％），其次与家庭生活有关（35％）。"赵周. 这样读书就够了［M］. 北京：中央广播电视大学出版社，2012：103.

对同一个读者来说,在有限的阅读时间里,上述两种方式的阅读,往往不能兼得,也无须兼得。一般来说,理论读物的阅读,由作者主导的阅读方式为常态;"方法类读物"的阅读,则以读者主导的阅读方式为常态。

"方法类读物"当然也可以进行由作者主导的阅读活动。例如阅读《卓有成效的管理者》,在了解这本名著深远影响的基础上,梳理整本书的脉络逻辑,对书中八章内容进行提炼概括。但是,这种方式的阅读,或者仅把这本"方法类读物"当成资讯,或者将这本"方法类读物"误会为理论读物,要么是一种异态的阅读(为了介绍这本书),要么是一种变态的阅读(如果目的是致用的话)。换句话说,绝不是"实用型的书"正常的正当读法。在这里很有必要再次引用艾德勒的告诫:"无法让一本实用型的书被实用(致用)地阅读,就是失败的阅读。"①

阅读之前就已经有明确的致用目的,并以读者的致用目的主导阅读活动,无论是对一本书还是一篇文章,这必然导致读者对"方法类读物"做选择性的阅读。

第二,读者的阅读目的是要解决自己的实际问题。

有必要区分作者在书中要解决的问题与读者通过阅读要解决的问题。

作者写作"方法类读物"——一本书或一篇文章,他所要解决的问题,是要讲清楚所推荐的方法或策略,要阐释原理以证明方法或策略的有效、可信,要借助案例或者自己的经历表明实施方法或策略的可行、高效。作者可以解决他所要解决的问题,解决问题的结果是较高质量地完成一本书或一篇文章,也就是读者在读的这一本书或一篇文章。

但是,正如艾德勒所说:"任何一本书都不能解决该书所关心的实际问题。"②因为解决实际问题的是读者"你"而不是作者"他"。

读者阅读"方法类读物"——一本书或一篇文章,"你"要解决的问题是两个:第一个是中介目的。在阅读中,要根据自己的致用目的,有选择地阅读理解有助于"你"解决实际问题的方法或策略。第二个是最终目的。在阅读后,"你"要在自己生活、学习、工作的问题情境中,运用所学的方法或策略使那个实际问题得以完全地解决或部分地解决。

只有先达到中介目的,才有可能抵达最终目的。但阅读中的中介目的是否达

① 〔美〕莫提默·J·艾德勒,查尔斯·范多伦.如何阅读一本书[M].郝明义,朱衣,译.北京:商务印书馆,2004:171.

② 〔美〕莫提默·J·艾德勒,查尔斯·范多伦.如何阅读一本书[M].郝明义,朱衣,译.北京:商务印书馆,2004:168.

到，判断的依据则是阅读之后"你"所要解决的实际问题在一定程度上是否得到了解决。而实际问题的解决，只能靠"你"的实际行动。

致用性阅读的"致用目的"，贯穿在"方法类读物"的阅读之前、阅读之中和阅读之后。

（三）完整语篇的"致用性阅读"

完整语篇的阅读，致用性阅读只是作为阅读的预备阶段。

1. 对一本书

（1）通过探测性阅读，或利用信息源知识，或是被要求，获取一本与自己要解决的实际问题"同类情境"的"方法类读物"，或者把书中可能较特殊的情境，与自己所处的情境相联系，从而视为"同类情境"。

（2）预览，内容与本章第二部分中的"一本知识读物的检视性阅读"相同。

（3）挑选与自己要解决的实际问题直接相关的某些或某个章节进行略读①。借助原理阐释和案例讲解，理解方法或策略；标记自己有感触的地方，并记录自己的感想。

（4）选择自己最需要的、想重点学习的一个或几个方法、策略。这取决于读这一本书准备花多少时间。

"方法类读物"，与其说是阅读理解，毋宁说是学习。试图通过阅读一本书，解决自己所遇到的所有问题；试图在一本"方法类读物"中学到许多方法或策略；试图阅读一遍或几遍，就学会书中讲述的方法或策略。这些都是不切实际的。

（5）如果经常阅读同类书籍，对致用性阅读有丰富的经验，或许在有较深感触的同时，已联想到自己所处的问题情境，并获得解决这一实际问题的"顿悟式"启示。

在"方法类读物"里，以某人的轶事为案例，尤其是作者用自身的经历来证明方法或策略的成效的，往往是"顿悟式"启示。但是，"顿悟式"启示，显然是可遇而不可求的。

（6）节选（复印或标记）与重点学习的方法或策略直接有关的那一页或那几页。进入本章下面要讲的"节选语篇的致用性阅读"。

阅读是学习的开始，而不是结束。以致用为目的，学习一个有助于解决实际问题的方法或策略，相当于参加一门为期数天的、学费高昂的专项培训课程。

---

① 关于"略读"的解释，参见本章第五部分"普通读者'有难度的'理论读物阅读"。

（7）如果不想进入"节选语篇的致用性阅读"，那么"你"只是"知道了"某个方法或策略而已，而对"你"要解决的实际问题，则毫无用处。所谓"知道了"的方法或策略，通常是暂时的，隔不了多久就再无踪影。

2. 对一篇文章

无论是主动选择还是被要求，阅读一篇"同类情境"或视为"同类情境"的方法类的文章，包括别人从某本书中节选的一个章节和一个完整的单篇文章，通常都有较高的"致用"价值。

但是，如果一篇文章篇幅较短小，那么很可能它只是把方法或策略作为谈论的话题而已，因而阅读理解也只能是"知道了"的程度。这种阅读材料，其本身就不可能用于致用性阅读。我国现当代一些文人谈读书、谈读书方法、谈读书经验的文章，有不少就是这样的"无用"文章。

另一方面，如果从某本书节选的是一个很短篇幅的片段，通常也意味着很难真正理解，因而也不太可能达到解决实际问题的目的。如果对那个片段有感触，最好找到该片段的出处。

（1）预览，内容与本章第二部分中的"一篇信息类文本的检视性阅读"相同。

（2）挑选与自己要解决的实际问题直接相关的某些或某个片段进行略读。借助原理阐释和案例讲解，理解方法或策略；标记自己有感触的地方，并记录自己的感想。

（3）选择自己最需要的、想重点学习的一个或几个方法、策略。这取决于读这一篇文章准备花多少时间。如果运气好，或许在有较深感触的同时，已联想到自己所处的问题情境，并获得解决这一实际问题的"顿悟式"启示。

（4）节选与重点学习的方法或策略直接有关的那些或那个片段，则进入下面要讲的"节选语篇的致用性阅读"。如果不想进入"节选语篇的致用性阅读"，那么"你"仅仅是"知道了"某个方法或策略而已。对"你"解决实际的问题，丝毫没有用处，而短时的记忆也会随时间而淡忘。

（四）节选语篇的致用性阅读

"致用性阅读"真正的阅读对象，是书中某章节的一个节选片段或单篇文章的一个节选片段。

如果一本书或一篇文章有数个节选片段，那么就应该数次进行节选语篇的致用性阅读。如果数个节选片段都指向同一个方法或策略，则视为同一个节选语篇。

在节选语篇的致用性阅读中,读者要达到上述的中介目的:根据自己的致用目的,阅读理解有助于解决实际问题的方法或策略。

做致用性阅读的阅读理解,并不容易。因为节选语篇所讲述的方法或策略,是"同类情境"通用的规则。只有读者联系自身所处的特殊情境,才能对通用规则有较贴切的理解,才能将通用规则应用于自己所处的特定情境中。

换言之,节选语篇的致用性阅读,要求读者加入一些文本之外的东西,使方法或策略的学习得以情境化。

例如:从《史上最简单的问题解决手册》这本书中,节选出一个语篇"肯定式探寻模型:微笑着解决问题"①。如果省略该节选语篇的解说文字的话,它的核心内容是这样一个模型(如图4-5所示)。

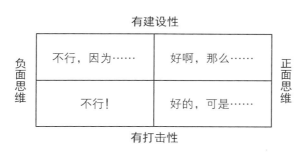

图4-5 节选语篇"肯定式探寻模型"的核心内容

那么,读者在阅读理解时就必须:

第一,加入自己的理解。联系相关章节,用自己的语言重述节选语篇中的方法、策略以及所依据的原理。

研究表明,做事效果的好坏、效率的高低,并不是由同样的行为精熟度的差异所导致的;不同的效果、效率,是因为不同的人有不同的行为乃至行为的观念。也就是说,是采用了不同的方法、策略。学习一种新的方法、策略,不仅要改变原来的行为,而且意味着要改变行为的观念。改变观念,就是对自己的思想、习惯、信念发起挑战,往往会引发情绪、情感、态度的复杂感受,即要加入批判性反思。

第二,加入自己生活、学习、工作中曾遇到的实际问题,反思在这一情境中"发生了什么"。

加入自己生活、学习、工作中曾遇到的实际问题。例如,有一位读者加入这样

① 秋叶.秋叶:如何高效读懂一本书[M].北京:北京联合出版公司,2015:121—126.

的情境——当孩子的成绩单不理想时(如图4-6所示):

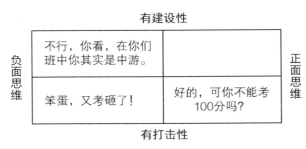

图4-6　"方法类读物"学习要领：加入个人性情境

反思"发生了什么",即"从一个未曾预期的结果查明欠缺的条件"①。"未曾预期的结果",是与自己期望相背离的结果,即为什么那个实际问题会成为问题;"查明欠缺的条件",是要查明造成问题的主观原因,也就是在处理那个问题时自己所欠缺的有效方法或策略。如此这般,在这一具体情境中,有针对性地学习有助于解决这个问题。

有培训专家把这一步细化为以下几个步骤：①回忆过去的经历或者思考将会面临的此类问题情境;②描述经历、问题;③使用节选语篇中的知识点分析你遇到的问题,看看作者是如何解决的;④记录这一思考过程的学习心得并与别人分享②。

比如在上例中,作者大概会这样建议——当孩子的成绩单不理想时(如图4-7所示)。

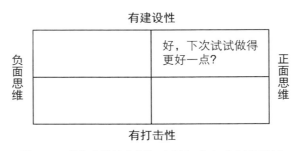

图4-7　"方法类读物"学习要领：加入自己的反思

① [美]M·戴维·梅里尔.首要教学原理[M].盛群力,钟丽佳,译.福州：福建教育出版社,2016：47.
② 秋叶.秋叶：如何高效读懂一本书[M].北京：北京联合出版公司,2015：43.

第三，加入把所学的方法或策略用于具体情境的想象①。

设想在今后生活、学习、工作的具体情境中自己使用所学的方法或策略的具体方案，并"从一组条件预测结果"——所谓解决实际问题，并不是说原来的问题不存在了，而是说要通过使用新的方法或策略，今后不再出现同样的问题。

像任何学习计划一样，所设想的具体方案，应该满足如下标准：①特定的——你具体要干什么？②可测量的——怎么知道你获得了成功？③可获得的——目标现实吗？④资源丰富的——你是否有足够的时间和金钱？是否有足够的相关信息？⑤有进度的——什么时候要完成各个不同的步骤？②

例如，上面那位读者设想了自己即将面临的一个新情境——暗恋要表白吗（如图4-8所示）？

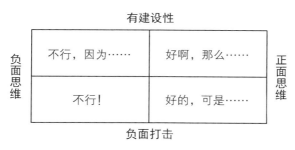

图4-8　"方法类读物"学习要领：加入应用情境的想象

（4）如果与同伴一起学习节选片段（如"被要求"的阅读情境），与同伴交流各自对以往问题的反思和今后行动的设想，相互评议。

阅读理解"方法类读物"的节选语篇，相当于参加一门专项培训课程。那么，优质的培训为什么这么有效呢？自己通过阅读学习，能不能像参加优质培训同样有效呢？致力于职场能力提升的培训师赵周做了如下解析③。

◇ 图书＝核心知识（解决问题的方法或策略）＋（作者的）书面表达

◇ 培训＝核心知识（解决问题的方法或策略）＋（培训师的）口头表

---

① 精神训练法，在大脑中过一遍，等于实际应用了一遍。"带有情感的中脑，不能够区分现实世界中所发生的真实事件和你在大脑中的想象。"［英］柯林·罗斯.快速学习新概念［M］.李华民，译.郑州：河南人民出版社，2000：20—21.

② ［英］柯林·罗斯.快速学习新概念［M］.李华民，译.郑州：河南人民出版社，2000：30.

③ 赵周.这样读书就够了［M］.北京：中央广播电视大学出版社，2012：37.

达＋I

"图书"特指"方法类读物"的节选语篇,优质图书与优质培训的核心区别,不在于书面表达和口头表达,而在于培训中增加了"I"。

◇ I＝激活经验＋促使参与＋催化应用

换言之,"I"就是致用性阅读的能力,也就是我们在上面讲述的,在节选语篇的致用性阅读理解过程中,读者要主动加入上述(1)—(4)四点要求。所以:

◇ 图书＋I＝培训

如果掌握"方法类读物"的致用性阅读方法,那么,读一本30元的致用类图书,或许能达到参加3万元培训的效果。赵周认为,"方法类读物","你不必读完全书,更不必担心记不住,能用上一点就值回百倍书价"①。

可惜,真实的情况是,由于学校教育的失职——中小学几乎没有教过致用性阅读②,使很大一部分国民缺乏致用性阅读能力。纵然有再多的"方法类读物",如果阅读者缺乏致用性阅读的能力,也只能是0%的成效。

"发生了什么"技能——方法、策略,本应该是学校教育、成人学习的主要内容。"方法类读物"的致用性阅读,事实上是国民在生活、学习、工作中最主要的阅读类型。

(五) 阅读之后: 在实施中深化理解

致用性阅读的最终目的,不仅是"理解",而且是"应用"。阅读"方法类读物",不仅要思考,而且要行动。首先,阅读后要及时行动。"研究人员发现,在看到或听到一个方法之后的24小时之内就将其付诸使用,它就可能被永久使用。"③

学以致用,就是把自己已学到的方法或策略,迁移应用到新的情境(如图4-9

---

① 赵周.这样读书就够了[M].北京:中央广播电视大学出版社,2012:37.
② 在中学语文教材,只有王荣生、倪文尖主编的《国家课程标准高中实验课本(试编本):语文必修·第五册》中有一个操作性阅读单元.王荣生、倪文尖.国家课程标准高中实验课本(试编本):语文必修·第五册[M].上海:上海教育出版社,2007:102—134.
③ [英]柯林·罗斯.快速学习新概念[M].李华民,译.郑州:河南人民出版社,2000:139.

所示）。迁移应用大概有以下两种情况。

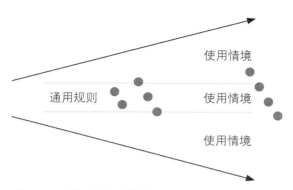

图 4‐9 "方法类读物"学习要领：应用于各种情境

（1）在同类的特殊情境中应用。比如，一本书的浏览方法，应用于科学教科书的浏览；节选语篇的致用性阅读，应用于企业管理的"方法类读物"。

（2）在复杂的情境中尝试运用。一般来说，策略尤其是与人打交道的策略，使用的情境是变化的、复杂的。比如前述的"肯定式探寻模型"的例子，那位读者要在生活、学习、工作的真实情境中试图"微笑着解决问题"，想必会有种种不同的遭遇：有时圆满取得效果，有时可能结果很糟；对有些人、有些事，可以用这个办法；对另一些人、另一些事，这个方法则行不通。

上述两种情况，其实就是方法、策略在"做"中继续"学"的两条路径。

一条是在应用中，使通用规则"特异化"①。比如，节选语篇的致用性阅读，将其经常性地应用于企业管理的"方法类读物"的阅读中，从而形成具有这类节选语篇特色的致用性阅读的更为细致的方法，并进一步生成致用性阅读更为高效的个性化的阅读方法。

一条是在尝试运用中，逐渐辨析出较宽泛的、策略的适合使用的"一组条件"，生成了生活、学习、工作中适合使用的情境性知识和条件性知识。比如前述的"肯定式探寻模型"的例子，在坚持尝试运用中，那位读者会慢慢摸索出一些经验，逐渐明白在什么场合、对什么样的事、对哪些人可以"微笑着解决问题"。

至此，"方法类读物"的致用性阅读，才大功告成。

---

① ［美］斯特兰·奥尔松.深层学习：心智如何超越经验［M］.赵庆柏，唐云，陈石，等，译.北京：机械工业出版社，2017：133.

五、普通读者"有难度的"理论读物阅读

（一）普通读者、理论读物及难度

1. 关于"普通读者"

普通读者，并不是从读者的社会地位或学历高低来说的，而是从阅读一本特定理论读物时读者所扮演的角色身份来说的。就像人在社会活动的不同场合扮演着不同的角色身份一样，读者在阅读特定读物时也自觉或不自觉地转换着角色身份。

以本人为例：我从事是语文课程与教学领域的研究，阅读论述语文课程与教学的书籍文章，对我而言，是职业性的专业阅读，我阅读时的角色身份，是这个研究领域的同行专家。本专业的大部分书或论文，基本上是获取资讯的阅读，一本书花费 10 分钟，或许更少时间，只需瞟一眼封面和大致目录，留个信息源，知道以后研究某个主题可以找哪些书做材料即可。如果话题比较重要，而书或文章又可能有较大影响的话，会选择批判性阅读。

然而，阅读论述教育哲学、教学设计原理等教育学领域的书籍文章，阅读论述文学理论、语言学的书籍文章等，虽然都与我的职业工作息息相关，往往也是我做好职业工作所必须读的，但是，我阅读时，主要还是学习者的角色身份，或者是普通读者的角色身份。

其他领域的理论读物，例如《大数据时代：生活、工作与思维的大变革》①《共享经济：市场设计及其应用》②《情感密码》③《童年的消逝》④等，这些书籍不能说与我的职业工作没有任何关系，但肯定不是做好我的职业工作所必须读的。我阅读时，当然自居于普通读者的角色身份。

本研究把"专业阅读"限定在很小的范围内，限定在本职的专业工作这一狭小领域中。眼科医生看耳科的文章，在我看来就是跨专业阅读了。限定狭小有好处：有一些文人学者似乎看起来无所不知、无所不能，尤其是在谈论语文、谈论学习和阅读、谈论教育的时候。我怀疑，其中有许多人可能基本上没有读过在谈论之前本

---

① ［英］维克托·迈尔-舍恩伯格，肯尼斯·库克耶.大数据时代：生活、工作与思维的大变革［M］.盛阳燕，周涛，译.杭州：浙江人民出版社，2013.
② ［美］埃尔文·E·罗斯.共享经济：市场设计及其应用［M］.傅帅雄，译.北京：机械工业出版社，2016.
③ ［英］Dylan Evans.情感密码［M］.石林，译.北京：外语教学与研究出版社，2013.
④ ［美］尼尔·波兹曼.童年的消逝［M］.吴燕莛，译.北京：中信出版社，2015.

应该读的书,或许也读不懂。

国民阅读,哪怕是知名学者,在大多数时候,都是普通读者的角色身份,或是学习者的角色身份。"普通读者"的角色身份和"学习者"的角色身份,在本研究中做了比较严格的区分。

学习者的角色身份,有以下几个特点。

(1)学习者的角色身份,意味着"学会"的承诺。作为学习者——无论是各级各类在校学生、在职培训的学员还是自学者,其阅读都是通过阅读学习特定的知识,都有考核的要求,或者是外部考核,或者是有某种外部压力的自我评量。

(2)学习者的角色身份,意味着所阅读的理论读物是不可避免的,通常是某学科的教材或者是必读的基础理论著作。

(3)学习者的角色身份,意味着学习目标是对学习内容的深度理解。阅读只是学习的开始,在阅读中尤其是在阅读后,学习者的角色身份有比普通读者更多的学习任务。

本研究把学习者角色身份的阅读,单列为"学科阅读"。

相比较而言,普通读者所阅读的读物是根据自己的阅读目的自选的,阅读理解的程度也依读者的阅读目的而有所不同;最重要的是没有考核要求、不受外部压力——阅读"有难度的"理论读物,全凭自愿自觉。

2. 关于"理论读物"

"理论读物",或称"知识读物",在这里是个含义宽泛的说法。其界定,要联系读物和读者两个方面。

依读物的性质,"任何一本书(包括文章),如果主要内容是由一些观点、理论、假设、推断所组成的,并且作者多少表示了这些主张是有根据的、有道理的,那这种传达知识的书,就是一本论说性的书(理论读物)"[①]。基于这样的准则,艾德勒把论述经济、政治、道德等"实用原理"的书籍,归入"实用型的书"。

但如果依读者的主观认定,那么对大部分普通读者来说,论述"实用原理"的书籍,往往也会被认为是"很理论的"。

本研究所说的"理论读物"是普通读者取向的,包括"实用原理"的书籍,但不包括学科专家之间对话的、非常专业性的那些学术著作和学术论文,也未必包括艾德

---

① [美]莫提默·J·艾德勒,查尔斯·范多伦.如何阅读一本书[M].郝明义,朱衣,译.北京:商务印书馆,2004:56.

勒《如何阅读一本书》"推荐书单"中那些西方历史早期的"伟大的"科学、哲学"巨著"。

普通读者取向的"理论读物"(知识读物),主要是以下几方面的书籍或文章。

(1)"实用原理"类的书籍。论述政治、经济、管理、财政、商贸、教育、公共卫生、饮食营养、逻辑、思维、人际交往等人类行为"应该做什么,不该做什么"的原理、原则的书籍。

(2)自然科学方面的书籍。面向普通读者讲述自然现象和科学规律的书籍。如:达尔文《物种起源》①、霍金《果壳中的宇宙》②、薛定谔《生命是什么》③、詹姆斯·格雷克《混沌:开创新科学》④、科林·塔奇《树的秘密生活》⑤、李约瑟《文明的滴定》⑥、汪洁《时间的形状:相对论史话》⑦等,以及生理学、医学等方面的普及读物。

(3)社会科学方面的书籍。如社会学、心理学、文化人类学、行为科学等方面的著作。与"实用原理"类的书籍或有重叠。

(4)人文学科方面的理论书籍。如哲学、历史、语言学、文学理论、艺术理论、电影理论、音乐理论、绘画理论等方面的书籍。与"实用原理"类的书籍或有重叠。

(5)一些新兴领域的著作。往往是跨学科的,如互联网、人工智能、脑科学、共享经济等方面的书籍。与"实用原理"类的书籍或有重叠。

(6)话题不是非常专业的,主要内容是由一些观点、理论、解释、说明、假设、推断所组成的论说性文章。

本部分所说的理论读物的阅读,指阅读一本理论著作。但理论著作不含论文集——同一作者或不同作者的论文集,均视作多个单篇文章。单篇文章的阅读,见本章第七部分"论说性文章的理解性阅读"。

3. 关于"有难度的阅读"

"有难度的阅读",日本学者外山滋比古称之为"β型阅读"⑧,也就是为了认识

---

① [英]达尔文.物种起源[M].周建人,叶笃庄,方宗熙,译.北京:商务印书馆,1995.
② [美]史蒂芬·霍金.果壳中的宇宙[M].吴忠超,译.长沙:湖南科学技术出版社,2002.
③ [奥]埃尔温·薛定谔.生命是什么[M].吉宗祥,译.广州:世界图书出版公司,2016.
④ [美]詹姆斯·格雷克.混沌:开创新科学[M].张淑誉,译.北京:高等教育出版社,2004.
⑤ [英]科林·塔奇.树的秘密生活[M].姚玉枝,彭文,张海云,译.北京:商务印书馆,2015.
⑥ [英]李约瑟.文明的滴定[M].张卜天,译.北京:商务印书馆,2017.
⑦ 汪洁.时间的形状:相对论史话[M].北京:北京时代华文书局,2017.
⑧ [日]外山滋比古.阅读整理学[M].吕美女,译.北京:北京联合出版公司,2014:101.参见本章第三部分中的"关于操作性阅读的进一步讨论"。

未知事物的阅读。艾德勒将之称为"求得理解力的阅读"①，换言之，理论读物所表达的东西——作者对自然、社会、人生、历史的理解，要比读者的理解力水平"高上一截"，读者只有经过努力"攀登"，才能理解理论读物所表达的内容，从而增进自己对自然、社会、人生、历史的理解力。

阅读就是学习，通过阅读认识未知事物。阅读理论读物（知识读物）的意义，就在于增进对自然、社会、人生、历史的理解，从而增进理解自然、社会、人生、历史的能力。

正如外山滋比古和艾德勒都认同的那样，阅读包含未知事物的理论读物（知识读物），有双重的困难。

第一，内容方面的困难。

未知的事物，对自然、社会、人生、历史的理解，以及"高上一截"的理解力。

有必要区分资讯（information）、知识（knowledge）、智慧见识（intelligence）。获取资讯，是"知道了"原来不知的信息；学习知识，是"理解了"原来所未知，或自以为知而实际上不知的自然、社会、人生、历史；而蒙受智慧的启迪，则是"领悟到"作者（伟大的作者）认识世界、分析问题的卓越见识。

丹麦学者克努兹·伊列雷斯（Kund Illeris）在《我们如何学习：全视角学习理论》一书中，将"学习"分为四种类型②：①积累学习，也就是获取资讯；②同化学习，对已有认识的细化、深入；③顺应学习，改变原有的认识，形成一种新认识；④转化学习，彻底改变认识事物的方式。阅读包含未知事物的理论读物（知识读物），主要是顺应学习，有时还可能要求是转化学习，因此对读者（学习者）是有挑战性的。

第二，语言表达方面的困难。

理论读物（知识读物），主要以概念、判断、推理、论证等"理论"的方式来表达对自然、社会、人生、历史的理解，表现在语言形式上是专用的术语、含义复杂的语句组织，是句与句、段与段的逻辑关系，等等。因此，对读者的思维和语言能力都有较高的要求。语言表达方面的难度越高，有效的阅读方法和阅读策略就越重要。通过阅读来学习，读者（学习者）只能通过语言的理解才能达到对未知事物的理解。

当然，内容的困难和语言的困难，都是相对而言的。对这个人困难，也许对其他人来说就不困难；现在感到困难，不意味着以后也困难。阅读一本理论书或一篇

① ［美］莫提默·J·艾德勒，查尔斯·范多伦.如何阅读一本书［M］.郝明义，朱衣，译.北京：商务印书馆，2004：10—13.

② ［丹］克努兹·伊列雷斯.我们如何学习：全视角学习理论［M］.孙玫璐，译.北京：教育科学出版社，2010：40—48.

论说性文章,也不是每一处都有困难,有的地方可能困难,有的地方却并无难度。困难也有程度差别,如稍有困难、比较困难、有较大困难、很困难等。

本研究所说的"有难度的阅读",是相对于读者而言的。关键也不在困难,而在于对困难的克服。

"为求得理解力而读",艾德勒有技巧地表述为:"你(读者)对这本书的了解程度,刚好让你明白其实你并不了解这本书。你知道这本书要说的东西超过你所了解的,因此你认为这本书包含了某些能增进你理解的东西。"①

也许借用维果茨基的"最近发展区"理论,可以较好地表达本研究所说的"有难度的阅读"。最近发展区,是"独立问题解决的实际发展水平,是与在成人指导下或与其他更有能力的伙伴合作下进行问题解决的潜在发展水平之间的距离"②。同样,"有难度的阅读"指读者能独立胜任的阅读水平与其潜在发展水平之间的距离。

进一步说,"有难度的"理论读物阅读,是指这样一种状态:读者认为他可以或者应该阅读某本理论书或某篇文章,但感到自己在阅读理解这本书/这篇文章时,要经过一番努力思考才能逐渐明白作者所说的意思。

(二)首要能力:阅读目的具体化

阅读"有难度的"理论读物,全凭自愿自觉。这是普通读者独享的权益,同时也给理论读物的阅读带来了一些需要解决的特殊问题(如图4-10所示)。

图 4-10 阅读理论读物面临的特殊问题

(1)阅读的动力问题。自觉自愿地阅读"有难度的"理论读物,意味着读者迫

---

① [美]莫提默·J·艾德勒,查尔斯·范多伦.如何阅读一本书[M].郝明义,朱衣,译.北京:商务印书馆,2004:10—11.

② [丹]克努兹·伊列雷斯.我们如何学习:全视角学习理论[M].孙玫璐,译.北京:教育科学出版社,2010:61.

使自己进行"思考型阅读"①。而"思考型阅读",与"排斥型阅读"(放弃阅读)或许只有一步之遥。如果没有足以牵引自己主动阅读的方法,"有难度的"理论读物的阅读即使启动了也往往难以为继,因而只好放弃阅读,以致习惯性地拒绝阅读理论读物。

（2）阅读理解的记忆问题。把"读过"的内容保存在长期记忆,阅读才有价值。如果没有一套促使自己加深记忆的方法,那么费力读过的书或文章,要么只残留一些零散的印象,要么烟消云散就像没读过一样。没有印象,当然不可能"有用",这种结果进一步导致读者拒绝阅读理论读物。

解决上述两个问题,唯一的办法就是使个人的阅读目的具体化。也就是尽可能早地明确回答:"我为什么要读这本书/这篇文章?"

"我为什么要读这本书/这篇文章?"这一问题实际上有相互联系的两个方面。一是具体的目的:"我读这本书/这篇文章的目的是什么?"对这个问题的回答,主要解决阅读的动力问题。二是具体的任务:"我读这本书/这篇文章要做什么?"对这个问题的回答,主要解决阅读理解的记忆问题。

1. 明确具体的目的

"我读这本书/这篇文章的目的是什么?"

一般化的回答,比如:出于好奇;了解一种新观点;为自己的领域提供背景知识;使自己具有新领域的知识;解答以前读书时留下的疑惑;澄清某个问题;通过略读获得大概内容;寻找重要信息;等等。

但一般化的回答,通常只能促动获取资讯的阅读。主动阅读"有难度的"理论读物,还需要针对特定的读物,进一步明确自己阅读这本书/这篇文章的具体目的。比如阅读《大数据时代:生活、工作与思维的大变革》的具体目的。

明确具体目的,方法是通过提出一系列可以从书或文章中得到答案的具体问题,主动与这本书/这篇文章建立起对话关系。"阅读必须要理解:要想理解,读者必须在心里面与不在跟前的作者进行对话。"②而对话,须始于读者的提问。

当读者拿起一本书/一篇文章准备读的时候,对话就已经开始了。

例如:当阅读《追求理解的教学设计(第二版)》③这本书时,我是学习者的角色

---

① ［英］博比·尼特. 阅读:阅读技巧指南［M］. 贺微,张荣建,江地,译. 重庆:重庆出版社,2004:18—19. 参见本章第三部分中的"关于操作性阅读的进一步讨论"。
② ［英］博比·尼特. 阅读:阅读技巧指南［M］. 贺微,张荣建,江地,译. 重庆:重庆出版社,2004:9.
③ ［美］格兰特·威金斯,杰伊·麦克泰. 追求理解的教学设计(第二版)［M］. 闫寒冰,宋雪莲,赖平,译. 上海:华东师范大学出版社,2017.

身份,目的是彻底弄明白"追求理解的教学设计"的原理及其操作方法:这一理论在什么背景下提出的? 什么是"理解"? 什么是"追求理解"? 为什么要"追求理解"? 如何"追求"? 其"教学设计"的要素有哪些? 设计的流程如何?

当阅读《大数据时代:生活、工作与思维的大变革》《共享经济:市场设计及其应用》时,我自然是普通读者的角色身份,所关注的是这两本书的书名中的概念:什么是"大数据时代"? 为什么说是"大变革"? 什么是"共享经济"? 什么是"市场设计"? 最关心的问题是"这种变革对我的生活会带来什么影响?"

当阅读《情感密码》《童年的消逝》时,我被书名所吸引:"情感有密码?""有哪些密码?""作者是怎么知道密码的?""知道情感密码对我有什么意义?""童年怎么会消逝呢?""什么时候消逝的?""如何消逝的?""作者是凭什么判断童年消逝了?""童年消逝,对我有什么意义?"

关键不在提哪些问题,关键在于要提出问题。提问的作用,是将自己阅读这本书/这篇文章的目的具体化:"记住,在阅读任何读物之前首先确定阅读目的,这是你成为高效阅读者必须养成的一个关键习惯。"①"当你在阅读时,你会发现自己正在寻找问题的答案。这就表示,你有了读书的目的了!"②

明确了阅读的具体目的,也就明确了阅读这本书/这篇文章对自己的意义,同时也明确了阅读这本书/这篇文章的方式和方法。例如,我阅读《追求理解的教学设计(第二版)》,是以学习者的角色身份,阅读目的是彻底弄明白上述一系列问题;这具体的阅读目的,决定了我必须采用精读和学科阅读的方法。对《大数据时代:生活、工作与思维的大变革》,我关注的内容和关心的问题,预示着这本书我很可能只选读其中的某些部分,当然也未必,还要看预览的情况才能选定合适的阅读方式和方法。

向文本(不在场的作者)提出一系列可以从书或文章中得到答案的具体问题,然后带着自提的这些问题,打开书,进入预览的环节。而预览则可以激发更为具体的问题,从而使阅读目的更为聚焦。

例如《大数据时代:生活、工作与思维的大变革》,正文分"引言:一场生活、工作与思维的大变革;第一部分:大数据时代的思维变革;第二部分:大数据时代的商业变革;第三部分:大数据时代的管理变革;结语:正在发生的未来"③等几个部分。

---

① [美]彼得·孔普.如何高效阅读[M].张中良,译.北京:机械工业出版社,2015:292.
② [美]隆恩·弗莱.有效阅读[M].尤淑雅,译.广州:新世纪出版社/花城出版社,2001:28.
③ [英]维克托·迈尔-舍恩伯格,肯尼斯·库克耶.大数据时代:生活、工作与思维的大变革[M].盛阳燕,周涛,译.杭州:浙江人民出版社,2013:目录.

正如前面交代的，我主要关注的问题是"什么是大数据时代"，因此，要选读的部分应该是引言、第一部分和结语，其中主要是第一部分"大数据时代的思维变革"。作者善解人意，目录相当于每节的内容概要再加上关键语句提要，第一部分的目录如下。

01　更多

不是随机取样，而是全体数据　027

　　当数据处理技术已经发生了翻天覆地的变化时，在大数据时代进行抽样分析就像在汽车时代骑马一样。一切都改变了，我们需要的是所有数据，"样本＝总体"。

　　让数据"发声"

　　小数据时代的随机采用，最少的数据获得最大的信息

　　全数据模式，样本＝总体

02　更杂

不是精确性，而是混杂性　045

　　执迷于精确性是信息缺乏时代和模拟时代的产物。只有5%的数据是结构化且能适用于传统数据库的。如果不接受混乱，剩下95%的非结构化数据都无法被利用，只有接受不确定性，我们才能打开一扇从未涉足的世界的大门。

　　……

03　更好

不是因果关系，而是相关关系　067

　　知道"是什么"就够了，没必要知道"为什么"。在大数据时代，我们不必非得知道现象背后的原因，而是要让数据自己"发声"。

　　……

读这部分目录，对什么是"大数据时代"，应该就有了概要性了解。接着又生发出一串新的问题，比如对第一章中什么是"数据处理技术"，如何"翻天覆地地变化"，什么是"抽样分析"，数据如何"发声"，什么是"全数据模式"，带着这些疑问，我开始阅读这一章，在阅读中看作者的应答，并在思考应答的过程中继续提问。

　　"接受教育的过程中，你需要的最重要的技巧之一，便是知道如何去问具体的、试探性的问题。"①所有高效阅读、高效学习的研究者和实践者,都一致把"主动提问"作为阅读和学习的首要原理。尤其是"有难度的"理论读物的阅读,"主动提问"可以说是首要阅读能力。

2. 明确具体的任务

我读这本书/这篇文章要做什么?

也就是阅读之后,利用所理解的这些内容要去做的具体事情。比如:要用于解决自己遇到的某个问题,要在网络上向别人介绍这本书/这篇文章,要与同伴交流读书心得,要参加与这本书/这篇文章相关的讨论会,要写一篇书评,要为课堂讨论做准备,要在写一篇论文中做引用,或者向自己证明读这本书有收获,乃至为了和朋友交谈时有一个可以长聊的话题,等等。

例如:我阅读《追求理解的教学设计(第二版)》,要做好几件事情:计划邀请该书的译者向研究生讲学,所以事先要对这本书有较充分了解,并为学生挑选预读的材料;准备参加一个以大概念组织单元的工作坊,事先按书的设计要领尝试设计出一个单元,并提出设计中碰到的一些难点问题;在充分理解后,可能会写一篇论文,解答自己对语文教育界中"大概念""大单元教学设计"的疑惑。

又如,阅读《大数据时代:生活、工作与思维的大变革》《共享经济:市场设计及其应用》《情感密码》《童年的消逝》等,直接的任务是为出一套实用阅读的试卷寻找合适的命题材料,后来的确也利用其中一本书中的节选材料,设计了一套测试题。

如果说,阅读之前的"主动提问"是与作者对话的开端,那么阅读之后的"输出"就是与作者对话的完美收官,"让这次阅读成了一次看得见的体验"②。

正如"主动提问"一样,阅读之后要有多种形式的"输出",也是所有高效阅读、高效学习的研究者和实践者,都一致强调的阅读和学习的最重要原则,因而也构成阅读"有难度的"理论读物最重要的能力之一。

以下几位日本高效阅读者都一致提议,高效阅读应该"以终为始",一开始就把多种形式的"输出"作为阅读目的。

桦泽紫苑《过目不忘的读书法》:本书最重要的主题就是如何才能做

---

① [美]亚当·罗宾逊.如何学习:用更短的时间达到更佳效果和更好成绩[M].林悦,译.北京:中国青年出版社,2016:99.
② [日]奥野宣之.如何有效阅读一本书:超实用笔记读书法[M].张晶晶,译.南昌:江西人民出版社,2016:74.

到"强化记忆"及"过目不忘"，关键词只有两个——"输出"与"碎片时间"（有计划地利用碎片时间阅读）。"输出读书法"：一边读书一边做笔记，用笔在重要的内容上面画线；将读过的书推荐给别人，和他们聊书中的内容；将读书的感想、发现、书评、摘要通过社交媒体分享给他人①。

斋藤孝《深阅读：信息爆炸时代我们如何读书》："输出"使书成为自身血肉：是否能把书的内容向别人说清楚，是衡量"读过"一本书的标准之一。"读过"的内容，如果没有机会将其调用出来，那就跟没有读过没什么区别。既然如此，倒不如从一开始就以"一两分钟讲清楚其内容"为前提，然后再开始阅读②。

大岩俊之《实用性阅读指南：把读到的知识转化成能力》：所谓"输出"，包括"向他人讲述"和"写下来"两个含义。以这两种"输出"为前提，再去阅读（输入），就会非常有效。在我主持的读书研讨会上，会让大家以向他人讲述为前提去阅读书籍，读完之后让每个人把读过的书讲给大家，这个办法让大家带着"要告诉别人"的目的去阅读，因此更容易抓住书中要点。并且，通过向他人讲述，也更容易记忆书的内容。有意识地写的"输出"如博客、写读书感言等③。

奥野宣之《如何有效阅读一本书：超实用笔记读书法》：带着读书笔记的概念读书。人们经常说"你为别人讲解书中的内容时，才会真正理解它"，把记读书笔记作为目标去读书，得到的效果也是一样的。读书目的从"读完就好"，变成了"写读书笔记"。读书的重心也发生了变化：不再是"因为读了书而写读书笔记，"而是"为了写读书笔记而读书"。当你以思想输出为前提去读书时，思想输入的质量也会提升，而且亲手写读书笔记，好处比口头叙述要多④。

当然，阅读之后要有多种形式的"输出"，不仅仅是上述各位的个人建议。与之

① ［日］桦泽紫苑.过目不忘的读书法［M］.张雷，译.北京：中国青年出版社，2016：69—70，75—87.
② ［日］斋藤孝.深阅读：信息爆炸时代我们如何读书［M］.程亮，译.南昌：江西人民出版社，2016：110—111.
③ ［日］大岩俊之.实用性阅读指南：把读到的知识转化成能力［M］.陈怡萍，译.南昌：江西人民出版社，2017：18.
④ ［日］奥野宣之.如何有效阅读一本书：超实用笔记读书法［M］.张晶晶，译.南昌：江西人民出版社，2016：75—78.

相关的学习原理，至少有下面四项。

（1）动机原理。动机是意义学习的先决条件，具有激发行为的激发功能、维持行为的持久性和强度的维持功能，以及旨在实现目标的指向功能[①]。"输出"作为阅读目的，为"有难度的"理论读物阅读增强动力；"输出"得到的回馈，又增添了阅读的效能感。

（2）记忆原理。记忆是高效阅读和高效学习的标志之一[②]。在知识获取这一意义上，学习是由感觉记忆、工作记忆把有组织的知识录入、存储到长时记忆，并在需要时加以检索和调用。"回忆是说明你学会了一些东西的唯一证据。"[③]如果我们不记得，那么所有的学习都是无效的，阅读也就差不多等于浪费时间。研究表明，大多数遗忘发生在刚学习之后——20分钟内会遗忘一半，两天后会忘记2/3以上，随着时间的推移，遗忘的速度会逐渐下降直至趋于平稳（也就是记住了）[④]。虽然遗忘是人的天性，但是应该忘记不重要而要记住重要的。在阅读之后的"输出"，正如下文将要论述的，应该都是对读者最重要的内容，及时"输出"也就是"过目不忘"的道理所在。

（3）主动加工原理。"意义学习发生于学习者在学习时进行适当的认知加工过程"中：一是选择相关材料，二是组织所选择的材料并形成连贯的表征，三是将所选择的材料与长时记忆中激活的原有知识进行整合[⑤]。正如下文将要论述的，高效的读者阅读一本书，是主动与作者进行对话的积极思考的过程。作为对话完美收官的"输出"，无论是口头还是书面、笔记还是微博，都是主动加工的有形产品。

（4）互动原理。克努兹·伊列雷斯提出[⑥]：学习有动机、获得、互动三个过程。互动的形式包括：主动将某个信息"传递"给别人，积极地寻求并影响"活动"，"参与"到目标导向的共同活动当中。我们在前面讲过，阅读理解那些包含未知事物的

---

① ［美］理查德·E·梅耶.应用学习科学——心理学大师给教师的建议［M］.盛群力，丁旭，钟丽佳，译.北京：中国轻工业出版社，2016：39—41.

② 这句话都不能逆推。PISA把阅读素养界定为"理解、使用、评价、反思文本并参与阅读活动的能力"，看来是有局限性的。如果着眼于阅读的长远效益，阅读素养应该包括"记忆"在内，并且把"记忆"放在相当重要的位置。

③ ［美］彼得·孔普.如何高效阅读［M］.张中良，译.北京：机械工业出版社，2015：196.

④ ［美］肯尼思·希格比.如何高效记忆（原书第2版）［M］.余彬晶，译.北京：机械工业出版社，2017：41—46.

⑤ ［美］理查德·E·梅耶.应用学习科学——心理学大师给教师的建议［M］.盛群力，丁旭，钟丽佳，译.北京：中国轻工业出版社，2016：30.

⑥ ［丹］克努兹·伊列雷斯.我们如何学习：全视角学习理论［M］.孙玫璐，译.北京：教育科学出版社，2010：106—107.

理论读物（知识读物），主要是顺应学习，有时还可能要求转化学习。顺应学习和转化学习，"与积极投入更多的互动形式相联系"。多种形式的"输出"，也就是积极卷入的"传递""活动"和"参与"。

秋叶在《秋叶：如何高效读懂一本书》中，把他在读书过程中很多属于自己的"小乐趣"分享给大家。我们来看几条①：①推荐好书给熟悉的朋友，朋友也喜欢，能够加深友情。②好多作者开微博，我写书评后@作者互动转发，挺有成就感。③读书时找亮点，然后晒到微博上，和读过这本书的朋友们在微博上互动。④写书评冲排行榜，我最喜欢做的事情就是为经典畅销书写好书评，然后看到自己的书评后来居上，排名第一，充满成就感。……看来，具有"互动"价值的"输出"，对实用性阅读，尤其是"有难度的"理论读物阅读，确实发挥了很大作用。

当然，"小乐趣"是相对于"大乐趣"而言的，"阅读任务"毕竟不是真正的"阅读目的"，"小乐趣"不能代替"大乐趣"。阅读"有难度的"理论读物，"大乐趣"是认识未知事物，是增进自己对自然、社会、人生、历史的理解力。而这，正如秋叶在分享"小乐趣"的前一行所说的："越是要读好书，越要坐冷板凳，下苦功夫。"②

综上所述，**明确具体的目的、明确具体的任务，要领是"主动提问"和"多种输出"**（如图 4 - 11 所示）。

图 4 - 11　明确阅读目的的两个策略

（三）较快地"读过"一本"有难度的"理论书

较快地"读过"一本"有难度的"理论书，既是对国民阅读能力的要求，也是国民有较高生活质量的一种体现。

---

① 秋叶.秋叶：如何高效读懂一本书[M].北京：北京联合出版公司,2015：14.
② 秋叶.秋叶：如何高效读懂一本书[M].北京：北京联合出版公司,2015：14.

"较快",当然与阅读速度有关,但重点不在于速读技术的训练,选择合适的阅读类型,运用适当的阅读方式、阅读方法和阅读策略,高效地达到阅读目的才是关键。

参考一些高效阅读者的经验并依据常识判断,"较快"的大致标准如下。

(1)通读。一本200页左右的"有难度的"理论书,在三个小时左右的阅读时间里"读过",含阅读过程中的间隙中断和阅读之后的"输出"。如果每天阅读时间为一小时左右,则一般三天"读过"一本"有难度的"理论书。

(2)选读。根据选读内容的多少(至少一章),一本"有难度的"理论书在一至三小时之间"读过",含阅读过程中的间隙中断和阅读之后的"输出"。

能够较快地"读过"一本"有难度的"理论书,需要具备三项关键能力:一是基于具体的阅读目的,选用相匹配的阅读类型及阅读方式方法;二是阅读过程中的双向"提问"能力;三是有达到"读过"水平的"输出"。

1. 选用相匹配的阅读类型及阅读方式方法

第一,读者拥有决定权。

阅读是读者与不在场的作者的对话。对话的主动权在读者这边。在多数情况下,一本"有难度的"的理论书,读者都可以采取两种对话方式:一种是选读,重心放在"读者认为重要的",读者根据自己的需要或兴趣,选择自己认为重要的内容进行略读或精读。一种是通读,读者按照作者的写作目的和行文逻辑,依章节的先后次序进行略读或精读,重心可能放在"读者认为重要的",也可能放在"作者认为重要的"(如图4-12所示)。

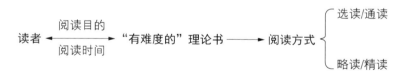

图4-12　选用相匹配的阅读方式

选择哪种阅读方式,阅读的侧重点在哪里,读者有决定权。作者写一本书,当然认为从头到尾的内容都有必要,但读者未必认同;在一本书中,作者颇费笔墨的要紧处,读者未必认为对自己都重要;虽然作者在写作时对先后安排有讲究,但读者也可从自己感兴趣的任何一章开始阅读。然而,对话是双向的:有些文本未必适合选读,有些读者原来准备选读的文本,也可能被文本吸引而改变初衷。

　　加藤周一在《高效率读书法》一书中，曾把读书与旅行相类比：旅行和读书，两者所持的心态，似乎非常地相同。旅行让我们暂时离开一些平时熟悉的事物，到另外一个陌生的世界；同样地，读书也让我们暂时离开日常的事务，到书中那一个新奇的空间①。

　　不妨把这个类比再扩展一些：假如到一个较大的景区，里面有多处景点，那么游人就有较大的选择的余地，根据自己的意愿选择最愿意游览的景点。但假如某地仅有一处名人故居，那么参观者的可选项就几乎没有，通常要按规定的线路参观。

　　理论书也是这样，有的像一处精致故居，有的像一个较大的景区。

　　普通读者所读的理论书，多数像一个较大的景区。比如一些"实用原理"类的书籍、社会科学领域类似教材的书、一些新兴领域的著作等，一本书里可能涉及几块内容，内容之间关联也未必很严密。所以可以依据"读者认为重要的"方式去选读。

　　艾比·马克斯·比尔则用赛车道来类比：赛车比赛是在椭圆轨道或公路上进行的。在椭圆轨道上赛车更容易些，从一个拐弯到下一个拐弯的距离是可以预测的；而在公路上赛车更具挑战性，因为它没有特定的形状，一次只有一辆车可以拐过街角，并且拐弯更急，不可预测②。理论书也是这样，有的像椭圆轨道，有的像公路赛道。

　　普通读者所读的理论书，多数像椭圆轨道。虽然读物有一定难度，但读者对这类读物的内容主题和组织结构有一定的阅读经验，往往可以用较快的阅读速度加以略读。像公路上赛车般的读物，通常应该精读；但其中也有些读物，如果读者对内容主题有兴趣，而作者的导航又很得法，读者沿作者的导航去阅读，有时候也能做到较快地略读。

　　一个好的读者的阅读过程会随阅读目的而变化，能够根据不同的阅读目的来调整阅读方式。

　　斯滕伯格（Steinberger）曾设计了一个阅读能力测试，试题由四段文章组成，每一段以不同的目的去阅读：一段为了要旨，一段为了主要观点，一段为了详细内容，一段为了推理和运用。他发现好的读者会随目的而改变他们的阅读速度和阅读策略，把更多的时间放在需要详细了解、推理和运用的段落上。相反，阅读能力

① ［日］加藤周一. 高效率读书法［M］. 杨国强，译. 新北：新雨出版社，1980：25.
② ［美］艾比·马克斯·比尔，普林斯顿语言研究中心. 如何阅读：一个已被证实的低投入高回报的学习方法［M］. 刘白玉，韩小宁，孙明玉，译. 北京：中国青年出版社，2016：177.

较弱的读者则以相同的速度去阅读每段文章,分不清什么时候该快读、什么时候该慢读①。同样,阅读能力较弱的读者也不能够针对不同的文章类型调整阅读方法;"他们不懂得,通常科学家会非常仔细地读一篇科技文章的引言和讨论部分,却略过方法部分或仅仅略读发现部分。他们也不明白历史学家阅读原始资料的方式大大不同于阅读杂志文章的方式"②。

第二,理论书的阅读类型。

选读、通读与略读、精读的关系,可以用图 4－13 表示。

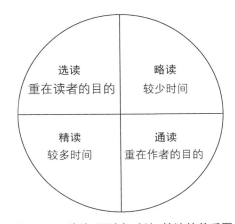

图 4－13   选读、通读与略读、精读的关系圈

图 4－13 中四个象限的交互组合,形成一本理论书的八种基本阅读类型:

① (选读)略读　　　　　② (选读)精读

③ (选读)精读—略读　　④ (选读)略读—(再选)精读

⑤ (通读)略读　　　　　⑥ (通读)精读

⑦ (通读)精读—略读　　⑧ (通读)略读—(选读)精读

无论是选读还是通读,前提都是已经有了要读的书。这样就必须与阅读之前的探测性阅读(信息源)或检视性阅读(预览)相联系。加入探测性阅读(信息源)、检视性阅读(预览),所组合的阅读类型如表 4－1 所示,其中标有"★"符号的是主要类型。

---

① ［美］约翰·宾.研究性学习［M］.张仁铎,译.南京:江苏教育出版社,2009:98.

② ［美］约翰·宾.研究性学习［M］.张仁铎,译.南京:江苏教育出版社,2009:98.

表 4 - 1　与信息源和预览组合的阅读类型总表

		探测性阅读(信息源)		检视性阅读(预览)
选读	1a	探测—(选读)略读	1b	预览—(选读)略读
	2a	探测—(选读)精读★	2b	预览—(选读)精读★
	3a	探测—(选读)精读—略读	3b	预览—(选读)精读—略读
	4a	探测—(选读)略读—(再选)精读	4b	预览—(选读)略读—(再选)精读★
通读	5a	探测—(通读)略读★	5b	预览—(通读)略读★
	6a	探测—(通读)精读	6b	预览—(通读)精读
	7a	探测—(通读)精读—略读	7b	预览—(通读)精读—略读
	8a	探测—(通读)略读—(选读)精读	8b	预览—(通读)略读—(选读)精读★

表中的 1a 和 1b，倾向于获取资讯的阅读，拿到一本书或者在预览之后，挑选自己感兴趣的内容，"知道"这部分内容具体在说什么。

6a 和 6b，更接近学习者角色身份的学科阅读，拿到一本书或者在预览之后，就依照章节先后逐次进行通篇精读，这应该有不得不读的理由，或因自我压力，或有某种外部压力。

3a 与 7a、3b 与 7b，它们的区别在于阅读的单位大小不同。3a 和 3b 阅读的单位是一本书中的选读部分，7a 和 7b 的阅读单位是全书。这四种类型都是精读之后再加略读，但这里"略读"的含义与其他类型中的略读不同。

"略读"有三种含义：一是阅读之前的，英文是"preread-skimming"，相当于预览；二是通常讲的略读，英文是"skim-reading"，是一种与精读相对的阅读方式，一般所说的"略读"指的就是这一种略读；三是阅读之后的，英文是"review-skimming"，指在对各部分、各章节分别进行精读之后，再返回到整体，用较快速度（比"skim-reading"快 50％以上的速度）通篇略读，加深整体连贯的理解[①]。

3a、3b 和 7a、7b 精读之后的那个"略读"，属于上述第三种含义。为了便于区分，可将其称为"回读"。精读之后再加回读，这样的阅读类型是我们在第六部分要讨论的"必读理论书的分析性阅读"——透彻地诠释一本有较大难度的理论书，花较多的时间进行相对慢速的阅读。分析性阅读与本部分所讲的较快地阅读一本

---

① 吕凤芳.英语阅读技巧[M].上海：上海外语教育出版社,1994：173—174.

"有难度的"理论书,是不同的阅读类型。

从逻辑上讲,应该还有以下四种可能的阅读类型。

① 探测—(选读)略读—(全选)精读。

② 预览—(选读)略读—(全选)精读。

③ 探测—(通读)略读—(全选)精读。

④ 预览—(通读)略读—(全选)精读。

也就是说,对全书或者事先所选择的部分,先整体略读一遍,再进行精读。若先粗读一遍再不加选择地精读一遍,这实际上是较机械的重复阅读,且阅读效率低下。这几种类型,如有合理性,其阅读目的或许就是记诵。而理论书的阅读,跟记诵没什么关系,所以预先把这些类型排除在外。

本研究判断,以普通读者的角色身份阅读一本"有难度的"理论书,较为高效的阅读类型(表4-1中标有"★"符号的)是以下六种。

选读:2a 探测—(选读)精读,选读一步类型。

2b 预览—(选读)精读,选读两步类型。

4b 预览—(选读)略读—(再选)精读,选读三步类型。

也就是说,选读主要是精读。

通读:5a 探测—(通读)略读,通读一步类型。

5b 预览—(通读)略读,通读两步类型。

8b 预览—(通读)略读—(选读)精读,通读三步类型。

也就是说,通读主要是略读。

其中,8b 类型中的"精读",是在(通读)略读全书的基础上,再对其中所选择的部分内容进行精读,这与4b 类型其实是一样的——4b 类型是在略读所选内容的基础上,再对其中加以选择的部分内容进行精读。换言之,8b 中的精读,其实也是对选读部分的精读。

拿到一本"有难度的"理论书,读者应视书的具体情况和自己可用于阅读的时间等条件,在阅读之前,花几分钟时间做一下大略的阅读计划,选择合适的阅读类型,这对提高阅读的质量和效率大有益处。

2. 阅读过程中的双向"提问"能力

阅读过程是对话过程,而对话始于读者的提问。读者的主动提问,包括阅读之前、阅读过程中以及阅读之后。

关于阅读之前（预览阶段）的对话，在"明确具体的目的"那一部分已有论述，片段样例重述如下：

01 更多 **不是随机取样，而是全体数据** 　　当数据处理技术已经发生了翻天覆地的变化时，在大数据时代进行抽样分析就像在汽车时代骑马一样。一切都改变了，我们需要的是所有数据，"样本＝总体"。 　　**让数据"发声"** 　　小数据时代的随机采用，最少的数据获得最大的信息 　　**全数据模式，样本＝总体**	阅读之前的提问： 什么是"数据处理技术"？ 如何"翻天覆地地变化"？ 什么是"抽样分析？" 数据如何"发声"？ 什么是"全数据模式"？

如例所示，阅读之前的提问，目的是提醒自己在阅读时要关注什么。所提的问题，是一般性的引导性问题，一般可按"5W1H"提问：谁，何时，何地，什么是，为什么，如何。对理论读物，主要问"什么是"和"为什么"，应结合篇章的标题、小标题等信息，将提问具体化，并在阅读理解过程中自己得到问题的答案。

在阅读理解过程中自己得到问题的答案，通过阅读理解过程中的双重对话：与文本（不在场的作者）对话，与自己对话。而对话，我们反复强调，需始于读者的主动提问。

（1）向文本提问：阅读理解过程中的"预测"。

有效、高效的阅读，始终都是与文本（不在场的作者）对话的过程。换言之，始终由读者向文本（不在场的作者）提问。

如果说，"什么是……?"是阅读之前的典型提问形式；那么，阅读理解过程中的典型提问形式，就是**"作者接下来要说什么?"**这与其说是"提问"，不如说是"预测"。

读者依据小标题、段落中心句、结构模型、标志词—信号词等线索，在阅读接下来的具体内容之前，习惯性地加以预测，从而使阅读过程始终保持在读者预测（假设）——文本（作者）回应的对话状态。"读者要预先提出、系统表述，然后检测各种假设；书页上的词语不是赞同就是反对读者的看法。"①

仍以《大数据时代：生活、工作与思维的大变革》的第一章节为例，以下是第一小节"让数据'发声'"的前五个段落，我们演示一下：

"大数据"全在于发现和理解信息内容及信息与信息之间的关系，然而直到最近，我们对此似乎还是难以把握。IBM的资深"大数据"专家杰夫乔纳斯提出要让"数据"说话。从某种层面上来说，这听起来很平常。人们使用数据已经有相当长一段时间了，无论是日常进行的大量非正式观察，还是过去几个世纪里在专业层面上用高级算法进行等量化研究，都与数据有关。	开始介绍"大数据"了。"关系"是什么？但没讲下去，"然而"，可能要讲相反的意思，麻烦来了。那现在是怎么知道的呢？是IBM专家知道的。他怎么知道的呢？
在数字化时代，数据处理变得更加容易、更加快捷，人们能够在瞬间处理成千上万的数据。但当我们谈论能"说话"的数据时，我们指的远远不止这些。	让"数据"说话，该说说它的意思了。"说话"的数据，是什么意思？远远不止，下面要说很多内容吧？
实际上，大数据与三个重大的思维转变有关，这三个转变是相互联系和相互作用的。	三个转变，哪三个？相互？后面应该会讲到。
• 首先，要分析与某事物相关的所有数据，而不是依靠分析少量的数据样本。	哦，这是开头部分，概述——跟目录的内容差不多。
• 其次，我们乐于接受数据的纷繁复杂，而不再追求精确性。	
• 最后，我们的思想发生了转变，不再探求难以捉摸的因果关系，转而关注事物的相关关系。	首先、其次、最后，大概是接下来的内容顺序吧？
本章就将介绍第一个转变：利用所有的数据，而不是仅仅依靠一小部分数据。	上面是开头的导语。下面开始说"利用所有数据"。仅仅依靠一小部分数据，是怎么回事呢？

---

① ［英］博比·尼特.阅读：阅读技巧指南［M］.贺微，张荣建，江地，译.重庆：重庆出版社，2004：9.

在实际阅读时，所谓"预测"只是习惯性地在脑子里闪念一下；读者"预测"不必是上面演示的那些，更无须写下任何文字。

正如高效学习研究专家亚当·罗宾逊（Adam Robinson）所说，我们的预测或许很少是"对的"①。事实上，越是那些像更具挑战性的公路赛道的较高难度的读物，作者越会去描述一些我们不能预料到的内容——所以才是"有难度的"阅读。

"作者接下来要说什么"的预测，其意义不在于进行正确的预测，而是在于读者能自觉地与所读的文本互动，从而使自己更为积极主动地进行阅读理解。

（2）向自己提问：阅读理解过程中的"思考"与自我监控。

阅读过程，不仅是与文本（不在场的作者）对话，而且更是与自己对话。在阅读和聆听时，我们始终听过两种声音：一种是作者或讲者发出的声音；一种是我们脑子里发出的声音。

正如与文本对话要主动提问一样，与自己对话时，读者也要主动提问。

有两个典型提问的形式：一个是"**这让我想起了什么？**"一个是"**我明白了吗？**"

① "这让我想起了什么？"引发读者的"思考"。

"所有的思考都是联想的产物。"②从阅读策略的角度讲，所谓"思考"，也就是运用联结、图像化等阅读策略，在阅读过程中调取已有的背景知识和个人经验，从而更好地理解文本的意义。

"思考往往并不同阅读（看文字）同步。"③所以要在读的过程中主动匀出"思考"的时间，"这让我想起了什么？"主动与自己互动对话，一边阅读一边问，一边做记号一边把想到的写简略的笔记——也就是阅读之后将要"输出"的感受、想法。每当读到要紧处、转折处、疑难困惑处时，是否能暂离书页"积极走神"④，主动"思考"，这是判断阅读能力高下的一个重要指标。

正如亚当·罗宾逊在《如何学习：用更短的时间达到更佳效果和更好成绩》一书中所说的："'这让我想起了什么'这个问题是整本书中（指他的这本著作论述的高效学习者需要学会的 12 个提问）最为重要的一个问题！这个问题，会引导你去

① ［美］亚当·罗宾逊.如何学习：用更短的时间达到更佳效果和更好成绩［M］.林悦.译.北京：中国青年出版社,2016：85.
② ［美］亚当·罗宾逊.如何学习：用更短的时间达到更佳效果和更好成绩［M］.林悦.译.北京：中国青年出版社,2016：94.
③ 顾晓鸣.阅读的战略［M］.上海：上海人民出版社,1985：67.
④ ［美］艾比·马克斯·比尔.普林斯顿语言研究中心.如何阅读：一个已被证实的低投入高回报的学习方法［M］.刘白玉,韩小宁,孙明玉,译.北京：中国青年出版社,2016：36.

回答其他所有的问题。如果你记不住我这本书的其他内容，起码要记得不时问一问'这让我想起了什么'。"①

②"我明白了吗？"促使读者主动监控自己的阅读理解。

尤其是阅读遇到困难、疑惑、受阻时，主动问"我明白了吗？"——我明白了这个术语吗？我明白了这个语句吗？我明白了这段话的意思吗？我对哪里还不明白？尤其是到阅读结束时，必须得问一问自己：我明白了这本书/这篇文章具体在讲什么吗？

如果不明白、很不明白，那就要采取回看前文、联系上下文等释疑、澄清的阅读策略；如果不明白的地方是不要紧的内容，则"耐难、耐不懂之处"②，暂时接受自己的不明之处——认清自己没有明白的地方，跳过去，放下"包袱"，继续前行。

"我明白了吗？"这个提问，可以说是所有提问当中最重要的提问。只有在"我明白了"的前提下，"思考"才有价值。如果不能明白作者在说什么，也就无从思考，而没有了思考，阅读和学习就毫无意义。

3. 达到"读过"水平的"输出"

"读过"，指读者对书中重要内容的理解，达到"能讨论"的水平——能够说明书中的重要内容，并能够就其中的内容进行讨论，且有某种形式的"输出"。

"读过"以"输出"为标志，包括口头、书面或微博等社交媒体。

正如下面将要论述的，普通读者阅读"有难度的"理论书，是"带着自己的主观的心情去读书"③，阅读理解的重心放在"读者认为重要的"，"输出"的主要内容，是对自己认为重要的具体内容的"感受""想法""思考""启发"。

参照一些高效阅读者的经验，普通读者的口头"能讨论"水平，是能跟别人聊这本书，讲述时间至少 2 分钟④，较高标准是 10—20 分钟⑤，包括最感兴趣的具体内容的转述、自己的阅读感受、所受到的启发等。

书面或微博等的"输出"形式主要有以下几种。

（1）摘抄对自己来说很重要的内容＋一句话感受或想法（评论）。

---

① ［美］亚当・罗宾逊.如何学习：用更短的时间达到更佳效果和更好成绩［M］.林悦,译.北京：中国青年出版社,2016：94.
② 顾晓鸣.阅读的战略［M］.上海：上海人民出版社,1985：137.
③ ［日］奥野宣之.如何有效阅读一本书：超实用笔记读书法［M］.张晶晶,译.南昌：江西人民出版社,2016：97.
④ ［日］斋藤孝.深阅读：信息爆炸时代我们如何读书［M］.程亮,译.南昌：江西人民出版社,2016：111.
⑤ ［日］桦泽紫苑.过目不忘的读书法［M］.张雷,译.北京：中国青年出版社,2016：69.

（2）在相关购书网站或社交媒体写读书感言。

（3）将读过的书推荐给他人或向他人讲解这本书的重要内容。

（4）摘抄或转述＋印证、联系等扩展的感想（写主观评论）。

（5）内容摘要或总结要点＋扩展的感想（写主观评论）。

（6）对某个内容的扩展讨论（评论），在说明时引用原文。

（7）写有一定篇幅的书评。

（8）与其他书相联系的扩展讨论。

（9）其他创意表达。

如果是"实用原理"类书籍的"致用性阅读"，则有以下三条指标。

第一，联系自己要解决的实际问题，在具体的情境中理解核心理念、观点、原理、原则等，输出的形式是联系实际问题讲述理念、观点、原理、原则等，并进行反思或启发。

第二，从理念、观点、原理、原则等，引申出解决自己所面临实际问题的方法、策略，并制定具体的实施计划。

第三，将所学的知识转化为能力，在实践中尝试运用，改变或改进自己的行为。

上述三条指标，是优秀水平的指标。就普通读者而言，"实用原理"类书籍的"致用性阅读"，不一定是必需的。至于一本书的内容概要介绍、书的内容大纲或逻辑框架、主要内容的"思维导图"等，它们是分析性阅读的"输出"形式。若是较快地"读过"一本理论书，这些形式的"输出"并不是必要的。

（四）常用阅读类型：通读—略读

1. 积极的略读

略读，是较快地通读一本"有难度的"理论书常用的阅读方式。

如上所述，一本"有难度的"理论书的通读，主要有三种阅读类型：（1）通读一步类型，探测—略读；（2）通读两步类型，预览—略读；（3）通读三步类型，预览—略读—（选读）精读。第三种类型我们放在下一部分讨论，这里只讲前两种类型，这两种类型都是略读。

第一，略读的读法。

略读，有多种做法和说法，其中"美国式"[①]较为正宗。

---

① ［日］加藤周一. 高效率读书法［M］. 杨国强，译. 新北：新雨出版社，1980：68.

美国"伊芙琳·伍德动态阅读教育机构"总裁彼得·孔普(Peter Kump)解释道:"略读就是选择性线形阅读。换句话说,以逐字逐句为基础,但又不阅读全部单词。"①这是以词句为单位来说的。

美国"普林斯顿语言研究中心"艾比·马克斯·比尔则以篇章为单位来解说:"略读是一种有效的阅读方法,即有选择地阅读,以抓住文章的大概意思。"②略读与预览有相似之处,但略读时不仅读段落的首句,"很多时候,即使没有读过整个段落,也能从该段的其他部分中获得重要细节"。具体的方法:通常以均速读完首段,有时也要完整地阅读第二段;第三段主要读首句,但如首句找不到中心句,那么必须读整段;其他段落类推,完整地读每一句可能没有必要,但除了首句之外,读者应从段落的其他部分获得一些与阅读目的相关的细节。

日本学者齐藤英治在《最厉害的图解速读术》一书中解释了"美国商业精英普遍采用的"略读法:"略读译自英文'skim',原意是捞取牛奶表面的浮沫,引申为一种犹如'海鸥为了抓取海面上的饵食,而从海面上掠过'的页面阅读法。换句话说,看书时是浏览全面,边看边挑选出自认为重要的部分并熟读(精读)。"③具体的读法是:视线在书页上较快地移动,遇到重要的地方就停下来精读,获得资讯之后,就继续在书页上快速地浏览。

由此可见,将略读的过程"方法化"使其成为一种可训练的阅读技术,很可能是美国人发明的。然而,做"略读"这件事情,自书籍成为日常用品之后,凡古今中外较成熟的阅读者,恐怕都有相似相近的经历和经验。例如,陶渊明说"好读书,不求甚解";曾国藩说"应读之书,宜缓宜熟;应阅之书,宜速宜多;读书如守城,深堑高垒,效死勿去;阅书如攻城,轻骑剽悍,所向无前"④,其中与"应读之书"相对的"应阅之书"的读法,说的正是"略读"这件事情。

略读与精读相对,其要义就是以较快的速度"读过"全书,只求多多收益,不求句句甚解。

第二,理论书的略读过程。

略读与速度相关,但与阅读技术所训练的"速读"不同。"快速阅读不是目的,

---

①　[美]彼得·孔普.如何高效阅读[M].张中良,译.北京:机械工业出版社,2015:143.

②　[美]艾比·马克斯·比尔,普林斯顿语言研究中心.如何阅读:一个已被证实的低投入高回报的学习方法[M].刘白玉,韩小宁,孙明玉,译.北京:中国青年出版社,2016:158—159.

③　[日]齐藤英治.最厉害的图解速读术[M].李毓昭,译.台中:晨星出版有限公司,2007:26—27.

④　王余光,徐雁.中国读书大辞典[M].南京:南京大学出版社,1993:308.

目的是快速理解。"①略读时可以也应该有变速：如果理解较为顺当的话，可以快一些；在读者认为重要的地方，尤其是重要却较难理解的地方，可以慢一点。

略读一本书，或许有少量跳读，包括不影响阅读理解的短距离跳读，跳过不重要且无趣的语段等。碰到实在难以理解的地方，是否能够"耐难、耐不懂之处，'读书不求甚解'"②，是否敢于跳过去继续往下读，这往往是略读一本"有难度的"理论书的成败关键。

略读以选择性线形阅读为其主要特征，但并非机械地从前到后，为了更好地增进对前后内容逻辑联系的理解，读到后面时往往要主动返回到前面已读的相关段落、相关语句。

略读也不是眼睛始终盯着文字一味地读。阅读中要明智地决定在读到哪里时主动间隙中断，短暂休息对略读一本"有难度的"理论书也十分重要。

阅读理解与"思考"相伴，在略读过程中，需要有暂离书页的"思考"——反思自己的理解，联系具体经验，做点画评注，写简易形式的感想等。在阅读一本"有难度的"理论书时（事实上是阅读任何读物时），如果读者忙着用眼睛反复一行又一行地扫过文章中的语句，那通常意味着他什么也没有"读过"，因为他没有"思考"。

2. 略读的着眼点

参考上述外国专家对"略读"的解释，本人认为略读的着眼点是"语意组块"。

以一本书的一个章节为例，"语意组块"有以下四个层级（如图 4-14 所示）。

图 4-14　"语意组块"的四个层级

---

① ［英］柯林·罗斯.快速学习新概念［M］.李华民，译.郑州：河南人民出版社，2000：63.
② 顾晓鸣.阅读的战略［M］.上海：上海人民出版社，1985：137.

(1) 词群语义。

类似于"视读",眼睛按照句法结构一群一群地快速移动,如主谓、动宾、修饰语与名词等;"因为"的后边是一群,"所以"又带动一群。换句话说,阅读一个句子不是一个字、一个词地看,而是将几个词语作为一个语义理解的单位。

(2) 段落主旨。

"段落是第一思维单位,所有句子共同构成同一个观点。段落是我们速读时注意的第一个单位。"①段落是阅读理解的关键,"重要的是每个段落只读一次"②。

据说英文的理论读物(知识类读物)中"95%的段落主题句(或称中心句)都在第一句"③,中文的现当代理论著作,大致也如此。这样,认真阅读每段的第一句,并试着找出段落接下来要讲什么,对阅读理解十分重要。"连接性语篇的理解与其说是依赖语篇中各个句子的意义,还不如说是依赖于这些句子的排列。"④每段第一句,不但统摄段内后续语句的理解,而且也是理解段与段之间语意联系的关键。信息是线形呈现的,一个信息点跟着一个信息点,段内的后续语句,通常都按已知信息的先行词带出未知信息的模式,逐句累进,因而阅读理解就相对较容易,阅读速度自然就会快些。而接下来一个新段落的第一句,则往往意味着话题转换,转换到了与上段有联系的一个新主题,通常也是阅读理解的难点所在,阅读时就需要更为专注,速度当然就要缓慢些。

(3) 结构模型。

理论读物(知识类读物)"以一种有组织的、合逻辑的方式呈现信息"⑤,其段内语句和段落与段落,往往由通用的结构模型来组织。这使得"以简单的方法理解复杂的文章"⑥成为可能。例如⑦:

① 难题后面跟着解决方案。

② 定义后面跟着例子。

---

① [美]彼得·孔普.如何高效阅读[M].张中良,译.北京:机械工业出版社,2015:106.
② [美]彼得·孔普.如何高效阅读[M].张中良,译.北京:机械工业出版社,2015:34.
③ [美]彼得·孔普.如何高效阅读[M].张中良,译.北京:机械工业出版社,2015:35.
④ [美]D·W·卡罗尔.语言心理学(第四版)[M].缪小春,等,译.上海:华东师范大学出版社,2007:155.
⑤ [美]D·W·卡罗尔.语言心理学(第四版)[M].缪小春,等,译.上海:华东师范大学出版社,2007:175.
⑥ [美]彼得·孔普.如何高效阅读[M].张中良,译.北京:机械工业出版社,2015:237—238.
⑦ [美]亚当·罗宾逊.如何学习:用更短的时间达到更佳效果和更好成绩[M].林悦,译.北京:中国青年出版社,2016:82—83.

③ 一般原则后面跟着特殊原则。

④ 观点(判断)后面跟着理由。

⑤ 整体后面跟着局部。

⑥ 问题后面跟着答案。

⑦ 原因后面跟着影响。

利用语法的线索——语句、语段和篇章的关联词(标志词—信号词),辨识并利用结构模型的线索将相关的语段组织成一个较大局部的"语意模块",这是阅读理解"有难度的"理论读物(知识读物)所需具备的重要能力。例如:

① 介绍一个新观点:但,但是,不过,尽管如此,然而,除了。

② 解释,或者强调讨论后的观点:同时,此外,也,不仅如此,除此之外。

③ 提供一个总结:所以,因此,作为结果,从而,那么,从此。

④ 为总结提供理由:因为,基于,由于,结果是。

⑤ 提供一个清单:首先,其次,再次,最后[1]。

阅读不熟悉的材料,我们没有关于主题内容的合适图式。"在缺少图式引导的情况下,局部连贯关系在理解语篇当中必定起相对比较重要的作用。对局部关系作仔细加工,在相当大的程度上也能克服不熟悉的缺点。"[2]

(4) 篇章连贯。

对一个章节主旨的理解,将较大局部的"语意模块"形成一个连贯的整体。这包括以下两个方面。

① 对所读章节的内容进行整合。阅读理解是一个循环的过程,从标题开始,最终回到标题。从标题开始,经过语句的词群语意、段落的主旨、段落之间的逻辑联系,较大局部的"语意模块"的理解,并逐渐厘清若干较大局部的"语意模块"的逻辑关系,从而把握章节的具体内容及其主旨。回到标题,是在对主题内容整体把握的前提下,进一步对所读内容进行"删减"(删除无关的、不重要的内容),"选择"(选

---

① [美]彼得·孔普.如何高效阅读[M].张中良,译.北京:机械工业出版社,2015:238.

② [美]D·W·卡罗尔.语言心理学(第四版)[M].缪小春,等,译.上海:华东师范大学出版社,2007:182.

择重要的内容、关键语段、关键语句),"组编"(按自己的理解提炼或重新组织章节的内容逻辑关系),"概括"(用自己的话表述章节的主旨及主要内容),"综合"(整合文本和自己的认识或经验加以思考并得出结论)①。换句话说,达到"能讨论"、有"输出"的"读过"水平。

② 建立章节与章节的联系。将所读章节的理解与"读过"的上一章节相联系,带着对刚"读过"这一章节的理解,进入下一个章节的阅读。正像阅读一个章节一样,阅读一本理论书,也是一个更大单位的循环,从目录开始,最终返回目录。

3. 略读一步类型:探测—(通读)略读

经探测性阅读,或者利用信息源知识,拿起一本"有难度的"理论书,进行通读(略读)。那么什么样的理论书,使读者拿起来就开始一页一页地往下读?

首先我们可能想到的是历史书和传记。不过,本书把历史书和传记的阅读,放在小说阅读那一章再讨论,着重讨论它们与小说阅读的差异。

那么,还可以选择什么样的理论书呢? 我从书架上翻出我这样读过或者可能要这样读的几本书:《情感密码》《网络》②《童年的消逝》《哲学与幼童》③《事件》④《具身认知》⑤《尊严:历史和意义》⑥。

为什么是这些书呢? 因为这些书有以下几个共同的特点,这些特点使我不得不在对书的内容几乎一无所知的情况下,就开始一页一页地往下读。

(1)书名有吸引力。例如《情感密码》《童年的消逝》。

(2)话题都与人们的日常生活经验有关:情感、密码、网络、童年、幼童、事件、具身认知、尊严。

(3)书应该不是很难读。例如《情感密码》《网络》的封面上都标着"通识读本"。

(4)书也不是太厚。《情感密码》《网络》都是英汉双语版本,中文翻译部分《情感密码》有 104 页,《网络》加上索引才 123 页。

(5)最重要的是检视性阅读(预览)几乎没有意义。

例如《情感密码》⑦,封面勒口这样介绍作者:

① 胡曙中.语篇语言学导论[M].上海:上海外语教育出版社,2012:157—162.

② [意]圭多·卡尔达雷利,米凯莱·卡坦扎罗.网络[M].李果,译.南京:译林出版社,2018.

③ [美]加雷斯·皮·马修斯.哲学与幼童[M].陈国容,译.北京:生活·读书·新知三联书店,2015.

④ [斯洛文尼亚]斯拉沃热·齐泽克.事件[M].王师,译.上海:上海文艺出版社,2016.

⑤ [美]劳伦斯·夏皮罗.具身认知[M].李恒威,董达,译.北京:华夏出版社,2014.

⑥ [美]迈克尔·罗森.尊严:历史和意义[M].石可,译.北京:法律出版社,2015.

⑦ [英]Dylan Evans.情感密码[M].石林,译.北京:外语教学与研究出版社,2013:封面,封底,目录.

迪伦·埃文斯,曾任英国巴斯大学进化机器人学研究员、伦敦大学国王学院哲学研究员,现任教于英格兰大学计算机、工程和数学科学学院。业余心理治疗师、电影制片人及舞厅 DJ。曾出版《演化心理学导论》等著作,并经常为《卫报》撰稿。2001 年被《星期日独立报》评为英国最佳新生代作家之一。

按照我的认知和掌握的背景知识,真的很难想象作者是个什么样的人;基于作者丰富的人生阅历,猜测这本书的内容可能比较靠谱,还可能会写得比较有趣。

这本书的封底有两段,是这样写的:

爱到底是中世纪的欧洲诗人创造出来的,还是人类与生俱来的? 赢得彩票是否能让人更幸福? 未来的机器人会有情感吗?

本书以跨学科的独特视角,从人类学、心理学、神经科学和人工智能等方面解读人类情感,引领你体验一种别样的心灵之旅。

除了愈发好奇,我对封面封底的信息几乎都是一头雾水。
仅仅从目录的字面意思几乎没有一条读得懂:

前言
图目
第一章　共同的语言
第二章　为什么自然永远无法演化出思波克
第三章　通向幸福的捷径
第四章　头脑和心灵
第五章　哭泣的电脑
后　记　心自有其道理

看了这样的目录,我根本不知道作者在那些章节里要讲什么,所以也无从回答通过预览后本应该回答的问题"这本书的主要内容是什么"。我认为,再按预览的通行规则先去读前言和后记,也没有什么必要了。

吊诡的是,我就是急着想读这本书。于是翻开一页又一页。书真的很棒,常有脑洞大开的观感,每一转折处(作者多用"设问—回答"的结构模式)都期待下一节的解密。

《网络》也是如此,初以为这本书是讲电脑上网的"网络",但一看目录,显然与我之前以为的那种"网络"没有关系。同样,目录也是一条也看不懂,共 9 章,标题依次是:"从网络的观点看世界;富有成效的方法;网络世界;连接与闭合;超级连接器;网络的涌现;深入挖掘网络;网络中的完美风暴;整个世界是否就是一张网?"①

其他几本书也是这个状况,看了目录,还几乎一无所知;但就是被吸引,想读。

刚看到《情感密码》的前页列有同系列的书单,其中有一本叫《动物权利》,想必也一定是一无所知的状况,但我仍立刻决定订购并准备拿到就读。

综上,读者可从中获得一些什么启示? 我想至少有以下五条。

(1)几乎是直接扑向一本"一无所知的"理论书,显然是被吸引的。读者的阅读的动机,纯属好奇;除了好奇,没有也无须任何外在的理由。

(2)一无所知,毫不影响自己之前的生活、工作;因此阅读这样的理论书,读者不太可能抱着应用知识的想法。阅读这样的理论书,目的显然是通过阅读认识未知事物,增进对自然、社会、人生、历史的理解。

(3)一无所知,说明该主题内容不在专业阅读的辐射圈内,这决定了阅读这样的理论书,肯定只是较快速地略读,而且只读一遍。

(4)一无所知,也就不可能把阅读理解的重心放在"读者认为重要的"内容上。阅读时,读者只能顺应"作者认为重要的"、倾听作者的言说——显然作者对这个主题领域的理解力要高出我们读者一大截。

(5)然而,倾听作者的言说,又要以读者有兴趣听为前提。归根结底,通读这样的书,读者是"带着主观的心情去读书"②,阅读时留意什么、阅读后记住什么,要看读者在阅读时感受到什么、想起点什么。

奥野宣之说得很对:"带着主观的心情去读书,是学者和编者都没有的、只属于普通读者的特权,应该放心享受才是。"③回想自己阅读《情感密码》和《网络》的经历,感觉类似于在阅读一本引人入胜的中长篇小说。

① [意]圭多·卡尔达雷利,米凯莱·卡坦扎罗.网络[M].李果,译.南京:译林出版社,2018:目录.
② [日]奥野宣之.如何有效阅读一本书:超实用笔记读书法[M].张晶晶,译.南昌:江西人民出版社,2016:97.
③ [日]奥野宣之.如何有效阅读一本书:超实用笔记读书法[M].张晶晶,译.南昌:江西人民出版社,2016:97.

　　作者对自然、社会、人生、历史的理解，要比普通读者的理解力水平高出一大截，而作者的这本书又是有意写给普通读者看的——作者对写这本书踌躇满志因而游刃有余。这样的理论书，谋篇、结构、材料、语言（这类书的翻译者也多是高手）等，往往圆润纯熟，因而即使是"一无所知"的读者通常也都能够较顺畅地进行略读。

　　作者娓娓道来，乃至故设悬疑地问一些平常人通常都不大会去问的问题，读者欣然领受，边读还边一个劲地点头：是的，对的，有道理，确实是这么回事，这使我想起了什么，居然这么看事情，原来如此……如此读书，岂不快哉！

　　本人以为，为增进理解自然、社会、人生、历史的能力，应该倡导中学生、大学生以及社会各界人士，多读这样的理论书；中学语文学科的"整本书阅读"，应该优选这样的书，以引导学生多读书（三天"读过"一本），切实培养中学生略读理论书（β型阅读）的能力。像《情感密码》《网络》这类同时刊有中英文版本的理论书则更佳，或可同时获得中英文两种语言的略读能力。

4. 略读两步类型：预览—（通读）略读

　　经检视性阅读（预览），在能系统回答"这本书的主要内容是什么"之后，进一步明确阅读文本的具体目的。即：知道"我为什么要阅读这个材料"，并且知道"自己在阅读时应该留心什么"。

　　同样的问题：什么样的理论书，会以这种方式阅读呢？可能属于这种类型阅读的书籍是：《裸猿》[①]《乌合之众：群体心理研究》[②]《游戏》[③]《说谎心理学》[④]《设计中的设计》[⑤]《语言风格的秘密：语言如何透露人们的性格、情感和社交关系》[⑥]《具身认知：身体如何影响思维和行为》[⑦]《稀缺：我们是如何陷入贫穷与忙碌的》[⑧]《遗失的智慧：除了抱怨制度，我们还能做什么？》[⑨]《工匠精神：缔造伟大传奇的重要

① ［美］D·莫瑞斯.裸猿［M］.周兴亚,阎肖锋,武国强,译.上海：光明日报出版社,1988.
② ［法］居斯塔夫·勒庞.乌合之众：群体心理研究［M］.胡小跃,译.杭州：浙江文艺出版社,2015.
③ ［美］凯瑟琳·贾维.游戏［M］.王蓓华,译.成都：四川教育出版社,2006.
④ ［英］Aldert Vrij.说谎心理学［M］.郑红丽,译.北京：中国轻工业出版社,2005.
⑤ ［日］原研哉.设计中的设计［M］.朱锷,译.济南：山东人民出版社,2006.
⑥ ［美］詹姆斯·彭尼贝克.语言风格的秘密：语言如何透露人们的性格、情感和社交关系［M］.刘珊,译.北京：机械工业出版社,2018.
⑦ ［美］西恩·贝洛克.具身认知：身体如何影响思维和行为［M］.李盼,译.北京：机械工业出版社,2016.
⑧ ［美］塞德希尔·穆来纳森,埃尔德·沙菲尔.稀缺：我们是如何陷入贫穷与忙碌的［M］.魏薇,龙志勇,译.杭州：浙江人民出版社,2014.
⑨ ［美］巴里·施瓦茨.遗失的智慧：除了抱怨制度,我们还能做什么？［M］.杜伟华,译.杭州：浙江人民出版社,2013.

力量》①,等等。

以上这些书有什么共同特点呢?

(1)书名具有吸引力,内容主题似乎较大众化。也许是巧合,也许是本人阅读趣味的限制,取出的这几本书,内容主题都与人的行为有关。

(2)能够成功预览。例如《裸猿》,内封的内容简介是:

> 本书是一部角度新异、材料充实的人类学著作,又是一部雅俗共赏的畅销书。作者从人类的起源、性、抚育、探索、搏斗、进食、安适等各个方面,对人类行为进行了考察,并以此来说明人类的文化现象和社会现象。作者的观察细致入微,想象大胆奇特,他的结论将给读者留下深刻印象。

该书编辑的概括很清楚:谁,谈论什么主题,用什么研究方法,从哪些方面谈的,书的特点是什么等,都言简意赅。简介所列举的"起源"等7个方面,也就是这本书的前7章标题,最后第8章标题是"动物",看来是回应书名"裸猿",应该是总结性的一章。

(3)目录易懂,透露章节的具体内容。比较下列两本关于具身认知的书的章节标题,可以看出略读两步类型与上述的略读一步类型的差别②。

《具身认知:身体如何影响思维和行为》	《具身认知》
第一章 皱纹没了,忧愁也没了	1 标准认知科学
情绪原来扎根在身体里	1.1 导论
第二章 手指灵活,数学也强	1.2 纽维尔和西蒙的通用问题求解器
运动体验如何提升认知能	1.3 描述框架
力	1.4 回到通用问题求解器
第三章 跳跳舞,学数学	1.5 斯滕伯格的记忆扫描分析
身体参与如何帮助头脑理解	1.6 计算视觉程序
……	1.7 唯我论观点

① [美]亚力克·福奇.工匠精神:缔造伟大传奇的重要力量[M].陈劲,译.杭州:浙江人民出版社,2014.
② [美]西恩·贝洛克.具身认知:身体如何影响思维和行为[M].李盼,译.北京:机械工业出版社,2016.作者是"研究人类表现的一流脑科学专家,芝加哥大学心理学系教授"。[美]劳伦斯·夏皮罗.具身认知[M].李恒威,董达,译.北京:华夏出版社,2014.

既然通过预览已经知道"这本书的主要内容是什么"，看目录也可大致知道每个章节的具体内容，阅读就有可能从读者最感兴趣的章节开始。换句话说，即使通读，阅读也未必是从头到尾，按章节依序进行的。"读书没有必要从头逐行逐句地读。"①日本高效阅读专家桦泽紫苑建议②：

> 首先要明确"你想从书中获得什么知识"，直接翻到写有结论内容的部分。读完这部分之后，如果还想深入了解，对某一部分比较感兴趣或有疑问，查目录，直接翻到相应的章节。经过这样几次跳读，基本上就可以对全书有一个提纲挈领的把握。掌握大致内容脉络后，再通读全书，看看有没有自己漏掉的重要内容。当然，觉得有兴趣也可以一口气看完。

（4）因此，阅读理解的重心更倾向于"读者认为重要的"内容。

（5）已经知道主要内容，重心又放在"读者认为重要的"，目录也提供可供选读的条件，大概率应该是选读类型的阅读。既然读者决定通读，那么其（在阅读之前决定的）通读的方式很可能有两种：①以差不多的速度，略读所有章节；②相对仔细地阅读书中某个或某几个章节，而其他章节则以更快的速度（较多的跳读）翻过。如果以阅读之后的"输出"为标志，那后一种方式，实际上是选读，类似于"预览—精读"的选读类型。

而较多的跳读，是一种在短时间内获取一般资讯的阅读方式，所获资讯一般在20分钟内就会遗忘，因此不可能达到有"输出"的"读过"水平。从阅读效率（记忆）的角度来说，那其他章节有较多跳读的阅读，基本上是一种读者自我安慰式的（我读完全本书了）浪费时间。

（6）既然有选读的条件而读者宁愿选择通读，那么应该是读者认为值得通读，也就是认为这本书的所有章节对自己都挺重要——所有章节都包含未知的内容，而读者想弄明白这所有内容。重心放在"读者认为重要的"，而读者又认为全书都挺重要，但采用的却是通本书略读的方式，这种事情似乎不合情理。因为，略读的方式是不可能达到理解全书内容这一目的的。所以，这种类型的略读很有可能要在略读之后，还要追加对再选内容的精读，也就是转变为"预览—略读—精读"三步

---

① ［日］桦泽紫苑.过目不忘的读书法［M］.张雷，译.北京：中国青年出版社，2016：99.
② ［日］桦泽紫苑.过目不忘的读书法［M］.张雷，译.北京：中国青年出版社，2016：99—100.

阅读类型。

综上所述,"预览—略读"通读两步类型,可能出现以下三种情况。

第一,按从头到尾的次序略读全书。这类似于"探测—略读"通读一步类型,但比通读一步类型有利的地方是通读两步类型可以使读者时时回顾目录,因而有利于读者"组编"自己的阅读理解。

第二,从最感兴趣的章节开始略读,比较仔细地阅读其中某几个章节,其他章节较快速度地翻过。这实际上是"预览—精读"选读类型。

第三,基本上按从头到尾的次序略读全书,再追加对再选内容的精读,转变为"预览—略读—精读"通读三步类型。

依我个人的阅读经历,上述第一种情况,也就是典型的两步通读"预览—略读",好像比较少见。读者对绝大部分理论书(读物)都是选择性精读,无论是作为专业读者的角色身份时,还是作为普通读者的角色身份时。

换言之,抱着"读者认为重要的"这一阅读目的,去阅读"有难度的"理论读物,更有效率的阅读类型似乎应该是"预览—精读"的选读,或者是在略读全书基础上,再加以精选的"预览—略读—精读"。

(五) 最主要的阅读类型:选读—精读

选读,是较快地"读过"一本"有难度的"理论书最常用的阅读方式。我们对于理论书,绝大多数采用的都是选读的方式。

选读,基于读者的阅读目的或兴趣,这意味着阅读理解的重心一定是放在"读者认为重要的"内容上。

如上所述,一本"有难度的"理论书的选读,主要有三种阅读类型:(1)探测—(选读)精读;(2)预览—(选读)精读;(3)预览—(选读)略读—(再选)精读。同时,由于通读三步类型:预览—(通读)略读—(选读)精读其最终的精读也是选读,故合并放在这一部分中论述。

1. 选读一步类型:探测—(选读)精读

经探测性阅读或者利用信息源知识,根据读者的需要或兴趣,直接精读某本书的某些章节。

直接进入选读,意味着选读的决定是在阅读之前就做好的。这可能需要两种条件:一是读物,景点比较多,一本书里可能涉及几块内容,内容之间关系也未必很严密。二是读者,对跑道比较熟悉,有较多阅读同类内容主题的书的经验,在拿起某本书的时候,清楚地知道自己为什么要拿这本书来读,读了之后要做什么;或者在书的目录搜索中发现感兴趣的目标,直接进入这些章节阅读。

以下几种读物类型,更可能发生这种类型的选读。

(1) 手册类的,例如《儿童文学研究必备手册》①,我扫读其目录,觉得自己对第三章"视觉文本"有较大兴趣,可能就先阅读这一章节了。

(2) 教科书类的,一本教科书如同一幅十景图,内容面面俱到,作为普通读者的阅读,显然无须到访每一个景点。例如《历史学十二讲》②《语言心理学(第四版)》③等,其中《语言心理学(第四版)》有近 500 页,分五大部分,每部分各有许多章节,而我目前读这本教材,只读其中的第七章"语篇理解与记忆",共计 34 页。

(3) 一些"实用原理"类的书籍,如论述经济、政治、道德、教育、社会、管理、人际交往等人类行为"应该做什么,不该做什么"的原理的书籍。例如一本《设计准则》④,目录有"前言,你的生活空间,餐厅,卧室,化妆间,厨房,卫生间,门厅和通道,地下室,洗衣间,窗户修饰,地板、地毯和小地毯,色彩小抄"。如我准备阅读,大概只会读其中"卧室"这一章。

从上面的举例看,"探测—精读"所选读的大多是书中某个相对独立的组块,通常是书中某一个章节。选读,从另一面看,就是跳读。这种类型的选读,实际上是跳过书中的大部分内容,而只选读书中自己有需要或感兴趣的某一内容。

据我个人的读书经验,书架上的书有不少是(已经读过的书)或者准备(目前还没有读的书)这样读的。

2. 选读两步类型:预览—(选读)精读

经检视性阅读(预览),在能系统回答"这本书的主要内容是什么"之后,进一步明确阅读文本的具体目的,即知道"我为什么要阅读这个材料",并且选择了自己所要阅读的部分内容。

这种类型,应该是一本"有难度的"理论书的选读最主要类型。

适合于绝大部分理论书籍,包括"实用原理"类的书籍,社会学、心理学、语言学、文化人类学、行为科学等社会科学领域的著作,人文学科方面的理论书籍,互联

---

① [英]马修·格伦比,金伯利·雪诺兹.儿童文学研究必备手册[M].孙张静,李萍,张岚,译.上海:华东师范大学出版社,2019.
② [法]安托万·普洛斯特.历史学十二讲[M].王春华,译.北京:北京大学出版社,2012.
③ [美]D·W·卡罗尔.语言心理学(第四版)[M].缪小春,等,译.上海:华东师范大学出版社,2007.
④ [美]伊莱恩·格里芬.设计准则[M].张加楠,译.济南:山东画报出版社,2011.

网、人工智能、脑科学、共享经济等一些新兴领域的著作等。

其中,"实用原理"类的书籍可能占较大比例。职场人士所说的"商务类"①,职场培训中的重头戏"各类原则性知识点"②相应的读物——如非暴力人际沟通的基本原则、情境领导风格与下属发展阶段的匹配应用原理、积极对话的 TOAD 模式,"拆书帮职场能力提升课"中的"理论类图书"③等,都是艾德勒所界定的"实用型的书"。

"实用原理"类的书籍,具有"致用"和"求知"的双重性,因而以"读者认为重要的"原则来选读这类书,就会有两种取向。

一种是"致用"取向,如果读者把书中论述原理的情境,视为与自己要解决的实际问题的"同类情境",那么阅读方式就跟"自我导向的致用性阅读"④一样,其真正的阅读对象,是所选读章节中抽取的节选语篇。与"方法类读物"阅读的不同点有两个:一是"实用原理"所预设的情境更宏观些,读者(学习者)要结合自己要解决的实际问题,将情境具体化。二是"实用原理"蕴含或指引着解决生活、学习、工作的实际问题的方法、策略,但是具体的方法、策略,需要读者(学习者)自行延伸,读者(学习者)要将原理、原则转化为适合自己的具体方法、策略,有时甚至"必须借助理论、模型和结构作为指导,从概念性知识中制造出某一程序"⑤。

将情境具体化,或将"实用原理"转化为具体的方法、策略,优秀的职场培训师在这两方面都有很好的做法⑥。但对通过阅读自学"实用原理"的读者来说,要自行做到上述两点十分不易。能自行做到的,应该已经达到读书达人这一级别了——比如本部分内容在前面引用的桦泽紫苑(《过目不忘的读书法》作者)、大岩俊之(《实用性阅读指南:把读到的知识转化成能力》作者)等。

另一种是"求知"取向,也就是普通读者的取向,阅读"实用原理"类书籍的成效,主要是"感受""想法""思考""启发",或多或少与自己的实践相联系,而不一定能达到将其转化为具体的方法、策略并在实践中运用这样的水平。

例如,我在前面举例的《大数据时代:生活、工作与思维的大变革》,全数据模

---

① [日]大岩俊之. 实用性阅读指南:把读到的知识转化成能力[M]. 陈怡萍,译. 南昌:江西人民出版社,2017:94.
② 孙波,庞涛. "动"见学习体验[M]. 北京:电子工业出版社,2015:102—103.
③ 赵周. 这样读书就够了[M]. 北京:中央广播电视大学出版社,2012:176—177.
④ 参见本章第四部分"自我导向的致用性阅读"。
⑤ [美]L·M·安德森,等. 学习、教学和评估的分类学[M]. 皮连生,主译. 上海:华东师范大学出版社,2010:69.
⑥ 孙波,庞涛. "动"见学习体验[M]. 北京:电子工业出版社,2015:103—108. 赵周. 这样读书就够了[M]. 北京:中央广播电视大学出版社,2012:176—179.

式的大数据寻求事物之间的相关性，这显然是信息社会的一种新的解决问题的方法，但就我而言，只能"求知"而绝无可能"致用"。刚才提到的《设计准则》一书，我也只满足于"求知"，尽管我很想通过阅读知道自己的卧室是否符合该书的"设计准则"，万一不符合，想必也不会再重新装修一次。所以，在上文中我把"实用原理"类读物的"致用"，列为优秀指标而非必要指标。本研究把"实用原理"类读物的"致用"——把读到的知识转化为能力，转移到学科阅读中——深度理解概念、概括性知识、原理性知识，从而实现跨情境的迁移应用。

被艾德勒界定为"纯理论"的书，如果是学习者角色身份的学科阅读，也是要求"致用"的，即阅读任何一本传达知识的书籍、信息类文本，本质上都应该是致用性的。但是在本部分内容中，就普通读者的角色身份而言，也满足于"求知"和"感受""想法""思考""启发"。

与上述选读一步类型相比较，这里的选读两步类型，一般不会只局限在书中某个特定章节，选读的范围或许是书中的一个部分，包含若干章节，或许是围绕某个焦点联系各部分的相关章节。也就是说，这种类型的选读，往往是在若干章节之间的非线性的阅读思考，所以可能需要较多次地返回到书的目录中，去寻找与某个焦点有联系的相关章节。

3. 选读三步类型：预览—（选读）略读—（再选）精读

经预览，在能系统回答"所选读的这部分的主要内容是什么"之后，对该部分进行通读（略读），在进一步明确"这部分的具体内容是什么"之后，再根据读者的阅读目的，精选自认为最重要的内容。

这种类型，应该是上述第二种类型的增强版。

在选定部分精读之前，加了一个"略读"的环节，可能有四个方面的原因：①内容有较大难度；②读者认为重要的内容较多，需要厘清相互之间的逻辑关系；③读者认为所读的内容很重要，需要透彻地理解；④读者对自己的"输出"质量，有较高的自我要求，对要"输出"的内容反复斟酌。

采用这种阅读类型的条件，应该是略读时所选择章节不太多，比如在一本书里挑选一两个章节，然后再对从这一两个章节里精选的内容加以精读。

对于选读三步类型，齐藤英治将其总结为所有图书通用的"三段火箭式阅读法"，即标准三段式①。

---

① ［日］齐藤英治.最厉害的图解速读术［M］.李毓昭，译.台中：晨星出版有限公司,2007：52—54.

(1) 超快层次。相当于预览。注意封面、目次、前言、结语、图表和关键词语标题等,把握重要的纲要、了解资讯的分布与架构;如果看到想要在下个阶段看仔细的重要部分,就在页面的空白处做记号。

(2) 理解层次(相当于略读)。以能够理解的较快速度阅读在第一阶段标注的重点或认为必要的地方:a. 以第一阶段做记号的为优先;b. 用笔在"不需要在本阶段了解,但是有了解必要"的部分做记号。对当下来说不需要或已经知道的资讯可以跳过去,或以超快的速度看完。

(3) 学习层次(相当于精读)。以更缓慢的速度消化第二阶段做记号的地方。以较慢的速度深入思考,并牢记在心。

"三段火箭式阅读法"是标准式,即一本书以不同的阅读速度看三次。具体实施时,可依内容调整各阶段的时间和比重。例如,应用到"艰涩的专业、商业书籍",具体操作流程和时间分配比例如下①。

第一阶段。大致浏览书的封面、目次、前言等部分,然后确认该书的结构、纲要和资讯的分布。这个阶段,不需要学习(记忆或思考),只需记得理解上述部分,看到觉得重要的,在页面上做标记。大约 10 分钟。

第二阶段。以能够理解的较快速度阅读第一阶段所挑出的重要部分,同时为下一个阶段找出想要记熟的重点,进一步做标记。

第三阶段,熟习。要用九成的时间去熟习前两阶段所挑出的重点。熟习是指理解与记忆,在头脑中应用,意即融会贯通,去思考如何应用,或者借以产生性的灵感。

如果一本理论书,读者认为其重要的内容较多,那么这种选读三步类型(预览、略读较多的内容、精读其中最重要的内容),就与通读三步类型(预览、略读全书、精读其中最重要的部分)十分相似。因此,应该转而采用通读三步类型。

4. 通读三步类型:预览—(通读)略读—(选读)精读

经预览,在能系统回答"这本书的主要内容是什么"之后,进行通读(略读),明

---

① [日]齐藤英治. 最厉害的图解速读术[M]. 李毓昭,译. 台中:晨星出版有限公司,2007:64—66.

确"这本书的具体内容是什么"。在略读全书的基础上,再根据读者的阅读目的精选自认为最重要的一些内容加以精读。

(1)两种焦点,两种亚类型。

通读三步类型,是普通读者阅读一本"有难度的"理论书较为正式的阅读类型。运用三步通读,既能达到完整地"读过"一本书的目的,也能对其中的重要内容有较深切的理解和思考。但是,这种阅读类型的运用,可能会出现阅读目的偏移的情况,反而干扰阅读的效率。

之前论述的三种选读(精读)类型,既然是读者的主动选择,那么读者阅读理解的重心,或者说焦点,就必然是"读者认为重要的"内容。而通读三步类型,则既可以把焦点放在"读者认为重要的"内容上,也有可能放在"作者认为重要的"内容上。

换句话说,通读三步阅读类型,似乎有 A、B 两种亚类型。

如果从"输出"的角度来看,那么 A、B 两种亚类型的差别就会很明显(如图 4-15 所示)。

A 型:读者思考型——焦点在"读者认为重要的","输出"的主要内容是读者的感受、想法,包括扩展的感想等。

B 型:文本分析型——焦点在"作者认为重要的","输出"的主要内容是书的内容大纲、内容摘要等。

图 4-15 读者思考型与文本分析型"输出"的差别

当然,这两种亚类型不是非此即彼,而是一个连续体,也正因为是连续体,就有可能造成混淆,因而使读者模糊了自己的阅读目的,在阅读过程中很可能做南辕北辙的事。或许以为可以两全其美、相得益彰,就如中小学语文课那样,既要这个也要那个;但是,在同一个阅读教学过程中,混杂着各种相互冲突的阅读取向,既非驴又非马,其结果一定是两败俱伤,甚至教还不如不教,反而使学生形成了一种变态取向的阅读习性。

对普通读者的阅读来说,道理也是一样的。因为 A、B 两种亚类型的阅读目的、阅读方式以及阅读方法和策略完全不同。其最主要的差别,体现在从通篇略读到选择内容进行精读的这一环节,两种类型所选择的"重要内容"可能完全不同,精读的操作方法也有很大差别。

（2）A型：读者思考型。

A型通读三步亚类型的阅读，如在本章第五部分中"首要能力：阅读目的具体化"所述，是以"输出"为导向的。"输出"的内容主要是两个方面：一是在阅读时对有感受、有想法、有启示的重要语段和语句的摘抄或转述；二是对所摘抄或转述的重要语段、语句，所生发的感受、想法、启示等。按照高效阅读者的建议，一本两百页左右的书，要摘抄或转述的重要语段、语句大约是 3—6 处。从通篇略读到选择内容精读的这一段，实际上就是反复重读在略读时标记的重要内容，筛选要摘抄或转述的 3—6 处自己认为最重要的语段和语句。

奥野宣之在《如何有效阅读一本书：超实用笔记读书法》一书中，具体地介绍了"对重要内容进行提炼的"筛选程序①。

① 通读（略读）。略读全书，一边阅读，一边把觉得有价值的那一页折角。折角处是准备接下来精读的内容——这是通读三步类型与上文所说的通读一步类型和通读两步类型最大的不同点；因没有接下来还要重读的计划，通读一步类型和通读两步类型的略读，要做更多的工作。例如画标记、简略记录阅读感受等。

② 重读（精读 1）。读完一遍之后，再把折角几页重新读一遍，如果仍然觉得好，就把另一边角也折起来。也就是选读那些在略读时有折角页的语段、语句，加以精读。

③ 标记（精读 2）。再重读一遍折起双角的几页，如果第三次阅读仍然觉得值得一读，就用笔在上面做记号——"像这样经过慎重思考后再在书上画线，避免出现各种无意义的线条"②。

④ 再读（精读 3）。再读一遍刚才做标记的语段、语句。"当你像这样一边思考一边选择要摘抄的文章时，会不由自主地想多读几遍，尤其是对还没有读懂的部分。在不断思考、不断重读的过程中，你会惊讶地发现自己已经读过三五遍了。"③

⑤ 摘抄（精读 4）。把最后还是不想舍弃的内容，抄在读书笔记上。"上述每一个步骤都需要阅读，这种多次阅读留下的印象肯定比普通阅读要深刻好几倍，如果

① 其所描述的"精读"程序大体适用于本部分所论述的三种选读—精读类型。［日］奥野宣之.如何有效阅读一本书：超实用笔记读书法［M］.张晶晶，译.南昌：江西人民出版社，2016：84—85.

② ［日］奥野宣之.如何有效阅读一本书：超实用笔记读书法［M］.张晶晶，译.南昌：江西人民出版社，2016：86.

③ ［日］奥野宣之.如何有效阅读一本书：超实用笔记读书法［M］.张晶晶，译.南昌：江西人民出版社，2016：76.

亲自摘抄,效果会更好。"①

⑥ 写感想(精读 5)。"为了写出精要而深刻的读书笔记,你应该在读完一本书以后认真回想需要摘抄的内容,尽量提炼自己的感想,写下最能代表这次读书体验的语句。"②"读书体验比书更重要。"③"读书笔记是自己和书的对话"④,具体的写法如:"书上写的这些,我是这么理解的……""以此为契机,我想到了这样一件事……"。

奥野宣之说:

　　重点是,一定要摘抄让自己心动的语句。至于其他的内容,不管是客观来讲很重要的段落,还是作者想强调的部分,只要没有共鸣,都不用摘抄,毕竟那些内容只要看目录和前言就懂了,其他人会在博客或亚马逊书评替你总结好的⑤。

　　写笔记也是有窍门的,简单地讲,就是要彻底地专注于'对自己很重要的事情'。读书的目的是用自己的方式学习,而不是模仿评论家的做法,学习、吸收对自己真正有用的智慧和语句才是最重要的。反过来说,如果有些信息对自己来说无关紧要,那就干脆丢掉。读书的重点是自己认为哪些内容重要,并将其彻底消化⑥。

　　这不是语文考试,没有必要去拼命思考'笔者想要传达什么',只关注自己想关注的内容就好了。……在记录感想的时候,不要写一些揣测的或者外来的想法,而是要写下自己的心声,也就是感想和想法,哪怕是一句话,只要写的是发自内心的语句,那么这次读书就是有意义的⑦。

---

① ［日］奥野宣之.如何有效阅读一本书:超实用笔记读书法［M］.张晶晶,译.南昌:江西人民出版社,2016:83.

② ［日］奥野宣之.如何有效阅读一本书:超实用笔记读书法［M］.张晶晶,译.南昌:江西人民出版社,2016:76.

③ ［日］奥野宣之.如何有效阅读一本书:超实用笔记读书法［M］.张晶晶,译.南昌:江西人民出版社,2016:115.

④ ［日］奥野宣之.如何有效阅读一本书:超实用笔记读书法［M］.张晶晶,译.南昌:江西人民出版社,2016:108.

⑤ ［日］奥野宣之.如何有效阅读一本书:超实用笔记读书法［M］.张晶晶,译.南昌:江西人民出版社,2016:97.

⑥ ［日］奥野宣之.如何有效阅读一本书:超实用笔记读书法［M］.张晶晶,译.南昌:江西人民出版社,2016:78.

⑦ ［日］奥野宣之.如何有效阅读一本书:超实用笔记读书法［M］.张晶晶,译.南昌:江西人民出版社,2016:79.

应该已经说得很清楚了,与前面论述的三种选读类型和上一节论述的两种略读类型一样,A型通读三步亚类型的阅读,要点也是两个:①(摘抄或转述)对自己来说重要的内容;②(笔记或口述)自己对所选重要内容的感想。

(3) B型:文本分析型。

B型通读三步亚类型,即文本分析型,也就是前面奥野宣之所说的语文考试"拼命思考'笔者想要传达什么'"的阅读方式。

与普通读者阅读"有难度的"理论书的六种类型相对照,B型通读三步亚类型显得很"另类",也很"奇怪"。

如果把下面四种可资比较的阅读类型加以对照,那么B型的"另类"和"奇怪"在哪,就昭然若揭了。

① 选读三步类型:预览—(选读)略读—(再选)精读。

② A型通读三步亚类型:A预览—(通读)略读—(选读)精读。

③ B型通读三步亚类型:B预览—(通读)略读—(选读)精读。

④ 分析性阅读:预览—(通读)精读—(全体)略读。

前已论述,A型通读三步亚类型,与选读三步类型,基本相同,区别是阅读的单位大小不同。单位大小,对阅读理解的过程及其阅读方法和阅读会有影响,但毕竟是大同小异。

B型通读三步亚类型与分析性阅读在阅读取向和阅读理解的焦点(所认定的重要内容)上,是相同的(如表4-2所示)。

表4-2 可资比较的四种阅读类型

阅读类型	阅读取向	阅读目的	阅读态度	焦点
预览—(选读)略读—(再选)精读	读者—思考—启示	需要、兴趣	愿意读	读者认为重要的
A预览—(通读)略读—(选读)精读	读者—思考—启示	需要、兴趣	愿意读	读者认为重要的
B预览—(通读)略读—(选读)精读	文本—分析—评价	?	?	作者认为重要的
预览—(通读)精读—(全体)略读	文本—分析—评价	必读、攻克	应该读	作者认为重要的

但是,B型通读三步亚类型与分析性阅读的差别却是实质性的。

分析性阅读的"预览—(通读)精读—(全体)略读"三步类型,是以透彻诠释一本理论书为目的的。艾德勒在《如何阅读一本书》中所讲述的，就是这种类型的阅读（如阅读西方历史上的伟大著作）。

《如何阅读一本书》所论述的"分析性阅读"，重点在对术语、语句和语段更加细致地精读，而对精读之后的回顾性通篇略读却并未专门提出。但是，从第二层次分章节依序展开的分析性阅读，到第三层次全面"公正地评价一本书"，必定要以精读（逐章节理解）与预览（整体概览）的闭环为前提，以形成整体连贯的理解。而整体连贯的理解，必定要通过回顾性通篇略读——实际上，艾德勒在书中或明或暗地对此也有指点。

分析性阅读，是阅读有较高难度理论书的通用方式，也是学者读书时最主要的阅读类型。朱光潜曾介绍自己的读书法："每本书都读上三四遍：第一遍只求初通大意；第二遍就要求透读，抱着字典，一字一句都不肯放过，词义和语法都要弄懂，这一遍费力最多，收获也较大；第三遍通读，就侧重全书的布局和首尾呼应的脉络以及叙事状物的一些巧妙手法，……我有时还选出几段来反复朗诵，直到能背诵的程度。"①

顾晓鸣在《阅读的战略》一书中，向该书的主要读者群大学生们建议："一般说，三遍阅读法是比较切实有用的读法，即第一遍，用浏览型的读法——扫读、跳读等，获得大体印象；第二遍，从词句细节着手弄清原文的意思；第三遍再把前二者结合起来。"当所读的理论书是"应该读"（主动或被要求）的必读书时，普通读者也应该采用这一种阅读类型，即采用分析性阅读的方式及其阅读方法和策略。"如果你是一个好读者，或希望成为一个好读者：你必须以正确的阅读'方法'，来达成你的读书'目的'。"②

分析性阅读的三遍阅读法与 B 型通读三步亚类型的实质性差别，通过比较下述模型可以看得较明白（如图 4-16 所示）。

从模型可以辨认出，通读三步类型（包括 A 型和 B 型）应该是在略读的基础上，对进一步选择的内容要点进行更深入的理解。所谓更深入的理解，即思考，也就是联想——与自己的经验相联系，与自己已有的认识相联系，与读过的同类书籍相联系，与实际情境相联系，等等。而更深入的理解，在逻辑上，应该不是导向对一本书内容大纲、摘要的总结或概括。也就是说，B 型通读三步亚类型的立足点，其实还是"读者认为重要的"。

---

① 顾晓鸣.阅读的战略[M].上海：上海人民出版社，1985：105.
② ［美］隆恩·弗莱.有效阅读[M].尤淑雅，译.广州：新世纪出版社／花城出版社，2001：34.

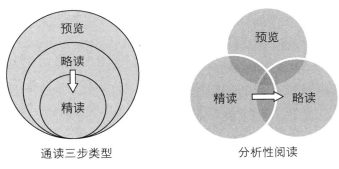

图4-16　通读三步类型与分析性阅读的差别

　　A型通读三步亚类型和B型通读三步亚类型的主要区别,应该是B型通读三步亚类型强调"读者认为重要的"内容,要与"作者认为重要的"内容保持一致,这两个方面形成一种相互联系的张力。A型通读三步亚类型和B型通读三步亚类型的关系,应该如图4-17所示。

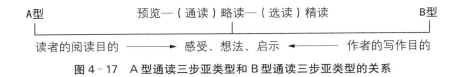

图4-17　A型通读三步亚类型和B型通读三步亚类型的关系

　　如果看极端的情况,A型通读三步亚类型和B型通读三步亚类型的差异就会显现。

　　A型通读三步亚类型的极端情况,最可能出现在异态取向的职业性阅读中。就如手中只有一把榔头的时候看什么都是钉子一样,沉迷于职业性阅读的人会把所读的一切书都与自己的职业工作挂钩,因而对读物产生一种异乎平常人的"理解"——实际上是读者的个人联想所产生的思考。也就是说,读者以一种主观投射的方式来理解(思考)所读的文字,因而造成与原义有较大偏离的误解或者曲解。当然,如果是自觉地"知道自己在曲解",这未必是件坏事;但是如果读者并"不知道自己在曲解",那就存在阅读问题了。

　　B型通读三步亚类型的极端情况,是钻牛角尖。或者因自己没有读懂而陷于困惑,或者因作者可能讲得较为晦涩而不容易理解,出现这种状况本应该通过文本的分析性阅读,用"以文解文"的办法去诠释并得到理解,但读者可能以"自以为是"的"思考",去强解作者的意思。而强行"思考"由于缺乏必要的背景知识和思维能力——未达到通过透彻理解所读著作本可达到的理解力,往往会使自己陷入一种莫名的困惑中，分辨不出到底是对文字的意思不明白，还是不明白作者用这些文字所讲述的内容。

所以，读者若能注意到 A 型、B 型通读三步亚类型同时存在，则有利于更妥帖地实施通读三步类型，也便于判断自己的阅读能力和水平。

也就是说，有的时候，比如对涉及的内容主题有较多的背景知识、有较多的阅读理论书的经验的读者，可倾向于 A 型通读三步亚类型，"彻底地专注'对自己很重要的事情'"；有的时候，阅读自然科学方面的书籍，例如《物种起源》《果壳中的宇宙》《生命是什么》《混沌：开创新科学》等，读者就应该自觉地转为 B 型通读三步亚类型，倾听作者的言说，并对作者的言说做出反应。

但无论如何，无论是倾向于 A 型还是侧重在 B 型，通读三步阅读类型中的"精读"，都不可能导向基于"作者认为重要的"分析性阅读和全面公正的评价。

也就是说：

① 如果读者的阅读目的是透彻理解和公正评价一本书，那么就应该选用分析性阅读类型。

② 如果读者的阅读目的是所读的书对自己有用，那么就不应该选用分析性阅读类型。

③ 如果读者最终"输出"的是文本的内容大纲、摘要之类，那么就不应该采用通读三步类型。

④ 如果读者采用的是通读三步类型，那么"输出"就不应该是内容大纲、摘要之类。

那奥野宣之所说的语文考试"拼命思考'笔者想要传达什么'"，又是怎么一回事呢？

看来中日的学校教育存在相同的问题。以我国中小学语文教学为例，一方面，语文考试（阅读）要学生"输出"的，是对文本的"正确理解"，关于主旨、结构、语句间的关系、语句的含义等，考的似乎是"分析性阅读"能力。另一方面，在阅读教学中，又似乎强调学生对课文感兴趣，对课文内容要进行"独立思考"，所谓感受、感悟、体会等，并没有着力于分析性阅读能力的培养。所学与所考的背离，当然是"考"战胜"学"。

由于中小学语文教学向来是以短小的"文"作为教材，使得这种"所学与所考"的背离长期没有得到清晰的揭示——如果以"书"为教材就比较容易觉察到背离的现象，于是便形成了一种在中小学语文课中所特有的变态取向的阅读方式，也就是在用语文考试中"拼命思考'笔者想要传达什么'"那样的方法阅读。这种情况一直延续到大学生、研究生,乃至职场中愿意读书自学的人。他们读书或用"思考"的办法(多数是乱想),或用"记忆"书本言词的办法(临考复习),也就是在用语文考试"拼命思考'笔者想要传达什么'"那样的方法阅读。

推广"三段火箭式阅读法"的齐藤英治曾讲过一种"应试"三步阅读法,我们来看看。

情境:准备公司考试、资格考试,或是在学校测试(引用者注:不包括语文考试)中得高分。这时候吸收的资讯多半不会是阅读者想要终身牢记的内容,或者说,要记忆的资讯大多只要在考试时还记着就好(引用者注:阅读目的是临考时记住)。

解释:这方面的阅读和平常看书的目的相当不同。看书的重点在于出题者期待考生知道的知识,而不是考生有兴趣的资讯。既然看书是为了应付考试,阅读时自然要把重点放在出题者的期待上,而不是自己的喜好上。

第一阶段:预览。知道考试用书"有什么"。焦点放在出题者的期待、有可能出题的地方上,而不是自己的喜好上。要在自认为重要的地方(引用者注:可能的考点)做记号。

第二阶段:选择性速读(引用者注:即略读)。挑选重要的部分进行速读,碰到目次、要点、摘要或出题率高的部分,速度就要稍微放慢。特别是在可供了解资讯结构和流程的目次,以及写有整本书的写作目的和流程的部分,就要慢下来充分理解。同时,挑选在第三阶段时要看的重点部分,并用色笔做记号。

第三阶段:学习阶段。大部分时间都是花在第三阶段的学习上,既然已在前两阶段掌握该书的程序和要点,这时就要好好理解已经做了标记的部分。需要的时间有一半到七成以上,不是用来阅读内文,而是在学习、理解书中的重点,并且牢牢记住①。

显然,这也不是语文考试"拼命思考'笔者想要传达什么'"的阅读法。

---

① [日]齐藤英治.最厉害的图解速读术[M].李毓昭,译.台中:晨星出版有限公司,2007:61—62.

也就是说，即使是以"应试"为目的的通读三步类型，本质上还是基于"读者认为重要的"——聪明的考生能够预估到的考试重点。至于第三阶段中所提到的"有一半到七成以上，不是用来阅读内文，而是在学习、理解书中的重点"，那是我们将在第五章论述的学科阅读的方式。

综上所述，**普通读者阅读"有难度的"理论书，焦点都是"读者认为重要的"内容**，无论是选读的三种阅读类型，还是通读的三种阅读类型。

当然，"读者认为重要的"内容，是作者在书中说的内容；"读者认为重要的"，其前提是能读得懂作者讲述这些内容的词语、语句、语段和语篇。总之，从原则上讲，普通读者阅读"有难度的"理论书，对其语篇理解能力的要求，与下面所讲的分析性阅读不相上下。

六、必读理论书的分析性阅读

分析性阅读的对象，是某个领域顶尖专家撰写的重要著作。这些著作主要是写给该领域的同行专家看的，或解答该学术领域的一些重要问题，或建立一种学说，或形成一种理论研究的范式，能在专业领域内产生重要的学术影响，因而通常都被列为该专业或专业方向的研究者的必读书。

必读书是绕不过去的。当普通读者面临应该更深入地了解某一专业领域的学术研究的时候，比如自己的工作与该专业领域相关，或者自己的努力方向是成为该专业领域中的一员，或者关心该专业领域所讨论的重要问题。那么，阅读专业领域的必读书就成了自我成长的必经之路。

艾德勒将必读理论书称为值得去努力攀登的理论书——他那本在 70 多年前出版的《如何阅读一本书》，至今仍是最为详尽的讲述分析性阅读的权威著作。

"分析阅读就是特别在追寻理解的"，"全盘的、完整的阅读"[①]。艾德勒将全盘、完整的阅读，分为三个阶段：（1）回答"这本书总体上在讲什么"的检视性阅读；（2）回答"这本书具体在说什么，怎么说的"分析阅读；（3）回答"这本书说的是否有道理"，对这本书进行全面而公正的评价[②]。

本研究把对读物的评价，放在"批判性阅读与批判性反思"那一部分。

---

① ［美］莫提默·J·艾德勒，查尔斯·范多伦.如何阅读一本书［M］.郝明义，朱衣，译.北京：商务印书馆，2004：21.

② ［美］莫提默·J·艾德勒，查尔斯·范多伦.如何阅读一本书［M］.郝明义，朱衣，译.北京：商务印书馆，2004：144—145.

分析性阅读是"预览—（通读）精读—（全体）略读"三步类型（如图 4 - 18 所示）。

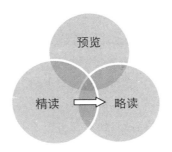

图 4 - 18 分析性阅读：预览—精读—略读三步类型

关于预览，请参读本章第二部分中的"知道'有什么'：检视性阅读"，这里主要讲述其中的精读环节，也就是狭义的分析性阅读。

分析性阅读，或曰"有较充裕阅读时间的精读"，是对篇章重要内容仔细地、反复地阅读，形成并逐渐深化对重要内容的理解和诠释。精读的阅读理解活动，具有非线性的特点，往往是看到某处，深入思考，可能会再翻到前几页或跳到有联系的后几页，联系上下文，结合前后章节，对所读语句进行理解和诠释。

综合《如何阅读一本书》等著作和本人自身对理论读物的阅读、写作与指导研究生的经验，我把分析性阅读的要点，或曰关键能力，归纳为以下七项。

（一）正确认识理论读物的"理论性"

对普通读者或者准专业读者来说，读理论读物是有较大难度的。专家对问题的理解及其分析问题的方法，所阐述的理论及其阐述理论的语言表达，这些对普通读者或者准专业读者而言通常都有较大的陌生感和距离感。其中最畏难也最易误会的就是所谓"理论性"——说一本书"理论性太强"，常常是"排斥性阅读"的借口。

确实，理论读物具有理论性，所以才是"理论读物"。但是，如果明白了理论读物的"理论性"所在，接纳和阅读理解理论读物，应该会变得容易些。

1. 理论事实

理论读物具有理论性，首先表现在它们所面对的是"理论事实"。看下面例子（如图 4 - 19 所示）。

理论读物所谈论的不是关于张家的一头奶牛这种具体事实，通常也不是"农具"这一层面的比较概括的事实，而是"劳动成本""生产资料""国民财富"这样抽象的、有很大概括性的事实，即理论事实。

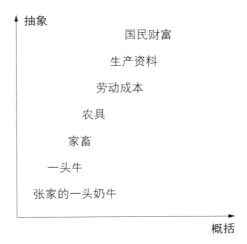

图 4-19　抽象、概括的"理论事实"

抽象的、概括的理论事实，仅凭个人感官，是看不见摸不着的。但是，它涵盖、遥接着一头牛、张家的一头奶牛等具体事实。理论书所谈论的，归根结底，还是现实世界的具体事实问题。例如"生产资料归谁所有"，就很可能是社会主义道路还是资本主义道路的大问题，而这一大问题的答案最终要影响到张家的一头奶牛以及所有家养奶牛和农具的归属问题。

理论事实，离人们的日常经验有较大距离，因而有陌生感。但理论读物所谈论的理论事实，涵盖了所有在它下面层级的具体事实或较概括事实，包括现实世界具体事实和大众普遍接受的道理、原理、原则等抽象而概括的事实（如图 4-20 所示）。

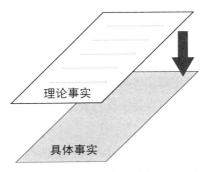

图 4-20　理论事实涵盖相对应的所有具体事实

英国高效学习研究专家柯林·罗斯（Colin Ross）在《快速学习新概念》中告知读者一个通过阅读学习知识的"秘密"："秘密在于我们所要读的不是文字——而是

内容。"①内容,也就是作者所言说的那个理论事实,即术语概念所指的现实世界中的那种现象、那类事情、那样东西。

"专家能把看起来很难懂的书——有关理论方面的书,用比别人快的速度读完,那是因为他在读那些抽象的理论时,也能同时联想一些具体的事实的关系。"②也就是说,专家在读书上的语句时,头脑中却是在联想这些语句所指的理论事实,以及与理论事实相联结的现实世界的具体事实。

将抽象概念还原为具体事实,联系或反思自己的日常经验去理解一本书所谈论的理论事实,这是阅读理解有较大难度理论书的策略之一。例如,阅读人生哲学方面的书籍,书中谈论的是人(所有人)应该秉持的人生观,读者则需依赖自己个人的人生经验去理解作者讲述的人生道理。

2. 专业术语

谈论抽象的、概括的理论事实,研究者就要使用专门的术语名词去指称那些理论事实,比如"劳动成本""生产资料""国民财富"等。术语名词被同领域研究者所通用,就成为我们所说的概念知识,阅读者(学习者)凭借这些术语概念,也能够"看到"他们本来看不见、摸不着的理论事实。

曹文轩教授曾举过一个例子,通俗地解释了"术语"是怎么产生的、有什么用途③:他说在看电影的时候,有时候被故事情节所吸引,但有时候电影似乎并没有紧张感人的情节,但自己却被深深地吸引和感动。为什么会被吸引和感动呢?他一直说不清道理何在。这个问题长期挂在头脑中,直到有一天他突然领悟到,电影中吸引人的,除了"情节"之外,还有"情调"。故事前后有一种是"情节关系",还有一种是"情调关系",感动自己的正是这种弥散在故事前后的"情调关系"。于是,他生产了一个术语——"情调关系",专门指称由他具体的观影经验抽象、概括的一种理论事实,现在我们凭借"情调关系"这样的概念知识,在观影时也很容易发现它的具体表现。换言之,我们凭借这个术语概念,也"看到"了原来看不到的事实真相。"事物是复杂的,真理是简单的;世界上没有复杂的真理。而这种简单的显示,却往往最终都需要一个术语的帮助。"④

重要的理论书、必读的理论书,之所以重要、必读,就是因为这些理论书的作者

---

① [英]柯林·罗斯.快速学习新概念[M].李华民,译.郑州:河南人民出版社,2000:54.
② [日]加藤周一.高效率读书法[M].杨国强,译.新北:新雨出版社,1980:179.
③ 曹文轩.思维论[M].上海:上海文艺出版社,1991:23—25.
④ 曹文轩.思维论[M].上海:上海文艺出版社,1991:25.

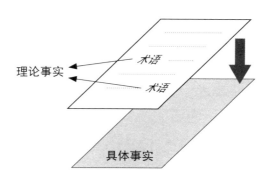

图 4 - 21　术语指称"理论事实"

生产了或者规范了一些后来被该领域同行认可并广泛使用的术语概念,使得阅读者(学习者)也能够凭借这些术语概念"看到"所指的理论事实,从而增进了阅读者(学习者)对自然、社会、人生、历史的理解力。

"阅读抽象文章往往要花更多的时间。这是因为每遇到一个抽象概念,你都得在脑海中具体化后才能理解。"①理解专业术语,关键是要弄明白这一术语名词所指的那个"理论事实",也就是术语所指的现实世界中的那种现象、那类事情、那样东西。

3. 理论问题

理论问题,指作者在一本理论书里要解决的问题。"纯理论书"总的问题往往就是一个:作者所关注的那个理论事实"它究竟是什么?"比如:我们说要高效阅读,那么"高效阅读究竟是什么";我们说要提高国民阅读能力,那么"国民阅读能力究竟是什么";我们说要与人为善,那么"与人为善究竟是怎么一回事情";我们说要幸福生活,那么"幸福究竟是什么";等等。

推而广之,"纯理论书"通常要解决的问题,诸如:某件事存在吗? 是什么样的事? 发生的原因是什么? 或是在什么情况下存在的? 或为什么会有这件事的存在? 这件事的目的是什么? 造成的影响是什么? 特性和特点是什么? 与其他类似事件,或不相同事件的关联是什么? 这件事是如何进行的? 等等②(如图 4 - 22 所示)。

"实用型的书",即讲述实用原理的书籍,总的问题往往也是一个:我们到底应该怎么做?

---

① [美]彼得·孔普.如何高效阅读[M].张中良,译.北京:机械工业出版社,2015:85.
② [美]莫提默·J·艾德勒,查尔斯·范多伦.如何阅读一本书[M].郝明义,朱衣,译.北京:商务印书馆,2004:85—86.

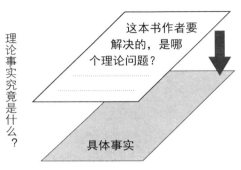

图 4-22 "纯理论书"要解决的理论问题

　　推而广之,"实用型的书"通常要解答的问题,诸如:应该采用什么样的手段才能获得某种结果? 要达到某个目的,应该采取哪些行动? 以什么样的程序? 在这些条件下,什么事是对的,或怎样才会更好? 在什么样的条件下,这样做会比那样做好一些? 等等[①](如图 4-23 所示)。

图 4-23 "实用型的书"要解答的实用性问题

　　正如艾德勒所说:"如果你知道每个人都会问的一些问题,你就懂得如何找出作者(在这本书要解决或解答)的问题。"[②]那么,这些看似稀松平常的问题,怎么会成为"理论问题"呢? 有以下三个理由。

　　第一,这个问题,之前没有人问过。

　　也就是说,问题指向的那个理论事实,世人还未知晓。进一步说,那个理论事

---

① [美]莫提默·J·艾德勒,查尔斯·范多伦.如何阅读一本书[M].郝明义,朱衣,译.北京:商务印书馆,2004:86.

② [美]莫提默·J·艾德勒,查尔斯·范多伦.如何阅读一本书[M].郝明义,朱衣,译.北京:商务印书馆,2004:85.

实所涵盖、概括的现实世界的具体事实，人们还没有理解。

例如："幼童有哲学思考吗？"马修斯在《哲学与幼童》中提出了这样一个理论问题①，于是他这本薄薄的书，开创了儿童哲学这样一个崭新的研究领域。

艾德勒在《如何阅读一本书》中所推荐的西方历史上的伟大著作，其伟大之处，就是那些巨著原创性地提出了一些深刻的问题，而这些问题后世的人也要时常面对，因而激励着人们不断地寻求解答。某个专业领域的奠基性著作，其标志之一，就是它提出了人们在之前从来没有提出过的新问题。

第二，作者重新提出了这个问题。

之前有人提出过，但作者对前人的答案不满意、不认同或不完全认同，于是重新提出这个问题——通常会改变问题的提法，作者对问题从一个新的角度来表述。换言之，那个曾经被认可的理论事实，作者发现事实并非如此，或者除了这一理论事实之外，可能还存在着别样的理论事实，于是要亲自寻求事实的真相。

例如："人是如何学习的？"行为主义心理学、认知主义心理学、建构主义心理学等就是不断地对这个基本问题的真相的探求。

也就是说，一个问题是不是理论问题，不是取决于提问的形式，而是取决于所提的问题是否开拓或重构了一个理论事实，是否使人们对自然、社会、人生、历史等现实世界与此问题相关的具体事实产生一种新的理解。

一本理论书，作者想要解决的问题，通常都和我们的生活、学习、工作息息相关。归根结底，是为了改变人们对现实世界具体事实的认识。在一本优秀的理论书中，作者对问题的提法，常常令人耳目一新，禁不住感叹作者竟然能够提出这样的问题。提出一个好的问题，往往意味着问题已经解决了一大半——一个流行的传说是牛顿提出的问题："为什么苹果只往地上掉呢？"

第三，作者所提出的问题，与其说是疑问句，不如说是设问句。

这条或许是最重要的。当作者在写书之前（研究阶段）提出这个问题时，他心中已经有了某种答案（假设），至少已经知道他可以用什么办法去获取合理的答案。所谓"理论问题"，就是可以通过系统的方法获得合理解答的新提出或重新提出的问题。

而当作者在书中写下他所要解决的问题时，很显然，他已经解决了自己提出的

---

① ［美］加雷斯·皮·马修斯.哲学与幼童［M］.陈国容，译.北京：生活·读书·新知三联书店，2015：1.

问题,至少他认为已经得出了合理的答案——否则就不会有那本书了。

在一本理论书中,作者一般会在前言、导论等明显位置,告诉读者他在这本书里要解决的理论问题——主要问题,由主要问题进一步分解的几个次级问题,解决主要问题需要解决的一些前提性的问题等。

例如《记忆的伦理》,作者在导论专设一小节"主题",首段开宗明义:"本书的主题是记忆的伦理,或以设问的方式说:存在记忆的伦理吗?"①第二段进一步把问题细化:"我的问题是,有记忆的伦理吗? 或者说有作为个人的微观记忆伦理和作为集体的宏观记忆伦理吗? 我要阐述的主题由下列一系列问题决定:我们有义务记住过去的人和事物吗? 如果有的话,该义务的性质是什么? 存在关于记住或忘记道德赞美或道德谴责的适当主体吗? 谁是那个有记住义务的'我们':'我们'作为集体还是'我们'作为某种集体的构成性要素使我们有义务记住集体中的每一个人?"

由此可见,认清作者所要解决的主要问题、次级问题以及问题链的逻辑关系,是理解一本较大难度理论书的金钥匙。

4. 理论研究的方法

理论研究的方法,也就是作者"是怎么知道答案的"方法,即收集和分析资料从而获得问题答案的方法。

不同的学科领域或研究领域,有不同的研究方法。但总体上说,理论研究的方法分为两大类:一类是定量研究(量化研究),通过实验或系统地观察的数据得出合理结论;一类是定性研究(质性研究),利用某种概念分析框架对所收集的资料进行系统地分析得出合理结论。

在一本理论书中,作者通常会在引言、导论等明显位置,明确告知读者他所使用的研究方法,往往也会告知他之所以采用这些方法的理由。

例如《记忆的伦理》,作者在前言中交代:"有两种类型的哲学家:'举例说明'哲学家和'也就是说'哲学家,前者是叙事者,后者是阐释者。叙事者侧重例证,阐释者倚重定义和原理。……我认为每一种哲学风格的价值同等重要。……两种风格具有其优点。凭借性情而不是信念,我的风格属于'举例说明'型哲学家。"②

---

① [以色列]阿维夏伊·玛格丽特.记忆的伦理[M].贺海仁,译.北京:清华大学出版社,2015:7.
② [以色列]阿维夏伊·玛格丽特.记忆的伦理[M].贺海仁,译.北京:清华大学出版社,2015:Ⅱ(前言).

阅读理解有较大难度的理论书,务必要知道作者"是怎么知道答案的",也就是他所采用的研究方法。一般采用定量研究,具体方法作者会原原本本地介绍;而采用定性研究,原则上作者应该明确告知他所采用的研究方法,但有时作者也可能未必明确告诉,如果是后一种情况,读者就必须从作者的具体论述中去"找出"他解答问题的具体方法。

总之,在阅读理论读物时,读者必须问"你(作者)是怎么知道答案的?"而且,还必须从作者的具体论述中"查证"他确实是用他所声称的研究方法得出合理答案的。强调"查证",对必读的理论书或许不太重要,因为必读的理论书都是经前人认证的优秀或较优秀的论著。但对阅读诸如硕士论文、博士论文以及报纸杂志上的理论性文章,就必须强调"查证",因为有不少情况是声称的研究方法并没有在具体论述中被看到,有时还谈不上系统的研究,只不过是一些零星的个人意见或想法的表达。

5. 理论观点与理论话语

理论观点,即理论知识,简称"知识"或者直接称为"理论"。理论观点是借助合适的概念框架,通过系统的研究方法而得出的合理结论,也就是作者对书中要解决的理论问题的回答,即对理论事实的真相揭示,对理论事实所涵盖、遥接的具体事实的"理解"(如图 4 - 24 所示)。

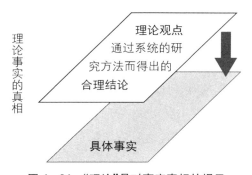

图 4 - 24　"理论"是对事实真相的揭示

理论观点,当然是作者(研究者)得出的观点,但是,它不是作者(研究者)的个人意见或想法。

一定要区别"知识"和"意见"。"意见"表达偏好,本质上就是"我喜欢这个"和"我不喜欢这个"。个人意见或想法,可能有真知灼见,但是,意见就是"意见",仅供参考。知识是可靠的观点,如果作者所采用的概念框架和研究方法经得住质疑和批判，那么无论读者是否喜欢，都必得承认它是可靠的观点——理性的读者，应该接受有连贯明确的推理链所得出的合理结论。当然，可靠的观点，并非"唯一正确"的观点。关于这个话题，我们在本章第八点"批判性阅读与批判性反思"再详加讨论。

由理论事实、术语概念、概念框架、系统的研究方法形成的连贯明确的推理链，以及由此得出的理论观点，这一系列内容用线形的语言表述，便形成了理论读物的理论话语，或者说，话语的语体风格。解码、解释一本理论读物的理论话语，也就是"分析性阅读"的阅读方法和阅读策略。

（二）了解作者提出问题的背景

非常遗憾，目前，有价值、值得去攀登的理论书，包括上文所讲述的较快地阅读的理论书，绝大部分都是外国作者的译著。

例如：写作本书所参考的论著，绝大部分是外国的；本部分论及的关于理论读物的阅读，参考书的作者国籍大多是美国、英国、日本，中国作者只有顾晓鸣《阅读的战略》一本——据我所知，《阅读的战略》是我国论述理论读物阅读的唯一一本具有较高学术含量的专著。赵周《这样读书就够了》附有该书所引用的书目，共26本。其中，除了小说《杜拉拉升职记》是本土的，其他25本均是美、英、日，其中美国作者占22本[1]。

这种情况，给我国读者造成两个大的障碍：一个是后面要讲到的术语的翻译，一个就是现在讲到的背景。

作者提出问题的背景，包括现实背景和理论背景。

现实背景，也就是谁、何时、何地、针对什么样的现实问题、为什么写这本书等。

有些现实背景，作者在书中有交代，看明白作者的介绍就能知晓一二。例如《记忆的伦理》，作者在前言中介绍：他的双亲都是犹太人，从儿时起他就目睹父母无休止的讨论，讨论犹太人被大屠杀是该深刻记住还是该以忘却来疗伤[2]。"父母的讨论触发我对记忆和记忆义务的深度思考"，于是作者写作了这本于2002年荣获《前言杂志》年度哲学类最佳书籍奖的著作[3]。

一般来说，"纯理论"的书，尤其是自然科学方面的理论读物，了解作者提出问

---

① 赵周. 这样读书就够了［M］. 北京：中央广播电视大学出版社，2012：247—248.
② ［以色列］阿维夏伊·玛格丽特. 记忆的伦理［M］. 贺海仁，译. 北京：清华大学出版社，2015：前言.
③ ［以色列］阿维夏伊·玛格丽特. 记忆的伦理［M］. 贺海仁，译. 北京：清华大学出版社，2015：封底.

题的现实背景，或许不要紧。但是"实用原理"类的书籍，了解作者所处的现实情境，对理解那些著作就非常重要了。

例如，我比较关心的教育学尤其是语言教育方面的著作。很显然，美国作者写的关于如何教学的书，是写给美国教育工作者看的，写的是在美国的学校如何教好美国的学生；而这一在作者看来不言而喻的社会背景，对我们理解尤其是应用那些实用原理，都是至关重要的。譬如，美国中小学 18 人以上就被叫作"大班"，他们所说的"小组学习"指的是 2—3 人的学习小组，但小组成员不是固定的，在不同科目的学习中，学生有不同的学习小组。美国是移民社会，公立中小学的生源是极为多样化的。据介绍，美国实施"基于项目的学习"的学校，如斯图尔特高中，1 500 名学生中有超过半数来自低收入家庭，有三分之二的学生将英语作为第二语言。其中41％为拉丁美洲人、25％为白人、21％为亚洲人、10％为黑人，还有 3％是其他地区人①。如果不了解这些作者在书中并未提及的（因为对美国教育工作者无须提及）社会背景，就会对来自国外的教学模式教学方法，产生极大的疑惑，甚至是误解。

对于论述政治、经济、管理、财政、商贸、教育、公共卫生、饮食营养、逻辑、思维、人际交往等人类行为"应该做什么，不该做什么"的原理、原则的书籍，如果是译著，读者就必须注意作者提出问题的社会背景，在作者看来不言而喻的背景（如饮食营养讲的是西餐），需借助读者的常识或参考相关资料，有一个基本的了解。

综上，现实背景分两种：一种是作者在书中交代的，一种是外国作者以为不言而喻但中国读者需要额外补充的。同样，作者提出研究问题的理论背景，也分两种。

一种是作者在书中交代的。作者在相关文献综述或文献回顾中，会告知读者这个问题以前是怎么回事情，某人是怎么认识的，某书是怎么论述的，而作者认为前人的研究还有哪些不足，于是从什么角度提出或重新提出了这个问题。若是上述情况，看清楚作者的交代就可以了；对前因后果所涉及的人或著作论文，如果不了解，略读一下有印象即可。

一种是作者认为无须交代的（因为所想的读者是具有相同学术背景的同行），所以不会用专门的文字来说明。这种情况就需要预先了解作者的学术

① ［美］琳达·达林-哈蒙德，等.高效学习：我们所知道的理解性学习［M］.冯锐，等，译.上海：华东师范大学出版社，2010：68.

背景。

　　最容易了解作者学术背景的地方,是该书中所列举的参考文献,但中译本的参考文献大都原文刊印,对我国的普通读者来说,几乎没有什么帮助。

　　所以只能从另外的地方着力了解:一是封面的作者介绍信息。如能了解该作者还写过什么书,也可以提供点线索。二是书中的引文、引述。有时作者虽未直接引述,但在行文中可以明显感觉到,作者对相关领域和与该话题有关的历史文献,有较充足的理解;字里行间有一种读者能够感受到的暗示:瞧,什么时候、谁、在什么材料里说过什么。

　　例如《记忆的伦理》,"主题"一节在提出问题的两段之后,在第三段作者即亮出观点:"在探讨这些章节(指第二段提到的问题系列)的过程中,我的结论是存在记忆的伦理,而不存在记忆的道德。"[①]伦理和道德怎么区分呢,该书封底页的评论语给我们提供了作者学术背景的线索:"借助西方千年的哲学和宗教资源,《记忆的伦理》为我们提供一种和解观念,促使我们关注人与人的关系。"[②]也就是说,作者对西方千年的哲学和宗教资源有透彻的了解。

　　作者引用、引述或暗示的材料,既是作者思考问题的凭借,也是作者向读者讲述他所思考的例证。当然,如果作者引用、引述的材料是我们所不了解的,那就只能略读一下放过(但知道自己不知道);毕竟,我们要理解的是作者的见解,而不是所引用、引述材料的见解。

　　例如在《我们如何学习:全视角学习理论》[③]一书中,作者克努兹·伊列雷斯纵横驰骋,引用、引述了大量的材料,从教育学到心理学,从儿童习得到成人教育,从建构主义到批判哲学。这本书我至少读了三遍,但那些引用、引述,绝大部分我都没有深入了解。

　　没有人能够百分之百看懂一本书,这是做不到的,也没必要。但是,似乎自相矛盾的是,这些看不懂的地方,却是阅读一本理论书应该关注的地方,因为可以感受到作者的学识,而那些被略读或跳过去的引文、引述的前后文,往往也是作者着重展开推论的要紧处——否则他就无须费笔墨引用、引述了。

---

① [以色列]阿维夏伊·玛格丽特.记忆的伦理[M].贺海仁,译.北京:清华大学出版社,2015:7.
② [以色列]阿维夏伊·玛格丽特.记忆的伦理[M].贺海仁,译.北京:清华大学出版社,2015:封底.
③ [丹麦]克努兹·伊列雷斯.我们如何学习:全视角学习理论[M].孙玫璐,译.北京:教育科学出版社,2014.

（三）按作者的界定理解术语概念

写作理论著作，就是生产知识，而知识的最浓缩表达，就是术语概念。

前面曾介绍，一本理论书最主要的概念有两种情况：一种是作者原创性地生产了一个或几个核心概念。这种情况较为罕见，一般是大师级的著作。另一种情况是作者重新规范或界定了一个或几个核心概念。这种情况是通例，每本理论书或多或少都需要对主要概念进行符合该著内容主题的规范或界定。

负责任的作者在使用主要概念或核心概念时是非常谨慎的。核心概念在全书中的"含义"，或者说"用法"，始终保持一致。这些主要概念或核心概念，作者会在显著的位置加以解说，有时甚至用整个一小节解说其中某一个术语概念。

如在本书中（本书也是理论书），讨论阅读的最高层级的概念是"阅读类型"，而阅读类型是"阅读取向""阅读方式"与"语篇类型"的交集。例如，目前讨论的"必读理论书的分析性阅读"，就是一种阅读类型。在本书中，我们所讲的"阅读"是"通过阅读学习知识"，包括阅读之前、阅读之中、阅读之后。本书认为，"阅读能力"大致相当于"阅读方法"和"阅读策略"的运用。例如，前文"正确认识理论读物的'理论性'"和"了解作者提出问题的背景"，都是分析性阅读的能力构成，目前我们在讨论其第三项能力，即"按作者的界定理解术语概念"。

一本理论书，从某种角度看，就是一连串层层推进的术语概念。

阅读理论读物的关键，就是知晓作者对主要概念的含义或用法的界定，然后按作者的界定——即作者界定的理论事实，去理解作者表达的意思。这需要读者有注意力、有理解语言的能力，并遵循阅读的礼仪。

常见的问题是，作者明明讲得非常清楚，但读者就是不明白。不但不能明白，反而一团糨糊——你不说我本来似乎知道的，被你一说反而糊涂了。造成这种现象，主要有以下四个方面的客观原因。

第一，理论书中的术语概念，通常也是日常概念。

比如"阅读""阅读能力""阅读方法"，都是日常生活、学习、工作的交流中常用词语，每个人对这些词语，都有自己的理解和相应的经验。所有的学习者都是带着原有的经验来学习的，所有的阅读者都是带着自己的知识背景和生活经验来阅读理解的。

如果没有受过合适的教育，阅读理论书，尤其是普通读者较可能自愿、自觉阅读的文科方面的理论书，读者很自然会以自己对那些似乎熟悉的术语的既有概念，去理解所读的理论书。如果用理论化的术语来讲,本来应该是"顺应学习"(改变读者原有概念)的阅读,却采用一种"同化学习"(用原有的概念去吸收)的方法。就如鸡同鸭讲,读者拼命维护自己的已知,必然对作者讲的术语感到莫名其妙,而且还会产生被冒犯的情绪,似乎感觉自己的智商遭受了侮辱。

比如我说:"阅读一本理论书与阅读一部中长篇小说,是两种截然不同的阅读类型,所需的阅读能力完全不同。"相信有人就会提出反驳:难道没有相同点吗?都要认识那些字,都要读懂句子,等等,不是相同点吗?这就是鸡同鸭讲,根本就不清楚我说的重点。换言之,没有按照我在这本书明确界定的"阅读能力"来理解我的意思。阅读一本理论书与阅读一部中长篇小说,它们所具有的"阅读取向"、所采取的"阅读方式"和"阅读方法""阅读策略",都有实质性的差别。

总之,要按照作者的界定去理解书中的术语概念,以及作者用这些术语概念表达的观点。

第二,同一个术语名词在不同书中的含义或用法不同。

还是拿"阅读"来做例子。比如,读到这一句:"但是,略读代替不了阅读。"[①]可能一下子又蒙了。我们在前面刚刚讲过"常用阅读类型:通读—略读",怎么"略读"就不同于"阅读"呢?

我上引的那句话是美国著名高效阅读研究专家彼得·孔普在《如何高效阅读》一书中讲的,他所界定的"阅读"的含义要严格得多:"阅读,充分理解文章意义以完成阅读目的的过程。"[②]他所说的"略读(略读一篇短文)"和我说的"略读(略读一本理论书)"也有所不同。

同一个术语名词,在不同的书里的含义和用法有很大差别,这种情况在文科类的理论书中比比皆是。看似同一个术语名词,在不同的书里的含义和用法有时甚至完全不同,乃至截然相反。

依旧讲"阅读",语篇阅读心理学所讲的"阅读",指"无目的的""连贯阅读",其中所说的"语篇"特指专门设计的故事性短文。所以,这里的"阅读也就同我们平常拿一本小说书消遣的那种读法一样。很显然,它与本章强调的"阅读目的具体化"的"有难度的"理论读物,显然不是同一种"阅读"。

截然相反的例子,最明显的是"知识"这个名词术语,因为这个术语已经被某些

---

① [美]彼得·孔普.如何高效阅读[M].张中良,译.北京:机械工业出版社,2015:146.
② [美]彼得·孔普.如何高效阅读[M].张中良,译.北京:机械工业出版社,2015:100.

人价值化了，使用"知识"这个术语，与其说是在指某种理论事实，毋宁说是借以表达某种理念或情绪态度。换言之，在正常的理论书中，"知识"是一个指称某种理论事实的术语，是个中性的词语。但在实际使用中，也有人把它当作贬义词，对"知识"（坏东西）的教学加以鞭笞，以表明自己的先进理念或价值立场。

所以，既不能人我不分，以自己的既有理解去解读作者界定的术语概念，也不能把这本书和那本书混为一谈。不同的理论著作，术语名词相同，可能所指的理论事实不同；或者，术语名词不同，但所指的理论事实相同或基本相同。

再一次强调，一定要按照作者的界定去理解书中的术语概念和作者用这些术语概念所表达的观点。

第三，同一本书中，有时用不同的术语或说法来指称同一个概念。

这里有两个原因：一是写作时要利用不同学科资源，而不同学科有一些传统上使用的术语。比如论证的要素，逻辑学用"前提""结论"，文章学用"论点""论据"，批判性思维用"主张""理由"或"根据"。从所指的角度看，结论、论点、主张基本上是指同样的东西，前提、论据、理由和根据，其所指也基本相同。一般来说，作者会选用一组配套的术语作为工作概念，但在引用不同学科材料时，必须保留原文的术语。二是为了行文的方便，有时会交替不同学科来源的术语。例如，本书中"语篇"是一个核心概念，全书中的表述尽可能统一，但有时因上下文关系，用"语篇"这个术语来表述或有不顺畅的情况，就只能改用"文本"这个术语。调整后的"文本关键点"听起来比较顺畅，如果说"语篇关键点"似乎没有这个说法，用"篇章关键点"更加别扭。

一般来说，一本书中所用的主要术语概念是什么，有时会与哪个或哪些术语交替使用，作者在醒目的位置会告知读者。

比如在本书中，"语篇"有时与"文本"交替使用，我们在第三章介绍"语篇"概念时就已经声明。有些书还会用一节或一大段来说明该书的术语概念及其用法。例如《批判的思考》，作者说："本书中的一些基本概念直接使用日常英语中的词汇。人们有'观点''见解''思想''信仰''信念'和'看法'，就我们的目的而言，这些都是一样的。人们还会用'陈述''判定''断言'或者——用我们最合适的词语——来表达这些观点、见解、思想之类。'陈述''判定''断言'和'判断'，对我们来说都是同一个意思。……我们所使用的'问题'和'疑问'这两个术语，在相当程度上是可以互换的。"①

---

① ［美］布鲁克·摩尔，理查德·帕克. 批判的思考［M］. 余飞，谢友情，译. 北京：东方出版社，2007：18.

如果不按照作者的界定去理解书中的术语概念，以及作者用这些术语概念表达的观点，那么阅读理解时就可能平添烦恼。

第四，同一个概念，翻译为不同的术语名词，而译词往往难以达义。

这是最棘手的状况。前面说过：非常遗憾，有价值、值得去攀登的理论书，包括前面所讲述的"较快地阅读"的理论书，绝大部分是译著。此外，更为遗憾的是，讨论理论问题所用的术语概念，绝大多数来源于外国。

英语单词有词性标记，比如"read"是动词，指阅读的活动。及物动词，意味着有一个施动者，"reader"阅读者——可用作主语；意味着有一个施动对象，"reading matter"读物——宾语。"reading"动名词，指阅读这件事情，隐含着谁阅读和阅读什么的意思。同样，学习"learn"动词，"learning"动名词，隐含着谁学习和学习什么的意思；"learn to reading"学习阅读，"learn through reading"通过阅读学习，"learning to learn"学会学习。

中文词性灵活，同一个词，既可以是名词的用法，也可以是动词的用法，还可以是形容词的用法。例如，"学习阅读（指阅读这件事情）""阅读一本书（指具体行为）""阅读方法（指一种理论事实）"。当我们说"学会学习"的时候，很容易忘掉"学习"后面要带宾语；而谈论"学习"则必须与"学习什么"（学习内容）相联系："内容要素是有关所学之物的，如果没有所学之物，那么谈论学习也就不可能有什么意义。"①"学习"与"教育"相联系，"教育者所面临的问题不是怎样让学生去学习，因为学生在觉醒状态下始终都在学习。问题在于应该怎样帮助学生学习那些在将来的生活中有用的特定信息、技能和概念"②。

英语有单数复数。比如事实，"fact"指某一事实，"facts"指所有事实。一本理论书"a theory book"，许多理论书或者全部理论书"theory books"。用复数时或者有复数含义时，如果指的是"全体""全部"，那就是指称理论事实。

同样，中文从词形难以区别出一件具体事实与概括所有具体事实的抽象的理论事实。这对阅读理解那些谈论理论事实的理论读物，影响就特别大。

英语构词有规则，比如"preread-skimming"是预览，"skim-reading"是一种与精读相对的阅读方式，"review-skimming"是回顾性略读。中文翻译，预览、略读、回

① ［丹］克努兹·伊列雷斯.我们如何学习：全视角学习理论［M］.孙玫璐，译.北京：教育科学出版社，2010：25.

② ［美］罗伯特·斯莱文.教育心理学：理论与实践（第7版）［M］.姚梅林，等，译.北京：人民邮电出版社，2004：104.

读，因所用的词汇不同，不容易觉察这三者的共同因素以及它们之间的联系。

英语中用不同词汇表达，比如"problem"是难题，"question"是提问、疑问，"difficult"是困难、麻烦，"doubt"是困惑，"issue"是有争议的议题。阅读理解是"reading comprehension"，理解知识是"understanding knowledge"，两处的"理解"用词不同。"term"是术语，"concept"是概念，术语与概念，两词不同；"scientific concepts"是科学概念，"big ideas"是大概念，两处"概念"用词不同、含义不同。

中文翻译，只有一个通用词"问题"，分不清楚是哪一种性质的问题；说"解决问题"，不太明白是解决"problem"难题、"difficult"麻烦、"doubt"困惑，还是"issue"有争议的议题。如"阅读理解"与"理解知识"，我们就较难注意到其"理解"的含义不同。

英文的缩写保留原词语的线索，比如"PBL"，指"problem-based learning"基于问题的学习，或者指"project-based learning"基于项目的学习。其中"based"为根本、从这里出发，"基于问题"也就是从问题出发，"基于项目"也就是从项目出发。

中文翻译就很难直译且保存原义，而"基于问题的学习"或"基于项目的学习"，作为一个术语使用很不方便。于是想法子简化；而同一个英文术语，不同的翻译者的简化译词还不同，比如"PBL"，可以简化翻译为"项目学习""项目化学习""问题化学习""问题学习""解决问题学习"等。这些中文译词，已经很难看出"基于……的学习"的原文含义了。

总之，汉语人文性、灵活性的优点、优势，对阅读理论书来说，会对理解那些翻译过来的术语概念造成特殊障碍。——看看，我不得不架床叠屋地用"术语概念"来表达我想表达的意思。因为在中文中真的很难区分"noun"名词、"nomenclature"名称、"term"术语、"concept"概念，而我想表达的意思本来用"术语"就可以了，但是又恐怕被误解为"名称"，而被遗失了本来就与"术语"是一体两面的"概念"，所以只能架床叠屋地用"术语概念"来表达。

上述四个方面的客观原因，前三个方面，想必是所有语言的理论读物都存在的，第四个方面的原因，则可能是中文读物所特有的，包括原创著作和译著。

总之，按照作者的界定去理解书中的术语概念，以及作者用这些术语概念表达的观点，这是唯一正确的办法。同时，关注术语所指的理论事实而不是纠缠词语的语义，也是一种可行的阅读理解策略。

（四）理解复杂语句和语段

理论读物，多用语法结构较为复杂的长句，往往是有多重语义关系的复句，有一串表示分句关系的关联词语,有时还会读到语义关系比较模糊的一大堆语句。

1. 准确理解定义和关键语句

定义是对概念的界定。一般用判断的语句来描述,例如:"文化是一群人通过习得,对其所作所为和每件事物的意义共有的认识。"[①]还有一种是用一个概念形成的过程来描述,例如:"阅读取向、阅读方式与语篇类型的交集,构成阅读类型。"

(1)定义力求言简意赅,所以理解一个定义的第一种方法,就是把这句话拆开来分析。而作者在书中也往往会拆解给我们看。例如"文化",《像人类学家一样思考》一书的作者用整一小节来解说上述定义的含义:首先解释"习得的共有认识"之"习得",其次解释"共有",再解释"认识";然后扩展到"一群人习得的共有认识"之"一群人",进而解释"一群人通过习得,对其所作所为的认识"之"所作所为";最后归纳为"一群人通过习得,对其所作所为和每件事物的意义共有的认识"中的"意义"[②]——作者解释说:"意思是,文化不仅会指导人们该干什么、怎么干、什么时候干,还预示和解释其他人会做什么、说什么。"[③]当然,接下来作者还会用具体的事例来展示他刚才解说的那句话的含义。

上述例子,可以当作我们理解定义的一种方法的示范,将其中各个要素拆解出来分别加以解释,然后再进行组装归拢,完整地理解一个定义的含义。

再如:"阅读取向、阅读方式与语篇类型的交集,构成阅读类型。"这是本书中对阅读类型的操作性定义,表达概念与概念间的关系,用拆解法,分别是"阅读取向""阅读方式""语篇类型""交集""构成",最后归拢为"阅读取向、阅读方式与语篇类型的交集"。

(2)理解一个定义的第二种方法,是用自己的话来阐述这个定义,解释定义中的概念与概念的联系。即使啰嗦些也无妨,但必须是自己的话而不是记诵作者的语句。"'用你自己的话来说',是测试你懂不懂一个句子的主旨(主要意思)的最佳方法。如果要求你针对作者所写的某个句子作解释,而你只会重复他的话,或是在

---

① [美]约翰·奥莫亨德罗.像人类学家一样思考[M].张经纬,等,译.北京:北京大学出版社,2017:17.

② [美]约翰·奥莫亨德罗.像人类学家一样思考[M].张经纬,等,译.北京:北京大学出版社,2017:17—19.

③ [美]约翰·奥莫亨德罗.像人类学家一样思考[M].张经纬,等,译.北京:北京大学出版社,2017:19.

前后顺序上做一些小小的改变，你最好怀疑自己是否真的了解这句话。"①

（3）理解一个定义的第三种方法，是举例说明。比如对"阅读类型"，用本书前面所讲述的内容，如程序性文本的操作性阅读等，来说明自己所理解的"阅读类型"。进一步，可采用"这使我想起了什么"提问策略，用自己的实例来解释这一定义。"如果你没法就主旨（句子的含义）举任何例子或作说明，你可能要怀疑自己其实并不懂这个句子在说什么。"②

（4）理解一个定义的第四种方法，是对这一定义加以推广并试着质疑——用"那又怎么样呢"的提问，挑战作者的定义和自己的理解。比如对"阅读类型"加以推论：那么阅读一本理论书和阅读一篇论述性的文章，是不同的阅读类型吗？然后试着思考并回答：确是不同的阅读类型，尽管两者有相似的地方。

除了定义，阅读时碰到重要的语句，也要采用上述阐释语句含义的方法，"以文解文"——用书中作者的术语概念去诠释重要语句并得到理解。

2. 分析复杂语句的结构和复句关系

理论读物的语言表达，缜密度较高。句子结构缜密，并非单纯地受西方语法的影响，理论问题的复杂性、理论话语的逻辑性，必然需要有适合的语言形式来表达。

思维的清晰和语句的简短，往往难以兼得。两相权衡，作者一般优先考虑的是把较复杂的意思清晰地传达出来，倾向于选用缜密度较高的句子结构。

理论读物中的单句，多数是较长的句子，作者为了把话说得细致、严密，多用限制性的修饰语，以及解释性的插语、补语，表明各种关系的联合成分等。

理论读物中有较多语义关系复杂的多重复句，各个分句用表示句意关系的关联词语联结。例如，我们在前面提到的：

因为在中文中很难区分"noun"名词、"nomenclature"名称、"term"术语、"concept"概念，**而**我想表达的意思本来用"术语"就可以了，**但是**又恐怕被误解为"名称"，**而**被遗失了本来就与"术语"是一体两面的"概念"，**所以**只能架床叠屋地用"术语概念"来表达。

---

① ［美］莫提默·J·艾德勒，查尔斯·范多伦.如何阅读一本书［M］.郝明义，朱衣，译.北京：商务印书馆，2004：113.
② ［美］莫提默·J·艾德勒，查尔斯·范多伦.如何阅读一本书［M］.郝明义，朱衣，译.北京：商务印书馆，2004：115.

语句结构和复句关系较复杂,目的是有逻辑地思考,语句与语句像搭积木那样步步累积推进,形成思考的条理。从这个意义上说,复杂的语句,因其语义清晰明确,反而较容易理解。当然,理解复杂语句,需要一定的语法知识和逻辑知识。读者只有运用知识进行句法和逻辑的分析,才能准确地理解作者表达的意思。

不过,也不是每一处都需要分析,如果该语句不是主题句、结论句等关键语句,阅读时大致理解即可。比如,我在前面引用的那句话(因为……所以……),原文是在破折号之后的附带解释,表明那句话不太重要,因而也无须劳神做句法和逻辑分析。

但是,如果复杂语句是主题句、结论句等关键语句,那么唯一的办法就是细致分析语句结构和复句关系以求透彻理解。

我国中小学语文课程与教学,近 20 年来淡化语法知识和逻辑知识,这很可能是犯了一个历史性的错误。早在 70 多年前,艾德勒就尖锐地指出:"没有受过文法和逻辑艺术训练的人,他们在阅读上的失败——以及处处可见的'口语主义'——可以证明如果缺乏这种训练,会如何成为文字的奴隶,而不是主人。"①

(五) 按照作者的大纲理清结构

作者的大纲有两层意思:一是表层结构,指作者的行文思路,体现在篇章段落的结构安排和语段的语句组织;二是深层结构,指作者解决问题的推导过程,需要读者借助表层结构加以揭示。

1. 区分语段和段落的功能

篇章的结构安排,理论性读物一般会用不同层级的标题或小标题来呈现,大致按并列、递进、主次、总分等结构安排。难点是一节或一小节内的语段和段落之间的结构关系。

一篇文章之所以难,是因为信息是线形呈现的,一个信息点跟着一个信息点。如果读者不能看出那些信息点之间的相互联系,也就不能看出文中讨论的走向。如果读者能够区分出语段或段落的功能,并找出语段或段落之间的联系,就能较容易地理解有难度的文章。

美国阅读和学习研究专家隆恩·弗莱在《有效阅读》一书中,提出辨别语段和

---

① 所谓"口语主义",指只会记忆与背诵所读的东西,而没有体会其中的思想传达。[美]莫提默·J·艾德勒,查尔斯·范多伦.如何阅读一本书[M].郝明义,朱衣,译.北京:商务印书馆,2004:115—116.

段落功能的简易办法①。

（1）找出章节的主题句子。每一章节、每一小节都会有一个主题句子，即表达整个章节或小节主旨的句子。确定是否能找出主题句的最佳办法，就是以提问方式来使它凸显，如果整个章节或这一小节，是在回答你依据标题或小标题而转换的提问，那就表示已经找到主题句了。例如：什么是定义？如何理解定义？回答这两个问题的语句，很可能就是主题句。

（2）找出结论的句子。即表达作者主要观点的句子，又叫"中心句""主题句"等。一般来说，上述表达章节主题的句子，就是结论句。在一个段落中，结论句（中心句、主题句）通常在段落第一句或结尾句。每节的第一段、每段的第一句，通常是最难的地方，因为往往给出的只是一个概括或抽象的陈述。作者围绕想法写出成段或成群的句子，开头部分通常会告诉你要写的内容，然后再给出更多详细的内容。随着作者一步步往下推进，更多的具体细节将出现，从而让读者的理解变得容易些，因为后面的段落或语句提供了示例或者解释。

（3）找出佐证的句子。实例、解说等。比如在本书中时常出现的"比如""例如""也就是说""或者说"这一类词语所连带的语句或语段。这些语句或语段通常是叙述性的，一般不会再出现新的概念。可以借助佐证的语句或语段去理解作者的观点，也可以先看下面的佐证语句或语段，再返回去分析表达观点的语句。

（4）找出转折的陈述说明。这里的"转折"是承前启后的意思，将作者的观点从这一个转到另一个，发挥桥梁的作用，将刚刚读过的和即将读到的内容连接起来，如"首先""其次""然后""最后""但是""虽然""不过""反而"等，这些信号词表示作者将要改变概念或者改变讲述内容。信号词一方面提醒读者要注意刚刚读过的内容，另一方面为读者找到下一个观点提供直接的线索。当读者读到这些信号词的时候，就要想一想、问一问：我刚读到的论点是什么？我即将读到什么样的论点？改变之前的情况是什么？接下来将往哪个方向改变？我知道先前的实例是什么？我即将读到的实例又可能是什么？

约翰·宾也提出一个类似的方法：在阅读理解时，以"它说什么"的形式对段落内容进行总结，同时，以"它做什么"来描述该段落在章节中的目的或作用②。使用"它做什么"这一策略，目的也是将大块的有较大难度的文本分为离散的部分，以

① ［美］隆恩·弗莱.有效阅读［M］.尤淑雅,译.广州：新世纪出版社/花城出版社,2001：48—54.
② ［美］约翰·宾.研究性学习［M］.张仁铎,译.南京：江苏教育出版社,2009：100.

一个有层次的结构来描述语段或段落之间联系。例如,这段提出了一个新观点、这段是对上段的观点的进一步解释、这段是为上述理由提供证据等。

2. 揭示论证的推理结构

论证的推理结构,包括章与章的结构、一章中节与节之间的结构、一节或一小节中的部分或段落之间的结构。这里主要指一节或一小节内的部分或段落之间的推理结构。

论证的推理结构有两种:一种是先提出论点(结论),再陈述理由、摆出证据。一种是先提出前提(根据、理由),经过推导得出结论。

嶋田毅在《逻辑思维》一书中提出,解决问题的推导过程,也就是"通过'因为''所以'来思考"[①]。嶋田毅解释说:

> 所谓逻辑思考,可以解释为"理清条理,分阶段做出判断";而理清条理,如果换成其他说法,就是"将根据和结论用'因为'和'所以'连接起来"。示意如下:
>
> ① 根据——所以——→结论(演绎法)。
>
> ② 结论——因为——→根据(归纳法)。
>
> 逻辑思维就好比把一块块名为判断、分析、区分的小积木不断堆积起来一样,而"根据——所以——→结论""结论——因为——→根据"的结构就相当于一块块积木。无论看似多么复杂难懂的逻辑,只要按顺序思考就能发现,它们不过都是这两种积木的不断累积而已。
>
> 而结论必须以事实为基础——逻辑思维中提到的"事实",是指现实情况和大众普遍接受的道理、原理、原则。这样,累积的推导过程,就如下所示:
>
> ① 根据(事实)——所以——→结论 1——所以——→结论 2……最终结论。
>
> ② 最终结论——因为——→根据 1——因为——→根据 2……根据 N(事实)[②]。

---

① 顾彼思商学院,[日]嶋田毅.逻辑思维[M].张雯,译.北京:北京时代华文书局,2017:4.

② 顾彼思商学院,[日]嶋田毅.逻辑思维[M].张雯,译.北京:北京时代华文书局,2017:13—22.

一般来说，在分析性阅读的精读阶段，以表层结构的理解为主。在揭示篇章的深层推理结构时，如能下一番功夫，则有助于透彻理解。如果延伸到评价阶段，对理论读物的评价就主要针对其论证的推理结构。关于这一话题，我们将在本章第八部分"批判性阅读与批判性反思"展开讨论。

（六）注意与其他章节的联系

这也有两个方面。

一是在精读某个章节时，注意章节中所表述的内容与前面章节相关内容的联系，包括作者明确提示的联系和读者根据自己的理解而进行的主动联系。

作者在写作时，有一个想象的"理想读者"。通常作者会假设他这本书的读者是具有相当理解力的，阅读时认真仔细而且记忆力又好。所以他假设读者在读某一章节时，对前面的章节内容已经充分地理解并记忆了，在之后章节写作时，作者便不再重述他认为的读者应该知道了的内容了。这当然是作者的一厢情愿。因此，他有时会以明确或暗示的方式提醒读者，在阅读某一章节某一处时，应联系前面的哪个章节的什么内容，也就是提醒读者注意章节内容之间的远距离联系。

比如，我们接下来就要提到：分析性阅读的最后一项能力是"总结和综合"，而对一本书的"总结"，就与阅读之前的预览对接上了，而做总结往往需要对全书进行回顾性的略读。说这些话时，我假设读者读过前面的内容并已理解，并且还记得我们这一部分是在讲"必读理论书的分析性阅读"能力的构成，也还记得在上一部分中讲过"普通读者'有难度的'理论读物阅读"，其中讲到理论书的略读，在讲略读时提到有一种方法叫"回读"（回顾性略读）。

如果作者提到前面章节的内容，或者读者在阅读理解时觉得这一处与前面章节的哪些内容可能有较紧密的联系，那么，读者就应该返回到前面的相关内容，并将前后相关内容联系起来加以整合。

二是在篇章层级，注意所读章节与前后章节的联系，注意章与章之间的逻辑联系。这其实就是回归目录。一般来说，有难度的理论读物，读者在预览目录时所看到的"有什么"，通常都只能看到"各自为政、互不相关的'多个'"[①]。要看出章与章、章节与章节是"互相融合成有机体的'多个'"，从而把论著视为一个各部分有机联系的整体，这要等分析性阅读基本告成时才有可能。换言之，预览时要回答第四个

---

① ［美］莫提默·J·艾德勒，查尔斯·范多伦.如何阅读一本书［M］.郝明义，朱衣，译.北京：商务印书馆，2004：70—71.

问题:作者用怎样的整体架构来发展他的观点或陈述他对这个主题的理解?将主要部分按顺序与关联性列举出来,这才真正完成了精读之后的回顾性略读。

(七) 进行总结与综合

1. 总结

"总结"是阅读方法,或称"概括""摘要""提要"等。做总结是要求读者将自己的个人感想暂时搁置,把焦点放在"作者认为重要的"内容上。其操作步骤如下。

① "删减",删除无关的、不重要的内容。

② "选择",选择重要的内容、关键语段、关键语句。

③ "概括",用自己的话表述章节的主旨及主要内容。

④ "组编",按自己的理解提炼或重新组织章节的内容逻辑关系①。

很显然,在精读一本书的进程中始终伴随着总结,在阅读一小节、一节、一章的过程中,不同层级的阅读理解最终都要进行总结。经历一系列各个层级的总结,最后概括为一本书的总结。必读理论书的总结,包括一系列各个层级的总结,最好是书面的笔记。做笔记,是对所读内容进行再度精加工的学习策略,做笔记的过程也是理解逐步加深、丰厚的过程。我们在前面说过,理论读物的阅读理解,以"输出"为标志,而笔记是较方便的"输出"形式。

但是,做笔记本身不是阅读的目的。对一本书的阅读理解,最终要储存在读者的大脑里。记住并能提取利用,是"读过"一本书的唯一证明。

按本人的阅读经验以及同事、朋友的阅读实际情况,读一本重要的理论书时,做一系列书面的"总结",好像不是常有的做法。也就是说,"总结"是以思考的方式来做的(因而也有人把"总结"视为阅读策略),读完一节,在头脑中做一个回顾和总结,依此类推一个章节、一章地回顾和总结。

另一种做法倒是常见的,那就是向别人介绍这本书。因我大学教师的身份,我会向学生讲解专业领域的重要著作。

我们应该还记得预览要回答的四个问题。其中,第四个问题上面刚提到过,其他三个问题是:

① 这是一本什么样的书?依照主题领域与书的种类或语篇类型分类。

② 这本书谈的是什么?用最简短的话概括内容主题。

---

① 胡曙中.语篇语言学导论[M].上海:上海外语教育出版社,2012:159—162.

③ 作者在书中想要解决什么问题？ 确定作者想要解决的理论问题或实际问题。

总结，与预览时第②个问题相对应，最终指向第③个问题。第③个问题在书中没有现成的答案，答案要由读者根据自己的阅读理解来加以判断。

按艾德勒的逻辑，读者如能较圆满地回答问题②和③这两个问题，接下来可对这本书进行全面而公正的评价：回答"这本书说的是否有道理？"

仔细考量，艾德勒所要求的第三个阶段，恐怕普通读者难以达到。对一本理论书的评价，应该是该专业领域的同行评议，非普通读者所能为，因而也不是普通读者的阅读的义务和责任。换言之，"普通读者"对必读理论书的分析性阅读，似乎不存在所谓的第三个阶段。

或者这样说，对"这本书/这篇文章说的是否有道理"的考察，其实是批判性阅读——审慎的评估性阅读。但批判性阅读的对象，是涉及读者具有较充分背景知识的议论/论辩议题的文章，应该不包含本章中所说的超越读者理解力的（有难度的）理论读物（知识读物），尤其是有较大难度的必读理论书（知识读物）。关于这个话题，我将在本章第八部分"批判性阅读与批判性反思"中做进一步讨论。

如果要有第三个阶段的话，恐怕应该是下面要讲到的"综合"——无论是"纯理论"书还是"实用型"的书，从读者的角度看，最终都要落到致用上。致用，是理论性读物（知识读物）的根本特性。

2. 综合

"综合"是阅读策略，指读者整合文本内容和自己的认识或经验加以思考并得出结论。

做综合，焦点应放在"读者认为重要的"内容上，它要回答的问题是："这本书/这篇文章对我有什么意义？"也就是说"对我有什么启示"，指向通过阅读某本必读理论书，读者所增进的对于自然、社会、人生、历史的理解力。

综合，涉及两个方面：一是作者说了什么，二是我的感想。阅读过程是对话过程，很显然，分析性阅读是读者与文本（不在场的作者）的深度对话，这种对话始终伴随着精读一本书的进程中，在阅读一小节、一节、一章的过程中，不同层级的阅读理解最终都要进行综合。

总体上讲，做综合可以分为两个层级：一是局部层级，包括阅读一小节、一节、一章。二是总体层级，是对一本书较全面的、概括性的综合。

局部层级的综合,与"选读—精读"雷同,其"输出"的形式也与"选读—精读"相同。具体论述,请参考本章"达到'读过'水平的'输出'"的内容。从阅读实践看,读者做的大部分综合都是在局部层级的,既而形成一系列局部层级的系列。本人曾出版专著《语文科课程论基础》,网上许多老师据此做的读书笔记,大都是这个层级的。例如王晓春老师的《王荣生先生给我的启发》总共有近 20 个"系列",大致按章节次序依次对"读者认为重要的"内容加以述评。

总体层级的"输出"形式主要是书评。书评有两种:一种是同行评议,其"书评"的"评"是"评价",基于专业领域的学术标准;一种是普通读者的,其"书评"的"评"是"评论",主要是读者的"思考",带有读者的主观性。以下两篇书评的标题,很明显地反映出两种书评的差别:《〈语文科课程论基础〉——一部奠基性的语文教育研究著作》①《高屋建瓴　振聋发聩——读王荣生〈语文科课程论基础〉》②。

一般来说,理论书的阅读包括必读理论书的分析性阅读,普通读者不必去做总体层级的评价,必要时可参考该领域其他专家对这本书的学术评论。

3. 总结并综合

美国著名的跨学科读写研究专家约翰·宾建议大学教师给学生布置一种作业,即"总结/回答笔记"。总结/回答笔记,主要适用篇章的层级,"它要求对一篇文章作两种相反的应答:首先以他们(学生)的话代表文章对他们自己应答,然后他们再对文章进行应答"③。

具体的方法是:"写出至少两页的笔记,第一页是用你自己的话重新叙述文章的辩论,你可以写一个总结,做一个提纲,画出一个阅读流程图,或作出仔细的笔记。这一页的目的是帮助你尽可能充分地了解作者辩论的结构和详细内容,还能帮助你在几星期以后仍然记得文章的一些重点部分。第二页是你个人对文章的反应,分析文章,用你自己的经验对文章进行阐述、驳斥,表达反对、质询、相信、怀疑以及超越文章的观点。"④

从上述介绍可以看出,总结/回答笔记相当于我们在"达到'读过'水平的'输出'"这一部分内容中所列举的"输出"形式之———内容摘要或总结要点+扩展的

---

① 唐锋卢.《语文科课程论基础》——一部奠基性的语文教育研究著作[J].教师之友,2004(08):71—72.

② 杨斌.高屋建瓴　振聋发聩——读王荣生《语文科课程论基础》[J].江西教育,2005(Z1):94.

③ [美]约翰·宾.研究性学习[M].张仁铎,译.南京:江苏教育出版社,2009:105.

④ [美]约翰·宾.研究性学习[M].张仁铎,译.南京:江苏教育出版社,2009:105.

感想(写主观评论)。总结/回答笔记,类似于内容摘要或总结要点＋扩展的感想(写主观评论),可以较好地平衡总结与综合这两个方面,或许可以作为必读书的分析性阅读在章节层级的主要"输出"形式。

综上所述,必读理论书(知识读物)的分析性阅读,也就是精读一本理论书(知识读物),有七项核心的阅读能力:正确认识理论读物的"理论性",了解作者提出问题的背景,按作者的界定理解术语概念,理解复杂语句和语段,按照作者的大纲理清结构,注意与其他章节的联系,进行总结和综合。

需要特别强调以下两点。

第一,本部分内容中所讲述的七项能力,同时也是上文所讲的"通读—略读""选读—精读"所应该具备的能力,尽管在具体运用时有些能力项可省略或简化。

第二,是非常重要的,本章在之前所讲述的阅读"有难度的"理论读物的所有能力,尤其是"阅读目的具体化""阅读中的双向'提问'能力""达到'读过'水平的'输出'"等,都是必读理论书的分析性阅读所必备的。换句话说,上述七项能力,是在前述所有能力的基础上,再附加的七项能力。

七、论说性文章的理解性阅读

（一）论说性文章的界说

论说性文章,指话题不是非常专业的理论性或实用性的文章,其主要内容由一些观点、理论、解释、说明、假设、推断所组成。

论说性文章也有归入"信息类文本"的说法。但从中文的语感来说,"信息"与"资讯"同义,倾向于表层信息的获取。况且,"信息类文本"的含义更为宽泛,也包括以描述为主的介绍性文章等,如词条和辞条、说明书、景点介绍、综述文章等。因而从术语的辨析度看,还是称"论说性文章"比较妥帖。

理解性阅读与分析性阅读基本相同。但是,这两个术语的来源不同,不宜混用。"分析性阅读"这个术语源于艾德勒的权威著作《如何阅读一本书》,指对一本书"全盘的、完整的阅读"[1];"理解性阅读"是我国阅读学和语文教学领域的通行称谓[2],通常指一篇论说性文章的精读。

理论性的书与论说性的文章当然有相同点。然而,有写作经验的人都知道,写

---

[1] ［美］莫提默·J·艾德勒,查尔斯·范多伦.如何阅读一本书[M].郝明义,朱衣,译.北京:商务印书馆,2004:20.

[2] 王余光,徐雁.中国读书大辞典[M].南京:南京大学出版社,1993:355—356.

千字的文章与写万字的文章，甚至是写一二十万的书，其间的差异是不能以字数计量的。从千到万，从万到十万，每一次跨越都意味着重新学习写作，而不是简单的写作能力的迁移。阅读也是如此，阅读理论书与阅读论说性文章当然有共同的能力要素。但是，决定阅读效果、效率乃至成败的，不是它们的相同点，而是它们之间的差别。

从"眼—脑"的角度，具体语篇的阅读过程，大致可以归结为相互联系的两个要点[①]。

（1）眼睛"看到"（注视）语篇的关键点。

（2）大脑"看出"（理解）关键点的意义。

理解文章，归根结底就是抓住文本关键点；而抓住文本关键点，要通过对重要语句的把握。

什么是重要语句？哪些是重要语句？这似乎没有笼统的答案。然而也不是毫无规律的，文章总是归属于某种语篇类型的，把握重要语句的前提，是认识语篇类型的文章体式特性。不同体式的文章有不同的特性；按照体式的特性去阅读，往往就能比较合适地判断出重要语句的所在。

与理论性的书相比较，论说性文章的语篇类型更为多样。

论说性文章，其中有偏向"论"和偏向"说"的差别。前者是议论性文章，或称论辩性文章；后者是说明性文章，或称阐释性文章。

"论"和"说"经常纠缠在一起，两者也不是泾渭分明的。但一篇文章的主要内容是"论"还是"说"，是可以分辨的，也应该分辨，因为这两种类型无论是在阅读还是写作方面，都有实质性的差别。

"论"和"说"都是回答"为什么"的问题。但"说"回答的是事实性问题（是或不是），包括具体事实和理论事实。事实性问题，也称为描述性问题。例如，狗为什么会叫？光线为什么会弯曲？"论"回答的则是判断性问题（对或不对）、评价性问题（好或不好）。判断性问题也称为规范性问题。例如，读书有用吗？什么是有意义的人生？

"论"和"说"回答问题的方式也不同。对事实性问题（描述性问题）的回答，是一个由已知求未知的过程，解决问题的方式是"调查"，用学科领域业已确立的研究方法得出结论。用书面或者口头来表达研究的问题、方法、结果和结论，使用的表达方式是"说明""解释""阐释"。对判断性问题（规范性问题）的回答，是对所主张的观点进行"论证"，使用的表达方式是"论证""推断""说理"，用充分的理由和符合

[①] 参见本书第三章第二部分"阅读活动与阅读能力"。

逻辑的论证，表明观点是对的或好的，尽管别人可能持有不同的观点；或者用充分的理由和符合逻辑的论证，表明其他观点是不对的或不好的。

说明性文章的"观点"，是研究得出的结论，可证实或证伪。议论性文章的"观点"，是经过辩护而成立的主张，可说服别人或被辩驳。

（二）论说性文章的来源及其语域

1. 论说性文章的原始来源及其语域

论说性文章的原始来源，主要有三个方面：（1）报纸杂志上的理论性或实用性的文章；（2）面向普通读者的论文集或文章集；（3）各种媒体推送的具有一定学术含量的文章。

报纸上的文章，主要是报纸上的社论和言论文章，它与杂志上的文章合称报刊言论文章。

杂志上的文章，指《读书》《大众医学》等知识类杂志上的文章，对普通读者而言，一般不包括专业杂志上刊登的专业学术论文。按"有难度的"（提高理解力）标准划分，也不包括主要为了提供资讯的通俗杂志上的文章，这一来源的论说性文章以下简称"知识普及文章"，分"科学普及文章"和"社科普及文章"两类。

面向普通读者的论文集或文章集，大致分为以下四个小类，各小类或有交叉重叠。

（1）著名学者学术讲座的演讲录或讲学文稿集。例如：罗纳德·德沃金《认真对待人权》[①]、威廉·詹姆斯《实用主义》[②]、张隆溪《同工异曲——跨文化阅读的启示》[③]等。著名学者的系列演讲录或文稿集。例如：巴士卡里雅《爱和生活》[④]、莫里斯《开放的自我》[⑤]、A·阿德勒《自卑与超越》[⑥]、费孝通《乡土中国　生育制度》[⑦]等。或多名学者的学术讲演集或文稿集，例如：哈里斯《科学与人》[⑧]、克鲁克洪《文化与个人》[⑨]等。这一来源的论说性文章，以下简称"学术演讲文"。

（2）普通读者或感兴趣的科学、社会、人文和历史等领域的论集或文章汇集，包

---

① ［美］罗纳德·德沃金. 认真对待人权［M］. 朱伟一，等，译. 桂林：广西师范大学出版社，2003.

② ［美］威廉·詹姆斯. 实用主义［M］. 陈羽纶，孙瑞禾，译. 北京：商务印书馆，1983.

③ 张隆溪. 同工异曲——跨文化阅读的启示［M］. 南京：江苏教育出版社，2006.

④ ［美］巴士卡里雅. 爱和生活［M］. 顿珠桑，译. 北京：生活·读书·新知三联书店，1988.

⑤ ［美］C·W·莫里斯. 开放的自我［M］. 定扬，译. 上海：上海人民出版社，1965.

⑥ ［奥］A·阿德勒. 自卑与超越［M］. 黄光国，译. 北京：作家出版社，1985.

⑦ 费孝通. 乡土中国　生育制度［M］. 北京：北京大学出版社，1998.

⑧ ［美］亨利·哈里斯. 科学与人［M］. 商梓书，江先声，译. 北京：商务印书馆，1994.

⑨ ［美］克莱德·克鲁克洪，等. 文化与个人［M］. 高佳，何红，何维凌，等，译. 杭州：浙江人民出版社，1986.

括个人以专著名义出版的论集,以及编辑的专题文章汇集。论文集中有一些是在相关杂志上发表的,或是在相关杂志上发表文章的汇集。例如:陈从周《说园》①、童寯《论园》②、赵园《北京:城与人》③等。其中较多的可能是文学、文化、语言等专业领域的学者论文集或文章集。例如:金克木《无文探隐》④、启功《汉语现象论丛》⑤、傅庚生《中国文学欣赏举隅》⑥、夏志清《新文学的传统》⑦、刘旭源《今文渊源》⑧、郭志刚《阅读人生——郭志刚学术随笔自选集》⑨、江弱水《抽思织锦——诗学观念与文体论集》⑩和《湖上吹水录》⑪等。这一来源的论说性文章,以下简称"学术随笔"。

（3）明确带有普及知识意图的、面向普通读者的文章集。这类文章集大多由文学、文化、语言等专业领域的学者所撰写,文章集中的文章有些曾在报纸杂志上发表,或是报纸杂志上发表文章的汇集。例如:夏尔·丹齐格《为什么读书——毫无用处的万能文学手册》⑫、乔纳森·雷班《现代小说写作技巧——实用文艺批评集》⑬、戴维·洛奇《小说的艺术》⑭、夏文昭与徐召勋《中国古典小说艺术欣赏》⑮、张大春《小说稗类》⑯、黄子平《文学的意思》⑰、陈嘉映《何为良好生活:行之于途而应于心》⑱、郑也夫《代价论——一个社会学的新视角》⑲、皮埃尔·巴泰勒米《不正经的科学:对那些古怪问题的另类研究》⑳等科普文集,等等。其中有一些是明确指

① 陈从周.说园[M].北京:书目文献出版社,1984.
② 童寯.论园[M].北京:北京出版社,2016.
③ 赵园.北京:城与人[M].北京:北京大学出版社,2002.
④ 金克木.无文探隐[M].上海:上海三联出版社,1991.
⑤ 启功.汉语现象论丛[M].北京:中华书局,1997.
⑥ 傅庚生.中国文学欣赏举隅[M].西安:陕西人民出版社,1983.
⑦ 夏志清.新文学的传统[M].北京:新星出版社,2010.
⑧ 刘旭源.今文渊源[M].上海:上海文艺出版社,2011.
⑨ 郭志刚.阅读人生——郭志刚学术随笔自选集[M].福州:福建教育出版社,2000.
⑩ 江弱水.抽思织锦——诗学观念与文体论集[M].北京:作家出版社,2010.
⑪ 江弱水.湖上吹水录[M].北京:生活·读书·新知三联书店,2016.
⑫ [法]夏尔·丹齐格.为什么读书——毫无用处的万能文学手册[M].阎雪梅,译.桂林:广西师范大学出版社,2012.
⑬ [英]乔纳森·雷班.现代小说写作技巧——实用文艺批评集[M].戈木,译.西安:陕西人民出版社,1984.
⑭ [英]戴维·洛奇.小说的艺术[M].王峻岩,译.北京:作家出版社,1998.
⑮ 夏文昭,徐召勋.中国古典小说艺术欣赏[M].合肥:安徽人民出版社,1982.
⑯ 张大春.小说稗类[M].桂林:广西师范大学出版社,2004.
⑰ 黄子平.文学的意思[M].杭州:浙江文艺出版社,1988.
⑱ 陈嘉映.何为良好生活:行之于途而应于心[M].上海:上海文艺出版社,2015.
⑲ 郑也夫.代价论——一个社会学的新视角[M].北京:生活·读书·新知三联书店,1995.
⑳ [法]皮埃尔·巴泰勒米.不正经的科学:对那些古怪问题的另类研究[M].郑立敏,译.北京:人民邮电出版社,2018.

向青少年读者学习的论集。例如：梁启超《读书指南》中的附录《治国学杂话》①、沈伊默《和青年朋友谈书法》②、吕叔湘《语文常谈》③、朱光潜《谈美书简》④、朱自清《经典常谈》⑤、曹聚仁《文思》⑥、唐弢《文章修养》⑦等。另外，也有少量为青少年读者编辑的专集，例如：《学人谈治学》⑧《国文的趣味》⑨《我们怎样读书》⑩《读书的艺术：如何阅读和阅读什么》⑪等。这一来源的论说性文章，以下简称"知识普及文章"，包括"科学普及文章"和"社科普及文章"两类。

（4）散文作家的杂文集、杂感集、散文集。例如：钱钟书《写在人生边上》⑫、朱自清《标准与尺度》⑬、汪曾祺《晚翠文谈新编》⑭、贾平凹《关于散文》⑮，等等。这一来源的论说性文章，以下简称"论说性散文"。

上述归纳的四类，除了第四类之外，每类中的"等"字很可能都是"虚"的——或许受本人专业和眼界的制约，上述所列举的书名，是翻遍书架后的所有成果。面向普通读者的论文集或文章集——"普通国民"在真实情境中所阅读的论说性文章，竟然出奇得少，这是值得注意的现象。

各种媒体推送的具有一定学术含量的文章，有一些可读、该读的好文章。如：葛兆光《什么才是"中国的"文化》、李学勤《〈左传〉是研究古代历史文化的基础》、赵汀阳《继续生长，经典才能不死》、莫砺锋《杜甫的文化意义》等，其中有数篇是学术讲座的讲演录或讲学文稿，因而等同于"学术演讲文"。但读者通过微信、电脑等"读（看）"这些有难度的文章，针对其阅读方式、阅读方法和阅读策略，目前尚无专门研究，一般都糟懂地认为此种方式的阅读大致雷同于纸质文本的阅读。

按照语言学的"语域"理论，语言表达因"语义场"（field）、"语式"（mode）、"语

① 梁启超.读书指南[M].北京：中华书局，2010.
② 沈伊默.和青年朋友谈书法[M].北京：北京出版社，2016.
③ 吕叔湘.语文常谈[M].北京：生活·读书·新知三联书店，2018.
④ 朱光潜.谈美书简[M].上海：上海文艺出版社，1980.
⑤ 朱自清.经典常谈[M].上海：上海文艺出版社，1999.
⑥ 曹聚仁.文思[M].北京：生活·读书·新知三联书店，2002.
⑦ 唐弢.文章修养[M].北京：生活·读书·新知三联书店，2007.
⑧ 浙江日报编辑部.学人谈治学[M].杭州：浙江人民出版社，1982.
⑨ 姜建邦.国文的趣味[M].北京：当代中国出版社，2014.
⑩ 范寿康.我们怎样读书[M].北京：当代中国出版社，2014.
⑪《博览群书》杂志.读书的艺术：如何阅读和阅读什么[M].北京：九州出版社，2004.
⑫ 钱钟书.写在人生边上[M].福州：福建人民出版社，1983.
⑬ 朱自清.标准与尺度[M].北京：生活·读书·新知三联书店，1984.
⑭ 汪曾祺.晚翠文谈新编[M].北京：生活·读书·新知三联书店，2002.
⑮ 贾平凹.关于散文[M].北京：生活·读书·新知三联书店，2015.

旨"(tenor)的不同,形成从正式到非正式的各种变体。就论说性文章而言,"语义场"涉及内容主题,"语式"主要涉及书面语体或口语语体,"语旨"涉及作者与读者的社会距离,表现在语言表达口吻的亲近或疏远等方面。上述五个小类,从整体上说,"语域"从正式到非正式的连续体,大致如图 4 - 25 所示。

正式　　　　　　　　　　　　　　　　　　　非正式

学术演讲文　报刊言论文章　科学普及文章　社科普及文章　学术随笔　论说性散文

图 4 - 25　真实情境中论说性文章的语域

从论说性文章的原始来源看,普通读者在真实情境(现实世界)中所阅读的主要语篇类型是学术演讲文、报刊言论文章、知识普及文章(科学普及文章和社科普及文章)、学术随笔和论说性散文。

原始来源的论说性文章的语域,相对比较正式,其语篇的文类特征,主要体现在以下六个方面(如表 4 - 3 所示)。

表 4 - 3　论说性文章的文类特征[①]

社会功用	实用文章对社会产生直接效应,其目的是现实的,往往有明确的实用目的
接受主体	实用文章有比较明确的接受主体,往往有特定的阅读人群
文体特征	实用文章的文本结构是"言一意"式的两层结构。这种简单的结构方式,给作者的写作和读者(受体)的解读都带来一种直接性,一般无须追求"言外之意"
主旨内涵	实用文章的主题是鲜明的、单一的、确定的;读者在解读过程中无须"创造性发挥"
思维方式	实用文章是为解决实际问题而作,以抽象思维为主;一般没有抒情语,没有情感色彩浓烈的评价语
语体风格	实用文章以社会化、规范化的书面语言为主,避免使用个性化色彩强烈的语言

2. 论说性文章的二手来源及其语域

论说性文章的二手来源,是各种语文选本和中小学语文教材。表 4 - 4、表 4 - 5 和表 4 - 6 是中学语文教材中的论说文篇目的情况。

---

① 谢延秀. 实用文体与文学文体之分野及融合[J]. 理论导刊. 2006(04): 75—77.

表 4-4　初中语文教材中的说明文篇目

科普小品	知识普及文
《中国石拱桥》(茅以昇) 《苏州园林》(叶圣陶) 《故宫博物院》(黄传惕) 《神奇的极光》(曹冲) 《死海不死》(刘兵)	《语言的演变》(吕叔湘) 《打开知识宝库的钥匙——书目》(未知) 《我国古代小说的发展及其规律》(吴组缃) 《大自然的语言》(竺可桢) 《统筹方法》(华罗庚)

表 4-5　人教版高中语文教材(必修)(2007 年)论说性文章的篇目

杂文、杂感	特殊场合的演讲词	科普小品等	文艺随笔、学术演讲文
《记念刘和珍君》(鲁迅) 《拿来主义》(鲁迅) 《父母与孩子之间的爱》(弗罗姆) 《短文三篇》[《热爱生命》(蒙田)、《人是一根能思想的苇草》(帕斯卡尔)、《信条》(富尔格姆)]	《就任北京大学校长之演说》(蔡元培) 《我有一个梦想》(马丁·路德·金) 《在马克思墓前的讲话》(恩格斯)	《动物游戏之谜》(周立明) 《宇宙的边疆》(卡尔·萨根) 《一名物理学家的教育历程》(加来道雄)	《咬文嚼字》(朱光潜) 《说"木叶"》(林庚) 《谈中国诗》(钱钟书)

表 4-6　沪教版高中语文教材(2006 年)论说性文章篇目

演讲词、杂文、报刊言论、书信等	序言、书评、文艺随笔等	知识普及文章、科普小品等
《在马克思墓前的讲话》(恩格斯) 《我有一个梦想》(马丁·路德·金) 《跨越百年的美丽》(梁衡) 《生命本来没有名字》(周国平) 《青年在选择职业时的考虑》(马克思) 《拿来主义》(鲁迅) 《为了忘却的记念》(鲁迅) 《获得教养的途径》(赫尔曼·黑塞) 《邂逅霍金》(葛剑雄) 《未有天才之前》(鲁迅) 《生命的节日》(季栋梁) 《〈傅雷家书〉两篇》(傅雷)	《白莽作〈孩儿塔〉序》(鲁迅) 《〈宽容〉序言》(房龙) 《〈激流〉总序》(巴金) 《密室的生活——评安妮·弗兰克著〈安妮的日记〉》(迈耶·莱文) 《曹操与杨修》(陈亚先) 《简笔与繁笔》(周先慎) 《无韵之〈离骚〉——太史公笔法小议》(资中筠) 《唐诗过后是宋词》(葛兆光) 《今天我们如何阅读经典》(张汝伦) 《爱因斯坦与艺术》(赵鑫珊)	《漫谈说理文》(朱光潜) 《你为什么会感到愉快——从生理学观点谈美与美感》(朱光潜) 《画说》(张大千) 《昆剧的故事》(刘厚生) 《关于文学名著阅读的调查》(解放日报社会调查中心) 《说数》(沈致远) 《自然笔记》(杨文丰) 《走向 21 世纪的机器人》(王磊) 《经济全球化和文化多样性》(于沛) 《南州六月荔枝丹》(贾祖璋)

就中学语文教材中论说性文章的篇目而言,语篇类型主要有知识普及文章、杂文(论说性散文中的一种)、特殊场合演讲词、文艺随笔(学术随笔中的一种)、学术演讲文、报刊言论文章、序言、书评、科普小品等。其中除了知识普及文章之外,大都归属于较广义的"散文"类,或称"论说性散文"。论说性散文兼具实用文章和文学作品的特征(如图 4-26 所示)。具有实用文章的特性,是其指向现实社会的实用功能;具有文学作品的特征,是其表现形式讲究"文学性"。

小说、诗歌、戏剧　　　散文　　　实用文章
（纯文学）　　　（杂文学）　　　（非文学）

图 4-26　纯文学、杂文学与非文学的文类区分

论说性散文与西方传过来的"随笔"(essay)有类似之处。"essay"也译为"杂文",M·H·艾布拉姆斯在《文学术语词典(第 7 版)》中对"essay"的解说为:

> 旨在探讨问题、阐释观点、劝说我们接受一切观点,或只是怡情的任何散文体短篇作品都属于杂文。杂文有别于论著或学术论文,其论述说理不够系统完备,其对象只限于一般读者而不是专业人士。杂文的论述采用非技术性、灵活多样的方式,往往运用奇闻轶事、鲜明的例证和幽默风趣的说理手段来加强其感染力。
>
> 杂文有正规和非正规之分。相对而言,正规杂文或文章比较客观,作者以权威或至少博学之士的身份书写,条理清楚、层层深入地阐述论点。在非正规杂文(或称"通俗的"或"个人随笔")中,笔者采用亲近于读者的口吻,内容常常涉及生活琐事而非公共事务或专业论题,行文活泼自如、观点直截了当,而且有时也饶有风趣①。

如果把"平实表达"和"文学性"也看作一个连续体,那么从语言表达的角度,上述中学语文教材中的论说性文章的篇目,大部分偏向于"文学性"这一边,如杂文、文艺随笔、特殊场合演讲词、科普小品等。高中语文教材所选的学术演讲文是钱钟书的《谈中国诗》,该文具有很强的"文学性",曾编入《钱钟书散文选》。初中语文

---

① [美]M·H·艾布拉姆斯.文学术语词典(第 7 版)[M].吴松江,译.北京:北京大学出版社,2009: 165.

教材所选的知识普及文章,如《大自然的语言》,从标题到正文都被删改成"文学性"模样①。其中科普小品,或称"科普文艺",很可能是中小学语文教材中所特有的"教材体"。

中小学语文教材中论说性文章的篇目,语域多是较不正式的,有的甚至非常不正式。

以下是本人在为期两天的语文教研活动中所听的 13 堂课,课文是选自多个版本的初中语文教材中的议论性文章,教材和任课教师都将它们认定为"议论文",课文的具体语篇类型在下表中的括号里做了标示(如表 4-7 所示)。

表 4-7　13 堂课的课文篇目及其语篇类型②

七年级	八年级	九年级
《事物的正确答案不止一个》(励志文) 《我若为王》(杂文) 《论逆境》(哲理散文) 《读书杂谈》(杂谈)	《纪念白求恩》(悼词) 《敬业与乐业》(演讲词) 《多一些宽容》(报刊言论) 《人的高贵在于灵魂》(个人随笔)	《成功》(杂感) 《创造学思想录》(随想录) 《学问与智慧》(论辩文) 《论美》(哲理散文) 《最苦与最乐》(论辩文)

如果我们也从语域的角度来看,可以看出初中语文教材所偏好的议论性文章的语篇类型,其"语域"绝大多数是不正式的,甚至是非常不正式的(如图 4-27 所示)。

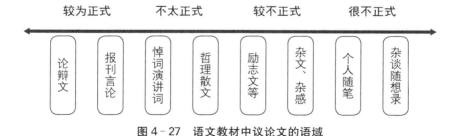

图 4-27　语文教材中议论文的语域

---

① 此文原题目为《一门丰产的科学——物候学》,发表于《科学大众〈科学教育〉》1963 年第 1 期。原文共四个小标题:(一)大自然的语言。是目前课文的前五段内容。(二)四个因素。即课文中"物候现象的来临决定于哪些因素呢?"这部分内容。(三)在各国的发展。概述国外的物候学研究状况,感叹"物候学在我国虽起源很早,但至今还是个空白点",呼吁"因地制宜、因时制宜地制定各地的物候历"这一当务之急。这部分在课文改编时删掉了。(四)作用很大。基本内容经改编、改写,保留在课文最后两段。
② 课文均出自当地使用的多个版本的初中语文教材。

上述篇目中的大多数文章,其"语域"都是不太正式的。

例如:《论逆境》《论美》是培根的作品,是英国式的"essay",即断想式的随笔,运用奇闻轶事、鲜明的例证和幽默风趣的说理手段来加强其感染力,段落之间(思维)有较大跳跃。个人随笔《人的高贵在于灵魂》,主题是希望年轻人有精神的追求,该文的观点凭空而来、核心概念宽泛、结论是个人性的,写法是"轶事＋个人观感＋抒情笔调"。杂感《成功》则带有励志意图,讲述"我所体会的成功公式",题目就不是论文式的,通篇的主干话语依序是:"我在这里只谈成功……""我得到下面这个公式""我除了……不敢赞一词""我看,……""就以我为例""我们必须在这一项上狠下功夫""我认为……""我希望,大家都……"。这显然是一篇极具个人风格的个人随笔。《读书杂谈》《创造学思想录》,从题目就可以感知,作者是想到什么说什么,显然不能按照较为正式的议论文那样,以"论点""论据""论证方法"三要素去"分析课文"①。

语文教材所偏好的论说文的语篇类型,与上述原始来源——即真实世界的论说性文章的语篇类型相比照,显示出一种值得警惕的阅读取向的倾向性。也就是说,"语域"较为正式的论说性文章,如社论和报刊言论文章、学术演讲文和"语域"比较正式的知识普及文章、学术随笔等,我国国民从中小学开始就很少接触,因而也缺少学习阅读的机会。而历届中小学生作为教材课文来学习的篇目——带有较强"文学性"的议论性散文(教材和任课教师都认定其为"议论文",并按"议论文三要素"来教学),在真实情境中(现实世界)成人的实用性阅读,却是较少的②。

(三) 说明性文章阅读:语篇类型举隅

说明是解释现象、揭示事理。它或对一类事物的状态、性质、功能等加以解说,或对一个抽象概念、一种道理等加以阐明。

在《国文百八课》中,夏丏尊、叶圣陶是这样界定"说明文"的:"说明文所表示的是作者的理解;换个说法,就是作者所懂得的一些道理、原因、方法、关系等";"所谓理解,乃是说天地间本来有这么些道理,给作者悟出来了,明白地懂得了"③。

---

① 这13堂课的教学重点有偏差,都按议论文教学"四部曲"的程式进行教学:先让学生找到论点、论据,无论这篇文章是什么,总而言之,找论点论据;然后开始命名,这个论据是事实论据,那个论据是道理论据,这个论证是比喻论证,那个论证是对比论证;找完了,开始拓展,学生们说一些显然与课文理解不搭界的话;拓展完了,教师说出激情号召语。
② 文学性散文的阅读是文学阅读。文学阅读与"议论文"阅读,是完全不同的方式。
③ 夏丏尊,叶圣陶.国文百八课[M]//叶圣陶.叶圣陶教育文集(5).北京:人民教育出版社,1994:279.

在与描述的区别中，可以清晰地把握"说明"的特点。描述是用眼睛可以看到的特定事物，比如所看到的一只鸟。说明所面对的则是一类事物，比如"麻雀"，要通过科学的研究，才能说明什么样的动物叫"麻雀"——实际上是解释"麻雀"的概念。描述是外观，比如描述赵州桥的形状；说明则是解说何以如此的道理，比如赵州桥为什么如此坚固。

说明的核心包括两个方面：一是对"是什么"这样的事实性问题进行妥帖的解答，二是将自己的解答向别人进行系统而明白的阐述。因此，说明的方法也可以分为两个方面：一是如何获得妥帖的解答，二是如何向别人明白地阐述。尽管上述两个方面是相互联系、相辅相成的。

需要用写作来说明的问题，一般都是需做进一步探究的，需要通过科学观察、实验、调查、资料的梳理和运用等途径才能解答。科学观察不仅仅是"仔细地看"，往往还要对观察的对象加以分类、分解、比较等。运用资料进行思考和写作，是阐释的基本特点。资料的梳理和运用包括资料的提炼、分析、联系、比照、比较、综合等。

说明性文章往往涉及一些知识术语，有时整篇文章就是围绕一个关键术语的阐释而展开的。下定义、提供理解这一术语的背景材料、列举被定义术语的各种成分、用否定的方式辨析它不是什么、通过相关术语的比较、引用权威的说法并加以解说等，是常用的方法。

说清楚，包括：使用合理的顺序，运用列举、举例、图表、比喻、比较等方法，以及采用适合读者对象的语言。

说明性文章的语篇类型，举隅如下。

1. 科学普及文章

科学普及文章（简称科普文章），语文教学界称之为"科普说明文"或"科技文"（与社科文相对）。科普文章由从事科学技术工作的专家所写，目的是向公众通俗地解释本专业领域的知识，语体平实简练。科普文章的阅读以理解为目的，其阅读姿态、阅读的方式方法都是解读型的。中学语文教材中的科学普及文章有华罗庚《统筹方法》、竺可桢《大自然的语言》等。

科学普及文章有其自身的特点，也有其阅读理解的特有难度。以《大自然的语言》为例，略述以下四个重点。

（1）作者和文章的出处。阐释是对专业性知识的解说。知识的可靠性取决于作者的可信度,某种意义上是作者背书[①];文章的出处,也是判断知识是否可靠的重要依据。《大自然的语言》的作者竺可桢是我国著名的物候学专家,意味着作者所说的知识具有相当的权威性。

(2)论题。或明或暗,作者一般都会交代论题的边界,明确在什么范围内讨论什么问题,以及问题的背景、研究的意义和价值——为什么要研究这个问题。《大自然的语言》的论题是"近代发展为一门科学的物候学"。

(3)解决问题的逻辑。科普文章,一般是按写学术论文的方式展开的,理清文章的条理,一般要从问题解决的逻辑着眼:研究的内容,研究的方法与研究过程,研究的结论。即研究什么问题,是怎么研究的(研究过程与研究方法),研究的结论是什么。

(4)术语。科普文章包括科普小品,有学科性的特点,所阐述的是专业领域的知识,使用一系列专业术语。读明白术语的所指,往往是理解的关键。如理清《大自然的语言》中"物候现象""物候""物候知识""物候学""物候观测""物候观测数据""物候资料""物候条件"等术语是理解课文、理清课文条理的关键。其他如"观测"(用一定方法的科学观察)、"因素"(事物中抽象出来的要素或原因)等,都是科学术语,如不能把"因素"理解为某一物候现象的综合原因之一,就可能不明白物候研究的复杂性和艰难。

科普小品类属于科普文章,但因其使用文学的笔调,又跨到了科学文艺的领地。科普小品的阅读,有其自身的特点,也有因其杂交而给阅读理解带来的麻烦。科普小品,主要面向中小学生。语文教材中的科普小品,有些是经教材编写者改编或改写的,带有"教材体"的味道,有时以辞害义,会造成阅读理解的额外的麻烦。如语文教材中的《中国石拱桥》《死海不死》《南州六月荔枝丹》等。

2. 社科普及文章

社科普及文章往往是著名学者在较短的篇幅里介绍自己的研究成果——思想和见识。如,冯友兰《人生的境界》、吕叔湘《语言的演变》、朱光潜《漫谈说理文》《你为什么会感到愉快——从生理学观点谈美与美感》等。

上述阅读科学普及文章的四个重点,也适应于社科文,而情形更为复杂,如社科文的术语概念,必须在上下文语境中看作者是怎么界定和使用的。以下是我们

---

① 所以,语文教材中的科普文章,包括科普小品,宜用作者原文,可节选但不宜改编、改写。社科文也一样——其实,所有语篇类型的课文都不宜改编、改写。

做的《人生的意义及人生中的境界》的学习活动设计①,体现阅读这一类文章的一些要点。

人生的意义及人生中的境界②

冯友兰

课文（略）

整合与建构 |||||||||||||||||||||||||||||||||||||||||||||||||||||||||||||||||||||||||||||||||||

一、了解文章的内容

1. 下面列出的是这篇文章的重要词语。和同桌同学互相查一查,在预习时有没有对这些词语做过标记。

意义	了解	自觉	境界
自然境界	功利境界	道德境界	天地境界
本性	小我	社会	宇宙

2. 阅读文章前四个自然段,对照课文中的解说和举例,用自己的话解释"意义""了解""自觉""境界"的意思,并画出它们的关系图。

3. 阅读文章中讲述人生四类"境界"的部分,画出描述各类"境界"典型特征的语句。然后参阅链接材料,用自己的话说说四类"境界"的含义。

4. 阅读文章最后四个自然段,讨论下列问题。

① 作者说:"要想进入道德境界或天地境界却需要努力,只有努力,才能了解。"这里的"努力"是什么意思?

② 我们如何分辨出不同"境界"的人?

5. 写一篇课文的内容概要,或列出课文的内容提纲。

二、理解作者的学说

1. 试着从历史人物中分别举出一个与人生四类"境界"相对应的人物,并说说理由。

---

① 王荣生,倪文尖.国家课程标准高中实验课本(试编本):语文必修·第三册[M].上海:上海教育出版社,2007：2—8.

② 文章选自李中华.冯友兰学术文化随笔[M].北京:中国青年出版社,1996.冯友兰(1895—1990),中国现代哲学家,哲学史家,主要著作有《中国哲学史》(两卷本)、《中国哲学史新编》、"贞元六书"(《新理学》《新事论》《新世训》《新原人》《新原道》《新知言》)、《三松堂自序》等。

2. 与周围同学讨论下列问题。注意：对问题的看法务必要在课文中找到依据,必要时还应该参阅链接材料。

① "一般的芸芸众生,不是属于自然境界,便是属于功利境界。"那么,在冯友兰看来,"芸芸众生"的人生还有没有"意义"?

② 既然"功利境界"的人也能为社会服务,"道德境界"的人也是为社会服务,为什么还要做出高下的分别呢? "道德境界"是不是全然不顾及个人的"小我"?

③ 有人批评说:"如果以道德为标准,则道德境界即是至善境界;如果以非道德性的觉解来衡量,则天地境界与道德境界是非同类而比较。因此,所谓的境界高下之分,是难于得到标准的个人信念而已。"你是怎么看待这种批评的? 冯友兰为什么要在"道德境界"之上再划出"天地境界"?

④ 说一个人是某"境界",是凡事都在这一"境界"呢? 还是此一事是这种境界,彼一事可能变成另一"境界"?

三、思考自己的人生

1. 冯友兰说:"各人有各人的人生,不能笼统地问:人生有没有意义? 有什么意义? 因为人生是各种各样的,不同的人生,有不同的意义。各人的人生,是各人自己创造的。各人的历史,是各人自己写的。各人向各人自己负责。"

想一想:

① 文章所说的"人生",与你有关吗? 对现在的你来说,有没有人生的"意义"问题呢?

② 按冯友兰的学说,你目前处在哪类"境界"? 你愿意努力进入哪类"境界"?

2. 一位学者说:"人只是因为能由'所是'知'所以是',进而知'所应当是',才得以去树立理想。而正因为有理想,人才有文化的生命。""若一个民族的大多数成员失去了人生的理想,或只有以动物的欲望满足为'理想',那么他们就失去了真正的人生奋斗,即丧失了把自己提升到人的高度和尊严的奋斗,这个民族的文化生命就处在衰竭之中。"

议一议:

① 按冯友兰的学说,你周围的人分别可归入哪类"境界"?

② 你希望他们达到哪类"境界"?

> **应用与拓展** |||||||||||||||||||||||||||||||||||||||||||||||||||||||||

莫提默·J·艾德勒说:"事实上哲学问题的最显著的标志就是每个人必须自

己回答问题。接受其他人的观点不是解决问题，而是逃避问题。但你自己的回答必须要有充分的根据，有论点作为后盾。"

1. 收集你喜欢的人生箴言，并与同学交流。

2. 组织一次非正式的讨论会，各自畅谈人生的意义。注意相互之间不要辩驳。

3. 有时间的话，以"人生"为主题，进行扩展阅读，材料可以是诗歌、小说及论著。或者，组织一次以"人生"为主题的活动，如朗诵会、表演活动、手抄报展示等。

3. 实用原理介绍文

实用原理介绍文主要阐释做事原理、行为机制，指导人们合理地进行实践活动。与上述社科普及文章的差别相当于书籍中的"理论性的书"与"实用型的书"的差别。

实用原理介绍文的阅读方法分为两步：第一步是理解性阅读，即明白作者所说的原理，弄明白为什么要这么做、如何做。第二步是在理解的基础上，尝试实践操作，即操作性阅读。操作性阅读不仅是求"知"，而且要去"做"，阅读后有行动，努力把自己的阅读理解落实到实践的行为中。

换言之，实用原理介绍文的阅读理解，不仅是知道别人说了什么，而且要把别人的所说与自己的实践相关联。以下是我们做的《中国文学的鉴赏》的学习活动设计①，体现阅读这一类文章的一些要点。

中国文学的鉴赏②

袁行霈

课文（略）

整合与建构 ||||||||||||||||||||||||||||||||||||||||||||||||||||||||||||||||||||||||||||||||||||

一、以实用的方式来阅读"实用性"文章

1. 阅读方式受制于文章的体式。与《谈中国诗》比较，辨析两类文章。

① 回顾《谈中国诗》一课的学习，解释"理解性阅读"。

② 边讨论边填写下表。

---

① 王荣生，倪文尖. 国家课程标准高中实验课本(试编本)：语文必修·第五册[M]. 上海：上海教育出版社，2007：115—124. 本课由王荣生编写。
② 文章选自袁行霈. 中国文学概论[M]. 北京：高等教育出版社，1990. 依据人教版高中语文教材校订。

	《谈中国诗》	《中国文学的鉴赏》
题目的指向		
作者预想的阅读对象		
作者的写作目的		

③ 阅读课文一、二两节，完成填空。

"滋味"一节的主要论题是：如何才能体会文学语言的滋味？作者的结论是：

_____。

"意境"一节的主要论题是：如何才能体会文学作品的意境？作者的结论是：

_____。

2. 阅读方式取决于我们的阅读姿态。联系《谈谈诗与趣味的培养》一课的学习，反思自己的阅读姿态。

① 回顾《谈谈诗与趣味的培养》一课的学习，解释"批判性阅读"。

② 边讨论边填写下表。

	《谈谈诗与趣味的培养》	《中国文学的鉴赏》
文章的主要内容		
作者的写作目的		
我们阅读文章的目的	评估文章的观点	
我们的阅读姿态	批判性阅读	操作性阅读

③ 阅读课文三、四两节，完成填空。

在"寄托"一节，作者建议的方法是：_____。

在"博采"一节，作者建议的方法是：_____。

3. 总结学习结果，填写下表。

	文章的类型	阅读的目的	阅读时关注的问题
理解性阅读		准确把握文章的意思	文章说了什么
批判性阅读		理性评估作者的观点	作者说得对吗
操作性阅读			

二、结合自己的经验使方法具体化

1. 再读课文,按示例填写下表。

	实践要点	作者建议的方法
滋味	品味字词的言外之意	大量阅读,反复玩味
意境		
寄托		
博采		

2. 联系本单元前两篇课文的学习,从操作规则的具体性这一角度,说说《中国文学的鉴赏》与前两篇课文(《谈中国诗》《谈谈诗与趣味的培养》)的不同点。

3. 操作性阅读的目的是实践作者所建议的方法;而实践应该依据可操作的规则,必须把方法具体化。请完成下列任务。

① 课文中的举例实际上就是方法的具体运用,从中我们能推断出一些可操作的规则。研读课文"滋味"一节,从举例中推断"玩味"的若干规则。

② 对方法的理解和掌握,需要添加自己的经验。从你读过的诗歌和小说中,分别举三个有"意境"的例子,并描述它们的意境。

4. 阅读《中国文学的欣赏》,你的目的是提高自己的文学鉴赏能力。尝试以下活动。

① 你可以扩展应用的情境。想一想:中国现代诗歌和散文中有没有"滋味"和"意境"? 外国的呢?

② 你可以通过别的途径来学习。议一议:还有哪些讲述欣赏中国文学的论著? 除了阅读著作和文章,学习欣赏中国文学还有哪些途径?

③ 尝试创设出自己的方法。小组讨论:设计一个活动方案,主题是在本周内加深我们对中国绘画和书法艺术的了解。

应用与拓展 ||||||||||||||||||||||||||||||||||||||||||||||||||||||||||||||||||||||||||||||||||

1. 按小组的方案,在本周内加深自己对中国绘画和书法艺术的了解。

2. 课外至少阅读以下作品中的一部:《世说新语》《红楼梦》《水浒传》。

3. 到图书馆或书店翻阅关于中国古代的"诗话"或"词话"的书籍。

4. 学术演讲文

演讲词也称演讲稿,是演说者在公共场合就某一问题宣传自己的主张,表达自己的情感或阐明某种事理的讲话文稿。

演讲词既涉及语篇类型,也涉及媒介语言和语体。演讲是正式或较正式的口语语体,其正常的接受方式是"听读"。

演讲或演讲词,按通行的分法,主要有三种:①告知型演讲;②说服型演讲;③特殊场合的演讲,如介绍性演讲、赠予演讲、受奖演讲、纪念性演讲、开学典礼和毕业典礼的演讲、餐后演讲等。选入语文教材(阅读教材)的演讲词,告知型演讲很少,如《谈中国诗》,原是钱钟书于 1945 年 12 月在上海对美国人做的学术演讲而撰写的讲稿,然后作者根据自己的英文讲稿翻译、整理而成的。但这篇文章的教学,除了我们所编的《国家课程标准高中实验课本(试编本):语文　必修》,很少有从演讲词的角度切入的。以下是我们做的《谈中国诗》的学习活动设计①,体现阅读这一类文章的一些要点。

谈中国诗②

钱钟书

课文(略)

整合与建构 ‖‖

一、当作学术演讲来听

1. 活动:假设你是正在准备这篇演讲词的钱钟书。

① 听众分析——

② 希望达到的演讲效果——

2. 活动:假设你是旁听者,正在通过同声翻译听钱钟书的演讲。

① 边听课文朗读的录音(或老师的朗读),边做要点笔记。

② 请说出:

演讲的要点——

你印象深刻的地方——

---

① 王荣生,倪文尖.国家课程标准高中实验课本(试编本):语文必修·第三册[M].上海:上海教育出版社,2007:16—27.本课由王荣生编写。

② 文章选自钱钟书.钱钟书散文[M].杭州:浙江文艺出版社,1997.

你觉得有趣的地方——

3. 在上述活动的基础上,讨论:

① 有教材把"什么是中国诗的一般印象呢?"之前的部分都删去了,你觉得钱钟书讲这一部分有必要吗?

② 谈中国诗,作者先扼要讲述其总体特点,接着分别从三个方面具体论述。这样安排有什么好处? 三个方面的次序是根据什么安排的?

③ 在讲演中,作者用了很多新鲜的比喻,挑选出五个,说说它们的意思。这些比喻是不是你听的时候印象深刻或觉得有趣的地方?

④ 作者频繁地引用外国学者的言论,他想达到什么样的演讲效果呢?

⑤ 本文虽是演讲词,但用语典雅,甚至古奥。听的时候你有什么感觉? 依你想象,钱钟书在演讲时是怎样的神态?

二、当作学术文章来读

1. 阅读学术文章,需具备必要的专业知识。请说说下列术语的含义,如果你觉得一时较难说明,则列举出可能会有解释这些术语的词典、辞典或参考书。

史诗　戏剧诗　抒情诗　田园诗　古典主义　纯粹诗

2. 为了帮助理解,课文加了一些注释。如果你觉得还有人名和专业术语需要注释,请查阅辞典或问老师后,加在脚注中。

3. 文章中有一些语句是对文学现象的概述,要理解这些语句,应该使其与你的经验关联起来。针对下面的概述,请各举出一个实例来。

◇ 纯粹的抒情诗的精髓和峰极,在中国诗里出现得异常之早。所以,中国诗是早熟的。早熟的代价是早衰。中国诗一蹴而至崇高的境界,以后就缺乏变化,而且逐渐腐化。

◇ 我们也有厚重的诗,给情感、思恋和典故压得腰弯背断。

◇ 外国的短诗贵乎尖刻斩截。

◇ 中国诗人狂得不过有凌风出尘的仙意,……你们的诗人狂起来可了不得! 有拔木转石的兽力和惊天动地的神威……

4. 作者学贯中西,举例信手拈来,但我们在理解时,最好能够熟悉摘句的出处。

① 联系诗篇,试一试"流水落花春去也,天上人间"结句的三种标点法,并做相应的解释。

② 有条件的话,上网查查下列摘句出自哪一首诗词。

◇ 壮士皆死尽,余人安在哉。

◇ 阁中帝子今何在,槛外长江空自流。

◇ 今年花落颜色改,明年花开复谁在?

◇ 同来望月人何在?风景依稀似去年。

◇ 人去也,春何处?春去也,人何处。

5. 学术随笔(说明性)

以社会科学或人文学科相关问题为论题的文章,按目前的学术论文规范,属于"不太正规"的学术性的文章,含学术札记以及一些学术性较强的序言等,往往较多地运用文学笔法笔调,有的还有较强烈的个人的"声口"。学术随笔分两类:一类是以说明为基本面的,主要运用说明的方法,如秦牧《艺海拾贝》中的系列文章、汪曾祺的一些文论等,朱光潜《咬文嚼字》、林庚《说"木叶"》等,一般称为学者散文(学术散文)。另一类是以议论为基本面的,目的是发表某种主张。语文教材中比较典型的如葛兆光《唐诗过后是宋词》、周先慎《简笔与繁笔》等。如谈论的话题是文艺或文学相关问题,一般称为"文艺随笔",如清冈卓行《米洛斯的维纳斯》等。

以下是一位语文教师对《说"木叶"》的课文难点的分析,难点也就是这篇课文的要点。

《说木叶》难点解读①

安徽肥东一中 范维胜

一、说说"木叶"与"落叶""树叶"的意味的区别。(略)

二、如何看待本文的表达技巧?

1. 选题小、论理深。文章旨在阐释文艺学原理——诗歌语言的暗示性,若从纯理论的角度来论述,恐怕会写成比较艰深的学术论文。作者没有摆出学者的面孔吓唬读者,而是选取了古诗中的木叶形象作为论题,把深奥的文学理论附丽并渗透于有关"木叶"诗句的品读玩味中,这样,言近而旨远,深入而浅出。

---

① 范维胜.《说木叶》难点解读[EB/OL].(2010-05-02)[2020-03-21]. http://www.1-123.com/works/Modern/S/shuomuye/118981.html.

2. 逐层剥笋探究。古诗人为什么用"木叶"而不用"树叶",作者不急于"兜底",而是以探寻的目光层层分析。先排除考虑文字洗练的因素,再由它用于秋天的情景中发现其含有落叶等因素,最后才触及诗歌语言的暗示性的问题。这样逐层深入,探幽发微,既体现了作者的科学态度,也契合读者的阅读心理。

3. 颇富文化内涵。这是一篇诗论,作者不仅深谙诗歌妙道,而且在诗的海洋里游弋自如,在行文中许多有关"木叶"的古诗信手拈来,这样不仅使析理有凭有据,而且使文章平添了文化内涵,读之令人赏心悦目,受到美的熏陶。

三、拟题为"说'木叶'",若改为"谈谈诗歌语言的暗示性",你以为如何?

标题若拟为"谈谈诗歌语言的暗示性",整个文章的行文思路就要改变了,它可能就要从理论的角度来论述,会写成一篇理论性较强的学术论文。而标题拟为"说木叶",就可以把深奥的文学理论渗透于有关"木叶"诗句的品读玩味中,化深奥为简单,化抽象为形象,既体现了作者的科学态度,也契合了读者的阅读心理。

四、如何看文中援引的大量诗文的作用?

文章作者既是一位深谙诗歌妙道的学者,也是一位畅游诗歌海洋的高手,文中援引古人关于"木叶"的大量诗文,这些对于阐发道理起到了很大的作用:(1)作引子,引出议论话题;(2)做例证,使析理有凭有据;(3)调节语气,更增添了文章的文化内涵。

- -

(四) 议论性文章阅读：语篇类型举隅

议论性文章的核心,是所提出的观点能够成立,能够被原本持不同观点的人认可(不一定同意)。而之所以成立,之所以被认可,关键是证据和由证据支持观点的论证过程。

《国文百八课》是这样定位的："议论文是把作者所主张的某种判断加以论证,使敌论者信服的文章";"我们写作议论文,情形正和上法庭去诉讼,向敌方和法官讲话一样"①。

论证的过程,即逻辑推理,包括演绎推理、归纳推理和辩证推理等。推理要符合逻辑的规则"理由＋结论＝论证"。首先是理由,然后才是结论。理由包括信念、证据、比喻、类比以及其他用来支持或证明观点的陈述。

上述关于议论文特点的论述主要适用于正式的论。

正如前面所交代的,议论性文章的语篇类型十分多样,"语域"从比较正式的到完全非正式的,与中小学语文教学关系比较密切的是知识普及文章、杂文(论说性散文中的一种)、特殊场合演讲词、文艺随笔(学术随笔中的一种)、学术演讲文、报刊言论文章、序言、书评、科普小品等,大都归属于较广义的"散文"类,或称"论说性散文"。论说性散文的每种体式都有其各自的特点,因而阅读的要点也要做相应的变化。

1. 报刊言论文章

报刊言论文章,按署名方式,大致可以分出三类:社论和评论员文章、个人署名的评论文章、专家署名的言论文章。

社论和评论员文章、个人署名的评论文章,属于广义的新闻体裁,为了突出报纸文章的性质,我们把专家署名的言论文章也纳入新闻体裁。与读新闻一样,阅读报刊言论文章也以获取信息为目的,其阅读方式一般是按文章结构进行快速阅读。

社论和评论员文章对重要的新闻事实发表评论,往往以描述"新闻事实"开篇。接下来通常是对"现状"的分析,在肯定成绩之后往往用"但是"转折,强调存在的"问题"。社论和评论员文章代表报社的观点,在《人民日报》等报纸上,还表达着党和政府的意志。文章的重点,是具有政策规定性或导向性的"措施"。结尾部分论述重要性和意义,重申所代表机构的明朗"态度"。

个人署名的评论文章,发表作者的个人观点,通常是按新闻事实、感想(联想)、观点、论证、结论或期望的顺序展开的。受报纸篇幅等制约,文章对观点的论证往往是最低限度的(即能自圆其说),是否认可作者的见解,除了考察论证的质量,很大程度上取决于读者对该问题的认识或信念。

专家署名的言论文章,是专家对专业领域的学术问题发表个人意见,因此必须确认作者在该专业领域的专家身份。专家署名的言论文章,主要是向公众宣讲专家

---

① 夏丏尊,叶圣陶. 国文百八课[M]//叶圣陶. 叶圣陶教育文集(5). 北京:人民教育出版社,1994:378—379.

的"一家之言"，由于受报纸篇幅等的制约，论证往往也只能是最低限度的。由于对所论述的学术问题了解不够，读者一般较难评估作者的见解；是否接受作者的观点，除了考察论证的质量，很大程度上取决于读者对其他同行专家所持看法的了解。

2. 杂文、杂感

钱理群《杂文的思维与表达——读〈再论雷峰塔的倒掉〉》把杂文和杂文阅读的特点讲得很清楚，引述如下[①]。

这又是一篇范文——它或许可以帮助你理解杂文的思维方式与表达方式的某些特点。

文章从报纸上偶尔看到的关于"雷峰塔的倒掉"的传闻开始。这就是说，杂文思想的开掘的起点、开发口，必须是具体的、细小的，人们习以为常的生活现象，而不是某个现成的理论原则。杂文思维更重归纳，而非演绎，最平凡的、生机勃勃的日常生活形态，对于杂文具有尤其重要的意义。只是这类日常生活传闻，人们茶后饭余姑妄言之，姑妄言之，并不在心；杂文家则不，他偏要仔细琢磨，品味，认真"勘探"一番。"勘探"也有两种，有的只满足于探个表层，比如"从雷峰塔倒掉看出破除迷信的重要"之类，浅尝辄止；真正的杂文家则不，他要"勘探"到最底层、最广阔处，即鲁迅所说："开掘要深"。

且看鲁迅是如何"开掘"的。……这里，"十景病"既具有现象形态的生动性与具体性，又具有一种概括性与普遍意义，我们可以称之为"典型现象"。"典型现象"正是杂文思维与表达的一个关键——杂文既要通过"由一至多""由小至大"的联想概括出具有一定普遍性的"典型现象"；又要通过不失其形象性的"典型现象"来表达自己对于生活的新开掘、新发现。……

应该说，我们的以上分析都过于冷静，因而是"非杂文"。鲁迅在揭示与表达他的思考与发现时，自始至终渗透着他强烈而深沉的主观情感：（略）——渗透在字里行间的情感具有极强的艺术感染力。我

---

① 钱理群. 名作重读（第 2 版）[M]. 上海：上海教育出版社，2006：66—70.

们由此体会到鲁迅所说的他的杂文"就如悲喜时节的歌哭一般""无非借此来释愤抒情"的特点。这里(《再论雷峰塔的倒掉》)对"十景病""奴才的破坏"的批判也进入了审美的层次,而"审美的批判"正是杂文的特质之一,杂文家原应是思想家与诗人的统一。

杂感、杂谈与杂文本是同类,作者们也往往将这两种说法混用。但感觉上,杂文的语域要正式些,而杂感、杂谈似乎个人性更强,语域更加非正式。如我们在前面例举过的个人随笔《人的高贵在于灵魂》、杂感《成功》、杂谈《读书杂谈》等。语文教材中的《生命本来没有名字》《邂逅霍金》等,大致是杂感。

3. 哲理散文

哲理散文,或称哲理性散文,目前在语文教材中的主要是翻译作品。如培根《论美》《论读书》,人教版高中语文教材中的《短文三篇》[《热爱生命》(蒙田)、《人是一根能思想的苇草》(帕斯卡尔)、《信条》(富尔格姆)]。

哲理散文或许是散文中唯一来源于外国的品种,相当于随笔"essay"。"按西方的理解,随笔是一种分析、思索、解释、评论性质的具有一定文学性的作品;较之论文,篇幅短些,不太正式,也不太系统;它往往从一个有限的、经常是个人的角度来讨论一个观点。很显然,它以议论为主,一方面是与抒情错位的,另一方面又是与理性错位的,大致可以说属于智性散文。"[①]

作为翻译作品,哲理散文的阅读,当以具体理解文中所表达的哲思为主。唯其"不太正式"——段落之间有断裂、跳跃,所以要防止按正式的议论文的套路(论点、论据、论证方法)去做所谓的"分析",而要关注具体的语句和语脉,做具体的、符合文本文意的理解。因其"往往从一个有限的、经常是个人的角度来讨论一个观点",并没有说服别人接受的强烈意愿,有时还接近于个人的自我沉思而倾向于自我表达。所以,其阅读方式当以理解为主,比较适合采用"散文"阅读的分享人生经验的阅读方式,而不宜采用所谓的"批判性阅读"。

4. 学术随笔(议论性)

这是学术随笔中的一类,以议论为基本面,其目的是发表某种主张。语文教材中比较典型的,如周先慎《简笔与繁笔》、葛兆光《唐诗过后是宋词》等。以下是《唐

---

① 孙绍振、孙彦君.文学文本解读学[M].北京:北京师范大学出版社,2015:333—334.

诗过后是宋词》的第一自然段和最后一个自然段的片段样例，这些片段样例较明显地体现出学术随笔在语言表述上的特点，如段落的长度、句子的长度、语句的繁复以及多种修辞手法的运用、抒情的语气语调等。

唐诗过后是宋词

葛兆光

　　铺天盖地的流行歌曲整天家的在耳边轰鸣，让你不听也得听。看着追星族们如痴如醉的样子，不由你不相信这是一个它的时代，看看诗人们失魂落魄的样子，不由你不承认这是一个没有了诗歌的世界，曾经辉煌过的诗歌在这种似乎不怎么高雅的流行歌曲面前，只能低下高贵的头，用一句成语说叫"俯首称臣"。汉堡包三文治填饱肚皮就出发的快节奏生活里，人们不再有时间细细品味诗里精微幽深的滋味，老话说"诗肠须曲"，可是，含蓄委婉的诗只适于案头清赏，无论如何总比不上满街传唱的流行歌曲，浓浓的味道嘶嘶的喘声沙沙的嗓音和从丹田直奔喉咙的感情更让人觉得痛快。诗人从来没有像今天这样真的成了阳春白雪，也从来没有像今天这样真的沦落到曲高和寡，除了自己圈内人那几声喝彩外，很难享受到"掌声响起来"的惬意，这里用得上一句唐诗，叫"请君莫奏前朝曲，听唱新翻杨柳枝"，也用得上一句歌词，叫"昨天的事情已经被人遗忘，挥挥手眼睛只看前方"。

　　……

　　诗歌是越来越不景气了，这也难怪，一些故作深沉的和故弄玄虚的诗歌好像在那儿有意"自绝于人民"似的，在自我陶醉中画地为牢，那些除了他自己谁也看不懂的诗歌把那一点点有限的感情拧过来拧过去，痛苦得别扭，欢喜得蹊跷，意思九曲十八弯，上气不接下气地用生造的词语拼接了又撕碎，撕碎了又拼接；流行歌曲是越唱越热闹了，倒也必然，可相当多的歌词也好像是在那儿重复来重复去地唱老调，那些浅浅的笑靥和嗲嗲的娇嗔加上东拼西凑的词语仿佛要把一滴感情化开变成一大锅浓汤灌进听众的耳朵里，常常不知所云的歌词让不知就里的听众觉得深沉奥妙，让稍有知识的听众觉得莫名其妙。在这个既没有了唐诗又还没等到宋词的时代里，要想留住唐诗的时代，就

> 要使诗歌有点儿亲切和自然，要想迎接宋词的时代，就要让流行歌曲多一些机智和内涵，随便怎么都行，只要有让人还能感动的东西，因为我们这个时代已经不太会被什么无关紧要的东西感动了。

5. 文艺随笔

文艺随笔，与上文所说的哲理散文有相同相近之处，也往往从一个有限的、经常是个人的角度来讨论一个观点，有时还可能是个人自我陶醉式的自说自话。其阅读方式也当以理解为主，比较适合采用"散文"阅读的分享人生经验的阅读方式，而不宜采用所谓的"批判性阅读"。尤其要防止按正式的议论文的套路（论点、论据、论证方法）去做所谓的"分析"，而要关注具体的语句和语脉，做具体的、符合文本文意的理解。

语文教材中比较典型的是清冈卓行《米洛斯的维纳斯》。以下是我们做的《米洛斯的维纳斯》教材样章[①]，具体读法可供参考。

米洛斯的维纳斯

清冈卓行

我欣赏着米洛斯的维纳斯，一个奇怪的念头忽地攫住我的心——她为了如此秀丽迷人，必须失去双臂。也就是说，使人不能不感到，这座丧失了双臂的雕像中，人们称为美术作品命运的、同创作者毫无关系的某些东西正出神入化地烘托着作品。

据说，这座用帕罗斯岛产的大理石雕刻而成的维纳斯像，是 19 世纪初叶米洛斯岛的一个农人在无意中发掘出来的，后被法国人购下，搬进了巴黎的罗浮宫博物馆。那时候，维纳斯就把她那条玉臂巧妙地遗忘在故乡希腊的大海或是陆地的某个角落里，或者可以说是遗忘在俗世人间的某个秘密场所。不，说得更为正确些，她是为了自己的丽姿，无意识地隐藏了那条玉臂，为了漂向更远更远的国度，为了超越更久更久的时代。对此，我既感到这是一次从特殊转向普遍的毫不矫揉

---

① 王荣生，倪文尖.国家课程标准高中实验课本（试编本）：语文必修·第三册［M］.上海：上海教育出版社，2007：28—34.本课由王荣生编写。

造作的飞跃,也认为这是一次借舍弃部分来获取完整的偶然追求。

　　我并不是想在这里玩弄标新立异之说。我说的是我的实际感受。毋庸赘言,米洛斯的维纳斯显示了高贵典雅同丰满诱人的惊人的调和。可以说,她是一个美的典型。无论是她的秀颜,还是从她那丰腴的前胸延向腹部的曲线,或是她的脊背,不管你欣赏哪儿,无处不洋溢着匀称的魅力,使人百看不厌。而且,和这些部分相比较,人们会突然觉察到,那失去了的双臂正浓浓地散发着一种难以准确描绘的神秘气氛,或者可以说,正深深地孕育着具有多种多样可能性的生命之梦。换言之,米洛斯的维纳斯虽然失去了两条由大理石雕刻成的美丽臂膊,却出乎意料地获得了一种不可思议的抽象的艺术效果,向人们暗示着可能存在的无数双秀美的玉臂。尽管这艺术效果一半是由偶然所产生,然而这却是向着无比神妙的整体美的奋然一跃呀!人们只要一度被这神秘气氛所迷,必将暗自畏惧两条一览无遗的胳膊会重新出现在这座雕像上。哪怕那是两条如何令人销魂勾魄的玉臂!

　　因此,对我来说,关于复原米洛斯的维纳斯那两条已经丢失了的胳膊的方案,我只能认为全是些倒人胃口的方案,全是些奇谈怪论。当然,那些方案对丧失了的原形是做过客观推定的,所以,为复原所做的一切尝试,都是顺理成章的。我只不过是自找烦恼而已。然而,人们对丧失了的东西已经有过一次发自内心的感动之后,恐怕再也不会被以前的、尚未丧失的往昔所打动了吧。因为在这里成为问题的,已不是艺术效果上的数量的变化,而是质量的变化了。当艺术效果的高度本身已经迥然不同之时,那种可以称之为是对欣赏品的爱的感动,怎能再回溯而上,转移到另一个不同对象上去呢?这一方是包孕着不尽梦幻的"无",而那一方却是受到限制的、不充分的"有",哪怕它是何等的精美绝伦。

　　比如,也许她的左手掌上托着一只苹果,也许是被人柱像支托着,或者是擎着盾牌,抑或是玉笏?不,兴许根本不是那样,而是一座显露着入浴前或入浴后羞羞答答的娇姿的雕像。而且可以进一步驰骋想象——会不会其实她不是一座单身像,而是群像中的一个人物,她的左手搭放在恋人的肩头。人们从考证的角度,从想象的角度,提出形形色色的复原试案。我阅读着这方面的书籍,翻阅着书中的说明图,一种恐惧、空虚的感觉袭上心来。选择出来的任何一种形象,都如我方才所述,根本不能产生超越"丧失"的美感。如果发现了真正的原形,我对此无法再抱一丝怀疑而只能相信时,那我将怀着一腔怒火,否定掉那个真正的原形,而用的正是艺术的名义。

在这里从别的意义上讲,令人饶有兴趣的是,除了两条胳膊之外,其他任何部位都丧失不得。假定丧失的不是两条胳膊,而是其他的肉体部分,恐怕也就不会产生我在这篇文章中谈到的魅力了。譬如说,眼睛被捅坏了,鼻子缺落了,或是乳房被拧掉了,而两条胳膊却完好无损地安然存在着,那么,这座雕像兴许就不可以放射出变幻无穷的生命光彩了。

为什么丧失的部位必须是两条胳膊呢?这里我无意接受雕刻方面的美学理论。我只是想强调胳膊——说得更确切些,是手——在人的存在中所具有的象征意义。手,最深刻、最根本地意味着的东西是什么呢?当然,它有着实体和象征之间的一定程度的调和,但它是人同世界、同他人或者同自己进行千变万化交涉的手段。换言之,它是这些关系的媒介物,或者是这些千变万化交涉的原则性方式。正因为如此,一个哲学家所使用的"机械是手的延长"的比喻,才会那么动听,文学竭力赞颂初次捏握情人手掌的幸福感受的述怀,才会拥有不可思议的严肃力量。不管是哪种场合,这都是极其自然的,极其富有人性的。而背负着美术作品命运的米洛斯的维纳斯那失去了的双臂,对这些比喻、赞颂来说,却是一种令人难以相信的讥讽。反过来,米洛斯的维纳斯正是丢失了她的双臂,才奏响了追求可能存在的无数双手的梦幻曲。

- -

整合与建构 ||||||||||||||||||||||||||||||||||||||||||||||||||||||||||||||||||||||||

一、了解文艺随笔的主观色彩

1. 文章开头"我欣赏着米洛斯的维纳斯……"这里的"我",指的是谁?文章中还有不少以"我"起头的语句,请一一画出,并把这些语句按原文顺序连起来念一遍。念的时候，想象作者面对雕像时的神态。

2. 文章第一段中说"她为了如此秀丽迷人……"这里的"她"，指的是什么？文章中还有一些出现"她"字的语句，也请找出来念一念。

3. 下面是这篇文章的两个内容提纲。你认为哪个更妥当些？

① 文章大致可分为三个部分：第一部分回答"为什么必须失去双臂？"第二部分回答"为什么不应该复原那失去的胳膊？"第三部分回答"为什么丧失的部位必须是两条胳膊？"

② 文章大致可分为三个部分：第一部分提出"我"的"奇怪念头"，并讲述"我的实际感受"；第二部分是"我"对"倒人胃口方案"的否定；第三部分是"我"对"手"的"意味"的体悟。

4. 这是一篇文艺随笔。试从论题的产生、论据的类型、表述的语体等方面，与一般的议论文作比较。

	论题的产生	论据的类型	表述的语体
文艺随笔			
一般的议论文			

二、体会清冈卓行的艺术感受

1. 文章第一自然段中说"使人不能不感到……"这里的"人"指的是谁？文章中还有一些出现"人"（"人们"）的地方，请找出来念一念。你有没有觉得作者是在向你（读者）召唤？

2. 联系上下文，体会你读下列语句时的感受。

① 从特殊转向普遍的毫不矫揉造作的飞跃。

② 借舍弃部分来获取完整的偶然追求。

③ 正浓浓地散发着一种难以准确描绘的神秘气氛。

④ 正深深孕育着具有多种多样可能性的生命之梦。

⑤ 向着无比神妙的整体美的奋然一跃。

⑥ 放射出变幻无穷的生命光彩。

⑦ 奏响了追求可能存在的无数双手的梦幻曲。

3. 下面两幅画，你认为清冈卓行可能会对哪一幅的评价更高些？请说说理由。

虾(齐白石)　　　　　　　　蒙娜丽莎(达·芬奇)

三、理解语词表达的抒情意味

1. 文章第二自然段中说:"那时候,维纳斯就把她那条玉臂巧妙地遗忘在故乡希腊的大海或是陆地的某个角落里,或者可以说是遗忘在俗世人间的某个秘密场所。不,说得更为正确些,她是为了自己的丽姿,无意识地隐藏了那条玉臂,为了漂向更远更远的国度,为了超越更久更久的时代。"

① "巧妙地遗忘",是什么意思?

② "无意识地隐藏",与表示特定目的的"为了"有没有矛盾? 你觉得作者这样说有什么意味吗?

③ "或者可以说"、"不,说得更为正确些",这些起到关联作用的词语,你是不是也感觉到其中蕴涵着某种意味呢?

2. 文章最后一个自然段中说:"而背负着美术作品命运的米洛斯的维纳斯那失去了的双臂,对这些比喻、赞颂来说,却是一种令人难以相信的讥讽。"

① 联系上文,说说"比喻、赞颂"分别指什么?

② 联系下文,说说是什么"讥讽"了什么?

③ "背负着美术作品命运"是什么意思? 请在文章中找出相应的说法。

④ 说说你对"令人难以相信的讥讽"的理解。

3. 全文朗读。读的时候,注意那些起关联作用的词语,读出它们的味道来。

6. 宣传文、励志文与演讲词

宣传文指公益宣传，主要目的是树立社会主义核心价值观、人生观。以青年为读者对象的宣传文，通常称之为励志文。

演讲词也称演讲稿。语文教材中选入较多的是说服型演讲，往往还是特殊场合的演讲；在"以散文为主导文类"的格局下，绝大多数具有较强的抒情色彩。如人教版高中语文教材中的《就任北京大学校长之演说》（蔡元培）、《我有一个梦想》（马丁·路德·金）、《在马克思墓前的讲话》（恩格斯），苏教版高中语文教材中的《不自由，毋宁死》（帕特里克·亨利）等。

说服型演讲讲究西方所说的"修辞"，即"演讲技巧"。被誉为全美演讲学首席导师的S·卢卡斯在《演讲的艺术》一书中，言简意赅地解释道①：

> 什么东西使一个演讲人说服力强？一个演讲人如何能够促使听众采取行动来支持一项事业、一个运动或一个候选人？答案是听众主要是被下述四个原因之一或四个原因中的多个原因所说服。
> ① 因为他们感觉到演讲人有很高的可信度。
> ② 因为他们被演讲人的证据所说服。
> ③ 因为他们相信演讲人的推理。
> ④ 因为他们的感情被演讲人的思想和语言打动了。

单以"可信度"来说，怎么强化可信度呢？办法有如下几个：（1）宣传自己演讲话题的专业知识（表明全面调查过这个话题）。（2）建立与听众共同的立场——建立共同立场对说服型演讲的开始尤其重要。演讲一开始就要跟听众产生认同。你应该表明，大家的价值观、态度和经验都是差不多的。让他们因为赞同而点头，那听众就会更乐意接受你最终的提议。（3）流畅、痛快和坚定地表达自己。……演讲的技巧先放在一边，强化自己的可信度的最重要的方式，往往是以真正的、坚定的信心表现自己的演讲思想。

以上列举了议论性文章的若干语篇类型及其理解性阅读的要点。议论性文章的阅读，首先要理解作者的所言所论，在理解的前提下，还应该进行批判性阅读，并

---

① ［美］S·卢卡斯.演讲的艺术［M］.李斯，译.海口：海南出版社，2002：378—383.

参考作者的所言所论进行批判性反思。然而，哲理散文、学术随笔（议论性）、文艺随笔这些具有很强的文学性散文色彩的文章，尤其是其中已有定评的优秀文章，宜用散文的读法——体味精准的语言表达、分享作者独特的认识和感悟。不宜自以为是而对作者的认识和感悟进行所谓的"批判性阅读"——以自己的观点和信念去反对（指责）作者的认识和感悟。

八、批判性阅读与批判性反思

清晰的交流取决于专业术语的一致性。"批判性思维"，目前国内的翻译有"严谨思维""审慎思维""审辩思维"等。相应地，"批判性阅读"也被称为"审辩阅读""审辩式阅读""审辩性阅读"等，或被理解为"思辨性阅读"等。本人以为，对待外来的术语，译词"拗口"一点乃至"生僻"一点利大于弊，或可避免因汉语词汇的语义联想而造成系统性误会。

（一）批判性阅读基于批判性思维

批判性阅读基于批判性思维。对"批判性思维"，不同的学者从不同的视角给出了许多定义和解释。综合多本译著中的定义和解释，可以提炼出批判性思维的三个要点。

1. 判断性问题

批判性思维面对的是有争议的问题。有些定义和解释凸显了这一要点，如："批判性思维包括提出一系列相关的批判性问题的意识，以及在适当的时机提出并回答问题的能力和意愿"；"批判性思维需要提出问题。这些问题包括需要问的问题，好的问题，问题能够指向事物的本质。批判性思维需要觉察到那些需要解决的问题"[①]。

理查德·保罗（Richard Paul）、琳达·埃尔德（Elder Linda）区分出了三类问题：（1）事实型问题，或称"单体系问题"。原则上只有一个正确答案，例如，铅的沸点是多少？（2）见仁见智的问题，或称"无体系问题"。答案因各人看法不同而异，例如，你喜欢留什么发型？（3）判断型问题，或称"多体系问题"。这种问题需要推理，而且往往有一个以上的合理答案，例如，什么是解决经济问题的最佳方式？[②]

---

① ［美］Gerald M. Noich. 学会批判性思维——跨学科批判性思维教学指南［M］. 柳铭心，译. 北京：中国轻工业出版社，2005：6.

② ［美］理查德·保罗，琳达·埃尔德. 批判性思维：思维、写作、沟通、应变、解决问题的根本技巧［M］. 乔苒，徐笑春，译. 北京：新星出版社，2006：114—116.

批判性思维针对的是判断性问题。判断性问题,也被称为"非事实性问题"。布鲁克·摩尔(Brooke Moore)和理查德·帕克(Richard Parker)进一步明确:"如果有业已确立的手段来解决它,那么某个问题就是事实问题";"如果没有业已确立的手段来解决某个问题,那么若两人就此问题有不同意见,则无法断定两人中任何一人是错的。这是非事实性问题的标志"①。

非事实性问题,又被称作"评价性问题"。对事实性问题的判断,叫"事实性判断",包括可通过观察、实验验证其真假的"描述性判断",基于观察又超出观察的依据已证实的原理,加以推断其因果关系或相关关系的"解释性判断"。对评价性问题(判断性问题、非事实性问题)的判断,叫"评价性判断",包括伦理判断(对错好坏)、审美判断(美丑,协调)、工具性判断(成本—效益,实用性、有效性)、价值比较判断(是否值得,是否重要)等。

莎伦·白琳(Sharon Bailin)和马克·巴特斯比(Mark Battersby)在《权衡:批判性思维之探究途径》一书中对"事实性判断"与"评价性判断"做了细致的区分:事实性判断,可以通过观察和实验验证其真假;而评价性判断,可以通过推理判断其合理性(更具合理性)、通过理由和论证而得到辩护。"注意事实性判断和评价性判断之间的区分是至关重要的。事实性问题和评价性问题要求不同种类的判断,是由不同种类的论证来支持的,也是根据不同的标准来评价的。混淆两者,特别是试图用处理事实性问题的方式来处理评价性问题,将会给我们的思考带来严重的问题。"②

2. 系统地推理论证

批判性思维是用推理论证来回答问题。对批判性思维的定义和解释,有一些就侧重在这一要点。如:"批判性思维就是在认识客观事物时仔细分析和检查我们自己和他人的思想以求澄清和提高我们的认识"③;"批判性思维是一个调查的过程,调查的目的是探索一个情况、现象或问题,通过收集所有可用的信息从而得到一种令人信服的假定或结论"④。

① ［美］布鲁克·摩尔,理查德·帕克. 批判的思考［M］. 余飞,谢友倩,译. 北京:东方出版社,2007:
　　12—14.
② ［美］莎伦·白琳,马克·巴特斯比. 权衡:批判性思维之探究途径［M］. 仲海霞,译. 北京:中国人民
　　大学出版社,2014:203—204.
③ ［美］约翰·查菲. 批判性思维［M］. 姜丽蓉,习继田,李家谦,译. 太原:山西人民出版社,1989:40.
④ ［美］约翰·宾. 研究性学习［M］. 张仁铎,译. 南京:江苏教育出版社,2009:2.

推理是以充分的理由为基础而得出结论,论证是用理由去证明某些观点的过程。系统地推理论证,也就是根据推理要素加以系统思考。批判性思维研究专家发明了多种描述系统地推理论证的"要素圈",其中最著名的是理查德·保罗、琳达·埃尔德的"思维的基本结构"要素圈(如图 4-28 所示)[①]。

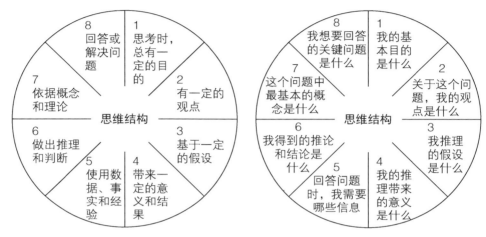

图 4-28　"思维的基本结构"要素圈

3. 评价标准

评价是批判性思维的核心,而评价基于标准。

"批判性思维"源于两个希腊语词根:"具有洞察力的判断"和"标准",可以理解为"标准基础上的具有洞察力的判断"[②]。对批判性思维的定义和解释,有一些就强调这一要点,如:"一种思维,目的在于可靠基础上的判断,从而运用适当的评估标准,致力于决定事物的真实值、优点或价值。"[③]

思维的评价标准来源于以下三个方面。

一是学科的研究方法和规范。主要用于事实性判断。

事实性判断原则上只有一个正确答案。但是,实际的情况并不都像举例"铅的沸点是多少"那么简单。一方面,事实性问题和非事实性问题之间的界限并非泾渭

---

① [美]理查德·保罗,琳达·埃尔德.批判性思维工具(原书第3版)[M].侯玉波,姜佟琳,译.北京:机械工业出版社,2013:50.

② [美]理查德·保罗,琳达·埃尔德.批判性思维:思维、写作、沟通、应变、解决问题的根本技巧[M].乔苒,徐笑春,译.北京:新星出版社,2006:306.

③ [美]理查德·保罗,琳达·埃尔德.批判性思维:思维、写作、沟通、应变、解决问题的根本技巧[M].乔苒,徐笑春,译.北京:新星出版社,2006:306.

分明①，评价性问题的争论往往与事实性问题交织在一起②。另一方面，有些事实性问题，客观上也是存有争议的。例如关于"学习"，就有行为主义的理论、认知主义的理论、信息加工的理论和建构主义的理论。

但是，对事实性问题（单系统问题），进行思考辨析是一个由已知求未知的过程，在学科内有可据以进行评判的普遍接受的标准或规范。比如：自然科学，使用已经确定的理论和规则；文学评论、文学理论，使用学科中受到高度尊重的观点；社会科学，使用试验及其发现；商业、健康科学，使用个案研究和专业的实践；等等③。

二是不同问题类型或判断类型的适用标准。事实性判断与评价性判断的适用标准不同；不同类型的评价性判断，也有各自的评价标准。

伦理判断，评价标准涉及该行为的道德特质（如是不是在撒谎）、该行为的义务和责任（如教师批改作业要公平）、该行为的后果（如是否可以让很多人受益）。审美判断，很大程度上跟感知、对象或经验的形式特指有关，评价标准随着该艺术作品的变化而变化。工具性判断，与行动如何有效地达到所期望的目标相关，评价标准涉及有效性、成本—收益以及利益相关者的满意度等。

三是思维的通用标准。批判性思维所讲的"评价标准"，主要指思维的通用标准。一个判断是否合理，可以用一些思维的通用的衡量标准来检验。

思维的通用标准，分正面的（好的）和反面的（坏的）。正面的（好的）标准，如理查德·保罗和琳达·埃尔德提出的"最简化的思维标准"：清晰性、准确性、精确性、相关性、深度、广度、逻辑性、重要性、公正性等④。每一项标准，都有可资查核的问题查核单。

反面的（坏的）标准，指"思维谬误"或"修辞手法"。思维谬误，即思维的陷阱，指"那些看起来不错，而实际上是错误的思维"⑤。比如："草率概括""倒因为果""错误类比""以权威为据""以无知为据""黑白思维""源于愤怒的论证""众所周知""相对主义""以错制错""转移注意力""夸张""含糊其词""嘲讽""颠倒的逻辑""倒逆的

① ［美］布鲁克·摩尔，理查德·帕克.批判的思考［M］.余飞，谢友情，译.北京：东方出版社，2007：14.
② ［美］莎伦·白琳，马克·巴特斯比.权衡：批判性思维之探究途径［M］.仲海霞，译.北京：中国人民大学出版社，2014：206.
③ ［美］Gerald M. Noich.学会批判性思维——跨学科批判性思维教学指南［M］.柳铭心，译.北京：中国轻工业出版社，2005：214.
④ ［美］理查德·保罗，琳达·埃尔德.批判性思维工具（原书第3版）［M］.侯玉波，姜佟琳，译.北京：机械工业出版社，2013：72—79.
⑤ ［美］Gerald M. Noich.学会批判性思维——跨学科批判性思维教学指南［M］.柳铭心，译.北京：中国轻工业出版社，2005：168.

逻辑"等。

批判性思维的专家严格区分"说服力"和"证据力"。批判性思维追求的是"证据力",强调证据价值,强调基于证据的理性论证,而"一个带有谬误的论证,是说服力远远超出证据力的论证"①。"谬误是常见的弱的(甚至是极其糟糕)的论证,然而却具有相当大的说服力(修辞效果)"②,"只要没有遇到批判性程度更强的思考者,诡辩思考者就能赢"③。

事实上,正是因为无意、有意或特意地使用欺骗性、误导性、迷惑性的"思维谬误",才特别需要强调批判性思维——基于理性的判断。"说服别人的尝试常常更多地依赖语词的心理力量或修辞力量,而不是逻辑力量,一个人需要保持对语词的心理联想的敏感性,以免被人操纵。我们要避免被环绕在判断、建议、理论、观点或论证周围的感情色彩所诱惑。"④"批判性思维者懂得剥去语言表象,从各种角度来谈论并思考事物。"⑤

(二) 批判性阅读的适用范围

据理查德·保罗介绍,"它(批判性思维)根源于多学科、跨学科的知性的关注。它超越了现有任何学科,是对纠正人类混淆无知与知识、偏见与领悟、谬误与真理等固有思维倾向的观念、手段和价值的关注"⑥。

因此,批判性思维的专家一致认为:"批判性思维的各项技能可以运用于任何你运用思想(说、想、写)的领域。"⑦这从他们作品的书名中就可以直观地看到,例如,理查德·保罗和琳达·埃尔德所著的书名是《批判性思维:思维、写作、沟通、应变、解决问题的根本技巧》《思辨与立场:生活中无处不在的批判性思维工具》

---

① [美]莎伦·白琳,马克·巴特斯比.权衡:批判性思维之探究途径[M].仲海霞,译.北京:中国人民大学出版社,2014:96.
② [美]莎伦·白琳,马克·巴特斯比.权衡:批判性思维之探究途径[M].仲海霞,译.北京:中国人民大学出版社,2014:95.
③ [美]理查德·保罗,琳达·埃尔德.批判性思维工具(原书第3版)[M].侯玉波,姜佟琳,译.北京:机械工业出版社,2013:12.
④ [美]莎伦·白琳,马克·巴特斯比.权衡:批判性思维之探究途径[M].仲海霞,译.北京:中国人民大学出版社,2014:17.
⑤ [美]理查德·保罗,琳达·埃尔德.批判性思维:思维、写作、沟通、应变、解决问题的根本技巧[M].乔苣,徐笑春,译.北京:新星出版社,2006:68.
⑥ [美]理查德·保罗,琳达·埃尔德.批判性思维:思维、写作、沟通、应变、解决问题的根本技巧[M].乔苣,徐笑春,译.北京:新星出版社,2006:306.
⑦ [美]布鲁克·诺埃尔·摩尔,理查德·帕克.批判性思维(原书第10版)[M].朱素梅,译.北京:机械工业出版社,2015:3.

等。也正因为如此，"批判性思维技能居于 21 世纪技能的核心"①。

批判性阅读是批判性思维的运用。原则上，任何阅读都可以且应该做批判性阅读。但从相关译著看，批判性阅读的阅读材料，是有限制的。

（1）所阅读材料的内容主题在读者的专业或工作领域内。也就是说，读者对该内容主题具有较丰富的知识。道理似乎不复杂：如果缺乏相应内容主题的知识，不了解该领域的争议问题何以争议，不了解该学科或领域的评价标准，就不具备所谓的批判性思维的前提条件。

（2）所阅读材料的内容主题涉及国民的学习、生活、工作等一般性话题。也就是说，尽管读者可能不具备相关的专业知识，但其具有与该话题相关的经历和经验。如果掌握批判性思维的系统的推理技能并运用思维的通用评价标准，那么，读者就可以凭借自己的经历和经验，对阅读材料所持的观点做出合理的判断和评价。

（3）所阅读材料的内容主题，涉及国民关注或理应关心的公共议题。这些议题涉及国民的切身利益或长远利益，因而人们有表达自己观点的意愿和责任，对别人的观点有表达同意或不同意的权利和义务。

（4）批判性阅读主要适用于论说性文本，尤其是劝说性的文本，其主要内容由一些观点、理论、解释、说明、假设、推断所组成。

（5）本人所目及的三十多本关于批判性思维的书籍，未见一例虚构文学作品。在"连贯阅读"的基础上，虚构文学作品主要有两种阅读方式：一是"修辞阅读"，对语词、语句和篇章结构等所表现的文学性含义的体验；二是"参照式解读"，参照现实世界的价值观点对文学文本进行解读，主要关注文学作品的内容、主题。希利斯·米勒(J. Hillis Miller)将参照式解读称为"批判阅读"②，指文学理论界所说的"文化研究"等"外部批评"。我认为，学会"修辞阅读"，是文学教育的最主要内容，也是文学阅读能力的最主要方面。

（三）批判性阅读的"读法"

对于批判性阅读，理查德·保罗和琳达·埃尔德在《思考的力量：批判性思考成就卓越人生》一书中解释为："一个积极的、理性的阅读过程，读者参与到作者的内部话语中去。批判性思考者积极寻找假设、重要的概念和观念、理由和合理性、

① 彭正梅.丛书总序：培训作为 21 世纪技能核心的批判性思维技能[M]//［美］乔尔·卢迪诺,文森特·巴里.号召批判性思维[M].任朝迎,周小勇,译.上海：学林出版社,2018：V.
② ［美］希利斯·米勒.文学死了吗[M].秦立彦,译.桂林：广西师范大学出版社,2007：179.

支持性的例子、类似的经验、含义和结果,以及文字的其他结构化特征,并对它们加以准确且公正的解释及评价。批判性思考者会在准确地理解了作者的观点之后,才对文章发表评论。"①

斯特拉·科特雷尔(Stella Cottrell)认为:"批判性思维是一个复杂的思考过程,涉及很多技巧和态度。"②包括:(1)辨别他人的立场、论辩和结论;(2)评价其他观点的证据;(3)公正地权衡反方的论辩和证据;(4)能够读出言外之意,看穿表面现象,辨认虚假或者有失公正的假设;(5)识别出一些增加说服力的技巧,比如虚假逻辑和说服技巧;(6)以有结构、有逻辑、有见解的方式思考问题;(7)能够根据有效的证据和合理的假设判断论辩是否成立、是否公正;(8)整合信息——将你对于证据的判断集中起来,以形成你自己的新立场;(9)以一种结构清晰、推理严密且有说服力的方式介绍一个观点。

批判性阅读的核心问题是:"我应该相信他所说的吗?""有证据表明,在批判性阅读中存在一些专门的技巧。"③美国教育资助委员会的"大学生学习评估工程(Collegiate Learning Assessment,简称CLA)"具体罗列了二十一条批判性思维的重要技能。其中侧重于聆听和阅读方面的有④:(1)判断信息是否恰当;(2)区分理性的断言和情感的断言;(3)区别事实和观点;(4)识别论据的不足;(5)洞察他人论证的陷阱和漏洞;(6)独立分析数据或信息;(7)识别论证的逻辑错误;(8)发现数据和信息与其来源之间的关系;(9)处理矛盾的、不充分的、模糊的信息。

批判性阅读的关键是分析:"分析指的是找出文本的关键部分,并在完全理解其含义的基础上重建文本"⑤。如何重建文本? M·尼尔·布朗(M. Nell Browne)和斯图尔特·M·基利(Stuart M. Keeley)将批判性聆听和阅读需要的一整套态度和技能提炼为一系列的"提问策略":(1)问题和结论是什么?(2)理由是什么?(3)哪些词句的意义模糊不清?(4)价值冲突和假设是什么?(5)描述性假设是什么?(6)推理中存在谬误吗?(7)这些证据的可信度有多大?(8)是否存在竞争性

---

① [美]理查德·保罗,琳达·埃尔德.思考的力量:批判性思考成就卓越人生[M].丁薇,译.上海:上海人民出版社,2006:348.

② [英]斯特拉·科特雷尔.批判性思维训练手册[M].李天竹,译.北京:北京大学出版社,2013:3.

③ 心理学百科全书编辑委员会.心理学百科全书(第一卷)[M].杭州:浙江教育出版社,1995:520.

④ [美]布鲁克·诺埃尔·摩尔,理查德·帕克.批判性思维(原书第10版)[M].朱素梅,译.北京:机械工业出版社,2015:4.

⑤ [英]约翰·巴特沃斯,杰夫·思韦茨.思维技能:批判性思维与问题解决[M].彭正梅,邓莉,方蓉,等,译.上海:学林出版社,2018:10.

假说？（9）统计数据是否具有欺骗性？（10）重要的信息资料有没有疏漏？（11）什么结论可能是合理的？[①]

综上所述,批判性阅读的"读法"可以概括为：按推论论证的要素找出文本的关键部分并重建文本,借助一系列的"提问策略",对文章内容进行客观公正的评估,理性地决定是否同意作者的观点。

（四）批判性阅读伴随着批判性反思

"批判性思维"与"批判性反思",本身就是同义反复。批判性思维就是反思性思维："存在一种思维：它让我们形成意见、做出判断、做出决定、形成结论。同时,还存在另一种思维——批判性思维：它批判前一种思维,让前述思维接受理性评估。可以说,批判性思维是对思维展开的思维,我们进行批判性思维是为了考量我们自己（或者他人）的思维是否符合逻辑、是否符合好的标准。"[②]"批判性思维是合理的、反思性的思考,着重于决定相信什么和做什么。"[③]

之所以特意提出"批判性反思",除了避免中文译词"批判性"的局限性之外,还因为要突出以下三层意思。

1. 判断和评价要基于理由和证据

批判性阅读的核心问题是"我应该相信他说的吗?"批判性阅读不是"批判"作者,而是理性地决定是否同意作者的观点。

"从批判性思维的角度说,一个主张（观点）是否成立或可信,不取决于这个主张本身如何,取决于支持这个主张的理由如何。"[④]批判性思维要求我们将注意力从过分关注作者的立场和主张移开,将关注的焦点引向支持某种主张的理由和证据。

理由＋结论＝论证。首先是理由,然后才是结论,这是论辩的首要规则。如果先确立观点,然后去找理由,那就是"颠倒的逻辑"或"倒逆的逻辑"。

理由包括信念、证据、比喻、类比以及其他用来支持或证明观点的陈述。但信

---

① ［美］M·尼尔·布朗,斯图尔特·M·基利.学会提问——批判性思维指南（第七版）［M］.赵玉芳,向晋辉,等,译.北京：中国轻工业出版社,2013：17.
② ［美］布鲁克·诺埃尔·摩尔,理查德·帕克.批判性思维（原书第10版）［M］.朱素梅,译.北京：机械工业出版社,2015：2.
③ ［美］Gerald M. Noich.学会批判性思维——跨学科批判性思维教学指南［M］.柳铭心,译.北京：中国轻工业出版社,2005：2.
④ 谷振诣,刘壮虎.批判性思维教程［M］.北京：北京大学出版社,2006：109.

念、比喻和类比,只能作为辅助的理由。理由,归根结底依赖证据。因此,"我应该相信他说的",就应该基于足以确立观点的优势证据,或者说,是在质量上明显优于相反、相对观点的论据。表4-8所呈现的内容是论据的类型及判断其可靠程度的一般准则。

表4-8 论据的类型及可靠程度

论据的类型	可靠程度
直觉(我以为,我知道)	不可靠。除非有其他证据证明直觉建立在广博的个人经验和知识上
自己的经验(据我所知,依我所见)	不可靠
他人的证词	不可靠。需要在对提供证词的人有充分了解基础上的可信任度评估
个人观察(我看到)	较可靠。但必须通过其他观察者来验证
事例(案例)	不太可靠。要评估案例是否典型,是否有代表性
权威的意见	需要谨慎评估。权威的意见可能是错的,权威的意见往往相互矛盾
常识(大多数人的意见)	不太可靠。其中往往隐藏着偏见
类比	只能作为辅助证据。以两个事物已知的相似性为基础,得出关于另一方应该如何的结论,是建议性的,但往往导致错误类比
统计数据	较可靠。要评估调查的数量、广度和随机性
科学研究	最可信的来源之一。需要评估研究的质量

基于理由和证据,正是在这个意义上,诺希克(Gerald M. Noich)在论述批判性思维时特别强调"相信结果"[①]:"批判性思维需要我们相信我们推理的结果。"

因而,批判性阅读也是读者对自己观点的挑战。也就是说,我们相信一个说法,不是因为与自己的想法正好相吻合,而是其理由和证据使我确信。反之,即使一个说法与自己的想法相异、相对乃至相反,如果其论据和论证无懈可击,我也得承认别人说的是有道理的。换言之,理性的人应该跟着道理走,这就意味着要放弃自己原有的观点。

---

① [美]Gerald M. Noich.学会批判性思维——跨学科批判性思维教学指南[M].柳铭心,译.北京:中国轻工业出版社,2005:6.

2. 判断和评价要有足够的容纳力

"我应该相信他说的吗?"还应该"知道问题往往没有明确答案或唯一的解决办法"①。

世上的事情并不是非黑即白的。有时看似相对、相反的论点,其实是各自的论题(看问题的角度、论述的范围)有差异,或许从各自的论述范围和看问题的角度来讲,两者都是成立的;反之,如果跨越了各自的论述范围、看问题的角度,两者很可能都是错误的。有时多种观点看似针锋相对,其实未必非此即彼。例如,关于"学习"的种种理论,都揭示了"学习"的某些方面,在某种意义上说,它们都是"正确"的——"各种理论观点对人类学习而言都有重要意义,也都为实际工作者如何帮助成人和儿童有效地学习、高效多产地行事提供了有用的见解"②。

正因为有多种"正确"的可能性,理查德·保罗和琳达·埃尔德在论述批判性思维时特别强调"公正性":"公正性要求我们努力平等地对待每一种观点。这需要我们认识到我们常常对他人的观点抱有偏见,我们常常会给他人的观点贴上'喜欢'(赞成我们的观点)和'不喜欢'(不赞成我们的观点)两类标签。我们常常忽视反对意见,这在我们有自私的理由时更为明显。"③

3. 判断和评价有时要暂缓

"我应该相信他说的吗?"并不总是要明确表态,也不是谁在任何时候都有能力明确表态。

在"同意"和"不同意"之间,我们还有第三种选择,那就是暂不表态。"在没弄清理由之前,对主张的对错不轻易下判断。"④容忍模糊,承认自己还没有弄明白别人所说的道理,承认自己并不是对每一件事情都有"同意"和"不同意"的权利。

"在准确地理解了作者的观点之后,才对文章发表评论",在艾德勒看来,这是"知识交流中讲礼貌的一般规则"⑤:在可以用自己的话来准确地复述作者的主要

① [美]布鲁克·诺埃尔·摩尔,理查德·帕克.批判性思维(原书第 10 版)[M].朱素梅.译.北京:机械工业出版社,2015:4.
② [美]简妮·爱丽丝·奥姆罗德.学习心理学(第六版)[M].汪玲,等.译.北京:中国人民大学出版社,2015:9.
③ [美]理查德·保罗,琳达·埃尔德.批判性思维工具(原书第 3 版)[M].侯玉波,姜佟琳.译.北京:机械工业出版社,2013:14.
④ 谷振诣,刘壮虎.批判性思维教程[M].北京:北京大学出版社,2006:109.
⑤ [美]莫蒂默·J·阿德勒,查尔斯·范多伦.如何阅读一本书[M].蔡咏春,周成刚.译.上海:上海译文出版社,1991:152.

内容之后再做评价,"对你所做的任何评论提出充分的理由,以表明你认识到关于知识的争论和纯属个人看法的争论之间的区别"①。

安妮塔•哈娜德克(Anita Hanadek)在《批判性思维(卷一)》一书中列举了"批评性阅读的九个原则",其中大多数都是指向读者的批判性反思的:(1)接受新思想;(2)对一无所知的事情,不要去争论;(3)知道自己何时需要了解更多;(4)意识到同一个事物或者词汇,不同的人有不同的理解;(5)意识到绝对真实的事物与可能真实的事物之间的差别;(6)避免草率归纳;(7)质疑任何讲不通的道理;(8)区分情绪化思维与逻辑思维;(9)扩大词汇量以便理解他人,使他人也能理解自己②。

批判性阅读涉及互为关联的两个方面,一是阅读对象,二是阅读主体。着眼于前者,批判性阅读的重点是对文章内容进行客观公正的评估。着眼于后者,批判性阅读的重点是对我们自己的观念和思想进行理性的反思。批判性阅读与批判性反思相伴相随。

(五) 批判性阅读的学习活动示例

以下是我们做的"批判性阅读"的学习活动设计③,体现批判性阅读和批判性反思的一些要点。

人本质上是自私的吗?④

［美］本斯利(D. Alan. Bensley)

课文(略)

整合与建构

一、树立批判性思维的意识

1. 阅读下列故事,围绕所提示的问题交流读后感。

听完原告的陈述后,法官宣布:"你是对的。"这时工作人员提醒法官必须在听

---

① ［美］莫蒂默•J•阿德勒,查尔斯•范多伦.如何阅读一本书[M].蔡咏春,周成刚,译.上海:上海译文出版社,1991:153.
② 转引自［美］艾比•马克斯•比尔,普林斯顿语言研究中心.如何阅读:一个已被证实的低投入高回报的学习方法[M].刘白玉,韩小宁,孙明玉,译.北京:中国青年出版社,2016:129.
③ 王荣生,倪文尖.国家课程标准高中实验课本(试编本):语文必修•第四册[M].上海:上海教育出版社,2007:1—37.本单元由王荣生编写。
④ 文章选自［美］D. Alan. Bensley.心理学批判性思维[M].李小平,等,译.北京:中国轻工业出版社,2005.

到另一方的公开陈述之后才能对案件作出判断。听完辩护方的陈述后,法官又对被告宣布:"你是对的。"工作人员再次解释说,公平的判断要求法官在宣布判决之前必须听完各方完整的陈述。法官响应道:"你是对的。"

① 现代社会每天都会接触到大量信息,我们该如何应对?

② 信息的吸收要经过我们的选择,我们依据什么去选择?

2. 阅读课文之前,你对"人本质上是自私的吗"这一问题是如何回答的? 通过下列活动进行反思。

① 表中是对非理性观点的分类,请你在每一种类型中至少填入一条你所持的观点。

非理性观点的分类	列举你所持的观点
因为我所在的群体相信它,所以它是正确的	
因为我愿意相信它,所以它是正确的	
因为我一贯相信它,所以它是正确的	
因为它符合我的利益,所以它是正确的	

② 回想在阅读课文之前回答问题的情景:你当时是根据什么得出答案的?

③ 了解周围同学在阅读课文之前所做的回答,并询问他们有何根据。

3. "人本质上是自私的吗"这一问题,可能有多个"正确"的答案。你怎么认识这种现象? 通过下列活动进行反思。

① 阅读课文之后,你对这一问题的再次回答跟之前相比有无变化? 为什么?

② 了解周围同学在阅读课文之后所做的回答,并跟他们之前的回答做比较。

③ 列举几个与"人本质上是自私的吗"相类似的问题,参考下列提示进行小组讨论。

◇ 是不是所有的问题都只能有一个答案?

◇ 别人对问题有不同的看法,我们可否视而不见?

◇ 两个相反的观点,是不是就要么对要么错?

◇ "公说公有理,婆说婆有理",那么是不是就不必进行是非对错的判断?

◇ "可能有多个'正确'的答案",这里的"正确"一词是什么含义?

4. 阅读课文,完成下列学习任务。

① 课文是一篇文献综述,说说文献综述的主要特点。

② 这篇课文选自《心理学批判性思维》,是运用批判性思维进行批判性阅读的范例。结合课文,说说你对"批判性阅读"的认识。

二、学习批判性阅读的基本技能

1. 辨析相关概念,按批判性阅读的方式来分析文章。

① 参考解释,说明下列概念之间的关系。

论题:有待解决的问题。

观点:对问题的看法。

结论:通过论证得出的问题答案,建立在理由基础上的观点。

论证:一项论证由一个结论和支持该结论的理由组成。

理由:对我们为什么要相信某一特定结论的解释。

证据:支撑理由的事实材料。

② 分析课文,完成下列填空。

文章所讨论的论题是:＿＿＿＿＿＿＿＿＿＿＿＿＿＿＿＿＿＿＿＿＿＿

文章所综述的观点是:a＿＿＿＿＿＿＿＿＿＿＿＿＿＿＿＿＿＿＿＿＿

　　　　　　　　　b＿＿＿＿＿＿＿＿＿＿＿＿＿＿＿＿＿＿＿＿＿

文章所得出的结论是:＿＿＿＿＿＿＿＿＿＿＿＿＿＿＿＿＿＿＿＿＿＿

文章得出结论的理由是:＿＿＿＿＿＿＿＿＿＿＿＿＿＿＿＿＿＿＿＿＿

2. 考察证据的质量,抓住批判性阅读的核心环节。

① 试着判断下列证据类型的可信度:

　　　　　直觉　自己的经验　他人的证词　个人观察

　　　　　事例　权威的意见　常识　统计数据　科学实验

② 分析课文,指出支持"人是自私的"这一观点的证据,并分别标出证据类型。

③ 指出反对"人是自私的"这一观点的证据,也分别标出证据类型。

④ 比较两方的证据数量,参考链接材料,评估其证据的质量。

3. 再一次回答"人本质上是自私的吗"这一问题,陈述理由并提供五个以上的证据,其中两个必须是课文之外的。

> **应用与拓展** ‖‖

1. 首先是理由,然后才是结论,这是批判性思维的首要规则。应该避免"颠倒的逻辑"或"倒逆的逻辑",即不能先选择观点,然后再考虑理由。联系自己的议论文写作,评估自己的思维。

2. 批判性思维有"弱批判性思维"和"强批判性思维"两种。如果将批判性思维用于维护自己的既有观念,抵制与自己意见相左的观点,这就是"弱批判性思维"。"强批判性思维"要求将批判性思维用于所有的观点中,包括自己的观点。试各举一个生活中的例子。

3. 到图书馆或网络上查阅一两篇文献综述。

谈谈诗与文学的趣味①

朱光潜

课文(略)

整合与建构 ||||||||||||||||||||||||||||||||||||||||||||||||||||||||||||||||||||||||

一、学会搁置自己的意见

1. 对自己"文学趣味"前后两次的评价,你是满意、沮丧还是无动于衷?与周围同学说说你的感受。

2. 散文家朱自清曾说:"小说增加人的经验,提示种种生活的样式,又有趣味,最是文学入门的捷径。"你认为呢?

3. 对朱光潜的观点,你是完全同意、部分同意还是不同意?与周围同学交流预习时的记号和旁批,归拢大家的疑惑或意见,并作如下分类:

第一组:我们好像读不太懂。

第二组:文章似乎没有说清楚。

第三组:我们对"诗""好小说""文学趣味"等,持有不同的看法。

第四组:没有把握该分到上面哪一组。

4. 现在,请你试着把自己的感受和意见暂时放在一边,平心静气地再阅读一遍课文。

二、准确把握文章的意思

1. 说说 A、B 两组中加粗部分的差别。这篇文章的论题,你认为哪一组更妥帖一些?

A组 {
什么**是**文学的"趣味"?
读诗与文学趣味的高下**是什么**关系?
培养纯正的文学趣味**有哪些**途径? ……

---

① 文章选自朱光潜.朱光潜美学文学论文选集[M].长沙:湖南人民出版社,1980.

B组 {
文学的"趣味"应当是什么?

应该从何处入手来培养文学趣味?

应该如何培养自己纯正的文学趣味? ……
}

2. 按作者的意思,解释下列词语:

诗　诗的特质　纯正的趣味　"见"

3. 给文章分段。以"作者说"或"作者认为"起头,概述每段的段意。

4. 对照你刚才的归类,看放在第一组中的,大家的疑惑或意见是不是都解决了? 如果还有遗留的,向老师提出来。如果第二、四组中有已经解决了的,就把它们改放到第一组中去。

三、理性评估作者的观点

1. 按论题、结论、理由的线索,整理课文内容。("理由"部分,不必追求语句的完整,只要你自己能看懂就行。)

论题_____

结论_____

理由_____

2. 分析第 3—4 自然段,完成下表。

结论	理由	证据
要养成纯正的文学趣味最好从读诗入手		
能欣赏诗,自然能欣赏小说、戏剧等		

① 你觉得作者提出的理由可靠吗? 证据充分吗?

② 如果可靠、充分,你就应该同意作者的观点。这对你意味着什么呢?

③ 如果你认为不可靠、欠充分,请说出你的理由,并举出证据。

3. 按上一题的方式,评估文章的其他部分;根据其证据的可靠、充分与否,决定你是否同意作者的观点。

4. 查阅归入第三组的疑惑或意见,并做如下处理。

① 如果你认可作者对"诗""好小说""文学的趣味"等界说,也认为朱光潜的理由可靠、证据充分,请考虑放弃或修正你的意见,并写一篇读后感。

② 如果你不认可,请将你的意见发展为一篇名为《与朱光潜商榷》的文章。

5. 再检查一遍你开始时的归类,看放在第二、四组中的,是不是都解决了? 如果还有遗留的，向老师提出来。

应用与拓展 ▌||||||||||||||||||||||||||||||||||||||||||||||||||||||||||||||||||||||||||

1. 回顾刚才的上课经历，说说自己在"学会搁置自己的意见""准确把握文章的意思""理性评估作者的观点"这三个阶段的阅读方式上有什么不同？ 你认为"理性评估作者的观点"与"深刻反思自己的意见"二者的关系是什么？

2. 主动的阅读，是不断地向作者（文本）提出问题并对作者（文本）的回答进行谨慎评估的过程。你认为在接受作者的观点之前，至少要提出哪几个方面的问题？

事实与雄辩①

刘亚猛

课文（略）

整合与建构 ▌||||||||||||||||||||||||||||||||||||||||||||||||||||||||||||||||||||||||||

一、倾听可能与自己信念相冲突的观点

1. 当你听说"'事实胜于雄辩'是一个毫无意义的命题"时，你的第一反应是反感还是好奇？ 如果是后者，祝贺你，因为这表明你已是一个理智的读者。

2. 阅读课文，完成下列任务。

① 找出或归纳每段的结论句。

② 用疑问句揭示每段所回答的论题。

③ 填写下表。

自然段	结论	论题
一	"事实胜于雄辩"，在西方无人问津	这种现象的原因是什么呢
二		
三至四	略	略
五		
六		
七		

---

① 文章节选自刘亚猛.追求象征的力量——关于西方修辞思想的思考[M].北京：生活·读书·新知三联书店，2004.有改动。

3. 试着用自己的话陈述课文中支持上述结论的理由。你可以将有些术语(比如"事实宣认"等)避开,或者换成较通俗的说法。

4. 假设你要向初中生讲述这篇文章,请按论题、结论、理由的次序,讲述每一段的内容。

二、注意区分资料和对资料的解释

1. 资料是可验证、可查阅的,包括事例、引用的言论等。阅读课文第三、四自然段(关于维特根斯坦和波普尔的论辩、辛普森案件的审判),指出哪些部分是资料,哪些部分是作者对资料的解释。

2. 课文前五个自然段,原是一个完整的章节,标题是"为什么西方不说'事实胜于雄辩'"。从标题看,作者的主要意图是提供资料,还是对资料做出解释?

3. 阅读文章的第一自然段,画出对资料进行解释的部分。阅读第二自然段,画出资料部分。

4. 对资料的解释包括评论。文章在最后一个自然段中指出了"消极的一面"和"积极的一面",请你站在"事实不容篡改"的立场,改写这一段(提示:改变两个方面的次序及措辞)。

① 你看出了对资料解释的倾向性吗?

② 你改写的实践,是证实了"事实对雄辩的依赖",还是反驳了?

5. 现在,你应该看出:文章实际上有两个观点,一个是作者介绍的观点(即西方的观点),一个是作者的观点,体现在对资料的解释上。你看出来了吗?

6. 那么,是接受介绍的观点(即理解了西方的观点)呢? 还是一并接受作者的观点(即赞同作者的倾向性)呢? 这得由你自己来决定。

应用与拓展 ||||||||||||||||||||||||||||||||||||||||||||||||||||||||||||||

1. 联系课文和链接材料,想一想:

① 议论文写作中,你往往用事例("事实")来证明观点,你怎么确定它们真的是"事实"呢?

② 你可能听老师说过,"同一个事例可以用来证明不同的观点",这句话是什么意思呢?

2. 就像你刚才所经历的,阅读文章并不是每一句、每一个字都要"读懂"。但是,从语文学习的角度,你还是有必要把那些不能理解的字词和语句搞明白。请画出你尚不明了的字词和语句,向周围同学或老师请教。

第五章
学科阅读与学术语言能力

一、学科阅读的情境

　·"学生"

　·教科书

　·通过教科书自学

　·学习学科知识

二、透过学科看世界

　·学科的类型

　·学科的观点

　·学科的核心概念

　·学科的认知方式

三、概念、概念视角与概括性知识

　·概念学习

　·概念性视角与概括性知识

　·"大概念"即核心的概括性知识

四、学科阅读的特点及其能力要求

　·学科阅读与学科学习

　·阅读之前：专业问题与先有概念

　·阅读之中："停住"的艺术

　·阅读之后：变形笔记、回应与
　　自我评估

五、在学科学习中发展"学术语言能力"

　·读写能力与学科内容知识

　·读写思维与学科语言能力

六、"问题情境"中的探究学习

　·基于问题的学习：解决现实问题

　·基于项目的学习：对"驱动型
　　问题"做出回应

　·由"基本问题"通向"大概念"
　　深度"理解"(问题：基本问题)

第五章

在上一章，我们分别论述了真实情境中实用性阅读的七种类型，包括以获取资讯为目的的阅读、程序性文本的操作性阅读、自我导向的致用性阅读、普通读者"有难度的"理论读物阅读、必读理论书的分析性阅读、论说性文章的理解性阅读、批判性阅读与批判性反思。学科阅读，也是实用性阅读的主要阅读类型之一①，因其常与教学情境相联系，我们另辟一章讨论。

一、学科阅读的情境

学科阅读，特指以"学生"的角色身份通过阅读教科书学习特定的学科知识。

这个定义是从阅读主体和阅读对象的交互作用来说的，可以从以下四个方面加以界说。

（一）"学生"

"学习总是无所不在的，尽管有时候它也会出现得漫不经心，并且不一定都是目标驱动的。"②我们每个人都是"偶发学习者"。阅读是学习的一种途径，通过阅读学习；从这个意义上说，所有阅读者同时也就是学习者。

但是，作为"学生"的角色身份，就意味着进入了一种专门的学习，进入一种"教学"的情境。"教学则是一种目标导向的活动"③，无论是各级各类在校学生、在职培训的学员还是自学者，若自认为是"学生"，就意味着签署了一份达成学习目标的契约，意味着承诺"学会"特定知识和技能，并接受外部的考核或有某种外部压力的自我评量。

（二）教科书

学科阅读的对象是教材，包括指定的教科书和自学者自选的教材。为了行文

---

① 从范围上讲，学科阅读也应包括文学学科，但本章不讨论文学阅读的问题。关于文学阅读，请见第六章"测评面相的文学阅读能力"。

② ［美］M·戴维·梅里尔.首要教学原理［M］.盛群力,钟丽佳,译.福州：福建教育出版社,2016：3.

③ ［美］M·戴维·梅里尔.首要教学原理［M］.盛群力,钟丽佳,译.福州：福建教育出版社,2016：3.

一致,统称为"教科书"。

教科书是为达到特定学习目标而编撰的学习材料。由本学科专家编撰的优秀教科书,精选学科最重要的学习内容并加以精心组织,有的还设计了导向学习目标的学习活动以及评估学习成效的练习题、测试题等。

(三) 通过教科书自学

一本教科书,相当于一门静态的课程。"学生"通过教科书学习特定的学科知识,相当于开始一门课程的学习,参与到与教材进行对话的动态的学习活动过程。

参与一门课程的学习活动,至少有两种情境:一种是有教师指导、与同学合作的学习情境,包括中小学和大学的课堂教学、成人培训班和研修班、在线学习等。一种是个人自学,主要通过教科书学习。事实上,即使是上述第一种情境,积极主动地进行自主学习,也是优秀学生的共同经验。自主学习当然不限于教科书,但透彻理解学科的核心概念,通常还是要借助教科书的。

通过教科书学习或借助教科书学习,是现代教育的特质;"靠着语言把未知的世界变成准经验(代理经验)的世界,就是教育的目的"①。可见,学科阅读能力是必需的学习能力。

成人学习是自我导向的。在离开学校之后,学科阅读能力的迫切性和重要性越发显现。"事实上,一个主题在你的生活中越重要,学习一门相关课程、阅读一本这个领域的教材也就越重要。"②例如,辅导自己的孩子阅读儿童文学作品、关注当前的经济发展趋势与存款利率变化等,与其东打听西求教、道听途说,不如扎扎实实阅读学习一本儿童文学的教科书、经济学的教科书,特别是著名专家撰写的导论性、概论性的大学教科书。例如:方为平《儿童文学教程》③、曼昆(N. Gregory Mankiw)《经济学原理》④等。

(四) 学习学科知识

通过教科书自学,也至少有以下两种方式。

一种是学科导向的,系统地学习教科书所承载的学习内容,透彻地理解学科的

---

① [日]外山滋比古.阅读整理学[M].吕美女,译.北京:北京联合出版公司,2014:56.
② [美]Gerald M. Nosich.学会批判性思维——跨学科批判性思维教学指南[M].柳铭心,译.北京:中国轻工业出版社,2005:134.
③ 方为平.儿童文学教程[M].上海:复旦大学出版社,2015.
④ [美]N. Gregory Mankiw.经济学原理[M].梁小民,译.北京:生活·读书·新知三联书店/北京大学出版社,1999.

核心概念及其概念性知识体系。这种方式，一般以一本权威的教科书为中心展开学习，学习是按教科书的组织一个内容、一个内容累进地进行的。本章主要讲述这种方式的学科阅读。

一种是问题导向的，基于现实世界的真实问题，在认识问题、分析问题、解决问题的探究过程中，选择、学习并利用相关的学科知识。这种方式，本质上是跨学科的，学习是以问题为中心的，依问题解决的相关性，选择性地学习几个学科的多本教科书中与当前问题相关的内容。关于这种方式的学科阅读，由于涉及面较复杂，本章只做概要论述。

二、透过学科看世界

本章所说的"学科"，指"discipline"和"subject"。"discipline"相当于大学的学科，包括一级学科、二级学科、学科方向，以及一些新兴的跨学科专业。"subject"指中小学的科目，它们与学科有对应关系，但未必完全一致，例如"科学"，是物理、化学和生物等学科（discipline）内容构成的一门综合课程，可以看成一个科目（subject）。

（一）学科的类型

人类按不同的主题领域来组织知识，这些领域又可称作学科。石中英认为，学科知识总体上可以分为三大类（如图5-1所示）①。

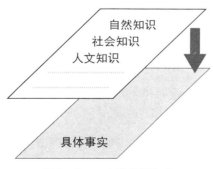

图5-1　三大类学科知识

（1）自然知识。"'自然知识'是一种'描述性的知识'，旨在通过一定的概念符号和数量关系反映不同层次自然界所存在的一些'事实'和'事件'。"

（2）社会知识。"'社会知识'是一种'规范性的知识'或'策略性的知识'，旨在

① 石中英.知识转型与教育改革[M].北京：教育科学出版社，2001：281.

借助于一定的理论传统和价值立场,对'社会事实'或'社会事件'的现状与发展趋势进行系统化、类型化的分析,并得出或暗示着有关的实践建议或策略。"

(3)人文知识。"'人文知识'是一种'反思性知识',旨在通过认识者个体对于历史上所亲历的价值实践的总体反思,呈现出认识者个体对于人生意义的体验。"相应的"精神产品",如哲学、戏剧、诗歌、绘画、音乐、文学、雕刻等。

三大类知识,形成三大类学科:研究自然现象的诸多自然科学的学科,如物理学、化学、生物学、地理学、医学等;研究社会现象的社会学、经济学、人类学、法学、心理学、教育学等;研究"人文世界"人生意义的哲学、伦理学、文学、历史学等。

高效学习研究专家亚当·罗宾逊则从"学习目的"的角度,将学科分为四种类型(如图5-2所示)①。

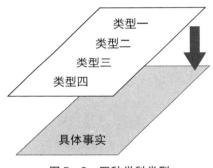

图5-2 四种学科类型

类型一:人类学、天文学、生物学、地球科学、教育学、地理学、政府学、历史学、法学、营销学、政治科学、心理学、社会学。在这些科目中,相应的信息已经形成一定的体系,"你的主要任务是获取并理解这些信息"。

类型二:艺术历史、舞蹈理论、英语(语言学)、电影鉴赏、文学、哲学、神学。在这些科目中,"你的主要任务是获取并理解一些解释型技巧(方法)。每一个科目所对应的都是不同类型的交流方式,利用一些解释性技巧,你可以对相应的内容进行辨别,并做出批判性的回应";"在学习类型二科目的时候,你关注的不只是内容,还有其表达方式。同时,对于这些科目,你的个人反应也是你学术经历不可或缺的一

---

① [美]亚当·罗宾逊.如何学习:用更短的时间达到更佳效果和更好成绩[M].林悦,译.北京:中国青年出版社,2016:176—177.

部分。你要学习的，正是如何鉴赏一种艺术形式并做出回应"①。

类型三：会计学、化学、电脑科学、经济学、工程学、金融学、逻辑学、数学、物理学。"这些科目都很注重数学……科目所用的语言，通常不是文字，而是一些数字和符号。"

类型四：创意写作、舞蹈（表演）、辩论、外国语、音乐（表演）、绘画、戏剧。在这些科目中，"你的主要任务并不是理解，而是创造、表演、交际"。

本部分所说的"学科阅读"，主要针对上述类型一的学科。关于类型二，我们将聚焦到其中的"文学"，在第六章"测评面相的文学阅读能力"详述。关于类型三，在下述第四大点的最后，我们将给出一个物理学科的学习活动示例。关于类型四，可参读第四章中的"程序性文本的操作性阅读"和"自我导向的致用性阅读"。

（二）学科的观点

学科的观点，即特定学科看待自然、社会、人生、历史现象的立场、角度。

"学科的作用就像一组透镜，透过它们你可以用一种更集中的方式看世界。"②假如有五人结伴去某地区考察，身份分别是医学家、地理学家、历史学家、语言学家、画家，可以设想他们各自的考察内容定是截然不同的。"学科体现了看待世界的一种独特方式"，"一个学科的观点（或是看法）非常深入，以致看起来好像那个学科的专业人员看到的世界与你看到的不同，在某种意义上，确实是这样的"③。

学科的观点形成学科所研究的基本问题，并根据问题的领域形成分支学科。例如：

经济学的最基本问题，是"无限制的需要和非常有限的资源"这一难题④。经济学研究社会如何管理自己的稀缺资源。由此生发三个基本问题：社会应该生产什么？应该如何生产？谁来消费所生产的东西？经济学是商品和劳务的生产、分配、交换、消费的规律的研究，分为微观经济学和宏观经济学。微观经济学，主要研究经济现象中的某些特定部分，包括个体消费者、家庭，以及服务于市场某一特定

① ［美］亚当·罗宾逊.如何学习：用更短的时间达到更佳效果和更好成绩［M］.林悦，译.北京：中国青年出版社，2016：178.
② ［美］Gerald M. Nosich.学会批判性思维——跨学科批判性思维教学指南［M］.柳铭心，译.北京：中国轻工业出版社，2005：100.
③ ［美］Gerald M. Nosich.学会批判性思维——跨学科批判性思维教学指南［M］.柳铭心，译.北京：中国轻工业出版社，2005：122.
④ ［英］J·哈维.现代经济学［M］.沈志彦，周一方，译.上海：上海译文出版社，1985：1.

领域的商业,如零售业和医药服务业等。宏观经济学,主要研究如货币供应、通货膨胀、商业和工业的存货总量、失业率等复杂事情所构成的关系网。

心理学是对动物、人的本能和习得行为的研究。分支学科有认知心理学、社会心理学、教育心理学、发展心理学、应用心理学等。例如教育心理学,其基本问题是:学生是如何学习的? 我(教师等)该如何帮助学生学习?

社会学是对人类组织、组织的构成、组织作用的发挥等问题所进行的研究。一系列分支学科,如乡村社会学和城市社会学、经济社会学、组织社会学、知识社会学等。

把一门学科的核心问题当成一个整体,根据这门学科的核心问题去理解其中的每一个项目,以及这些项目是如何结合在一起的,这是掌握一门学科逻辑性的重要方法。

某个领域或学科体现了截然不同的问题范围。从学科观点看世界,需要把我们世界中的问题看作学科范围内的问题。

例如,著名人类学家约翰·奥莫亨德罗(John Omohundro)在《像人类学家一样思考》一书中,以 11 个学科问题来组织这本人类文化学的经典教科书,所谓"像人类学家一样思考",也就是按 11 个学科问题来认识、分析、研究人类文化:(1)什么是文化? 概念性问题。(2)如何了解文化? 自然性问题。(3)这种实践或观念的背景是什么? 整体性问题。(4)其他社会也这么做吗? 比较性问题。(5)这些实践和观念在过去是什么样的? 时间性问题。(6)人类生物性、文化与环境是如何互动的? 生物—文化性问题。(7)什么是群体与关系? 社会—结构性问题。(8)这意味着什么? 阐释性问题。(9)我的观点是什么? 反身性问题。(10)我在下判断吗? 相对性问题。(11)人们怎么说? 对话性问题①。

(三) 学科的核心概念

每一个学科都有自己作为认识工具的核心概念及其概念体系。学习一门学科最重要、最基本的任务,就是透彻理解学科的核心概念。例如:

地理学:地形,位置,地区,地区特点,生态,气候,资源,空间相互影响,居民,移民,人口统计状况,人口密度,等等。

人类学:文化,风俗,传统,语言,仪式,血缘关系,工具,传播,文化适应性,创

---

① [美]约翰·奥莫亨德罗.像人类学家一样思考[M].张经纬,等,译.北京:北京大学出版社,2017:5—7.

新，文化交流，等等。

社会学：群体，社会，规范，权力，社会化，社会地位，社会身份，角色期望，歧视，层化，社会流动性，等等。

经济学：资源，稀缺，需求，供求，商品，生产，交换，利润，价格，服务，劳动力，消费者，等等。

心理学：本能，动机，感知，认知，学习，自我概念，性格，人格，条件，作用，强化，从众、社会认知、偏见，等等①。

透过学科看世界，最主要的方面就是根据学科的概念和分类看世界，用学科的核心概念所形成的概念视角，去认识（过滤）周围世界的种种现象。

蒂莫西·泰勒(Timothy Taylor)《斯坦福极简经济学——如何果断地权衡利益得失》一书的封底写道："经济学不是答案，它只是你寻找答案的架构"；"给你 36 个经济法则的关键词，你不必是经济学家，也可以成熟地参与经济"②。在我看来，"机会成本"或许是人们在日常生活中运用最广泛的一个经济学概念：是考研究生还是先找工作？是先在职场打拼立住脚跟还是先结婚生育？几乎我们所有面临的重要抉择，都要与"机会成本"这个概念打交道，我们也要学会运用这个概念来思考问题、分析问题，并做出明智的选择。

在最近的阅读中，给我触动最大的一个词是"位置"，地理学的核心概念。"'位置'可能看起来不重要，但是它可能会令人感到难以置信的深刻。"③"位置"是一个城市发展最重要的条件，譬如北上广深这些大城市。如果某座城市处在高铁沿途的"位置"，那么这将给这座城市带来新的发展机遇。就个人而言，"位置"就是人生。"'位置'很大程度上决定着人们的生活——如何生活、靠做什么生存、与谁结婚、什么时候死。"④

批判性思维研究专家诺希克曾讲述他的一个非正式实验：在他的课上，请同学们写出在生物课所学的几个概念并加以解释，其中大部分同学都列有"细胞"这一

---

① ［美］大卫·A·威尔顿.美国中小学社会课教学策略[M].吴玉军，译.北京：华夏出版社，2004：51—59.

② ［美］蒂莫西·泰勒.斯坦福极简经济学——如何果断地权衡利益得失[M].林隆全，译.长沙：湖南人民出版社，2015：封底.

③ ［美］Gerald M. Nosich.学会批判性思维——跨学科批判性思维教学指南[M].柳铭心，译.北京：中国轻工业出版社，2005：216.

④ ［美］Gerald M. Nosich.学会批判性思维——跨学科批判性思维教学指南[M].柳铭心，译.北京：中国轻工业出版社，2005：216.

概念，说明大部分同学都学过并记住了这个概念。两周后，他请同学回答以下问题：当你的手指被感染时，会发生什么？婴儿如何形成？当某人得了癌症会发生什么？晒黑为什么会有害？他发现："但是在两年中，多个班级的学生中没有一个在回答中用到'细胞'这个词。……'细胞'这个名词并没有成为这些人思考问题方式的一个重要部分，'细胞'这个概念并没有得到内化。"①也就是说，这些大学生并没有学会"用生物学思维"："一节生物课的一个主要目标是帮助你内化生物学最核心的概念，并且学会在生活中用这些概念来思考问题。这就是用生物学思维的意思。"②

其实，不能用学过的概念来思考学科问题，这种现象是较为普遍的。秋叶说："我曾经问过学经济学的同学，如果看到报道的财经新闻，比如股票涨跌、某些行业整体性危机，一些政府行政指令效果不佳，能否用学过的经济学知识做个分析？答案往往是没有想过。"③我所接触的学习教育学专业的大学生和研究生，似乎也很少有人用教育学的概念来思考、分析中小学教育教学现象。学习经济学的大学生，不能够用经济学的概念来思考经济问题，学习教育学的大学生，不能够用教育学的概念思考教育问题，这表明学科阅读与学科学习是失败的。

学科阅读与学科学习，最重要的方面，就是要透彻理解学科的核心概念，从而获得概念视角，学会"像专家一样思考"。

（四）学科的认知方式

"不同的学科和子学科、不同的专业领域，甚至在不同的文化，在某种程度上都需要独特的'认知方式'。"④

学科的认知方式，也就是学科获得知识的方法，即"弄清楚某事的方式""探究的方式"，包括学科如何建构知识和如何检验知识。它是一门学科的内在逻辑和相应的思维、实践方式。

戴维·珀金斯（David N. Perkins）提出从四个维度来审视一门学科的认知方式⑤。

---

① ［美］Gerald M. Nosich. 学会批判性思维——跨学科批判性思维教学指南［M］. 柳铭心，译. 北京：中国轻工业出版社，2005：101.
② ［美］Gerald M. Nosich. 学会批判性思维——跨学科批判性思维教学指南［M］. 柳铭心，译. 北京：中国轻工业出版社，2005：101—102.
③ 秋叶. 秋叶：如何高效读懂一本书［M］. 北京：北京联合出版公司，2015：封底.
④ ［美］戴维·珀金斯. 为未知而教，为未来而教［M］. 杨彦捷，译. 杭州：浙江人民出版社，2015：157.
⑤ ［美］戴维·珀金斯. 为未知而教，为未来而教［M］. 杨彦捷，译. 杭州：浙江人民出版社，2015：159.

第一，描述事实的方式。依据特定的规则、使用特定的语言来描述事物，强调其特定的性质和表现。描述的含义是广义的，包括文字和其他类型的表征，如方程、计算机模型、彩图或绘画等。

第二，论证的方式。通过其偏好的争论、证据和自觉判断来论证一些主张、理论和观点。

第三，解释现象的方式。以上述同样的方式解释其所面临的问题。

第四，特定的范围内、特定的应用方式。

基于此，他大致描述了四大类认知方式。

（1）欧几里得式认知。形式化的演绎推理。一方面，猜想即提出力图证明的观点。另一方面，以定义、公理、已证实的定理、广泛概括的各种数学对象和系统为基础，借助于证明的机制，严谨的数学方得以成立。

（2）培根式认知。从假设开始，即基于观察和思考提出一个需要验证的概括性的命题。强调实际证据来检验假设，借助于测量、方程式、深度描绘和其他表征方式来描述或解释世界。运用广泛的总体原则（如牛顿定律、相对论等）进行推理，从而解释具体案例。

（3）牛顿式认知。通过数学建模来描述现实情境，并通过数学推理得出各种含义及预测，最后回归现实生活。例如，创设一份水资源管理计划，一个解决车流量与交通拥堵的方案，等等。

（4）修昔底德式认知。历史研究的方式，尽可能缩小视角，细致入微地解释关键的具体事件，借助于丰满的描述，抱着怀疑的态度筛选资料，据此阐述何时、发生了什么、原因是什么等。历史解释原则，如经济因素、重要权力集团的影响、区域地理的塑造作用等，就像小说中的个人动机在小说情节中发挥作用那样，用于解释为什么事情会如此。历史承认不同的历史叙事代表了不同的视角和观点，历史知识的应用也具有"视角化"的特点，可概括为：解释原始资料，批判性地探讨其中可能的偏见，拼接多元资料，进而构建历史叙事①。

戴维·珀金斯指出："很显然，某个学科的认知方式及其所有表现形式，构成了全局性理解和开放性问题，这是学习的重中之重。认知方式提供了一种学科视角，远远超出了简单地掌握学科事实、学科规则或者理解关键概念。"②

① ［美］戴维·珀金斯.为未知而教，为未来而教［M］.杨彦捷，译.杭州：浙江人民出版社，2015：162—175.
② ［美］戴维·珀金斯.为未知而教，为未来而教［M］.杨彦捷，译.杭州：浙江人民出版社，2015：160.

学科的认知方式,具体化为学科的研究方法。了解某一学科的具体研究方法有助于更好地理解学科的认知方式。

例如,社会学的研究方法:①仔细地阅读和学习特定的文献;②从学术期刊或者政府的官方报告中收集已有的信息并理解其意义;③应用公认的技术和原理,以一定的方式提出问题、系统地收集信息、仔细观察、精确测量、抽取样本、进行统计分析或进行实验;④应用批判性思维并采取一定的取向。

再如,文化人类学的主要研究方法"田野研究":①根据自己的知识背景和研究兴趣确定研究的主题;②尽可能详尽地阅读一切有用的资料;③进入工作地点开始实际的资料收集工作;④分析、整理所得到的第一手资料,与自己先前提出的假设相证。

当然,学科阅读与学科学习,并不是做学科研究,对研究方法的了解,目的是感受、领会学科的认知方式,从而像一个具有学科素养的"业余的专家"①那样,透过学科看世界。

三、概念、概念视角与概括性知识

(一) 概念学习

"概念是解决复杂问题的基石。"②概念学习在学校和日常生活中都是至关重要的,"如果不借助对关键概念的共识性理解,在一些学科中要进行内容学习几乎是不可能的"③。

学科阅读与学科学习,最重要也是最基本的任务,就是要透彻理解学科的核心概念。

"概念",梅里尔称之为"哪一类":"概念是一些物体、符号或者事件的类别,它们都具有共同的特征。"④概念学习从本质上说就是学习"对事物归类",然后能够辨别出同一类中的物体、符号或者事件。

概念学习,也称概念获得,有三种学习或获得的方式。

---

① "基础教育应当塑造业余的专家,而非强求专业知识。业余的专家能够自信地、正确地、灵活地理解和运用基础知识。"[美]戴维·珀金斯.为未知而教,为未来而教[M].杨彦捷,译.杭州:浙江人民出版社,2015:35.
② [美]M·戴维·梅里尔.首要教学原理[M].盛群力,钟丽佳,译.福州:福建教育出版社,2016:51.
③ [美]理查德·I·阿兰兹.学会教学(第六版)[M].丛立新,等,译.上海:华东师范大学出版社,2007:274.
④ [美]M·戴维·梅里尔.首要教学原理[M].盛群力,钟丽佳,译.福州:福建教育出版社,2016:51.

（1）概念形成。概念学习的最基本方式，通过个人观察等实践活动，形成对事物的具体概念。我们所具有的大部分的日常具体概念，都是通过这种方式学习的。尽管我们对事物类别的理解未必能够准确定义，有的理解还未必正确。

（2）概念同化。利用学习者认知结构中原有的概念，通过由语言表述的定义，获得一些抽象概念并理解其含义。在学科阅读与学科学习中，大部分概念需要通过这种方式来学习。

（3）概念改变。主要是一些自然科学的概念，例如，"运动""动能""温度"等。对于这些用日常词汇表述的自然科学的概念，我们在日常生活中或多或少已具有自己的"先有概念"，也就是说，我们对这些概念有基于日常经验的理解。但我们的"先有概念"，往往与科学概念有很大的差别，我们的理解与科学的概念有时甚至截然相反。在这种情况下，"学习就是改变自己的先有概念"①。

概念学习有六个要件，具体内容如下。

（1）概念的称谓。对学科阅读与学科学习来说，主要是专业术语，例如，"学习""阅读"等。关于专业术语，我们在第四章的"必读理论书的分析性阅读"那一部分已有论述。

（2）概念的定义。用语言揭示一个概念的属性，或者列举它的外延。概念可分为具体概念和抽象概念②。其中，抽象概念也称"定义性概念"，实际上是一条对物体、符号或者事件做出分类的规则。例如，"学习是由经验引起的学习者知识的变化"③。

（3）概念的关键特征。或称概念的"共同特征""基本特征"。概念的某些属性是关键特征，可以将某个概念与其他所有概念区分开来。例如，学习者是否有"变化"，是区分是否"学习"的关键特征④。与关键特征相对的，叫"非关键特征"。例如，是否在学校、是否做作业、是否背诵、是否考试等。

（4）概念的正例。也称概念的"例子"，用概念解释同类事物的具体实例。要求学习者能确定某一类物体、符号或者事件的具体实例，并且这些实例具有共同的特征。比如，举出"学习"的实例，幼儿的、成人的，在校的、自学的，等等，确定"学

---

① ［法］安德烈·焦尔当. 学习的本质［M］. 杭零，译. 上海：华东师范大学出版社，2015：60.

② 关于"具体概念"和"抽象概念"的解释详见本书第 296—297 页。

③ ［美］理查德·E·梅耶. 应用学习科学——心理学大师给教师的建议［M］. 盛群力，丁旭，钟丽佳，译. 北京：中国轻工业出版社，2016：14.

④ "变化是学习的核心。"［美］理查德·E·梅耶. 应用学习科学——心理学大师给教师的建议［M］. 盛群力，丁旭，钟丽佳，译. 北京：中国轻工业出版社，2016：14.

习"何时发生。

（5）概念的反例。也称概念的"非例子"，即用概念排斥非同类事物。"反例代表了某一类事物、事件和符号的类别与标的的概念的类别十分相似，很容易与标的的概念的实例混淆起来。"[①]例如，老师讲课学生心不在焉地听，学生反复地做同一类型的题目，就是"学习"的反例。

（6）概念的组织。指几个相关概念的层级关系。"认知心理学家假定，认知结构本身，在观念的抽象、概括和包容的水平方面，倾向于按层次组织。"[②]概念是用来将知识和经验组织到类属中的：如果所学的新概念类属于认知结构中的原有概念，即新概念是下位概念，称之为下位学习；反之，如果认知结构中已经形成了几个概念，在此基础上学习一个包容程度更高的概念，即新概念是上位概念，称之为上位学习；如果新概念与原有认知结构不是上下位关系，则称之为并列结合学习（如图5-3所示）[③]。

图5-3　概念的组织

概念组织的实际情况，远比上图要复杂得多。例如，最基本的小说要素，"人物""情节""环境"，概念之间也构成多种错综复杂的关系（如图5-4所示）。

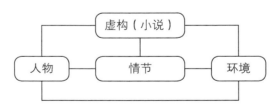

图5-4　概念之间的错综复杂关系

对概念，可以从不同角度区分其类型。例如，我们在上面提到的具体概念和抽象概念。具体概念指"可以通过直接观察这类客体的外部特征而获得的各种具体

① ［美］M·戴维·梅里尔.首要教学原理［M］.盛群力，钟丽佳，译.福州：福建教育出版社，2016：61.
② 邵瑞珍.教育心理学(修订本)［M］.上海：上海教育出版社，1997：76.
③ 邵瑞珍.教育心理学(修订本)［M］.上海：上海教育出版社，1997：76—79.

概念"①。抽象概念，或称"定义性概念"，它们不能凭直接观察其外部特征，"往往只能通过语言对其做出界定，学生则需通过学习这些语言的界定，即通过它们的定义才能获得其含义"②。例如，自然科学的一些概念，"质量""能量"等；人文学科中的一些抽象概念，"家庭""运输工具""正义"等。

下面对概念的分类，对概念的学习和使用也有较大作用③。

（1）合取概念。一些概念有固定不变的属性。例如，"岛屿"的概念始终具有"陆地，被水围绕"这两个属性；"三角形"具有"由三条边和三个角构成，封闭的平面图形"这些属性。这些概念的属性是不变的，它们的关键特征必须同时出现。一般来说，具体概念多是合取的概念。

（2）析取概念。其属性不必同时呈现。例如，"名词"，可指人，可指物，可指事，但不可能同时指人、指物，又指事；小说中的"环境"，既指自然环境，也指社会环境，"情节"，既指整部小说的情节，也指一个情节的片段；等等。

（3）关系概念。指那种属性依靠关系来确认的概念。理解关系概念中的任何一个概念，必须知道其他关系概念，还知道它们之间的关系。例如，"教"的概念离不开"学"；"买"和"卖"相互依存；"利润"的概念要依存于"成本"；"机会"这个概念往往与"风险"同在；小说中的"人物"与"情节"勾连，情节就是人物的愿望、实现愿望所遇的种种阻碍，以及导致的人物的命运（结果）；等等。

还有一种分法，也可供参考，即区分能精确定义的概念和难以精确定义的概念。"自然科学中的概念，多数是可以精确定义的概念。社会科学和反映思维活动的科学中的概念多数是难以精确定义的"；"语文学科中的大多数概念是难以精确定义的，由这样的概念所构成的规则也是模糊性的。人们应用这些规则有很大的灵活性，往往随人对概念的深入掌握而变化"④。

学科导向的概念学习，从教学的角度，即教科书的内容呈现角度，有两种典型呈现方法。

（1）直接陈述法。给出概念的称谓，下定义，解说概念的关键特征，提供概念的正例和反例，包括概念的一般轮廓和细节刻画。

———————————

① 吴庆麟. 教育心理学［M］. 北京：人民教育出版社，1999：56.

② 吴庆麟. 教育心理学［M］. 北京：人民教育出版社，1999：56.

③ ［美］理查德·I·阿兰兹. 学会教学（第六版）［M］. 丛立新，等，译. 上海：华东师范大学出版社，2007：277.

④ 皮连生. 智育心理学［M］. 北京：人民教育出版社，1996：164—165.

（2）概念获得法。讲述相应的例子，包括概念的正例和反例（是或不是），进行归纳推理，发现和掌握这个概念，给概念命名并下定义。

概念学习的关键点，或学科阅读与学科学习要克服的难点，有以下四个方面。

1. 学习者的先有概念

一方面，所有的学习者都是带着先有概念来参加学习的。"学习者通过与过往的解释和模式相吻合的个体阅读'框架'来破译课堂上（含教科书）的信息。"①"只有当我们在自身思维系统内对所知进行阐释时，我们才真的在学习"②，"如果他们的初期理解没被卷入其中，那么他们也许不能掌握所教的新概念和信息"③。

另一方面，理解一个新知识，意味着将它纳入已有的知识结构（认知图式）。概念教学是一种提供新知、扩大和改变原有知识结构（认知图式）的过程。

这是一个矛盾，正如安德烈·焦尔当（André Giordan）所说："个体通过自己的现有概念对环境（含教科书）进行学习和理解。这些现有概念是他掌握的唯一工具。他通过这些先有概念解码现实和接收到的信息。同时，这些概念又是他的智力'囚笼'，把他封闭在某一种理解世界的方式中。"④

2. 称谓、定义和概念、所指

一方面，称谓和定义是学习概念的先决条件。在概念学习时，我们只能通过称谓、定义去获得、理解概念。有了称谓和定义，人们可以使用这个概念相互理解、相互交流。学科阅读与学科学习，在某种意义上，就是在自己的知识结构中不断地纳入新的专业术语，"为了改变你的思维方式，你需要改变你思维中的词汇表"⑤。

另一方面，了解称谓和定义并不意味着学生理解了概念。"概念的学习远不只是简单地给物体归类，对类别有所认识，也远不只是学习给各类物体和观念冠以新的标签或称谓。"⑥"用某个学科的词汇思考与仅仅记住定义是不同的。"⑦

---

① ［法］安德烈·焦尔当.学习的本质［M］.杭零，译.上海：华东师范大学出版社，2015：19.
② ［法］安德烈·焦尔当.学习的本质［M］.杭零，译.上海：华东师范大学出版社，2015：60.
③ ［美］约翰·D·布兰思福特，等.人是如何学习的：大脑、心理、经验及学校（扩展版）［M］.程可拉，孙亚玲，王旭卿，译.上海：华东师范大学出版社，2013：13.
④ ［法］安德烈·焦尔当.学习的本质［M］.杭零，译.上海：华东师范大学出版社，2015：63.
⑤ ［美］Gerald M. Nosich.学会批判性思维——跨学科批判性思维教学指南［M］.柳铭心，译.北京：中国轻工业出版社，2005：110.
⑥ ［美］理查德·I·阿兰兹.学会教学（第六版）［M］.丛立新，等，译.上海：华东师范大学出版社，2007：276.
⑦ ［美］Gerald M. Nosich.学会批判性思维——跨学科批判性思维教学指南［M］.柳铭心，译.北京：中国轻工业出版社，2005：109.

这正是概念教学的难点："定义能帮助思考问题、得出答案,但它们本身并不是'答案'。"①正如加涅所说:利用语言的教学可以促进具体概念的学习进程,但另一方面,概念若脱离了具体经验的支持可能是不精确的,也就很难为随后含有这些概念的更加复杂的学习服务②。"学生学习概念(具体概念)必须从能够与一般的语言发生联系的具体情境开始。"③而学生学习定义性概念,实际是掌握了此类概念的分类标准,他可凭借这一标准对某一客体或某种关系做出实际的归类,而并非仅仅只是能够陈述这一概念的定义,"获得定义性概念的证据,当来自学生能够运用定义对实际事例做分类的这种证明"④。

3. 教科书的实例与概念在新情境中的运用

一方面,概念是通过例子(概念的正例)和非例子(概念的反例)来学习的。"例子是概念的抽象性与学习者已有知识和经历之间的桥梁"⑤,"选用精心挑选的正反事例似乎是充分理解定义性概念的一个必要条件"⑥。在教学和教科书中,通过事件、图表、网络、图片等呈现的具体案例,用完全不同的正反例子可以使学生把注意力集中到概念的共同特征上。

另一方面,案例本身只是样例,了解案例是为了理解和运用概念,它本身不是目的。正如梅里尔指出的:如果学习者只记住这个或这些例子,"运用熟悉的例子可以把'哪一类'学习简化为'是什么'或'有什么'的学习"。换言之,"'哪一类'教学目标是指向新的情境和新的实例"⑦。

这也是一个矛盾。学习者利用教学或教科书中的例子学习某一概念,但是他们对概念的理解必须超越这些例子,必须结合自己的经验把例子扩展到书本之外的现实世界,并且将概念运用到未来的新的情境中。

4. 概念之间的组织关系

一方面,学习一个新的概念,要借助之前学习的其他概念。尤其是定义性概

---

① [美]Gerald M. Nosich.学会批判性思维——跨学科批判性思维教学指南[M].柳铭心,译.北京:中国轻工业出版社,2005:96.
② 吴庆麟.教育心理学[M].北京:人民教育出版社,1999:54—60.
③ 吴庆麟.教育心理学[M].北京:人民教育出版社,1999:54.
④ 吴庆麟.教育心理学[M].北京:人民教育出版社,1999:58.
⑤ [美]理查德·I·阿兰兹.学会教学(第六版)[M].丛立新,等,译.上海:华东师范大学出版社,2007:284.
⑥ 吴庆麟.教育心理学[M].北京:人民教育出版社,1999:59.
⑦ [美]M·戴维·梅里尔.首要教学原理[M].盛群力,钟丽佳,译.福州:福建教育出版社,2016:61.

念,学习者必须借助于知识结构中的其他概念来"把握"一个新的概念的含义。例如:"学习是由经验引起的学习者知识的变化。"①要理解"学习"这一概念,学习者必须先得明白"经验""学习者""知识""变化"这些概念。如果定义中所含的这些概念未被学生理解,那么学生就不能够掌握一个由若干其他概念来界定的新的概念。也就是说,不能通过这种言语指导获得概念的含义。

另一方面,概念的学习,尤其是学科核心概念的学习,是一个持续的过程。"概念学习是建构知识的过程,是将信息整合进综合的、复杂的认知结构的过程。"②当我们说"理解"了一个概念,就意味着已将这一概念整合到了自己的知识结构中。同时,也意味着这一概念将带领学习者进入新的未知的知识领域,这个概念要被组织进一个更大的知识结构中去。而在未来的学习中,那个原以为已经"理解"的概念,在与其他概念的相互影响中,"理解"还要发生变化,或调整或深化乃至出现新的"理解"。这类情况往往发生在上面所说的"抽象概念""析取概念"和"关系概念""难以精确定义的概念"中。

"学科中的词汇就像一张网:它是紧密连接的。想起词汇表中的一个单词会引出与其相连的词汇表中的其他单词。它使你用逻辑关系思考,而不是按每个部分思考。它可能引出其后面的概念间的联系。"③如何在一个更大的知识结构中来观照一个概念的学习,如何将一个概念有意识地放置在概念之间的组织关系中去学习,如何在学科阅读与学科学习中聚焦到"基础并且强大的概念"④,这是概念学习乃至学科或跨学科知识学习所面临的挑战性的问题。

(二) 概念性视角与概括性知识

如何在学科阅读与学科学习中聚焦到"基础并且强大的概念",这是当前学科或跨学科知识学习所面临的挑战性的问题。

正如事实性知识与"知道""记忆"相联系,概念性知识与"理解""探究"相联系。

---

① [美]理查德·E·梅耶.应用学习科学——心理学大师给教师的建议[M].盛群力,丁旭,钟丽佳,译.北京:中国轻工业出版社,2016:14.

② [美]理查德·I·阿兰兹.学会教学(第六版)[M].丛立新,等,译.上海:华东师范大学出版社,2007:276.

③ [美]Gerald M. Nosich.学会批判性思维——跨学科批判性思维教学指南[M].柳铭心,译.北京:中国轻工业出版社,2005:109.

④ [美]Gerald M. Nosich.学会批判性思维——跨学科批判性思维教学指南[M].柳铭心,译.北京:中国轻工业出版社,2005:110.

林恩·埃里克森建立了一个"知识的结构"模型①,解释他倡导的"概念为本的课程与教学"(如图5-5所示)。

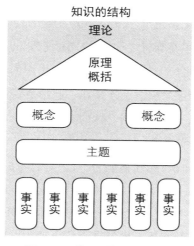

图5-5　"知识的结构"模型

在该模型中,知识被分为两个层面共五个层级,由下往上排列。

第一层面是事实性知识。分两个层级:(1)在模型的最下方是一些特定的"事实",即特定内容主题下的知识片段。(2)在"事实"上方是"主题",即笼罩知识片段的内容主题。

第二层面是"概括性知识",他表述为"概括性理解",大致相当于布卢姆教育目标分类学中的"概念性知识"。

由下往上分三个层级:(1)"概念"是具有普遍性的类别知识,用一个词或短语来表述,如"文化"。(2)"概括"和"原理"。"概括"是表述两个或两个以上概念之间关系的句子;"原理",如定律、公理等。埃里克森指出,在课程设计上,"概括"和"原理"不必区分,因而在模型中放在同一个三角形里,统称为"概括"。(3)"理论"是最高层级的知识,但在基础教育课程教学中不太涉及,所以放在最高端的阴影里。

这一模型试图展示事实性知识与概念、概念与概括之间的关系,具有很强的解释力。

(1) 解释了概念的来历。概念和主题、事实相联系,某一概念是大量事实的抽

① [美]林恩·埃里克森,洛伊斯·兰宁.以概念为本的课程与教学:培养核心素养的绝佳实践[M].鲁效孔,译.上海:华东师范大学出版社,2018:26—27.

象概括。所以,在教学中需依赖具体的事实(事实性知识),去发现或获得某一概念,也就是深度理解概念,掌握某一术语的内涵。

(2)解释了概念的使用功能。经理解的某一概念,构成一种"概念性视角"(认知的思维框架),凭借"概念性视角"去处理相应主题的具体事实。事实性层面和概念性层面的相互作用,埃里克森将之称为"协同思考"①,也就是认知的探究过程。

(3)解释了"概括"的含义。在两个层面相互作用的认知探究过程中,建立了某一概念与其他概念的联系,"概念又连接在一起形成跨越时空的概念性理解"②。"概念性理解",也就是"由事实性实例支撑的真理"③,用句子形式表达就是"概括"(名词),可称之为"概括性知识"。

(4)解释了"概括性知识"的迁移能力。"正是思考的事实性层面和概念性层面的相互作用导致了深层次的理解以及概念与观点(即概括)的迁移能力。"④"概括"或"概括性的知识","它们是跨时间、跨文化、跨情境可迁移的理解"⑤。

(5)解释了"大概念"的实质。埃里克森将之称为"基本理解"或"核心概念",是学校课程或某门课程、某个单元的"最重要的'概念性理解'(即概括)"。有两种"大概念":一种是基于跨学科"宏观概念"而形成的"概括";一种是与学科和特定主题相联系的"微观概念"而形成的"概括"。"一个基本的和强大的概念能够用来解释或是彻底思考大量问题、资料和情境。"⑥

(6)解释了学科或跨学科的"主题学习单元"与"'大概念'组织的学习单元"的差别。主题学习单元,主要在事实性知识的层次;"大概念"组织的学习单元,则主要在概括性知识的层次。

"概括性知识",更具体地说,大致相当于布卢姆教育目标分类学中"概念性知识"中的"原理与通则的知识"。在教学设计的相关译著中,一般称为"原理性知

---

① [美]林恩·埃里克森,洛伊斯·兰宁.以概念为本的课程与教学:培养核心素养的绝佳实践[M].鲁效孔,译.上海:华东师范大学出版社,2018:29.

② [美]林恩·埃里克森,洛伊斯·兰宁.以概念为本的课程与教学:培养核心素养的绝佳实践[M].鲁效孔,译.上海:华东师范大学出版社,2018:28.

③ [美]林恩·埃里克森,洛伊斯·兰宁.以概念为本的课程与教学:培养核心素养的绝佳实践[M].鲁效孔,译.上海:华东师范大学出版社,2018:27.

④ [美]林恩·埃里克森,洛伊斯·兰宁.以概念为本的课程与教学:培养核心素养的绝佳实践[M].鲁效孔,译.上海:华东师范大学出版社,2018:22—23.

⑤ [美]林恩·埃里克森,洛伊斯·兰宁.以概念为本的课程与教学:培养核心素养的绝佳实践[M].鲁效孔,译.上海:华东师范大学出版社,2018:27.

⑥ [美]Gerald M. Nosich.学会批判性思维——跨学科批判性思维教学指南[M].柳铭心,译.北京:中国轻工业出版社,2005:111.

识"。但为了较容易辨认这一学术词汇的所指和含义，并尽可能使术语（概念）在教学实践中可操作化，我建议使用"概括性知识"这一学术词汇。"概括性知识"这个术语，凸显了"事实""概念"和"概括"之间的相互联系，也指示了"原理"形成的认知过程。此外，"原理"这个词，在中文的语义中似乎比"理论"还要高一个级别，恐有高深而不可即的语义联想，故不宜采纳。

"在一门学科中，原理和通则（即概括性知识）往往占支配地位，并被用来研究该学科的现象或解决问题。"[①]概括性知识"在描述、预测、说明或确定最合适、最恰当的行动或行动方向等方面具有最大的价值"[②]。

（三）"大概念"即核心的概括性知识

从学习内容的角度，"大概念"实际上是跨学科或学科的"核心的概括性知识"。

"大概念"分两类：一类是跨学科或超越单元主题的，因而需要"综合性理解"；一类关涉学科及单元主题的，是"主题性理解"。

用跨学科或超越单元主题的"大概念"组织课程，目前主要在基础教育阶段。例如，国际文凭组织的《小学项目的实施：国际初等教育课程框架》（Primary Years Programme，简称 PYP），共筛选出八个"大概念"来设计超学科课程（如表 5-1 所示）[③]。

表 5-1　国际文凭组织小学课程（PYP）的八个"大概念"

大概念	关键性问题	定义	相关概念实例
形式	它是什么样子的	理解每个事物都有自己存在的形式，都有可观察、可识别、可描述及可分类的特点	特性、结构、相似性、差异性、模式
功能	它是怎样运行的	理解任何事物都有可以对之进行调查研究的存在目的、所发挥的作用或行为方式	行为、交流、模式、作用、系统
原因	它为什么是这样的	理解任何事物都不是偶然发生的，必然有前因和后果，每个行动都会产生后果	结果、顺序、模式、影响

① ［美］洛林·W·安德森，等.布卢姆教育目标分类学：分类学视野下的学与教及其测评（完整版）（修订本）[M].蒋小平，张琴美，罗晶晶，译.北京：外语教学与研究出版社，2009：39.
② ［美］洛林·W·安德森，等.布卢姆教育目标分类学：分类学视野下的学与教及其测评（完整版）（修订本）[M].蒋小平，张琴美，罗晶晶，译.北京：外语教学与研究出版社，2009：39.
③ 国际文凭组织.小学项目的实施：国际初等教育课程框架（中文修订版）[R].加的夫：国际文凭组织，2010：18—20.

续表

大概念	关键性问题	定义	相关概念实例
变化	它是怎样改变的	理解变化是从一种状态转变到另一种状态的发展过程。变化普遍存在而且不可避免	适应性、成长、循环、顺序、转变
联系	它与其他事物如何联系起来	理解我们生活在一个由各种互动系统组成的世界中，其中任何一个因素的行动都会影响到其他因素	系统、关系、网络、动态平衡、相互依存
观点	有哪些观点	理解知识是由观点来调节的；不同的观点导致不同的诠释、理解和结论；观点可能是某个人的，也可能属于某个团体、某种文化或某个学科	主观性、真理、信仰、看法、偏见
责任	我们的责任是什么	理解人们是按照自己的理解做出选择，而他们据此采取的行动会导致不同的结果	权利、公民身份、价值观、公正、主动性
反思	我们是如何知道的	理解不同的认知方式；重要的是我们要不断反思我们做出的结论，考虑我们的推理方式，以及我们所采用证据的质量和可靠性	检查、诠释、证据、责任、行动

科学家和科学教育家提炼出了科学和关于科学的十四个"大概念"（如表5-2所示）①。这14个"大概念"是物理、化学、生物等自然科学学科所共有的。大概念"用叙述的方式来阐明大概念所包含的内容，而不用孤立的知识点的列表来表述，就是为了进一步保全大概念的完整性"②。

表5-2　科学家和科学教育家提炼出的科学和关于科学的十四个"大概念"

科学的概念
  1. 宇宙中所有的物质都是由很小的微粒构成的
  2. 物体可以对一定距离以外的其他物体产生作用
  3. 改变一个物体的运动状态需要有净力作用于其上
  4. 当事物发生变化或被改变时，会产生能量的转化，但是在宇宙中能量的总量是不变的
  5. 地球的构造和它的大气圈以及在其中发生的过程，影响着地球表面的状况和气候

---

① ［英］温·哈伦.科学教育的原则和大概念［M］.韦钰，译.北京：科学普及出版社，2011：23—26.
② ［英］温·哈伦.科学教育的原则和大概念［M］.韦钰，译.北京：科学普及出版社，2011：19.

6. 宇宙中存在着数量极大的星系,太阳系只是其中一个星系——银河系中很小的一部分

7. 生物是由细胞组成的

8. 生物需要能量和营养物质,为此它们经常需要依赖其他生物或与其他生物竞争

9. 生物体的遗传信息会一代代地传递下去

10. 生物的多样性、存活和灭绝都是进化的结果

关于科学的概念

11. 科学认为每一种现象都具有一个或多个原因

12. 科学上给出的解释、理论和模型都是在特定的时期内与事实最为吻合的

13. 科学发现的知识可以用于开发技术和产品,为人类服务

14. 科学的应用经常会对伦理、社会、经济和政治产生影响

某门学科的"大概念",即某门学科中最核心、最有用的概括性知识,目前主要是举例性质的。例如,体育学科"终身健康",护理学"无菌疗法",生物学"动态平衡"等,文学中的"浪漫主义""悲剧""现代小说"等。

以语文学科为例,下面是从埃里克森、威金斯和麦克泰的著作中摘录的例子。

(1) 文本(文学作品)主题角度:(《麦克白》)忠诚包含了不可避免的窘境,因为忠诚总是会引发冲突[1]。《我有一个梦想》其中的词汇和比喻使隐藏在民权运动背后的复杂观点和情感得以具体化[2]。

(2) 从作者的角度:①小说家常常透过小说对人类的经验提供洞见[3]。②作者不一定写出所想的内容,间接的表达方式(如:讽刺、反语)要求读者解读文本的含义,以发现作者的用意[4]。③诗人往往寥寥数语便能生动地表达有关人类经验的人生教训[5]。

(3) 从语篇类型的角度:①不同的文本类别(如:叙事的、悬疑的、传

---

[1] [美]格兰特·威金斯,杰伊·麦克泰格. 追求理解的教学设计(第二版)[M]. 闫寒冰,宋雪莲,赖平,译. 上海:华东师范大学出版社,2017:74.

[2] [美]格兰特·威金斯,杰伊·麦克泰格. 追求理解的教学设计(第二版)[M]. 闫寒冰,宋雪莲,赖平,译. 上海:华东师范大学出版社,2017:101.

[3] [美]Grant Wiggins, Jay McTighe. 重理解的课程设计:专业发展实用手册[M]. 赖丽珍,译. 台北:心理出版社,2008:110.

[4] [美]Grant Wiggins, Jay McTighe. 重理解的课程设计:专业发展实用手册[M]. 赖丽珍,译. 台北:心理出版社,2008:110.

[5] [美]林恩·埃里克森,洛伊斯·兰宁. 以概念为本的课程与教学:培养核心素养的绝佳实践[M]. 鲁效孔,译. 上海:华东师范大学出版社,2018:87.

记的、说明的、劝说的)有不同的结构①。②现代小说颠覆了许多传统故
事的元素和规范,讲述了一个更真实、更引人入胜的故事②。③一个好的
故事总能通过遗漏重要事实或提出问题(如:紧张、神秘、困境和不确定)
来使读者想象接下来会发生什么③。

(4) 从读者的阅读行为角度:①文本的意义不在于文本本身,而是在
字里行间,在于积极的读者与文本之间的相互影响④。②避免将读者的
"个人反应"和对文本的"理解"相混淆⑤。③理解文本的结构有助于进一
步理解其意义⑥。

(5) 关于写作:①写作的对象和目的(如:告知、劝说、娱乐)会影响
文学技巧的应用(如:风格、语调、用字)⑦。②有效的议论文会使用论据,
并采用与其目标读者相对应的语言⑧。③以他人的视角进行写作可以帮
助我们更好地认识世界、自己和他人⑨。

(6) 关于言语沟通:①为了更为清晰地被人理解,高效的主持者将根
据目标和受众调整他们的信息和呈现风格⑩。②肢体语言可以使陈述变
为提问,使肯定变为否定,并影响表述的语气强度⑪。

---

① [美]Grant Wiggins, Jay McTighe. 重理解的课程设计:专业发展实用手册[M]. 赖丽珍,译. 台北:心
理出版社,2008:111.
② [美]格兰特·威金斯,杰伊·麦克泰格. 追求理解的教学设计(第二版)[M]. 闫寒冰,宋雪莲,赖平,
译. 上海:华东师范大学出版社,2017:148.
③ [美]格兰特·威金斯,杰伊·麦克泰. 理解为先模式:单元教学设计指南(一)[M]. 盛群力,沈祖芸,
柳丰,等,译. 福州:福建教育出版社,2018:92.
④ [美]格兰特·威金斯,杰伊·麦克泰格. 追求理解的教学设计(第二版)[M]. 闫寒冰,宋雪莲,赖平,
译. 上海:华东师范大学出版社,2017:10.
⑤ [美]格兰特·威金斯,杰伊·麦克泰格. 追求理解的教学设计(第二版)[M]. 闫寒冰,宋雪莲,赖平,
译. 上海:华东师范大学出版社,2017:87.
⑥ [美]Grant Wiggins, Jay McTighe. 重理解的课程设计:专业发展实用手册[M]. 赖丽珍,译. 台北:心
理出版社,2008:111.
⑦ [美]Grant Wiggins, Jay McTighe. 重理解的课程设计:专业发展实用手册[M]. 赖丽珍,译. 台北:心
理出版社,2008:111.
⑧ [美]格兰特·威金斯,杰伊·麦克泰. 理解为先模式:单元教学设计指南(一)[M]. 盛群力,沈祖芸,
柳丰,等,译. 福州:福建教育出版社,2018:10.
⑨ [美]格兰特·威金斯,杰伊·麦克泰格. 追求理解的教学设计(第二版)[M]. 闫寒冰,宋雪莲,赖平,
译. 上海:华东师范大学出版社,2017:145.
⑩ [美]格兰特·威金斯,杰伊·麦克泰格. 追求理解的教学设计(第二版)[M]. 闫寒冰,宋雪莲,赖平,
译. 上海:华东师范大学出版社,2017:22.
⑪ [美]格兰特·威金斯,杰伊·麦克泰格. 追求理解的教学设计(第二版)[M]. 闫寒冰,宋雪莲,赖平,
译. 上海:华东师范大学出版社,2017:150.

（7）关于语言知识：①标点符号和文法规则就像高速公路上的标示牌和交通标记，能引导读者读完全文而不至于混淆文意①。②我知道的词汇越多就越能更好地分享我的观点并理解别人的想法②。

（8）关于元认知反思：①我们很容易持续地验证那些我们喜欢的，但未经仔细推敲的模式、理论、观点和看法③。②有效能的读者会利用特定策略帮助自己更深入地理解文本（如：使用情境脉络的暗示、针对作者提问、预测接下来的内容、重读、做摘要）④。

当然，称"大概念"和说"核心的概括性知识"，可能意味着二者之间有差异。

一方面，"知识"这个词与"知道"有密切联系，教师容易操作为"告知"或"讲解"。类似上面摘引的概括性知识，在我国语文学科的课文教学课例中，几乎每节课都能挑出几个来。但那都是教师的"告知"，而且是教师在零散的教学活动中随机穿插的，或者是夹杂在结课总结性发言中一串含含混混的话。"大概念"与"基本问题"相互联系，鲜明地指向"探究""理解"。"从学生那里得到这一概括"⑤，是"概念为本的课程与教学""追求理解的教学设计"等共同的教学原则。

但另一方面，如果不加以细究它的原本模样，"大概念"尤其是当被翻译为"大观念""大理念""大思想"时，极容易被忽悠而不知所云。尤其在语文教育界的"反知识"舆论语境里，强调"大概念"的实质，强调"大概念"与"核心的概括性知识"同义或近义，我认为十分必要。

四、学科阅读的特点及其能力要求

（一）学科阅读与学科学习

学科阅读，特指以"学生"角色身份通过阅读教科书学习特定的学科知识。

---

① ［美］Grant Wiggins, Jay McTighe. 重理解的课程设计：专业发展实用手册［M］. 赖丽珍，译. 台北：心理出版社，2008：111.
② ［美］格兰特·威金斯，杰伊·麦克泰格. 追求理解的教学设计（第二版）［M］. 闫寒冰，宋雪莲，赖平，译. 上海：华东师范大学出版社，2017：150.
③ ［美］格兰特·威金斯，杰伊·麦克泰格. 追求理解的教学设计（第二版）［M］. 闫寒冰，宋雪莲，赖平，译. 上海：华东师范大学出版社，2017：115.
④ ［美］Grant Wiggins, Jay McTighe. 重理解的课程设计：专业发展实用手册［M］. 赖丽珍，译. 台北：心理出版社，2008：111.
⑤ ［美］林恩·埃里克森，洛伊斯·兰宁. 以概念为本的课程与教学：培养核心素养的绝佳实践［M］. 鲁效孔，译. 上海：华东师范大学出版社，2018：93.

1. 教科书的特点

首先,教科书一般都比较厚。例如:《学习心理学(第六版)》①,大 16 开,有 422 页,共有 7 个部分合计 17 章。《教育心理学:理论与实践(第 7 版)》②,大 16 开,不算英文参考文献,有 400 页,共 14 章。列入"妙趣横生的通识读本"中的《权衡:批判性思维之探究途径》③,小 16 开,有 517 页,共 16 章。同一系列的《思维:批判性和创造性思维的跨学科研究(第 4 版)》④,有 386 页,共 15 章。

这些教科书,如果作为大学课程学习,至少是一个学期,有的可能需要一个学年。也就是说,用于学科阅读与学科学习(跨学科教科书也视为一个学科),一本教科书至少要阅读和学习一个学期,也就是近五个月。这与较快地阅读一本"有难度的"理论书(三天)乃至必读理论书的分析性阅读,都有很大的区别。

所以,谈论学科阅读与学科学习,不可能谈论一本教科书的阅读和学习,而只能谈论其中的一个章节。换言之,学科阅读与学科学习,是以章节为单位的。假如是《学习心理学(第六版)》,这本教科书教学时长总计一个学年 36 周,那么平均一章就需要 2.5—3 周时间,大约 9—18 个小时。《思维:批判性和创造性思维的跨学科研究(第 4 版)》这本教科书教学时长总计一个学期 18 周,那么其中一个章节大约需要 1 周时间,按课时算应为 3—6 小时。一个章节要花数个小时的时间,这就是学科阅读与学科学习的普遍特点。

事实上,当我们真正进入学科阅读与学科学习时,我们是以每节中的小节(小标题)乃至每一段落为单位的。慢,是学科阅读与学科学习的显著特点,而试图在较短的时间内一口气读完一个章节,只能证明这样做的人没有掌握学科阅读与学科学习的基本要领。

其次,教科书阅读有"学习目标"。有的明确列出"学习目标",比如《权衡:批判性思维之探究途径》第七章,"学习目标"⑤——在读完本章之后,你应该能够:

---

① [美]简妮·爱丽丝·奥姆罗德.学习心理学(第六版)[M].汪玲,等,译.北京:中国人民大学出版社,2015.

② [美]罗伯特·斯莱文.教育心理学:理论与实践(第 7 版)[M].姚海林,等,译.北京:人民邮电出版社,2004.

③ [加]莎伦·白琳,马克·巴特斯比.权衡:批判性思维之探究途径[M].仲海霞,译.北京:中国人民大学出版社,2014.

④ [美]加里·R·卡比,杰弗里·R·古德帕斯特.思维:批判性和创造性思维的跨学科研究(第 4 版)[M].韩广忠,译.北京:中国人民大学出版社,2010.

⑤ [加]莎伦·白琳,马克·巴特斯比.权衡:批判性思维之探究途径[M].仲海霞,译.北京:中国人民大学出版社,2014:184.

①识别出一个问题的特质；②拟定一个适合进行探究的问题；③辨别在表述一个问题时语言使用方面的问题；④区分事实性、评价性以及诠释性的判断；⑤识别出用来评价各类判断的标准。有的教科书虽然没有直接列出"学习目标"，但通常列有"本章主要内容"，掌握这些主要内容就是学习目标。即使没有列出目标或主要内容而直接开篇讲述的，也意味着读完这一章之后，应有需要掌握的主要内容并达成一定的学习目标。

教科书一般在章节之前会有"内容概述"，在章节之后有"本章总结"。有的教科书在章节之前或章节之后，会列出该章节的"关键术语"。即使没列出的，要么内嵌在"学习目标""主要内容"中，要么体现在章节中，尤其是体现在章节之后的"问题""练习"等内容中。

再次，教科书在讲述内容的过程中往往会穿插着一些"练习""讨论"等内容，也就是说，会邀请阅读者（学习者）参与到学习内容中，迫使其延缓阅读进行思考。比如《权衡：批判性思维之探究途径》每章节中穿插有"思考"和"行动练习"。

最重要的是，教科书在章节末有检查、评估阅读学习的"问题"，还有一系列的"练习""讨论""活动"等学习内容。比如《权衡：批判性思维之探究途径》每章末都有"检查你的理解"和"练习"。我们在后面会讲到，如果在讲述过程中尤其是章节末没有"练习""讨论""思考题""评估"之类的内容，那么阅读者（学习者）就要"创造出"这些内容。因为这些内容在教科书阅读和学习中，至少与正文内容一样重要。

另外，有的教科书列有进一步学习的"参考资料""深度阅读"等，阅读这些章节学习内容延伸、深化的阅读材料，也是学科阅读与学科学习的分内之事。

很显然，在学科阅读与学科学习的开始，预览教科书之后，有必要制定一份较严格的学习计划，规划学习的进度，预留相对固定的学习时间，做好种种学习前的准备工作。否则，将难以善始善终，也不可能有好的学习效果。

换言之，学习者要具备自我调节学习的能力。包括：①建立目标，知道阅读学习的目的是什么。②计划，能够制定学习计划，并有效利用时间以完成学习目标。③自我驱动，对完成学习任务的能力具有高自我效能感。④控制注意，将逐一全神贯注于学习任务上。⑤自我调节利用有效的与目的相关的学习策略。⑥自我监控，能够持续地对学习过程进行监控，必要时改变学习策略或修正学习目标。⑦适当寻求帮助。⑧自我评价，能够确定所学结果是否达到所设定的学习目标。⑨自我反思,能够评价学习策略的成功或有效应用的程度①。

2. 学科阅读与学科学习的关系

学科阅读与学科学习,如果从阅读的角度看,两者相互联系乃至纠缠在一起。如果从学习的角度看,两者或有前后之分别,各自功能或关注的重心也有差异。

"学习是由经验引起的学习者知识的变化。"②对学习者来说,学习的前提是有一些外来的刺激物,当学习者与含有刺激物的环境进行互动时,例如,在参与讨论、阅读教科书的一个章节、玩有教育意义的游戏时,学习就可能已经发生了。从这个意义上讲,阅读教科书只是学习的开端——"获得信息并不等于理解信息","获得事实只是学习的开始"③。

另一方面,学习是一个持续的事件,在这一持续的事件中,学习者不断地与作为"环境"的教科书——学习内容的"载体"进行多种方式的往返互动,多种方式的阅读活动始终介入到学习过程中。如果按线形的过程来描述学科阅读与学科学习,进程大致如图5-6所示。

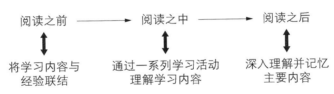

图5-6 "学科阅读与学科学习"的进程

所谓"主要学习内容",对类型一和类型三的学科而言,我们在前面曾反复强调,就是概念、核心概念、概念间的联系、概括性知识、核心的概括性知识,即"大概念"。

从时间上说,假如完成一个章节的阅读要用5个小时,阅读之前大约15—30分钟,阅读之中大约1.5小时,阅读之后(包括每小节的阅读之后)要花3小时左右。那么阅读进程三个阶段用时的大致比例是1∶3∶6。

我们来看两个著名的阅读学习方案。

SQ3R法——"假如我们要找到一种阅读理解教程,其效果良好,具有持久的

---

① [美]简妮·爱丽丝·奥姆罗德.学习心理学(第六版)[M].汪玲,等,译.北京:中国人民大学出版社,2015:274—275.

② [美]理查德·E·梅耶.应用学习科学——心理学大师给教师的建议[M].盛群力,丁旭,钟丽佳,译.北京:中国轻工业出版社,2016:14.

③ [英]柯林·罗斯.快速学习新概念[M].李华民,译.郑州:河南人民出版社,2000:71.

生命力，能广泛用于许多学校中的阅读理解，那么 SQ3R 无疑是最为适合的。"①罗宾逊建议学习者阅读一个新材料时采用以下五个步骤。

① 浏览（survey）。预览材料，了解章节在讲什么内容及其内容的结构安排，阅读章节的内容提要（如有）或者本章总结（如有）。

② 提问（question）。针对小标题或者主要段落提问，建立阅读的预期。

③ 阅读（read）。针对每一个小标题或者段落所提的问题进行阅读，主动寻求回答这些问题。

④ 复述（recite）。在不看书的情况下，用自己的话列举章节的主要内容，做关键词、摘要等笔记。

⑤ 复习（review）。尽可能多地回忆章节中的每一部分的内容要点②。

PQ4R 法——是对 SQ3R 法的改进，"遵循 PQ4R 法，可以使学生更关注信息的有意义的组织，促使学生运用其他各种有效的策略，如提问、精加工以及分散练习等"③。具体操作步骤如下。

① 预习（preview）。快速浏览一遍材料，对其基本框架、大主题和分主题等有大致了解，注意各级标题，并确定将要阅读和学习的内容。

② 提问（question）。阅读前先自我提问，根据标题和段落主题来设问。

③ 阅读（read）。阅读材料，试着回答阅读前提出的问题，参与教科书在章节中设计的讨论和练习（如有）。

④ 对材料的反思（reflect）。尽量通过以下方式来理解和解释所学的内容：与已知的事物联系起来，将文中的各个分主题与已有的基本概念或原理联系起来，试图根据呈现的信息来解决矛盾，试图运用各种信息来解决隐含的问题，等等。

⑤ 背诵（recite）。这里的"背诵"，意思是口头列举，逐一讲述，出声地陈述主要观点，根据标题、关键词以及记录的主要观点中所涉及的内容来提出问题并尝试回答④。

---

① ［美］理查德·迈耶. 学科教学心理学（第 2 版）［M］. 姚海林，严文蕃，等，译. 南京：江苏教育出版社，2010：86.
② ［美］理查德·迈耶. 学科教学心理学（第 2 版）［M］. 姚海林，严文蕃，等，译. 南京：江苏教育出版社，2010：87. 参考：顾晓鸣. 阅读的战略［M］. 上海：上海人民出版社，1985：78—79.
③ ［美］罗伯特·斯莱文. 教育心理学：理论与实践（第 7 版）［M］. 姚梅林，等，译. 北京：人民邮电出版社，2004：150.
④ ［美］罗伯特·斯莱文. 教育心理学：理论与实践（第 7 版）［M］. 姚梅林，等，译. 北京：人民邮电出版社，2004：150.

⑥ 复习(review)。积极复习,集中精力回答问题,完成章节末的各种练习(如有),只有当自己确实不能回答问题时,才重新阅读材料。

不难看出,学科阅读与学科学习,阅读之前、之中和之后要协力促进,而功夫主要是在阅读之后的对材料的反思、复述讲述和复习记忆,这是学科阅读与学科学习最突出的特点,它很大程度上决定了教科书阅读和学习的成效。事实上,学习和教学心理学家、高效学习研究专家等,研制了促进教科书阅读和学习的多种有效、高效的策略,在下面的章节我们将展开论述。

(二)阅读之前:专业问题与先有概念

关于阅读之前的预览,请参读第四章第二部分"以获取资讯为目的的阅读"。在常规浏览的五个提问——①这是一本什么样的书?②这个章节在谈的是什么?③作者在这个章节要解决什么问题?④这个章节有哪些部分,是如何联系的?⑤我为什么要阅读这个材料?——的基础上,对于学科阅读与学科学习来说,包括自学、以微信群或线下的方式同伴互学、在学校等情境中学习时,则再要追加以下两项。

1. 关注"专业问题"

阅读和学习之前的系统性提问:关于学科"专业问题"、关于"我想知道的问题"。

每一个学科都有自己的一系列"专业问题"。

比如《思维:批判性和创造性思维的跨学科研究(第 4 版)》这本书,就是关于"思维"的学科,围绕"批判性思维"和"创造性思维",它有一系列学科(跨学科视为一个学科)关心的特殊问题,这些特殊问题构成了该学科的"专业问题"。

一般来说,专业问题会通过一本教科书的章节目标表现出来,比如《思维:批判性和创造性思维的跨学科研究(第 4 版)》的目录:"何为思维;源于个人的思维障碍;感觉;大脑和记忆;语言:思维之媒介;情感;创造性思维;组织;逻辑思维;科学思维;说服式思维;问题求解;评价;决定与行动;继续思维的挑战。"浏览一本书的目录等,可以对一个学科的大致内容——它的专业问题有所了解。

但是,我们在前面讲过,学科阅读与学科学习相对于较快的阅读"有难度的"理论书、必读理论书的分析性阅读的不同之处,是学科阅读与学科学习的单位是章节,而在具体的阅读和学习中,实际的单位是节或小节,往往以小标题甚至段落为单位。这样,在阅读和学习一个章节,尤其是一小节或段落时,先问一问或者再回想一下该学科的专业问题,也就是该学科专家关心的特殊问题,有助于按学科的逻辑和思维进行阅读和学习，而不至于信马脱缰，摸不着南北。

以《思维：批判性和创造性思维的跨学科研究（第 4 版）》第一章"何为思维"为例，该章共五节："为何要思考；何为思维；交流：思想之镜；思维谬误；我们的文化遗产。"第一节"为何要思考"分四个小标题：①思想比金子更珍贵；②作为可能性之思维；③思想积累；④无思维之生活①。

用学科的"专业问题"来引导"我想知道的问题"，可以与由标题、小标题等转化的提问相配合，有时可以替代一般性浏览所提的问题。

比如，关于"思维"的专业问题：何为"思维"？ 什么是"好的思维"？ 为什么要有"好的思维"？ "好的思维"的标准是什么？ "思维"有哪些类型（方面）？ 如何具有"好的思维"？ 什么是"不好的思维"？ 为什么会出现"不好的思维"？ 思维和语言是什么关系？ 思维和情感是什么关系？ 什么是批判性思维？ 如何具有批判性思维？ 什么是创造性思维？ 如何具有创造性思维？ 等等。

这一组问题，与上述第一章"何为思维"中的五节标题较为吻合。

但具体到"为何要思考"的四个小标题——"思想比金子更珍贵；作为可能性之思维；思想积累；无思维之生活"就不太容易仅凭标题看出各小节的主要内容和小节之间的联系。如果用"专业问题"就可能比较容易把握：何为"思维"？ 什么是"好的思维"？ 为什么要有"好的思维"？ "好的思维"的标准是什么？

再如，地理学科的专业问题：它是由什么构成的？ 它有什么化学、物理及结构上的特性？ 怎样对它进行判别认定？ 它的形成过程如何？ 有没有其他过程同时会发生？ 通常在哪些地方可以找到它？ 通常找到它的同时，在它附近还能找到什么？ 什么过程能够让它发生改变？ 会是什么样的改变？ 关于它的历史，我们知道什么？ 等等②。

显然这一组专业问题与上面关于"思维"的专业问题截然不同，存在着明显的学科差别。

假如学习一个章节"岩石"，就可以根据这一组问题引导学习内容的具体化，使"我想知道的问题"更有针对性。例如：石灰岩是由什么构成的？ 怎样对玄武岩进行判别认定？ 变质岩的物理特性是什么？ 火山的形成的过程如何？ 通常在哪些地

---

① ［美］加里·R·卡比，杰弗里·R·古德帕斯特.思维：批判性和创造性思维的跨学科研究（第 4 版）[M].韩广忠，译.北京：中国人民大学出版社，2010：1—16.
② ［美］亚当·罗宾逊.如何学习：用更短的时间达到更佳效果和更好成绩[M].林悦，译.北京：中国青年出版社，2016：87—90.

方可以找到页岩？我们怎么看出化石的历史？等等。假如下一节要学习的内容是"泥石流"，那么也可以提出类似的专业问题。

2. 揭示自己的"先有概念"

关于这个话题，我已经知道些什么？

以《思维：批判性和创造性思维的跨学科研究（第4版）》第一章第一节"为何要思考"为例。从标题的预览得知，关键概念是"思考""思想""思维"。"思考""思想""思维"是每个人每天都在做的事，每个人都会有自己的经验和认识；那么，关于"思考""思想""思维"我们有哪些"已经知道"的呢？

关于"思考""思想""思维"我"已经知道"的：

（列举想到的条目，或列出想到的词汇，或举例，或说自己的认识，或自问自答，等等。）

例如：什么是思考？我在思考吗？我平时想过"思考"这件事吗？思考、思想、思维是一回事情吗？我最近在思考什么？我有不思考的时候吗？思考有什么用？思考能赚钱吗？思考有高下之分吗？为何要思考？思考这么重要吗？

（总之，思维越开阔越好，不必担心顺序、语句表达。因为只有你需要知道自己是否知道。）

高效学习研究专家柯林·罗斯曾说：学科阅读，要掌握"停住"的艺术。学科阅读与学科学习最难的地方，就是要知道在什么时候该"停住"[1]。对学科阅读与学科学习来说，预览时看得太多，阅读时看得太快，急于往下翻页，这都会给自己带来很多麻烦，为自己的阅读理解自设很多障碍。所谓欲速则不达，过早、过快地翻看往下的内容，往往给自己造成一个假象（自我安慰）：似乎只要借助下面的内容就会读懂（知道）作者所说的这句话的意思了。

《思维：批判性和创造性思维的跨学科研究（第4版）》这本教科书的作者很了解读者的坏习惯。该章开端的第一行就打断读者急着往下读（看）的心思：

---

[1] ［英］柯林·罗斯. 快速学习新概念［M］. 李华民，译. 郑州：河南人民出版社，2000：81.

为何要思考

有比思考更重要的事情吗？存在着与思考无关的重要事情吗？停！在您阅读第二个问题之前对第一个问题进行思考了吗？我们的猜想是，多数读者都在一直阅读，结果错过了一个思考的机会。

于是，作者给出一个"行动练习"：

思维　行动练习 1.1

比思维更重要的事情

我们现在开始思考。您能列出一些比思维更重要的事情吗？

1.

2.

3.

在您的列表中有什么呢？您怎样确定其价值呢？

很显然，作者还希望你停住，因为新出现了关键词语："重要"和"价值"。那么，关于"重要"、关于"价值"，我们又有哪些"已经知道"的呢？

要好好想想：

关于"重要"、关于"价值"，我"已经知道"的：

（列举想到的条目，或列出想到的词汇，或举例，或说自己的认识，或自问自答，等等。）

……

（总之，想的越开阔越好，不必担心顺序、语句表达；因为只有你需要知道自己的知道。）

也就是说，不但在阅读之前，在阅读之中——即在阅读每个小标题前、在阅读每个段落前，都要问一问自己：关于这个，我已经知道了什么呢？

待自己列出许多"已经知道的",然后接下来,再开始读下面的内容——作者提出了第一个小标题,很显然,还是希望读者"停住",希望读者先好好想一想,然后再读接下来的内容。

思想比金子更贵重

请浏览下面几个截然不同的列表。任一列表中的项目有比思维更重要的吗?

列表 A	列表 B	列表 C
金钱	呼吸	善良
良好的工作	吃饭	生活
舒适的住房	锻炼	爱情
新车	婚配	真理

怎么个"截然不同"? 对每一栏列表中的事物,我怎么想? 关于每一栏的事物,我已经知道了什么呢?

我们在"普通读者'有难度的'理论读物阅读"的部分中讲过,阅读是与文本(不在场的作者)的对话,而对话须由读者发问开始,读者需要具备"阅读中的双向'提问'能力"。

学科阅读与学科学习,作为一种更加投入、更加深入的阅读和学习活动,需要阅读者(学习者)更加频繁地与自己对话、与文本对话。

与"思维"这种主要借助于经验的学科不同,理科科目,对后面出现的概念的学习,要依仗之前学过的概念。例如,学习中学物理教科书中的"热力学第二定律"一节,至少要对之前学过的"热力学第一定律、能量守恒定律、功、功能、内能"等概念充分理解,否则学习将难以为继。如果对前述的概念有困难,则需要先补学前面的内容,然后才能进入新内容的学习。这个道理,无须赘言。

美国教师珍妮发明了适用于中小学生学科学习的 KWL 表(如表 5 - 3 所

示)①，如果稍加改造——把"我想知道的是"改造成"我想知道的专业问题是"，KWL 表也能够适用于所有的学科阅读与学科学习。

表 5-3　KWL 表

K(know) 我已经知道的是	W(what) 我想知道的专业问题是	L(learn) 我所学到的是
阅读前	阅读前	阅读后
将你已经知道的内容主题和关键概念写下来	结合小标题等信息，写出能从所读材料得到答案的专业问题	将你之前所提问题的答案以及重要信息写下来

（三）阅读之中："停住"的艺术

学科阅读与学科学习，即教科书阅读学习，有其独特的地方，因而有其独特的能力要求。阅读之中的能力要求，要点是知道在什么时候、什么地方要"停住"，即掌握"停住"的艺术。"停住"的艺术，我们把它分解为"搭积木""瞻后顾前""爬坡中的歇息""积极走神"四个方面。

1. 搭积木

教科书是学科知识内容的聚集，术语、概念、观念、公式和理论等，各章节的信息较为密集。从内容组织的角度看，教科书的知识内容通常是采用叠床架屋式堆叠起来的，按线形的逻辑逐渐累进：逐节累进，逐段累进，逐层累进，逐句累进。有人将之类比为"搭积木"："其中的每一个概念，就像一块积木，是用来理解文章的一个部分——如果你不理解某一段文字或概念，你也不能理解下一段了。"②

因此，在预览获得章节整体概貌的条件下，教科书的阅读学习，是逐句、逐层、逐段、逐节进行的，井井有条，按部就班，循序渐进。

我们继续以《思维：批判性和创造性思维的跨学科研究（第 4 版）》第一章第一节为例。上面介绍过，第一节的第一小节的标题是"思想比金子更贵重"，在列表事项之后，作者对列表 1、列表 2、列表 3 的事项与"思维"的关系逐一做了分析，得出了"思维更重要""不存在与思维无关的重要的事物"这一结论。在这一小节的最后一段，作者将对"有比思考更重要的事情吗？存在着与思考无关的重要事情吗？"这两个问题的讨论，延伸到第三个问题"思维对于生活的重要程度如

---

① ［美］莎伦·H·菲珀. 牛教师教阅读［M］. 于泽元，译. 重庆：西南师范大学出版社，2016：144.
② ［美］隆恩·弗莱. 如何学习［M］. 蔡朝旭，译. 广州：新世纪出版社/花城出版社，2001：104.

何呢?"

　　下面是第一小节最后一段和第二小节的内容,第二小节只有一段文字共四句话。

为何要思考

思想比金子更贵重

......

　　思维对于生活的重要程度如何呢? 由于我们在很大程度上是借助于语言来思考的,我们可以回顾一下维特根斯坦是如何将生活与思维相联系的:"我的语言之限就是我的生活之限。"这是一个准确的陈述吗? 语言是如此地限制着生活吗? 如果确实如此,那么这种限制表明语言和思维重要性了吗?

作为可能性之思维

　　①当我们阅读此书并为今天的行动做出选择的时候,此刻我们的生活被我们已经学到的知识和已经发展的思维方式进行了严格的限定。②我们只能选择去做我们所知道的事情;例如,我们绝不可能去寻找沉入水底的一处宝藏,除非我们知道它沉入了水底。③我们了解得越多,并且能够借助我们的知识思考得越好,我们就会变得越来越成功,如果我们知道装载着印加黄金的一艘西班牙大型帆船在加勒比海沉没,并且如果我们能考虑到它可能的航行路线、海洋洋流以及其他最后被观察到的情景报告,我们就可能找到这批黄金。④更重要的是,通过思维活动我们也许会找到我们自己生活中的黄金。

　　很显然,第二小节是对第一小节末尾所提问题的回答。也就是说,第二小节是沿着第一小节继续往前推进的。如果不知道那最后一段已经延伸到第三个问题"思维对于生活的重要程度如何呢",如果不明白第一小节最后一段承前启后的意义,那么,也就不能够明白第二小节与第一小节的逻辑关系,不能够明白第二小节标题的含义,更不能够明白第二小节为什么要谈这些内容以及这些语句的含义。

　　第一小节尾段的关键词"限制",在第二小节转换为"选择",并由"选择"联系

"作为可能性之思维"。"作为可能性之思维"是两层意思：一是作为以往"可能性之思维"，表现在对至今"选择"的限定；二是作为今后"可能性之思维"，因而可能"找到"新"选择"。

第二小节的四个句子的内容，是逐句逐层推进的：①知识和思维已限定了选择；②所以只能选择所知和能思的；③如果知识和思维改变；④也许会找到新的选择（自己生活中的黄金）。

教科书阅读学习，"要珍惜循序渐进式学习的价值"①。高效阅读和高效学习研究专家一致建议：教科书阅读学习，要把学习内容按章节的小标题预先切分为几个片段，并规划每个片段的学习时间（如 1 小时）。只有弄明白了这一小节，才有可能明白下一小节。

不难看出，学科阅读与学科学习，是分析性阅读的加强版。我们在第四章"必读理论书的分析性阅读"的部分中所论述的阅读能力，如理解复杂语句和语段、按照作者的大纲理清结构等，对学科阅读与学科学习也同样是必需的。

2. 瞻后顾前

学科阅读与学科学习，是逐级搭建积木的过程，每一步都不能够松解、疏漏。

一般来说，较快地阅读"有难度的"理论书，乃至必读理论书的分析性阅读，如果遇到一时难以理解的地方，是可以跳过去不读的。但是，教科书阅读学习，是彻底的分析性阅读，其较难理解的地方，往往也是重要的地方，一定要对正在阅读的这一段理解透彻了，才能开始读下一段。正如外山滋比古所说："读教科书几乎是在进行一连串未知的阅读，就像攀岩活动一样，只要一脚踏空，就会滑落，连续处于紧张的状态，根本无法松一口气。"②

在学科阅读与学科学习中，"我明白了吗"是一个始终需要自我提问的问题，需时时监控自己的阅读理解。

教科书阅读学习，难免会遇到一些一时不懂的段落。遇到不懂的地方，就需要"瞻后顾前"，或许要放慢阅读速度，或许要借助图画、曲线和词汇表等线索来帮助理解，或许要回到本章的开头重读一遍，以弄清是否因前面的内容没有充分理解而造成现在的困难。

对学科阅读学习来说，"瞻后顾前"特别重要。

---

① ［美］彼得·孔普.如何高效阅读［M］.张中良，译.北京：机械工业出版社，2015：238.
② ［日］外山滋比古.阅读整理学［M］.吕美女，译.北京：北京联合出版公司，2014：59.

研究表明：如果对所读、所学的内容较为陌生，就容易出现"知识错觉"的现象——常常不清楚自己知道了什么或者不知道什么，抑或对实际上没有理解的内容却误认为理解了①。也就是说，阅读当下这一段时，自己较难判断自己是否真正读懂了。

相比较而言，判断下一小节或下一段的开头自己是否能读懂，则较为容易一些。因为每节、每段的开头，通常都会出现新的信息，因而也是阅读理解较困难的地方。所以，当我们读到下一节或下一段的开头时，如果感到困惑，有一种衔接不上的感觉，那么最好先怀疑自己可能并没有读明白前面的内容。

我们继续读"为何要思考"的下一小节。

为何要思考

思想比金子更贵重

"我的语言之限就是我的生活之限。"

作为可能性之思维

我们只能选择去做我们所知道的事情；

……

> 思考：
>
> 　　您的思想
>
> 　　　变成您的语言
>
> 　　　　变成您的行动
>
> 　　　　　变成您的习惯
>
> 　　　　　　变成您的性格
>
> 　　　　　　　变成您自己

思维累积

丁尼生告诉我们，"我们是我们所遇到的一部分"。同样，我们也是我们所思考过的一部分；在某种程度上，我们已经变成了我们已经

---

① ［美］简妮·爱丽丝·奥姆罗德. 学习心理学(第六版)［M］. 汪玲，等，译. 北京：中国人民大学出版社，2015：280.

> 思考过的东西，并且我们会成为什么样的人取决于我们的思考方式与思考内容。如果我们早一点对语言限制生活的情况做出反应，也许就可以意识到我们的思维已经为我们在生活中进行之选择设定了界限。我们是通过我们学到的知识以及围绕我们的知识进行思考的方式来做出选择的。

初看起来，"思想累积"与"作为可能性之思维"，两个小节的题目似乎难以连贯。如果我们有这样较强烈的疑惑，或许就表明我们对前面内容的理解还不到位：比如，"思维""思考""思想"乃至"语言"，作者都是当作同义词来使用的；比如，在"作为可能性之思维"那一小节的末尾，其实隐含着一个问题："作为可能性之思维"是从哪里来的？——"思维累积"这一小节在回答的正是"从哪里来"这个问题。如果我们读到下一节，也就是当我们再次"瞻后顾前"时，上述两小节的关系就会越发明朗。

阅读理解过程是非线性的，连贯前面的内容从而理解后面的语句，读到后面的内容回顾前面的相关语句，阅读理解的这两种线路，往往交互作用。前一条线路，是上一节所讲的"搭积木"；后一条线路，是我们现在讲述的"瞻后顾前"。

3. 爬坡中的歇息

也有人把逐渐累进的教科书阅读学习，类比为"爬坡"。爬坡，有上述的"搭积木"的含义，逐渐往上攀登；勇往直前一直攀登，勇气固然可嘉，但在一个长途旅行中，这不具备持续性。所以，我们在这里强调"爬坡中的歇息"：在爬坡中，停下来，歇一歇，回顾刚才爬坡等经历，回味沿途的风景。

间隔学习，一次了解一点，逐步增加，每个片段都按"阅读学习—歇息"的进程，这是教科书阅读学习的办法。

所谓"歇息"，其实是对所读、所学内容的"回忆"。多项研究反复证明，阅读之后进行回忆（比如说出或者写出读到的内容），将大大提高阅读效率[1]。

研究也表明："20 分钟都花在阅读上，你记住的内容却没有在阅读与回忆各花10 分钟记住的内容多。"[2]教科书阅读学习，"阅读"和"回忆"至少要平均分配时间，

---

[1] ［美］彼得·孔普.如何高效阅读［M］.张中良，译.北京：机械工业出版社，2015：213.
[2] ［美］彼得·孔普.如何高效阅读［M］.张中良，译.北京：机械工业出版社，2015：213.

通常回忆比阅读需要的时间更长。

英国高效学习研究专家柯林·罗斯建议："当你阅读的时候，在每一主要章节的结尾处停一下。把书放在一边，用自己的语言从记忆中回忆其要点。"①

美国高效阅读研究专家彼得·孔普建议："假如把阅读材料分成四个部分，首先应该预习第一部分。停下来回忆要点，然后返回去认真阅读本部分，读完停下来回忆记住的内容。应反复阅读，直到你能用自己的话复述你打算记住的全部信息。当你能够回忆本部分的要点与中心思想时，再准备进入下一部分的学习。"②

让我们继续以《思维：批判性和创造性思维的跨学科研究（第 4 版）》第一章第一节为例，现在我们对第二小节和第三小节内容做一个初步的总结，摘录了这两段的关键语句，并用自己的话来讲述这两段的主要内容。

然后，再往下读第四小节，继续"搭积木"，继续"爬坡"，然后做爬坡中的歇息。依此类推，完成一个章节的阅读学习。

为何要思考

思想比金子更贵重

"我的语言之限就是我的生活之限。"

作为可能性之思维

我们只能选择去做我们所知道的事情。

我们了解得越多，并且能够借助我们的知识思考得越好，我们就会变得越来越成功。

通过思维活动我们也许会找到我们自己生活中的黄金。

思维累积

我们会成为什么样的人取决于我们的思考方式与思考内容。

我们是通过我们学到的知识以及围绕我们的知识进行思考的方式来做出选择的。

无思维之生活

如果在未来的十年里我们没有获取新思想，生活会怎样呢？我们

---

① ［英］柯林·罗斯.快速学习新概念［M］.李华民，译.郑州：河南人民出版社，2000：81.
② ［美］彼得·孔普.如何高效阅读［M］.张中良，译.北京：机械工业出版社，2015：205.

> 能保住自己的工作吗？我们对于夸克和纳米作何感想呢？我们如何与他人谈话呢？
>
> 　　如果在未来的十年里，我们选择去阅读许多思想深邃的书籍，我们的大脑会有不同吗？我们会因为我们所读之书、所请教之人、所拥有之思想以及表达诸思想之方式而变得明显不同吗？当然了，<u>思想是累积的。我们伴随着思考成长，并因此而改变我们将来之思考能力。</u>
>
> 　　思想累积的方式并不是算术式的而是指数式的。<u>每一个思想都有潜力与其他思想结合并创造出大量的新思想；</u>例如……

4. 积极走神

关于"积极走神"，我们在第四章第五部分"较快地'读过'一本理论书"已有论述。"积极走神"是与文本（不在场的读者）的对话，也就是在阅读学习中运用联结、图像化等阅读策略，在阅读过程中调取已有的背景知识和个人经验，从而更好地理解文本的意义。

阅读学习不仅仅是记住、回忆作者所说的话；概念的学习，更重要的是理解。而理解，必须与自己的经验联结。与自己的经验联结，主要有以下两个方面。

一是与自己"先有概念"的联结，在阅读之前的预览阶段我们所揭示的"关于这个话题，我已经知道些什么？"在预览时自我揭示的先有概念，在阅读学习过程中是要时时去回顾的。正如我们在前面说过的：从某种意义上说，"学习就是改变自己的先有概念"[①]，尤其是对我们都具有日常概念的思维、情感、交流、学习以及阅读、写作等话题。时时回顾，也就是反思。在反思自己先有概念的过程中，我们获得增进自己理解力的新概念。

二是在阅读时受到启发的，也就是"这让我想起了什么？"。曾流行一种盲目的说法：在阅读时，遇到例子可以快速阅读或者跳过去。如果阅读理解的层级单位是章节的内容主题，或者是段落的主旨，即获取信息为目的的阅读或者较快地阅读一本理论书，那么对例子简略理解或者跳过去，是可行的。但是，如果是必读理论书的分析性阅读，尤其是教科书阅读，例子往往是与读者个人经验相联结的非常重要的部分，借助这些例子，我们才能更准确而深入地理解作者所表达的意思。

---

① ［法］安德烈·焦尔当.学习的本质[M].杭零.译.上海：华东师范大学出版社.2015：60.

例如,在上文举例的"为何要思考"第二小节,作者举了一个类似八卦的例子——装载着印加黄金的一艘西班牙大型帆船在加勒比海沉没。如果我们像作者所预期的那种反应,认为这完全是八卦,然后再想想作者为什么举这个例子,或许我们就会明白,作者是要我们看到受我们自己"之限"的"可能性之思维",并想象"作为可能性之思维"的无限广阔。

"举一反三"这个成语,在这里特别适用。在阅读学习教科书时,书中举一例,作为学习者要能举三例,即使在书中无例子之处,如果是重要的地方,我们也要从自己的经验中"添加"例子、案例。回到"为何要思考"第二小节,"限制""选择"这两个在上下文中反复出现的词语,显然是作者所刻意强调的关键词语——实际上作者是把它们当作含义严格限定的术语概念来使用的。那么,我受"限制"了吗? 受了哪些"限制"? 我是如何受"限制"的? 我做了"选择"吗? 什么样的"选择"? 为何做这些"选择"? 它们是受"限制"的"选择"吗?

本书中曾多次引用"学习"的定义:"学习是由经验引起的学习者知识的变化。"①据我所知,中小学教师中很少有人真正理解"学习"这个概念。简妮·爱丽丝·奥姆罗德(Jeanne Ellis Ormrod)在《学习心理学(第六版)》一书中举了一串例子来教导我们"确定学习何时发生":表现一个全新的行为,如第一次正确地系好鞋带;改变已有行为的频率,如更加频繁地与同学合作;改变已有的行为速度,如更快地想起各种减法原理;改变已有的行为的强度,如改掉用坏脾气获得想要的东西的习惯;改变已有行为的复杂性,如更为详细地讨论某一特定主题;等等②。相信许多中小学教师看到这些"正例",他们的先有概念都会有种被颠覆的感觉。

简妮·爱丽丝·奥姆罗德继续举例:"临时记住一个电话号码打给某人,随后就忘记了"则是"学习"的"反例",因为学习的"改变"是一种长期的变化③。如果依此类推,那么我们就可以得出结论:阅读一本书隔不了多久就什么都不记得了,意味着没有发生过"学习"。死记硬背考完就忘,从本质上说,也不是有价值的"学习"。至此,我们才能明白以下两句话的含义:"回忆是说明你学会了一些东西的唯

---

① [美]理查德·E·梅耶. 应用学习科学——心理学大师给教师的建议[M]. 盛群力,丁旭,钟丽佳,译. 北京:中国轻工业出版社,2016:14.
② [美]简妮·爱丽丝·奥姆罗德. 学习心理学(第六版)[M]. 汪玲,等,译. 北京:中国人民大学出版社,2015:6.
③ [美]简妮·爱丽丝·奥姆罗德. 学习心理学(第六版)[M]. 汪玲,等,译. 北京:中国人民大学出版社,2015:5.

一证据。"①"长期不用的知识渐渐会被大脑遗忘,它们渐渐消失,无论知识本身具有多么重要的内在价值,只要被大脑遗忘,就不可能再具有生活价值。"②

阅读需记忆,"理解即思考"③。而无论记忆还是思考,都有赖于与自身经验的联结。我们说过:读到要紧处、读到转折处、读到疑难困惑处,是否能暂离书页"积极走神"、主动"思考",这是判断阅读能力高下的一个重要指标。对教科书阅读学习来说,这一能力尤为重要。

上面曾介绍的 PQ4R 法,其对 SQ3R 法的改进,主要是增加了"对材料的反思(reflect)"这一环节:与已知的事物联系起来,将文中的各个分主题与已有的基本概念或原理联系起来,试图根据呈现的信息来解决矛盾,试图运用各种信息来解决隐含的问题等。"对材料的反思"与我们在刚才所讲的"停住"的艺术,有相同、相似之处。

事实上,较高质量的教科书,作者会及时提醒读者主动与经验联结,也会想办法创造机会引导阅读者(学习者)联结自身的经验。例如,本章一直作例子的"为何要思考"一节,在第二小节和第三小节的连接处,加入了一个引导读者"思考"的材料:

思考:

　　　您的思想

　　　　变成您的语言

　　　　　变成您的行动

　　　　　　变成您的习惯

　　　　　　　变成您的性格

　　　　　　　　变成您自己

(四)阅读之后:变形笔记、回应与自我评估

从时间上说,阅读之后包括上述每一小节"爬坡的歇息",但本节所说的"阅读之后",主要指一个章节的阅读之后,相当于 SQ3R 法和 PQ4R 法中的复述、复习这

---

① [美]彼得·孔普.如何高效阅读[M].张中良,译.北京:机械工业出版社,2015:196.
② [美]戴维·珀金斯.为未知而教,为未来而教[M].杨彦捷,译.杭州:浙江人民出版社,2015:5.
③ [美]戴维·珀金斯.为未知而教,为未来而教[M].杨彦捷,译.杭州:浙江人民出版社,2015:102.

两个阶段。

功夫主要在阅读之后,这是学科阅读与学科学习最突出的特点。

心理学家所证实并建议学生使用的高效"学习策略",从阅读的历程看,主要是在阅读之后加深记忆和理解的阶段。包括:①复述策略。利用双重编码等多种促进记忆的办法,牢固记住并复现(回忆)言语信息。②精加工策略。用已知知识对新材料进行解释和扩展的过程。如将所学内容分类记忆,根据说明性文本的组织结构来选择和理解教科书的主要内容,用自己的话解释、总结等。③(重新)组织策略。将材料转变为另一种形式,如进行概述、摘要、绘制认知地图或概念图、划重点、提炼、做各种形式的笔记等。其中最为重要的,是做变形笔记、对练习活动的回应、根据学习目标做自我评估这三项。

1. 做变形笔记

研究发现:"当学习比较复杂的内容,需要把握该内容的要点时,使用笔记策略能够产生最大的积极作用。"①

笔记可分为两大类,一类是同形笔记,一类是变形笔记。

同形笔记,指与所读文本结构相一致的笔记,包括划重点、总结、摘要、结构提纲、内容提纲等。其他阅读类型,如做笔记,主要是做同形笔记。

变形笔记,指改变所读文本结构,或用视觉化图形等方式所做的笔记,如绘制表格、网络图、连线图、概念图、认知地图以及各种自行创制的视觉化图形等。

柯林·罗斯在《快速学习新概念》一书中,把同形笔记称作"记笔记",把变形笔记称作"做笔记"。"记笔记和做笔记之间有很大区别:记笔记指的是将他人的思想和观点照原样记录下来。做笔记指的是将他人的信息变成自己的思想和观点。"②

做变形笔记的进程,是在复述阶段,逐步将同形笔记转化为变形笔记。综合彼得·孔普《如何高效阅读》、柯林·罗斯《快速学习新概念》、亚当·罗宾逊《如何学习:用更短的时间达到更佳效果和更好成绩》、隆恩·弗莱(Ron Fry)《有效阅读》和《如何学习》等著作并结合本人的经验,大致可归纳为以下三个步骤。

第一步,在阅读理解时对关键语句画线。按阅读理解的片段单位渐次进行,应

① [美]罗伯特·斯莱文.教育心理学:理论与实践(第7版)[M].姚海林,等,译.北京:人民邮电出版社,2004:149.

② [英]柯林·罗斯.快速学习新概念[M].李华民,译.郑州:河南人民出版社,2000:56.

该在读完一段内容之后再根据自己的理解选择该段要画线的语句——当然是"作者认为重要的"语句——研究表明边读边画线作用不大，除非准备画线之后再予复读画线部分。画线语句原则上是越少越好，最好以词语为单位，或将上下文密切联系的重要语句圈画连线。假如在"为何要思考"一节中我们已经画出的关键语句如下。

为何要思考

思想比金子更贵重

"我的语言之限就是我的生活之限。"

作为可能性之思维

我们只能选择去做我们所知道的事情。

我们了解得越多，并且能够借助我们的知识思考得越好，我们就会变得越来越成功。

通过思维活动我们也许会找到我们自己生活中的黄金。

思维累积

我们会成为什么样的人取决于我们的思考方式与思考内容。

我们是通过我们学到的知识以及围绕我们的知识进行思考的方式来做出选择的。

无思维之生活

无知乃心灵之黑夜。

思想是累积的。

我们伴随着思考成长，并因此而改变我们将来之思考能力。

每一个思想都有潜力与其他思想结合并创造出大量的新思想。

第二步，这一步最好做成书面笔记。"不要看教科书，凭你的记忆来记笔记"[①]，关联各个小节的关键语句和关键词语，尽可能用改述、概括及缩略等方式，并按各小节的逻辑关系形成明晰的结构（而不是简单地列举）。如有图表、图片、公式等，

---

① ［美］亚当·罗宾逊. 如何学习：用更短的时间达到更佳效果和更好成绩［M］. 林悦，译. 北京：中国青年出版社，2016：116.

应转化为叙述性文字。同时,可以是口头陈述,即在不看书的情况下,根据标题、关键词以及记录的主要观点,用自己的话出声地陈述各小节的主要观点及其相互联系,相当于对阅读之前的自提问题——专业问题,进行尝试回答。

在这一步,笔记已开始"变形"。一般来说,教科书在章节前后有"内容要点"和"本章总结",这些内容在阅读理解时参考,但做笔记绝不是对内容要点或本章总结的复述记忆。

第一章　何为思维

为何要思考

思想比金子更贵重

作为可能性之思维

思维累积

无思维之生活

何为思维

交流:思维之镜

思维谬误

我们的文化遗产

小结

本章中我们思考了思维的重要性以及它是如何对我们的未来产生巨大影响的问题。我们甚至大胆地将思维看成是比金钱还贵重的东西。尽管许多思维仍具有很大的神秘性,仍是我们大脑中未揭示的王国,然而,文字表达和谈话交流却为我们提供了一条进入未知自我的路径。文字表达可以作为思维的反射镜,这面镜子赋予我们清晰性、准确性、认知性和丰富性。与此相反,混乱的思维会使我们丢失方向并且损失惨重。

思维挑战练习

第二步的笔记,可以按各小节的前后次序组织内容,但最好按自己的理解对各小节的内容做重新组织。如"为何要思考"一节可按作者提出的主要问题来组织:①有比思考更重要的事情吗? ②存在着与思考无关的重要事情吗? ③思维对于生活的重要程度如何呢？④在未来的十年里，我们的大脑会有不同吗？或者，也可围绕"限制""选择""改变"这些关键词来组织。对需要记忆内容较多的学科，如地理、医学等，"你应该尽可能多地尝试用不同的方式去重新组织信息"①。虽然这样做很耗时间，但是通过不同分类方式，会带来分析信息的不同视角，因而能加深理解或产生新的理解。

第三步，将第二步所做的笔记，改造为视觉化的图形。"信息具有一定的形式和结构，要理解信息，你必须能够'看到'它的形式。"②

彼得·孔普将视觉化图形称为"回忆模式图"，他所建议的常规图形如图 5-7 所示。其中较长的线是主线，如各小节的主题内容；较短的线叫支线，是该主题需要理解记忆的内容要点。

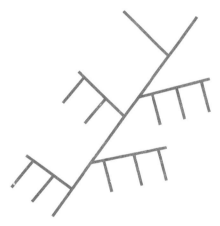

图 5-7　彼得·孔普"回忆模式图"

彼得·孔普建议：在阅读学习教科书（或较难的文章）之前，根据阅读学习的目的（任务），"预先决定"需要理解记忆的内容是在哪个层级（如图 5-8 所示），"预先画出"上述常规图形的长短线的数量③。

例如，阅读任务（比如考试）是在"各节内容要点"这一层级，较长的线就是教科书上的每一节的标题，较短的线就是每节下面的"小节内容要点"，相当于小节的标

①　[美]亚当·罗宾逊.如何学习：用更短的时间达到更佳效果和更好成绩[M].林悦，译.北京：中国青年出版社，2016：131—132.

②　[美]亚当·罗宾逊.如何学习：用更短的时间达到更佳效果和更好成绩[M].林悦，译.北京：中国青年出版社，2016：116.

③　[美]彼得·孔普.如何高效阅读[M].张中良，译.北京：机械工业出版社，2015：204—211.

题。如果阅读理解要细致到"段落内容要点",那么较长的线就要归属于小节的标题,较短的线是各个段落及其内容要点。

图 5-8　阅读理解的信息层次

"预先决定""预先画出",相当于基于学习目标,预先对教科书阅读学习做出具体的规划,从而达到高效阅读、高效学习的目的。所谓"高效"是相对于阅读者(学习者)具体化的阅读目的和阅读任务而言的[1]。

在预先绘制的"回忆模式图"的基础上,彼得·孔普和许多高效阅读、高效学习研究领域的专家一样,也建议再根据具体的学科内容,将视觉化笔记进一步改造成更具个性的图形,"自行设计的随机模式,往往是最好的回忆模式"[2]。

视觉化图形笔记,无所谓对与错,也不存在好或坏的绝对标准。关键是通过视觉化笔记的绘制,促进对学习内容的理解和记忆——它使你"看到"自己的阅读理解和思考。例如,"为何要思考"这一节,我尝试绘制了以下两种视觉化笔记(如图5-9所示)。

2. 对练习活动的回应

教科书一般都附有思考和练习,思考和练习是学科阅读与学科学习的有机组成部分。它既能引导学生对本章节学习内容进行总结回顾,也能够通过练习等活动,进一步加深或拓展对学习内容的理解。

例如,我们一直举例的《思维:批判性和创造性思维的跨学科研究(第4版)》第一章"何为思维",章末列有14项"思维挑战练习",我们例举其中几项。

---

① 参见本章第五部分中的"首要能力:阅读目的具体化"。
② [美]彼得·孔普.如何高效阅读[M].张中良,译.北京:机械工业出版社,2015:222.

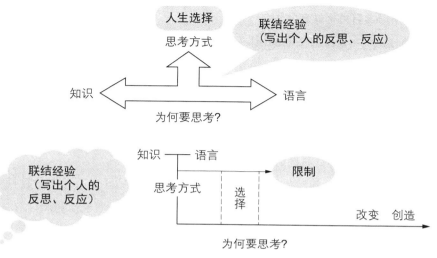

图 5-9　"为何要思考"的两种视觉化笔记

思维挑战练习

◇ 你的思考与其他人有怎样的不同？你的思想是在无序中还是在有序的条理中产生的？有没有特定的时间对于特定类型的思考更有益？

◇ 与某人交谈，试图了解该人对你话语的反应，从而对你的思维过程进行评判。

◇ 事物的外表或者他人的情感是否会强烈地左右你的想法？

◇ 你是否曾经因思维跳跃太快而无法形成一个结论？为什么？你是否曾经因"绝对肯定"而事后发现自己错了？在你的思维中被忽略的东西是什么？

◇ 在进一步阅读此书之前，请花点时间反思一些思维的神秘性。问自己一些你希望在本书中能够找到答案的问题。

该教材提示，"思维挑战练习"，可以用多种形式做出反应。如：平常反应（想一想），流水账（列出），和一个朋友交谈，和一个同学对话交流，参加班级或小组讨论，个人或小组发言等。如果是学科类型三——理科的教科书学习，则需要逐题完成教科书中的练习作业题。

3. 根据学习目标做自我评估

做变形笔记、对练习活动的回应,很大程度上也是对自己阅读理解的评估。但是,作为学科阅读与学科学习,还是需要专门留出时间,把自我评估作为一个相对独立的学习环节。

自我评估,并不是简单地想一想,也不仅仅是评估,它还包括查漏补缺的反馈性学习。如果是学科类型三——理科的教科书学习,根据练习作业的情况,可能需要再次回顾书本做有针对性的补习。

如果像《思维:批判性和创造性思维的跨学科研究(第 4 版)》那样的教科书学习,自我评估的形式可参考第四章中"普通读者'有难度的'理论读物阅读"内容中所列出达到"读过"水平的"输出"形式①,如,摘抄或转述+印证、联系等扩展的感想(写主观评论),内容摘要或总结要点+扩展的感想(写主观评论),对某个内容的扩展讨论(评论),在说明时引用原文,与其他书相联系的扩展讨论,等等。

《思维:批判性和创造性思维的跨学科研究(第 4 版)》那样的教科书学习,实际上是"实用型的书",因而也可参考"自我导向的致用性阅读"部分中的"阅读之后:在实施中的深化理解"②的具体做法。

(五) 学科类型三的学习活动示例③

学科类型三,指数学、物理学、化学、工程学、金融学等科目。在这些科目中,"虽然你也能学到一些信息,不过你的主要任务是获取并理解各种解决问题的技巧(方法)"④。以下是高中物理教科书的一个学习活动设计,可以看出学科类型三的教科书阅读学习的特点。

---

① 参见第四章第五部分中的"达到'读过'水平的'输出'"。
② 参见第四章第四部分中的"阅读之后:在实施中的深化理解"。
③ 王荣生、倪文尖. 国家课程标准高中实验课本(试编本)语文·必修第三册[M]. 上海:上海教育出版社,2007:129—135.
④ [美]亚当·罗宾逊. 如何学习:用更短的时间达到更佳效果和更好成绩[M]. 林悦,译. 北京:中国青年出版社,2016:176—177.

热力学第二定律①

张同恂 等

课文（略）

准备与预习 |||||||||||||||||||||||||||||||||||||||||||||||||||||||||||||||||||||||||||||||||||||||||||||||

1. 本文选自中学物理教科书。在学习之前，你应该会解释下列概念：

热力学第一定律　能量守恒定律　功　动能　内能

2. 如不能解释上述概念，请查阅教科书、《辞海》等书籍，或向高年级同学请教。

3. 你平时自学理科的教科书吗？记下你自学时曾碰到过的困难，上课时向老师提出。

整合与建构 |||||||||||||||||||||||||||||||||||||||||||||||||||||||||||||||||||||||||||||||||||||||||||||||

一、主动学习，透彻理解课文内容

1. 主动学习，应该学会提问。完成下列任务：

① 把各节的小标题分别转化为"什么是"的问句。如："什么是热传导的方向性？"

② 联系前后小标题，提出它们之间"是什么关系"的问题。如："'第二类永动机'与'热传导的方向性'是什么关系？"

③ 阅读课文，找到上述问题的答案。

2. 示意图是理科阅读材料的重要构成部分。学习图文对转。

① 把"热传导的方向性"一节内容，转化为一个示意图。

② 对照下图，用自己的话讲述该示意图的内容及含义。

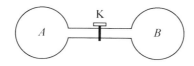

3. 理科阅读材料中往往有公式及计算，文字说明与公式可以等值转化。学习文字与公式对转。

① 人民教育出版社物理室. 全日制普通高级中学教科书（必修加选修）·物理第二册［M］. 北京：人民教育出版社，2003.

① 对照"第二类永动机"一节中的相应文字,说明 $\eta=\dfrac{W}{Q_1}$ 公式的含义。

② 试从能量守恒定律 $Q_1=W+Q_2$,推导出 $Q_1>W$,并说明 $Q_1>W$ 的含义。

③ 如果 $W=Q_1$,那么 $\eta=$? 请用公式表示"第二类永动机"。

④ 如果 $W=Q_1$,那么 $Q_2=$? 请用公式说明第二类永动机的设想并不违背能量守恒定律。

4. 定理、定律是理科教科书学习的核心内容。阅读"热力学第二定律"和"能量耗散"这两节,完成下列任务。

① 定律、定理是普遍性命题。列举三个生活中的例子,印证热力学第二定律。

② 热力学第二定律的两种表达是等价的。请尝试从热力学第二定律的一种表达,推导出另一种表达。

5. "练习"也是理科教科书的学习材料,一是检验学习的成果,二是知识的实际应用。独立完成课文中的练习。

二、提高效率,灵活运用多种策略

1. 理科教科书的一个段落,一般只包含一个内容。应用"删除法",重新阅读课文。

① 边读边删除(划去)无关紧要的语句。

② 再删除一些语句,使每个小标题下只保留一句话。

③ 把每个段落下所保留的语句,连起来念一遍。

2. 教科书的学习,往往要参阅相关的材料,有时也要借用外力的帮助。完成下列任务中的一项。

① 下面内容摘自《辞海》的"热力学第二定律"条目,与课文对照阅读。

热力学的基本定律之一。说明热能与机械能的区别,以及在有限的空间和时间内一切和热现象有关的物理、化学过程都具有一定的方向性。它有不同的表述方式:(1)热不可能自发地、不以消耗为代价地从低温物体转到高温物体;(2)任何热力循环发动机不可能将所接受的热量全部转变为机械功(即不可能制造第二类永动机);(3)在孤立系统内实际发生的过程中,总是使整个系统的熵的数值增大(此定律这一表述方式亦可称孤立系统熵增原理)。

② 如对课文的内容还有疑惑,请向同学请教,或者用疑问句记下你的疑惑,待物理课时向老师提出。

3. 及时复习,在知识学习中非常重要。用自己的话回答课文在"本章小结"中所列的问题。

应用与拓展 ‖‖‖

1. 结合自己的学习经验,试着总结科普文章阅读策略,列举五条以上。

2. 应用本课所学的阅读方法,自学理科教科书中的一章,科目自选。

3. 从能量耗散角度,热力学第二定律还有第三种表达,结合"能量耗散"这一节内容,试着用自己的话说说看。

五、在学科学习中发展"学术语言能力"

(一)读写能力与学科内容知识

认知心理学、学习心理学、教育心理学、学科教学心理学和学习科学,一致得出结论:影响学习、阅读、写作和口头表达的最主要因素,是学生所具有的学科的内容知识。

罗伯特·斯莱文(Robert E. Slavin)在《教育心理学:理论与实践(第 7 版)》教科书中断言:"你能学到多少知识? 一个重要的决定因素是你已经知道这方面的多少信息。……在预测学生能学到多少知识时,背景知识与一般的学习能力相比似乎是个更重要的因素。那些掌握了较多学科知识的学生,他们有更恰当的图式来整合新知识。"①

认知心理学研究表明:"仅有良好的阅读技巧并不是决定我们从阅读里学到什么的主要因素","阅读者在阅读时所具有的先前知识深深地影响其对课文内容的理解,先前知识对帮助阅读者做有用的推论具有强有力的效果"②。因此,"应将阅读活动整合到其他科目中去"③。

学习科学的里程碑著作《人是如何学习的:大脑、心理、经验及学校(扩展版)》指出:"元认知活动的教学必须结合到学习所学的学科知识中。这些策略不是跨越学科的一般性内容,把它们作为一般性内容来教学的尝试会导致迁移的失

---

① [美]罗伯特·斯莱文. 教育心理学:理论与实践(第 7 版)[M]. 姚海林,等,译. 北京:人民邮电出版社,2004:148.

② [美]Richard E. Mayer. 教育心理学——认知取向(第二版)[M]. 林清山,译. 台北:远流出版公司,1991:325—328.

③ [美]理查德·迈耶. 学科教学心理学(第 2 版)[M]. 姚海林,严文蕃,等,译. 南京:江苏教育出版社,2010:67.

败。"①因此,"认知技能的教学应该整合到各种学科领域的课程中"②。

写作也是这样,梅耶在《教育心理学——认知取向(第二版)》一书中写道:"在许多有关写作的研究里,有一个共同的发现就是:学生在该领域的知识才是决定其写作品质之关键性要素。"③因此,"学生写作时需要写他们知道或曾经探索过的那些题目"④。这意味着,学生应该在各学科课程里通过写作学习写作。

具有广泛影响力的《学习的通用设计:课堂应用》更进一步指出:"写作技能也是境脉特定的。各种形式的作文之间有相当大的差别,写手在某种写作形式方面的专长并不能使其自动地成为另一种写作形式的专家。"⑤"写作这一技能并不能轻易地在不同形式及不同内容的领域之间进行迁移。已经学会使用一种形式或掌握了一门学科写作技能的学生,可能无法用其他形式或在其他学科中开展同样水平的写作。"

拉德尔(Ruddle)指出:"在任何学科领域里都能深入思考,学生必须学习该学科的语言并能用该语言来进行流畅的阅读和写作。"⑥

(二) 读写思维与学科语言能力

思维和言语的关系是紧密联系且不可分离的:"思维不仅仅用言语来表达,思维是通过言语才开始产生并存在的";"它不仅仅在言语中发现了它的表述,它还找到了它的现实和形式"⑦。

"语言即思维":"思想离开语言无法存在,即当人们学习语言的时候,同时也在学习如何思考,也就是说思想和语言是一体的。"⑧加里·R·卡比(Gary R. Kirby)

---

① [美]约翰·D·布兰思福特,等.人是如何学习的:大脑、心理、经验及学校(扩展版)[M].程可拉,孙亚玲,王旭卿,译.上海:华东师范大学出版社,2013:17.
② [美]约翰·D·布兰思福特,等.人是如何学习的:大脑、心理、经验及学校(扩展版)[M].程可拉,孙亚玲,王旭卿,译.上海:华东师范大学出版社,2013:19.
③ [美]Richard E. Mayer.教育心理学——认知取向(第二版)[M].林清山,译.台北:远流出版公司,1991:362—363.
④ [美]Tracey E. Hall, Anne Meyer, David H. Rose.学习的通用设计:课堂应用[M].裴新宁,陈舒,译.上海:华东师范大学出版社,2019:58.
⑤ [美]Tracey E. Hall, Anne Meyer, David H. Rose.学习的通用设计:课堂应用[M].裴新宁,陈舒,译.上海:华东师范大学出版社,2019:43.
⑥ 转引自[美]卡伦·坦珂斯莉.教会学生阅读:策略篇[M].王琼常,古占辉,译.北京:教育科学出版社,2008:6.
⑦ [俄]列夫·谢苗诺维奇·维果茨基.思维与语言[M].李维,译.杭州:浙江教育出版社,1997:136—137.
⑧ [美]加里·R·卡比,杰弗里·R·古德帕斯特.思维:批判性和创造性思维的跨学科研究(第4版)[M].韩广忠,译.北京:中国人民大学出版社,2010:104.

和杰弗里·R·古德帕斯特(Jeffery R. Goodpaster)在《思维：批判性和创造性思维的跨学科研究(第4版)》①将思维定义为"被表达的思想"："我们的思考要利用语言。语言的功能与思维的各个方面都有紧密的联系"，"语言构造着我们的认知"②。我们利用文字思考——当我们阅读此文时，我们就在使用语言进行思考。"如果我们希望在工作和学习中学习、成长以及获得成功，我们就需要术语，需要大脑中的语言。"③

朱迪思·朗格说，大量的研究表明："学习的核心不仅在于学科内容，而且在于思考内容的方法"④。在《想象知识：在各学科内培养语言能力》一书中，朱迪思·朗格明确地提出了"读写思维"的概念："这一概念并不仅仅强调阅读和写作本身，更强调伴随于读与写过程的思考活动。"⑤

"读写思维"与我们在前面论述的"透过学科看世界"基本上是同样的意思，包括学科的观点、学科的核心概念、学科的认知方式等。学习各门学科课程，目的是使学习者能"像专家解决问题时那样思考"，也就是形成各学科的"学术语言能力"——"学会选择、调控学科思维与语言中有特色的标志性语言"，"使用这些代表语言能力与理解力的学科标志性语言并理解其在使用中的作用"。

"这正是一种学术语言能力，它存在于所有学科的阅读、写作、讨论、媒体使用和教学活动中。这种能力是获取学科知识的核心，也是每门课课堂学习的要点。这种语言能力使所有学生——无论是什么样的身份与经历，都能获得特定学科中的特定语言与特定思维。"⑥

为了学习学术语言能力，学习者必须学会选择、调控学科思维与语言中有特色的标志性语言，使用这些代表语言能力与理解力的学科标志性语言并理解其在使用中的作用。"利用标志性语言的学习者可以对口头和书面文本的理解更深入，关

---

① ［美］加里·R·卡比，杰弗里·R·古德帕斯特.思维：批判性和创造性思维的跨学科研究(第4版)[M].韩广忠，译.北京：中国人民大学出版社,2010：103—104.
② ［美］加里·R·卡比，杰弗里·R·古德帕斯特.思维：批判性和创造性思维的跨学科研究(第4版)[M].韩广忠，译.北京：中国人民大学出版社,2010：116.
③ ［美］加里·R·卡比，杰弗里·R·古德帕斯特.思维：批判性和创造性思维的跨学科研究(第4版)[M].韩广忠，译.北京：中国人民大学出版社,2010：108.
④ ［美］朱迪思·朗格.想象知识：在各学科内培养语言能力[M].刘婷婷，译.上海：上海教育出版社,2015：14.
⑤ ［美］朱迪思·朗格.想象知识：在各学科内培养语言能力[M].刘婷婷，译.上海：上海教育出版社,2015：12.
⑥ ［美］朱迪思·朗格.想象知识：在各学科内培养语言能力[M].刘婷婷，译.上海：上海教育出版社,2015：4—5.

联并构建出更大的知识体系,学会在自己的领域中质疑谬误、砥砺思想,将所学知识联系起来并运用到其他学科和生活中去。"①

例如,科学学科的学术语言能力,包括以下内容。

① 转换信息形式(如把观察到的现象转换为数据体、统计图、模型和可视化形式)。

② 寻找模型及彼此关系。

③ 分类与归类。

④ 剖析并描述过程和步骤。

⑤ 运用已知原理阐释新发现,发现其中潜在的冲突点。

⑥ 记录、概括发现所得,用科学的表达方式撰写专业报告(运用学科专用词语、论证方法与证据)。

⑦ 与团体内其他成员交流问题、挑战与发现,能让人信服,包括能够使用"听起来"和"看起来"比较科学的方式来标示数据和传达想法②。

那么,怎样才能较为有效地使学生获得学科的学术语言能力呢?

答案是引导学生去解决真实世界的挑战性问题。正如杜威所说:"只有自己去与问题本身搏斗,探寻和找到自己对问题的解决办法,学生才真正地进行思考。"③在21世纪以建构主义为理论基础的"问题情境"中的探究学习,成为教育改革的主潮。

六、"问题情境"中的探究学习

建构主义学习环境设计,主张将学习者置身于"真实情境"。

其理论基础主要是两个:一是源于心理学的"情境认知",二是源于社会人类学的"情境学习"。两者都把学习看作情境性活动,强调学习的社会性因素。

情境认知理论认为,"知识是情境化的","情境性在所有认知活动中都是根本的"④。其引导的教学,"目标从概念的传授,转变为使学习者进入可能需要使用这

---

① [美]朱迪思·朗格.想象知识:在各学科内培养语言能力[M].刘婷婷,译.上海:上海教育出版社,2015:4.

② [美]朱迪思·朗格.想象知识:在各学科内培养语言能力[M].刘婷婷,译.上海:上海教育出版社,2015:80.

③ [美]约翰·宾.研究性学习[M].张仁铎,译.南京:江苏教育出版社,2009:2.

④ [美]戴维·H·乔纳森.学习环境的理论基础[M].郑太年,任友群,译.上海:华东师范大学出版社,2002:27.

些概念和技能的真实任务"，"学习活动必须抛锚在真实应用的情境中"。实践的样本，如"基于问题的学习"等①。

　　情境学习理论，认为学习是"合法的边缘性的参与"②的过程，强调"实践共同体"的合作。在其所引导的教学中，具有一个"真实"社会或职业身份的学生，像新手那样参与到"实践共同体"解决真实问题的过程中。实践的样本，如"交互式教学"和用"拼图法"让学生进行合作工作等。

　　从上面简要介绍中可以看出，"真实情境"是与以往"脱离真实世界"的"学校情境"或"正式的学校情境"相对立的一个词语③。"真实"这个词意味着"与现实世界相关"④。倡导"真实情境""真实学习任务""真实评价"等，不仅关乎如何学习，而且关乎为什么学习这一教育根本问题。

　　"问题情境"中的探究学习，国外已有多年的实践，并形成了一些较为成熟的教学模式或教学方法。择其要简介如下。

（一）基于问题的学习：解决现实问题

　　"我们所谓的'情境'概念是'问题情境'的意思。"⑤从学习的观点看，"真实情境"实际上讲的是"真实的问题情境"，也就是成人在社会生活和职业工作中所面临的实际问题（难题）、现实问题（难题）。

　　学习者置身于"真实情境"，也就是置身于"真实的问题（难题）情境"，在分析和解决问题的过程中、在完成能出实际成果的任务过程中，学生有机会接触和掌握某学科或跨学科的主要概念和原理。"基于问题的学习""基于项目的学习""基于设计的学习"等，都是践行这种学习理念的教学模式或教学方法。

　　可以统括在"基于问题的学习"旗帜下，有各种各样的具体模式和做法，各倡导者或取大同小异的不同的命名。基于问题的学习，主要是决策性问题，侧重于问题分析和解决方案。

---

① ［美］戴维·H·乔纳森.学习环境的理论基础［M］.郑太年，任友群，译.上海：华东师范大学出版社，2002：29.

② ［美］J·莱夫，E·温格.情境学习：合法的边缘性参与［M］.王文静，译.上海：华东师范大学出版社，2004：1.

③ ［美］戴维·H·乔纳森.学习环境的理论基础［M］.郑太年，任友群，译.上海：华东师范大学出版社，2002：63.

④ ［美］加里·D·鲍里奇.有效教学方法（第四版）［M］.易东平，译.南京：江苏教育出版社，2002：93.

⑤ ［比］易克萨维耶·罗日叶.整合教学法：教学中的能力和学业获得的整合（第二版）［M］.汪凌，译.上海：华东师范大学出版社，2010：106.

1. 解决真实情境的实际难题(问题:"problem"难题)

(1)学生体验到的自然情境的问题(难题),且由学生为真实用户切实地解决这一难题。这主要出现在职业培训中,以及由学生主导的实地调查研究("真实学习"①)、探索学习("调查学习"②)等。美国曾流行的"社区服务学习"③,也主要是这些类型,所要解决的是学校所在社区的一些现实问题,诸如动物栖息地、无家可归者、成年人的素养、周边环境污染、对选举的冷漠等。

(2)自然情境的问题(难题),其解决由学生来模拟。大致有两大类:一类主要是在高等教育,如源于医学院的基于问题的学习,主要应用于商学院、法学院的案例教学法等。一类是在中小学开展的,如美国"伊利诺伊州数学科学协会基于问题的学习中心"所倡导的基于问题的学习。较典型的做法是通常由教师(设计者)汲取自然情境的问题(难题),设计一个"启动文档"。"启动文档"起到一个描述背景的作用,说明要解决的问题、定义学生的角色和任务,也设定对学生完成任务的期望(业绩要求)④。教师的任务主要是课程计划的周密设计,在实施中则主要是"认知教练"的角色。案例如:为解决前任校长家的"花病死"问题,蚊子问题,处理校园的草坪修复问题,学校食堂里的粮食浪费问题,当地小鹿繁殖过剩问题,生活水资源问题,附近工厂的环境污染问题,社区未成年人吸烟问题,等等。

2. 聚焦社会和个人的议题(问题:"controversial issue"有争议的议题)

《课程统整》主张应围绕着个人和社会的议题设计"超学科课程"⑤。所采用的议题,如:我将来能活多久?当我年纪渐长时,将来会变成什么样?别人对我的想法与我对我自己的想法是否一致?我将来从事什么职业?为什么人们会彼此怨恨对方?种族主义会消失吗?为什么现在有这么多穷人?雨林在未来会被拯救吗?未来是否会有世界和平?谁控制美国的大多数货币?等等⑥。

这与其说是"解决问题",不如说是通过课程增长学生对个人和社会议题的见

---

① [美]吉姆·奈特.高效教学:框架、策略与实践[M].方彤,罗曼丁,译.上海:华东师范大学出版社,2017:163—175.

② [美]唐纳德·R·克里克山克,德伯拉·贝纳·詹金斯,金·K·梅特卡夫.教师指南(第四版)[M].祝平,译.南京:江苏教育出版社,2007:270—279.

③ [美]Leigh Chiarelott.情境中的课程——课程与教学设计[M].杨明全,译.北京:中国轻工业出版社,2007:98—100.

④ [美]巴克教育研究所.项目学习教师指南——21世纪的中学教学法(第2版)[M].任伟,译.北京:教育科学出版社,2008:102—103.

⑤ [美]James A. Beane.课程统整[M].单文经,等,译.上海:华东师范大学出版社,2003:12.

⑥ [美]James A. Beane.课程统整[M].单文经,等,译.上海:华东师范大学出版社,2003:60—67.

识，从而增长个人处事和参与社会的能力，所以倡导者将之自视为"通识教育"。

《整合教育学习模式》则以"品德"来整合课程，主题有人道主义情怀、"远视"（以多元的观点看问题）、意识、领袖才能、团队精神、利他主义等。每个单元均有品格教育目标、社区服务教育、学业教育（学科目标）、解决冲突目标和艺术教育目标。每个单元分别设计 15—28 个活动①。

3. 解释困惑的自然现象（问题："doubt"困惑，疑问）

有人称为"探究学习"②"基于发现的探究式学习"③，或重在"自己去探索"的"探索学习"④。

"探究学习主要是针对科学教育（而不是语言和数学）而提出来的，但其基本前提实际上是适用于任何学习内容的。"⑤一般来说，探索学习针对的是"为什么"的问题，通过查询学习资源、实验等探究过程，对原本所困惑的自然现象做出科学的解释。中小学的案例如：为什么热量不是来自衣服？⑥ 为什么池塘里的生命是这个样子的？⑦ 毛毛虫为什么全身都毛茸茸的？ 它怎么变成蝴蝶的？⑧

关键点在于：这些"为什么"的疑问，是由学生受身边情境的刺激后自然而然地提出来的。

尽管上述各种主张和具体做法在诸多方面存在一定的差异，但有一个共同点，"就是都将焦点集中在'真实学习任务'之上，其宗旨是把理解现实生活中的真实任务作为学习和教学的驱动力"⑨。

---

① ［美］特蕾莎·朗格内斯.教育可以是这样的：整合教育学习模式［M］.卢建筠，等，译.北京：北京大学出版社，2004.
② ［美］艾莉森·A·卡尔-切尔曼.教师教学设计：改进课堂教学实践［M］.方向，李忆凡，译.福州：福建教育出版社，2018：95—102.
③ ［美］Linda Torp，Sara Soge.基于问题的学习——让学习变得轻松而有趣［M］.刘孝群，李小平，译.北京：中国轻工业出版社，2004：44.
④ ［美］唐纳德·R·克里克山克，德伯拉·贝纳·詹金斯，金·K·梅特卡夫.教师指南（第四版）［M］.祝平，译.南京：江苏教育出版社，2007：270—279.
⑤ ［美］艾莉森·A·卡尔-切尔曼.教师教学设计：改进课堂教学实践［M］.方向，李忆凡，译.福州：福建教育出版社，2018：95.
⑥ ［美］唐纳德·R·克里克山克，德伯拉·贝纳·詹金斯，金·K·梅特卡夫.教师指南（第四版）［M］.祝平，译.南京：江苏教育出版社，2007：271.
⑦ ［美］约翰·D·麦克尼尔.课程：教师的创新（第3版）［M］.徐斌艳，陈家刚，译.北京：教育科学出版社，2008：256—257.
⑧ ［美］艾莉森·A·卡尔-切尔曼.教师教学设计：改进课堂教学实践［M］.方向，李忆凡，译.福州：福建教育出版社，2018：99—101.
⑨ ［美］杰罗姆·范梅里恩伯尔，保罗·基尔希纳.综合学习设计：四元素十步骤系统设计方法［M］.盛群力，等，译.福州：福建教育出版社，2015：4.

也不难看出,解决现实问题的"学习任务",多数是跨学科乃至超学科的,其中自觉或不自觉地整合着语文学科。

(二) 基于项目的学习: 对"驱动型问题"做出回应

"驱动型问题"中的"问题",是"question",意思是"提问、质询"。

基于项目的教学,必须有一个设计者(教师)精心创设的、与真实世界"挂钩"的、引导"学生接触并掌握某学科的主要概念和原理"①的"驱动性问题(挑战性问题)"。典型的"驱动性问题"如:水是如何进入千家万户的?② 机械如何帮我们造大东西?③

一个质询的提问是否是"驱动性"的,不仅取决于这一提问的本身,而且取决于学生对这个质询的探寻意愿,能否使学生"卷入"其中。

学生经合作调查探究,以多种有形的"制品"(artifacts)④对这一"驱动性问题"做出回应,用制品展示他们所掌握的某学科主要概念和原理并加以反思。

学生制作的中间制品和最终制品,多为"书面类制品"或"展示类制品"——研究报告、叙述文、书信、海报、简报、项目建议书、诗歌、提纲、介绍手册、小册子、调研问卷/调研报告、人物传记、论文、书评、编者按、电影脚本、演讲、辩论、口头报告、新闻播报、戏剧和角色扮演、作品展览等。

基于项目的学习,不能简单地理解为"做项目",更不能片面地解读为"展示制品"。做项目和展示制品,都是对"启动性问题"的回应和回应方式。制品和展示是否是对"驱动性问题"的探究性回应,这是判断是否是"基于项目的学习"的试金石⑤。

基于设计的学习,主要应用于技术工程教育(STEM),或可看作是基于项目的学习的一类。

---

① [美]琳达·达林-哈蒙德,等.高效学习:我们所知道的理解性学习[M].冯锐,等,译.上海:华东师范大学出版社,2010:23.
② [美]约翰·D·麦克尼尔.课程:教师的创新(第3版)[M].徐斌艳,陈家刚,译.北京:教育科学出版社,2008:250.
③ [美]约瑟夫·S·克拉斯克,等.基于项目的学习[M]//[美]R·基斯·索耶.剑桥学习科学手册.徐晓东,等,译.北京:教育科学出版社,2010:373.
④ [美]约瑟夫·S·克拉斯克,等.基于项目的学习[M]//[美]R·基斯·索耶.剑桥学习科学手册.徐晓东,等,译.北京:教育科学出版社,2010:370.
⑤ [美]约瑟夫·S·克拉斯克,等.基于项目的学习[M]//[美]R·基斯·索耶.剑桥学习科学手册.徐晓东,等,译.北京:教育科学出版社,2010:373.

（三）由"基本问题"通向"大概念"深度"理解"（问题：基本问题）

"建构主义是一种试图使学生最大限度地理解知识的教学方式。"①上述种种教学模式和方法，其目的都是为了使学生最大限度地理解并迁移（即学即用）所学知识。而埃里克森等所倡导的"概念为本的课程与教学"、威金斯和麦克泰所倡导的"追求理解的教学设计"（也有翻译为"理解为先模式""重理解的课程设计""旨在理解的教学设计"）等，则是直接切入"理解"的教学设计理论并开发出相应的教学设计模型。

以"追求理解的教学设计"为例。

"追求理解的教学设计"是一套包容性很强的全方位解决方案，所涉及的原创理论丰富，其中广为接受的是其"逆向设计"、由"基本问题"通向"大概念"深度"理解"等。

逆向设计分为三个阶段。阶段一：明确预期学习结果；阶段二：确定恰当评估方法；阶段三：规划相关学习过程。分别对应于作为目标的任务，用于评估的任务，以及类似于作为课堂教学活动单位的学习过程中的任务。

根据威金斯和麦克泰的最近修订，"明确预期学习结果"共有五个方面，也就是说，一个单元有不同层级的五个"学习任务"。按其设计模板排列次序，简介如下。

1. 长远的迁移目标

学生能应用所理解的"大概念"及相关知识技能解决真实情境的问题。落实在阶段二作为评估证据主项的表现性任务。表现性评估的目标锁定在"大概念"的"理解"并迁移。

2. 深入持久"理解"（名词）

针对本单元的"大概念"。"大概念"理解，是单元的"核心任务"②。

"大概念"分两类：一类是跨学科或超越单元主题的，因而需要"综合性理解"；一类关涉学科及单元主题的，是"主题性理解"。

按照威金斯和麦克泰所提设计标准的要求，"大概念"必须表述为完整的语句。涉及语文学科的，例如：①不同的文本类别（如：叙事的、悬疑的、传记的、说明的、

---

① ［美］唐纳德·R·克里克山克，德伯拉·贝纳·詹金斯，金·K·梅特卡夫. 教师指南（第四版）［M］. 祝平，译. 南京：江苏教育出版社，2007：279.

② ［美］格兰特·威金斯，杰伊·麦克泰格. 追求理解的教学设计（第二版）［M］. 闫寒冰，宋雪莲，赖平，译. 上海：华东师范大学出版社，2017：73—77.

劝说的)有不同的结构①。②有效的议论文会使用论据,并采用与其目标读者相对应的语言②。本人建议在正式的教研场合,可转述为"核心的概括性知识",或将"核心的概括性知识"与"大概念"交替使用。

作为目标的任务,不是学习这些"核心的概括性知识"——这些"核心的概括性知识"不是"学习目标",而是"学习内容"并落实在"学习活动"中。作为目标的任务,是对这些"大概念"持续的深度"理解"。

何为"理解"? 威金斯和麦克泰从"能解释(说明)""能阐明(诠释、释义)""能应用""能洞察(观点)""能神入(同理心、移情)""能自知(自我认识)"这六个侧面(维度),对"理解"做了全面的解说③。

概要地讲,"理解"大体是两种意思:(1)能够将你的"理解"、知识、技能应用到新的情境,顺利实现迁移;(2)能够推断并建立联系,获得深层次的"理解"④。

"'理解'包含'实现迁移'和'理解意义','理解意义'又包含'基本问题'和深入持久'理解'";"'理解'在学生表现中得以揭示。当学生们将核心概念、知识和技能应用于各种情境下的挑战性任务时,就显示了他们的'理解'。因此,对'理解'的评估必须建立在基于表现的真实任务上"⑤。

3. 基本问题

"基本问题"也被译为"中心问题""主要问题""关键问题""核心问题"。

"基本问题"与"大概念"互涉。"基本问题是任何达到理解意义和迁移目标的关键。"⑥一个时跨 3—5 周的单元,一般设置 3—5 个"基本问题"。

"基本问题"是逆向设计的枢纽。其作用体现在以下三个方面。

(1) 便于教师在教学设计时,把握作为本单元目标的"大概念"。"基本问题"

---

① [美]Grant Wiggins, Jay McTighe. 重理解的课程设计:专业发展实用手册[M]. 赖丽珍,译. 台北:心理出版社,2008:110.

② [美]格兰特·威金斯,杰伊·麦克泰. 理解为先模式:单元教学设计指南(一)[M]. 盛群力,沈祖芸,柳丰,等,译. 福州:福建教育出版社,2018:10.

③ [美]格兰特·威金斯,杰伊·麦克泰格. 追求理解的教学设计(第二版)[M]. 闫寒冰,宋雪莲,赖平,译. 上海:华东师范大学出版社,2017:92—118.

④ [美]格兰特·威金斯,杰伊·麦克泰. 理解为先模式:单元教学设计指南(一)[M]. 盛群力,沈祖芸,柳丰,等,译. 福州:福建教育出版社,2018:23.

⑤ [美]格兰特·威金斯,杰伊·麦克泰格. 追求理解的教学设计(第二版)[M]. 闫寒冰,宋雪莲,赖平,译. 上海:华东师范大学出版社,2017:171.

⑥ [美]格兰特·威金斯,杰伊·麦克泰. 理解为先模式:单元教学设计指南(一)[M]. 盛群力,沈祖芸,柳丰,等,译. 福州:福建教育出版社,2018:28.

通向"大概念"的"理解"的航标,对"大概念"的"理解"就是对"基本问题"探究的结果。

（2）引导教学。所设计的教学活动是在"基本问题"导向下对"大概念"的持续探究过程,威金斯和麦克泰将之称为"揭示式教学"。"学习活动的计划应该确保学生能透过探究活动和具体教学活动来发现大概念"①,教学过程就是"让该领域的大概念在学生的头脑中'变大'"②的过程。

（3）激发学习动机。正如海斯·雅各布森（Hays Jacobsen）所说:"如果课程是围绕问题而设计的（而不是目标）,那么学生会清晰地感到你正在和他们一起探讨问题。"③

吉姆·奈特（Jim Knight）《高效教学:框架、策略与实践》建议的单元教学设计,把这里的"基本问题"命名为"指向问题"④,以更加突出指向"大概念"这一教学功能。

4. 与"大概念"连接的内容知识目标

即相关联的一些事实性知识。"大概念是核心的、有组织的概念,能对个别的事实和技能赋予意义并加以连接。"⑤"大概念可以帮助学生将各个知识点联系起来。"⑥

比如《麦田的守望者》（高中学段）:

（1）学生将理解（大概念）:①小说家常常透过小说的手法,对人类的经验和内在生活提出洞见。②作家利用各种风格技巧来吸引及说明读者。

（2）基本问题:①小说真相之间的关系是什么? 哪些真相最能以小说方式来描述? ②荷顿可以代表一般青少年吗? 反常吗? 或者所有的青少年都反常吗? 谁真诚,谁虚假? 为什么有些人的行为很虚假? ③作家如何吸引及维持读者兴趣?

---

① ［美］Grant Wiggins, Jay McTighe. 重理解的课程设计:专业发展实用手册［M］. 赖丽珍,译. 台北:心理出版社,2008:71.

② ［美］格兰特·威金斯,杰伊·麦克泰格. 追求理解的教学设计（第二版）［M］. 闫寒冰,宋雪莲,赖平,译. 上海:华东师范大学出版社,2017:83.

③ ［美］林恩·埃里克森,洛伊斯·兰宁. 以概念为本的课程与教学:培养核心素养的绝佳实践［M］. 鲁效孔,译. 上海:华东师范大学出版社,2018:104.

④ ［美］吉姆·奈特. 高效教学:框架、策略与实践［M］. 方彤,罗曼丁,译. 上海:华东师范大学出版社,2017:26—39.

⑤ ［美］Grant Wiggins, Jay McTighe. 重理解的课程设计:专业发展实用手册［M］. 赖丽珍,译. 台北:心理出版社,2008:77.

⑥ ［美］格兰特·威金斯,杰伊·麦克泰格. 追求理解的教学设计（第二版）［M］. 闫寒冰,宋雪莲,赖平,译. 上海:华东师范大学出版社,2017:72.

这部小说的作者如何吸引你的注意?　④作家如何说服读者?

（3）学生应知道(内容知识目标)：①这小说的故事梗概和人物角色;②作者采用的各种风格技巧;③写作的步骤;④劝说文的写作技巧①。

5. 学生探究"大概念"理解所必需的技能目标

如《麦田的守望者》所列出的应形成的技能有：①利用诠释式的阅读策略;②透过仔细阅读文本,发展很合理的假设;③应用写作过程完成劝说文的草稿及修订;④反思对文本的理解,然后思索自己的错误理解。

上面,我们择要介绍了"问题情境"中的探究学习三种教学模式或教学方法。这些教学模式或教学方法,在我国新一轮基础教育改革中正在积极引进、借鉴并开展本土化实践探索。"问题情境"中的探究学习,势必带来教科书学习的新的变化,概而言之,教科书将从学习的"教材"变成为解决问题的"资源"。对这种变化,以及这种变化对学科阅读的影响,目前我们所知不多,但有两点可能是关键：

第一,"以获取资讯为目的的阅读"②,对"问题情境"中的探究学习非常重要。探究过程中所需要的"资源",要知道"去哪里找"、知道"找什么"、知道"有什么",探测性阅读、搜索性阅读、检视性阅读,其重要性在学科阅读中得到了前所未有的凸显。

第二,所有学科的学习,在学习过程中都要融入学科阅读和学科写作。

拉德尔指出："在任何学科领域里都能深入思考,学生必须学习该学科的语言并能用该语言来进行流畅的阅读和写作。因此,该学科的专门人士(教师)要负责教会学生这些技能,而不应推卸给语言教师。"③

《教育心理学：理论与实践(第7版)》在论述何种策略有助于学生学习时,专门列出一项"以写促学"："让学生在写作中来探究正在学习的内容,这有助于学生的理解和记忆。这种观点得到了越来越多的证据支持";"研究发现：针对具体内容而进行的写作活动可以帮助儿童(学生)学习所写的内容"④。事实上,"以写促学"已经成为美国等学科和跨学科学习的普遍样式,从小学到大学再到成人教育。

---

① ［美］Grant Wiggins, Jay McTighe. 重理解的课程设计：专业发展实用手册［M］. 赖丽珍,译. 台北：心理出版社,2008：65.

② 参见本书第四章第二部分"以获取资讯为目的的阅读"。

③ ［美］卡伦·坦珂斯莉. 教会学生阅读：策略篇［M］. 王琼常,古永辉,译. 北京：教育科学出版社,2008：6.

④ ［美］罗伯特·斯莱文. 教育心理学：理论与实践(第7版)［M］. 姚海林,等,译. 北京：人民邮电出版社,2004：149.

《学习的通用设计：课堂应用》高度重视把写作作为一种学习策略的重要性："正如大家所知，写作教学可以且应该在跨学科教学中进行，这样学生可以有更多的、在有目的的情境中参与和练习的机会。"①"在学术语境中，成功的阅读通常也包含能够通过笔记、写作、口头讨论或其他任务，来清晰表达或展现个人对文本的理解。"②

语言是连接学校各门课程的最重要的元素。4Cs 的养成，包括其中被视作语文学科主要内容的"交流能力"，如阅读、写作、聆听、说话、视看、演示和非语言交流等，都不仅仅是语文学科的事，而是基础教育所有课程需共同承担的任务，也必须落实在中小学各门课程中。

从当今国外的经验来看，中小学语文课程似乎应该是双轨的：一轨是作为中小学独立科目的"语文"，即语文学科课程，在美国等国的中小学中分为"语言艺术"和"文学"两个科目；另一轨是作为超学科重要元素而体现在中小学所有科目中的"语文"，或称(跨)学科阅读和(跨)学科写作。

国际文凭组织的《小学项目的实施：国际初等教育课程框架(中文修订版)》要求"小学项目学校的全体教师都被视为语言教师"③，并指示"在整个课程中将语言当作一个超学科元素"④。

美国 2012 年颁布《共同核心州立标准》，要求公立学校 K－12 阶段"坚持在所有科目和所有年级展开写作教学"⑤。《美国国家社会科课程标准：卓越的期望》明确列出的"社会科的基本技能"，有"获取信息""组织和运用信息""人际关系和社会参与"三大方面，其中多数是语文能力或与语文能力有密切联系，比如"获取信息"中的"阅读技能"共计 18 条⑥，几乎涵盖了我们《全日制义务教育语文课程标准(2011 年版)》阅读领域的"目标与内容"。

---

① ［美］Tracey E. Hall, Anne Meyer, David H. Rose. 学习的通用设计：课堂应用［M］. 裴新宁，陈舒，译. 上海：华东师范大学出版社，2019：54.
② ［美］Tracey E. Hall, Anne Meyer, David H. Rose. 学习的通用设计：课堂应用［M］. 裴新宁，陈舒，译. 上海：华东师范大学出版社，2019：33.
③ 国际文凭组织. 小学项目的实施：国际初等教育课程框架(中文修订版)［R］. 加的夫：国际文凭组织，2010：68.
④ 国际文凭组织. 小学项目的实施：国际初等教育课程框架(中文修订版)［R］. 加的夫：国际文凭组织，2010：74.
⑤ 曹勇军，傅丹灵. 中美写作教学对话十五讲［M］. 上海：上海教育出版社，2018：8.
⑥ 美国国家社会科协会. 美国国家社会科课程标准：卓越的期望［M］. 高峡，杨莉娟，宋时春，译. 北京：教育科学出版社，2008：124—125.

巴克教育研究所《项目学习教师指南——21 世纪的中学教学法(第 2 版)》明确指出:"学生的读写能力是学校教育的一个核心重点,在项目中至少要求一项旨在锻炼学生读写能力的项目目标。我们建议每个项目有一个重要的、可以体现读写能力的项目作品,我们可以根据它来评价学生的写作、口头表达或者阅读能力。"①这显然要求所有学科教师,都要成为"语文教师",至少要有懂行的语文教师"合作参与"。

事实上,"基于问题的学习""基于项目的学习",以及由"基本问题"通向"大概念"深度"理解"等,越是强调"问题情境"中的探究学习,学科阅读与学科写作的能力就显得越发重要。

---

① 巴克教育研究所. 项目学习教师指南——21 世纪的中学教学法(第 2 版)[M]. 任伟,译. 北京: 教育科学出版社,2008: 20.

第六章
测评面相的文学阅读能力

一、文学阅读的多重面相

二、描述"测评面相的文学阅读"

　　· 文学生活

　　· 连贯阅读

　　· 文学想象

　　· 修辞阅读

　　· 参照式解读

　　· 表现与批评

三、"测评面相的文学阅读能力"框架

　　· 框架的模型

　　· 框架的功能

　　· 框架的解释力及其意义

第
六
章

一、文学阅读的多重面相

"诗可以兴，可以观，可以群，可以怨。"自古以来，文学就发挥着多方面的作用。"文学之树是长成的"①，在当代，文学包括诗歌、小说、散文、戏剧文学和影视文学等种类，语言文学能力已扩展至听、说、读、写、看、视觉呈现等方面②。文学阅读涵盖纸质阅读、网络阅读、手机阅读、广播听读、视频观看等，在国民生活中起着多种功能。

就拿纸质阅读而论，文学的社会功能、教育功能、认识功能、心理宣泄功能、消闲娱乐功能等，与文学的精神涵养和审美功能一起构成了文学阅读的多种图景。

据国家社科 2012 年度重大项目的研究成果《当前社会"文学生活"调查研究》报道：

被中央电视台评为"读者最喜爱的全国十大杂志之一"的《故事会》"文化现象"，最受该刊读者欢迎的是商场谋略、官场谋略类的故事，分别占 75.20% 和 56.73%，喜欢的理由基本上都为"渴望知道成功的故事"和"有意思，好玩"③。

白领青年的手机文学阅读中小说占 71.74%，纪实文学占 21.74%，散文占 10.14%，而其中阅读最多的是历史小说。历史小说"提供历史知识的同时，更加注重'以古喻今''以古为鉴'，带来启迪与经验。"④

幼儿阅读，家长更看重幼儿读物的具体实用功能，而内在的情感慰藉、审美愉悦等这些深层功能，大多数的家长并没有很深的理解与体验⑤。

"农民工的文学阅读量高于一般国民的平均水平"，但当问到"你阅读文学作品的目的是什么？"答案是消磨时间 56%、获得知识 22%，而回答"审美"和"提高思想

① 傅道彬，于茀.文学是什么[M].北京：北京大学出版社，2002：211.
② ［美］朱迪思·朗格.文学想象：文学理解与教学[M].樊亚琪，译.上海：上海教育出版社，2015：11.
③ 温儒敏.当前社会"文学生活"调查研究[M].南京：江苏凤凰教育出版社，2017：287—288.
④ 温儒敏.当前社会"文学生活"调查研究[M].南京：江苏凤凰教育出版社，2017：308.
⑤ 温儒敏.当前社会"文学生活"调查研究[M].南京：江苏凤凰教育出版社，2017：44.

认识"的两者加起来才 8％，因为农民工的文学阅读选择都带有比较强的实用性，看重实际功用价值①。

据我所知，许多职场人士呼吁阅读，包括文学阅读，但其所从事的文学阅读，事实上多是"非文学"的，例如《三国演义》的管理之道、《水浒传》里隐蔽着的四条社会"潜规则"、《红楼梦》中贾母的领导思维等。职场小说是普遍热衷的故事主题，如《杜拉拉升职记》等，职场培训使用小说等叙事类图书，关注点是"找人物做得好的""找人物做得不好的""跟自己想法、做法不一样的"等②，是把小说当作"案例"使用的。

事实上，即使研究文学的专业人士，所从事的阅读往往也是"职业化"的，或曰"专业阅读"。

美国耶鲁学派文学理论家哈罗德•布鲁姆(Harold Bloom)在《如何读，为什么读》的"序曲"中说："专业读书的可悲之处，你难以再尝到你青少年时代所体验的那种阅读乐趣，那种哈慈利特式的滋味。我们现在如何读，部分地取决于我们能否远离大学，不管是内心方面的远离还是外部方面的远离，因为大学里阅读几乎不被当成一种乐趣来教——任何具有较深刻美学意义的乐趣。"③

解构主义代表人物希利斯•米勒(J. Hillis Miller)在《文学死了吗》一书中曾坦诚自己处于"不安地共存着""阅读的非逻辑"：一方面是"正确阅读文学"的"天真的方式"，"孩子般地投身到阅读中去"；另一方面是"去神秘化的方式"，即"修辞阅读"和"批判阅读"，也就是文学研究者的职业化阅读方式④。这两种阅读方式："是彼此相悖的，一个会让另一个失灵，因此产生了阅读的非逻辑(悖论)。在一次阅读行为中，要把这两种阅读模式结合起来是很困难的，甚至是不可能的，因为它们彼此限制、禁止。你怎么可能全身心投入一部文学作品，让作品生效，同时又保持一段距离，以怀疑的眼光看它，把它肢解开，看是什么让它生效的？一个人怎么可能既快板地读，又缓板地读，把这两种节拍，结合成一个不可能的、既快又慢的阅读之舞？"⑤

这种"阅读的非逻辑"，也蔓延到了中小学语文课和大学的文学课程，且只剩下

---

① 温儒敏.当前社会"文学生活"调查研究[M].南京：江苏凤凰教育出版社，2017：7—8.
② 赵周.这样读书就够了[M].北京：中央广播电视大学出版社，2012：179—181.
③ [美]哈罗德•布鲁姆.如何读，为什么读[M].黄灿然，译.南京：译林出版社，2011：6—7.
④ [美]希利斯•米勒.文学死了吗[M].秦立彦，译.桂林：广西师范大学出版社，2007：180—183.
⑤ [美]希利斯•米勒.文学死了吗[M].秦立彦，译.桂林：广西师范大学出版社，2007：180.

"非逻辑"而几乎没有了"阅读"。

　　我国中小学语文课中的文学作品"分析",很大程度上是"非文学"乃至"反文学"的。1956 年是沿用苏联的文学教材体制和"红领巾教学法"①,实抠文学作品中的一些细节,并加上"社会主义现实主义"文学理论的讲解。1963 年之后,则是主张"不要把语文课教成文学课"②。

　　如今,加上愈演愈烈的应试教育,哪怕是文学作品的整本书阅读,有的也以"做题"为主要内容,非常的"非文学"乃至"反文学"。每当临近高考,微信中不断飞进来一些过分担纲的人"精心制作"的助考材料,例如:"高考现代文阅读万能答题模板,逢考必胜""诗歌鉴赏表达技巧思维导图""诗歌鉴赏二轮复习:比较鉴赏题攻略与专练""高考古代诗歌阅读二轮专题训练二:鉴赏诗歌的形象学案""高考小说阅读标题含义和标题作用题型归纳:'作用题'从四方面入手""古典小说的语言特点(授课视频＋习题)""散文阅读题型答题技巧＋散文阅读习题""抒情散文常考题型阅读与分析(文字解读＋教学视频)"等。

　　其中有一系列"名著阅读知识梳理",《红楼梦》《水浒传》《儒林外史》《围城》等。看一个《儒林外史》的知识梳理,着实相当恐怖——考生完全不需要阅读文本,按高考目前的出题思路和解题办法,说不定就能拿上高分。"知识梳理"很细致,纲目如下:作者简介,作品简介,故事背景,全书概括,分回概况(从前面的话一直到五十六回的具体章回内容简介),典型人物(腐儒的典型——周进、范进,贪官污吏的典型——汤奉、王惠,八股迷的典型——马静、鲁编修,正面典型——王冕、杜少卿),习题一(十八题),习题二,等等。

　　大学中文系的文学课程也是以"知"代"读"的。

　　北京大学中文系原系主任陈平原教授批评道:"经过好几代学者的长期积累,关于中国文学史的想象与叙述,已形成了一个庞大的家族。要把相关知识有条不紊地传授给学生,不是一件容易的事情。倘若严格按教育部颁布的教学大纲授课,以现在的学时安排,教师只能蜻蜓点水,学生也只好以阅读教材为主。结果怎么样?学生们记下了一大堆关于文学流派、文学思潮以及作家风格的论述,至于具体作品,对不起,没有时间翻阅,更不要说仔细品味。这么一来,系统修过中国文学史(包括古代文学、近代文学、现代文学、当代文学课程)的文学专业毕业生,就有可能

---

① 叶苍岑.从"红领巾"的教学谈到语文教学改革问题[J].人民教育,1953(07):8,40—42.
② 洛寒.不要把语文课教成文学课[J].人民教育,1963(01):17—22.

对于'中国文学'听说过的很多,但真正沉潜把玩的很少,故常识丰富,趣味欠佳。"①

这种批评是切中时弊的。我要补充的是:所谓"听说过的很多",实际上用不了多久就忘得差不多一干二净了,如同从来就不知道一样——数百万从大学中文系毕业的中小学语文教师,可能目前就是这种窘况。

这种现象恐怕也不是中国所独有的,尽管不同国度的具体表现或有差异。

法国文学研究专家安托万·孔帕尼翁(Antoine Compagnon)在《理论的幽灵——文学与常识》一书的序中感叹:"尽管新批评没能推倒索邦大学的高墙,但它在国家教育,尤其是中学教育中站稳了脚跟。或许,这正是它变得僵化教条的原因。时至今日,学生没有掌握叙事学的说法及其微妙的切分,就不可能通过会考。如果考生说不出考卷中那段文本是'同质'还是'异质',具有'单一性'还是'重复性',属于'内聚焦'还是'外聚焦',肯定会被拒之门外。这就像以前的考生必须要弄清换置中的错格和孟德斯鸠的生日一样。……来点诗学,再来点叙述学,就能解释诗歌和散文了。与几代以前居斯塔夫·朗松的文学史的下场一样,新批评理论很快沦为在考卷上显示才华的偏方、窍门和捷径。"②

美国文学教学专家朱迪思·朗格在《文学想象:文学理解与教学》一书的序中感叹道:"为什么文学课程会走入这样的困境?我在写本书第一版时,认为文学在学校教学中备受误解。直到现在(2011年),这种误解也毫无改变。"③

讲述高效阅读、高效学习的著作,一谈到文学阅读,也有一种"隔膜"的感觉,对文学阅读的"非逻辑",要么偏于一隅,要么蒙混处置。

鼎鼎大名的艾德勒在《如何阅读一本书》中强调的是"天真的阅读",尽管他这本书的主题是"分析性阅读"(或称"批判性阅读",即缓板的阅读)。对文学阅读,艾德勒是从"不应该"着手的,先提出三条否定性指令:

> (1) 不要试图抵制文学作品对你产生的影响。"在阅读诗和小说时,我们可以说是有点被动的活动,或者,更恰当的说法应该是,那是带着活力的热情——让故事在我们身上活动。我们要让故事贯穿我们,做任何它想要做的事。我们一定得打开心灵,接纳它。"

---

① 陈平原. 作为学科的文学史[M]. 北京:北京大学出版社,2011:7—8.
② [法]安托万·孔帕尼翁. 理论的幽灵——文学与常识[M]. 吴泓缈,汪捷宇,译. 南京:南京大学出版社,2011:4.
③ [美]朱迪思·朗格. 文学想象:文学理解与教学[M]. 樊亚琪,译. 上海:上海教育出版社,2015:1.

（2）不要在文学作品中寻找概念、命题和论点。"要把这些文学作品读通，你唯一要做的事情就是去感受和体验。"

（3）不要用外在的真实性和一致性去评论文学作品①。

然后，从前述的"理论性读物"分析性阅读规则"衍生"出文学阅读的"建设性建议"，即"诠释的规则"，尽管他自己也觉得有点勉强："我们知道我们不该这么做，不过我们非得找出类似的规则才行。"②

具体到诗歌，是这么几条：

阅读抒情诗的第一条规则，不论你觉得自己懂不懂，都要一口气读完，不要停。只有这样，才能了解整体大意，发现诗中隐蔽的基本感觉与经验。第二条规则，重读一遍——大声地读出来。第三条规则，对抒情诗的提问，通常是修辞问题，或是句法问题，如节奏、押韵、关联、重复和冲突等。第四条是补充说明，关于作者的资料，对理解诗歌未必有用③。

总之是强调再三玩味："要了解一首诗，一定要读它——一遍又一遍地读。"

这几条都很好，但显然与"分析性阅读"尚有距离，且对其中第三条也只是提到而已，并未展开具体的论述。

彼得·孔普在《如何高效阅读》中所说的"高效阅读"，含义之一就是"快速阅读"，文学阅读侧重在为消遣的阅读。"大多数人都认为小说是最易读的文本体裁"，因为"大多数小说都是写人生体验或经历的，对此我们都有相关的背景知识"④。所以，"阅读时要融入小说之中"⑤，"消遣阅读推理小说或其他小说，融入并欣赏，你不需要记住任何不想记的内容"⑥。

"通常只有学生与严肃的读者才会对故事进行分析阅读"，彼得·孔普说，"如

① ［美］莫蒂默·J·阿德勒，查尔斯·范多伦.如何阅读一本书［M］.蔡咏春，周成刚，译.上海：上海译文出版社，1991：190—192.

② ［美］莫提默·J·艾德勒，查尔斯·范多伦.如何阅读一本书［M］.郝明义，朱衣，译.北京：商务印书馆，2004：183.

③ ［美］莫提默·J·艾德勒，查尔斯·范多伦.如何阅读一本书［M］.郝明义，朱衣，译.北京：商务印书馆，2004：198—203.

④ ［美］彼得·孔普.如何高效阅读［M］.张中良，译.北京：机械工业出版社，2015：167.

⑤ ［美］彼得·孔普.如何高效阅读［M］.张中良，译.北京：机械工业出版社，2015：168.

⑥ ［美］彼得·孔普.如何高效阅读［M］.张中良，译.北京：机械工业出版社，2015：201.

果你想进一步学习,我鼓励你读读艾德勒《如何阅读一本书》。这本书详细描述了如何彻底地阅读各种不同的材料"①。

隆恩·弗莱在《有效阅读》和《如何学习》两本书中,注意到所提倡"纯欣赏(娱乐)阅读"与学生的实际面临的情况有距离:"虽然我的确鼓动你以读消遣读物的热望态度来读书,不过你的老师给你的指定任务,恐怕必须以'批判式'阅读法来对付。"②所以他很不情愿地在书中简介了"情节""人物""主题""背景""叙述角度"这几个术语——"这些专门的文学用语常令人更加模糊"③。随即就把论述的重心转移到"如果你读得快一点,你会乐在其中,全神贯注于故事的发展上"④。"你的想象力载着你探寻上百万不同的人生,从乘筏顺流而下的密西西比河……乃至仿佛跟随爱丽丝与三月之兔和疯帽人同桌饮茶。"⑤

亚当·罗宾逊在《如何学习:用更短的时间达到更佳效果和更好成绩》中表达的观点较为务实,先是很遗憾地提出"为课业阅读 VS 为乐趣阅读"这一问题:"在学校教育中,你在阅读文学作品的时候往往不能简单地去'享受'你正在读的故事或者歌剧,这无疑是件令人沮丧的事情。老师希望你能够对相应内容进行评判和分析,这多少夺走了一些阅读的乐趣。你要记住,所有文学作品最初的目的都是让人享受,而不是给教授或高中生拿来分析。"⑥

提醒"记住"之后言归正传:"在你'读懂'某部作品之前,你可能需要反复阅读。第一次阅读是为了了解故事的发展主线,因此你可以尽量放松,尽情享受你的阅读。第二次阅读的时候,你要着重关注每一个场景、角色以及一些其他细节;而为了读懂该作品的象征意义以及精妙之处,你可能还需要第三次阅读。"⑦

重心自然在第二次之后的阅读。亚当·罗宾逊认为,对于文学等"类型二"学科,"你关注的不只是内容,还有其表达方式",其最大的特点,就是有"数量庞大的专业问题"。以《罗密欧与朱丽叶》为例,他列出了"读懂"这部作品所需要的"自导性问题":①关于角色 12 个;②关于情节 8 个;③关于背景 3 个;④关于叙述人物 3

---

① [美]彼得·孔普.如何高效阅读[M].张中良,译.北京:机械工业出版社,2015:280.
② [美]隆恩·弗莱.有效阅读[M].尤淑雅,译.广州:新世纪出版社/花城出版社,2001:122.
③ [美]隆恩·弗莱.有效阅读[M].尤淑雅,译.广州:新世纪出版社/花城出版社,2001:126.
④ [美]隆恩·弗莱.有效阅读[M].尤淑雅,译.广州:新世纪出版社/花城出版社,2001:130.
⑤ [美]隆恩·弗莱.有效阅读[M].尤淑雅,译.广州:新世纪出版社/花城出版社,2001:123.
⑥ [美]亚当·罗宾逊.如何学习:用更短的时间达到更佳效果和更好成绩[M].林悦,译.北京:中国青年出版社,2016:178—179.
⑦ [美]亚当·罗宾逊.如何学习:用更短的时间达到更佳效果和更好成绩[M].林悦,译.北京:中国青年出版社,2016:179.

个；⑤关于主题 2 个——主要主题、还有些什么主题；⑥关于文章风格 4 个；⑦关于整部作品 5 个；⑧关于作者 6 个。共罗列 43 个"学科专业问题"。要记住 43 个都很重要的自导性问题，我想是非常非常困难的，不知道美国的高中生以这 43 个专业问题自导学习《罗密欧与朱丽叶》，该是怎么个学法。

亚当·罗宾逊提到："剧作家写剧本，是为了演出给观众看的"，"看戏剧表演《罗密欧与朱丽叶》，远远要比读这部剧容易得多"①。但是，学生应该关注上述"专业问题"，而且"任何能够帮助回答专业问题的信息都很重要"②，因为要对付文学课程的论文考试。

英国的大学文学教师尼尔·麦考（Neil McCall）是这样描述从幼孩到大学的文学阅读的面相的：

　　童年早期，是不受拘束反射性阅读，阅读的唯一目的是寻求满足和愉悦。

　　然而，一旦进入学校，很快就会面临这样一个事实，他们对于阅读过程的参与不再是自觉自愿的了。孩子们被要求远离"趣味阅读"而转向"学业阅读"，被要求对他们所述的内容提供越来越多的反馈，而渐成为类似"读书报告"和"书评"等练习。探寻词语、意象和文本的乐趣和愉悦被以"发现意义""提出论点""通过考试"的名义而遭到降格。阅读与其说是欣赏阅读活动本身的价值，中小学读者更多是受某个假定的需求的驱动就文本说出正确的事情，去了解哪些是"重要的"元素，去使用正确的术语和词汇。教师们受具体情况所迫，对于学生们能够沉浸在阅读的神奇愉悦越来越不感兴趣，转而愈发关注孩子们能以之帮助他们通过各种考试的方法去理解文本。

　　到这些读者进入大学的时候，这种转变已经非常透彻，以至于对于学生而言，如今的阅读与他们作为孩童时所从事的活动毫无共同之处。而市场上试图帮助读者向更高层次的学术型阅读过渡的辅导书籍，则暗示学生们此前获得的阅读技能与当前的现实情况不再具有相关性，这些书

① ［美］亚当·罗宾逊.如何学习：用更短的时间达到更佳效果和更好成绩［M］.林悦.译.北京：中国青年出版社，2016：179.
② ［美］亚当·罗宾逊.如何学习：用更短的时间达到更佳效果和更好成绩［M］.林悦.译.北京：中国青年出版社，2016：181—185.

籍有一种强烈的"重新来过"的意味,认为在学生们之前的阅读和当前所要求的更高层次的学术型阅读之间存在着断层。似乎可以说,在大学,一切都将不同①。

尼尔·麦考认为,"趣味阅读"不必与"学业阅读"成为仇敌。他写作《如何阅读不同的文本(第二版)》的目的,就是"填平'趣味阅读'和在大学学习语境中更具目的性和任务专注性阅读之间的鸿沟"②。所采用的办法是"特别强调"正确认识各个不同阶段阅读发展的特点,把握每个发展阶段之间的差异③。

按照尼尔·麦考的说法,各个不同阶段的特点是或者应该是这样的(如表6-1所示)④。

表6-1　各阶段学生在文学阅读时的关注点

发展阶段	关注点	举例
早期教育	关注"什么"的问题,基于文本的字面意思和推断的信息回顾能力	比利问了爸爸什么 这个句子暗示着什么
中等教育	依然被要求处理"什么"类问题,但对其所提供的答案的复杂程度的要求有所提高。开始处理"如何"类问题,关注语言和语言手段是如何作用的	在这些诗行中,那个男孩的思想和感受是什么 作者在故事中使用的主要策略是什么
大学前读者 (高中阶段)	是以通过形式更为复杂的"如何"类提问去学习文本的特征的,体现对语言、形式、观点和结构等问题的高度关注	说明作者的幻灭感是如何体现的;比较两个文本中关于蜘蛛的信息和态度是如何通过说话人传递的
大学阶段	从现在开始,关注点将是"为什么",从各种意识形态、文化、历史和哲学语境中思考文本的表层特征及其深层意义	为什么作者会选择这样的方式表现主题?为什么两个文本中对于蜘蛛的描述是重要的

文学阅读能力的发展,真的是从"是什么""如何"到"为什么"的进阶吗?尼尔·麦考所规划的,或许只是他所意想的从早期教育到大学文学专业学生,再到大

---

① [英]尼尔·麦考.如何阅读不同的文本(第二版)[M].苏新连,译.北京:商务印书馆,2017:2—5.该著的内容是如何依据不同理论从不同角度阐释和评论文学作品。
② [英]尼尔·麦考.如何阅读不同的文本(第二版)[M].苏新连,译.北京:商务印书馆,2017:2.
③ [英]尼尔·麦考.如何阅读不同的文本(第二版)[M].苏新连,译.北京:商务印书馆,2017:1.
④ [英]尼尔·麦考.如何阅读不同的文本(第二版)[M].苏新连,译.北京:商务印书馆,2017:6—13.表格根据该著内容整理。

学文学教授职业生涯的线路。

看来，"文学阅读"取何种面相，是一个需要认真对待的大问题。

"文学阅读"的面相不清，"文学阅读能力"就面目难辨，所谓的"文学阅读能力测试"势必无的放矢。

造成这种状况的原因，恐怕是因为不同的研究领域，各管一段，各说各话，缺乏一个可共通的描述文学阅读的框架。

二、描述"测评面相的文学阅读"

本研究综合文学理论、语篇阅读心理学、大学文学课程和中小学语文教学、阅读测试、传播学、批判性思维等不同的理论资源，试图描述人们实际所意想的普通国民的"文学阅读"，即人们在谈论国民文学阅读时，所意想的、默认的、预设着的"文学阅读"的模样。它既不同于文学研究者的专业阅读，也不同于人们在日常情景中的消闲阅读，我把它命名为"测评面相的文学阅读"。

（一）文学生活

"文学生活"的概念，由温儒敏教授提出并界定："主要是指社会生活中的文学阅读、文学接受、文学消费等活动，也牵涉到文学生产、传播、读者群、阅读风尚等，甚至还包括文学在社会生活各个方面的影响、渗透情况，范围是很广的。"①

"文学生活"的立足点，是"国民"。这就与文学的专业活动有了一定的区隔。

温儒敏指出："专业的文学创作、批评、研究等活动，广义而言，也是文学生活，但专门提出'文学生活'这个概念，是强调关注'普通国民的文学生活'，或者与文学有关的普通民众的生活。"②

长期以来，在文学研究专门领域里所讲的"读者"，如"隐含读者"（或译"隐在读者""隐性的读者"）"理想的读者""专注的读者""知情的读者""阐释共同体"等，讲的实际上都是有能力充分理解文学文本的文学阐释者，主要指文学批评家和文学理论研究者。文学理论研究所提出的阅读理论或解读理论，是基于这种"读者"的假设前提的。比如"多元解读"，如果离开了其"读者"的假设前提，将"多元解读"无节制地推广到阅读能力尚有待于提高的中小学生身上，就会导致一些谬误。比如，

---

① 温儒敏.引入"文学生活"的视野，天地陡然开阔［M］//温儒敏.当前社会"文学生活"调查研究.南京：江苏凤凰教育出版社，2017：1.

② 温儒敏.引入"文学生活"的视野，天地陡然开阔［M］//温儒敏.当前社会"文学生活"调查研究.南京：江苏凤凰教育出版社，2017：1.

21世纪初我国语文课程与教学改革中所倡导的"个性化阅读""创造性阅读",只有在对中小学语文教学中长期存在的"标准答案"弊端的纠偏这一意义上,才有合理性可言,其所称的文学理论的依据,是断章取义的。

另一方面,"普通国民"这一定位,也与"学生"的角色身份有了一定的区隔。

长期以来,在教学设计、语文课程与教学、阅读测试等中所讲的"阅读",其作为前提假设的"读者"是中小学生,也就是"学习阅读"的人。所谓"阅读",指学校情境中在教师指导和帮助下学习阅读,通常还都假设是在一个"高超的"教师指导和组织下的阅读活动。所谓"阅读能力测试",实指对学生的阅读学习成效的测量和评估,尽管其信度和效度可能都存在很大的疑问,尤其是我国中考和高考中的阅读测试。

上文提到的罗列43个"学科专业问题",只有在学习阅读《罗密欧与朱丽叶》并为撰写论文做准备这一情境中,才能够理解其所作所为。香港大学谢锡金教授在《儿童阅读能力进展:香港与国际比较》一书中认为"获取资讯(即实用性阅读)和文艺经验(即文学阅读)是两种不同的阅读目的,而不是不同文类的分别"[①],所以"读者在阅读一篇作品时,既可以运用阅读所得,解决生活上的难题,同时,也可以享受获取这种资讯的过程"[②]。这一论断,有其合理的因素,比如阅读散文、传记等非虚构文学的文本,但如果推广到虚构作品如小说、诗歌等,其立论如要成立,只能局限在PIRLS所针对的9岁儿童。

本研究把"文学生活"这一概念,做两个方面的应用。

(1)作为统摄性的概念。本研究所讲的"文学阅读",指的是国民"文学生活"中的文学阅读。即义务教育阶段之后的、非教学情境中的、普通国民(非文学研究专家)的、对文学文本的阅读。文学文本,按既定的常识认定,含虚构作品和非虚构作品,包括纸质文本和影视等媒体文本,其主体是诗歌、小说、散文。

(2)指广义的文学阅读活动和广义的阅读活动中的阅读能力,侧重在国民"文学生活"的参与与卷入这个方面。

如第三章中"阅读活动与阅读能力"所述,广义的阅读活动,指做阅读这件事。广义的阅读能力,指个人愿意、能够进行的阅读活动及其所能达到的理解程度,它主要涉及以下四个方面。

---

① 谢锡金,等.儿童阅读能力进展:香港与国际比较[M].香港:香港大学出版社,2005:19.
② 谢锡金,等.儿童阅读能力进展:香港与国际比较[M].香港:香港大学出版社,2005:19.

（1）所持有的阅读态度，指阅读的主观意愿，表现为实际的阅读面与阅读量。

（2）能适应的文本难度，指文本形式难度和内容难度。

（3）所擅长的阅读类型，在本章中具体化为小说、诗歌、散文等下位语篇类型，如短篇小说、中长篇小说、古典格律诗等。不同的语篇类型，各有其"文学文法"①，即"一套常规与模式、规范与准则"。

（4）能达到的理解程度，即狭义的阅读能力，也就是阅读测试所要评估的阅读理解能力。

假设合适的阅读测试能够较准确地评估个人的阅读理解能力，那么，针对广义的阅读能力，需要专门考察的项目有：实际的阅读面和阅读量，能够独立阅读的文本难度。

（二）连贯阅读

在文学阅读中，"能够独立阅读的文本难度"，实际上含有以下三个层次（如图6-1所示）。

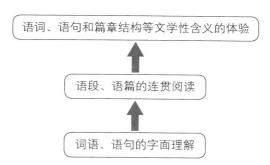

图6-1　"能够独立阅读的文本难度"的三个层次

1. 语句水平的，对词语、语句的字面意思的理解

即通常讲的对"语义"的理解，主要涉及字词知识、语法知识。字面意思的理解，显然有正误之分。

谈论阅读，前提假设是读者至少已经具备了语句水平的语文能力。不过，也有三个例外情况：①小学生的阅读。②以"学生"角色身份的教科书阅读、必读理论书的分析性阅读，读物的难度一般都较高，有时就会碰到语句水平的困难。③经典作品尤其是古典作品阅读。谈论文学阅读，总带点理想化色彩，希望国民所读的作

---

① ［美］托马斯·福斯特.如何阅读一本文学书［M］.王爱燕.译.海口：南海出版社.2016：3.

品是优秀乃至伟大的经典作品。经典作品尤其是古典作品的语句水平问题，是必须面对的。

2. 语篇水平的，或称"连贯阅读"，包括语段的局部连贯理解和语篇的整体连贯理解

即通常讲的对语段和语篇"内容"的理解。对语段和语篇"内容"的理解（它是什么和有什么），主要涉及语篇类型的知识（图式）和联系性推理等阅读理解能力，理解的结果有正误之分。

3. 对语词、语句和篇章结构等所表现的文学性含义的体验

对文学性含义的体验，没有正误之分，但有优劣高下的差别。同一个语词、语句和篇章结构等，文学阅读能力高的读者，能够读出丰富的含义，而文学阅读能力低的读者则可能毫无感觉。

长期以来，我们对上述三个层次没有做细致的分别，导致理论和实践的一些偏误。我国主要面向大学生的文学理论教材中对"误读"的忧虑[①]就与未区分上述第二、三层次有关。21世纪初我国语文课程与教学改革中无节制地倡导"个性化阅读""创造性阅读"，其谬误也是混淆了上述三个层次。我国中考、高考的文学文本的阅读测试，有不少测试题实际上测试的是字面意思的识别和语段、语篇的连贯理解，而不是对文学性含义的体验。换言之，是在进行词语和语句的"语义理解"测试，或者是"连贯阅读能力"测试，而非"文学阅读能力"测试。

"连贯阅读"的概念，来源于语篇阅读心理学研究。

语篇阅读心理学，感兴趣的是"自然阅读"，其阅读的材料是专门设计的短故事。"自然阅读"指没有特定阅读任务的阅读，或者说，其阅读目的就是语段的局部连贯理解和语篇的整体连贯理解，大致相当于了解小说故事内容为志趣的阅读。

由于研究的不同立场，国外的语篇阅读心理学研究形成了两大理论派别。

一是最低限度理论和记忆基础加工理论，认为"自然阅读"是一种被动的、消极的、以维持连贯为主的过程。连贯包括两个方面：（1）读者要使新进入的信息与保持在工作记忆中的文本信息发生联系，维持连贯性（局部连贯）。只要维持连贯，阅读就不会中断，但是如果新信息需要与先前信息发生专门的加工整合才能维持局部连贯，读者必须即时进行推理才能维持局部连贯。（2）读者不仅要将当前进入的

---

① 区分了"正误"和"反误"。童庆炳.文学理论教程（修订版）[M].北京：高等教育出版社，1998：300—301.

新信息与工作记忆中保持的文本信息进行整合,维持局部连贯,还要通过对以"共振"的方式激活的、已经进入了长时记忆的背景信息进行扫描,从而维持整体连贯性①。

二是建构主义理论,强调"自然阅读"的阅读过程是积极的、策略加工的过程。在阅读中读者"追寻背后的意义",读者在阅读过程中是有目标的,会对文本的事件、主人公的行为和状态进行解释,根据当前信息与先前信息进行整合形成文章的情境模型,从而建立一个整体上和局部上都连贯的文本表征②。

上述两大理论派别对"自然阅读"的机制有不同的解释,但共同的关注点都在"连贯阅读"。因此,我们不妨将"自然阅读"统称为"连贯阅读"。

莫雷教授团队在整合国外研究的基础上,提出"文本阅读双加工理论",认为"文本的自然阅读过程是连贯阅读与焦点阅读的双加工过程"③。"焦点阅读是指在自然阅读过程中,尽管没有特定的阅读任务与要求,但由于阅读材料的内容和形式方面的某些性质或特点,引发读者专门关注,形成阅读焦点,读者把握阅读文本的基本要旨,形成文本的局部或整体意义连贯的阅读加工活动。"④也就是说,阅读理解的信息整合,既有被动的、消极的情形,也有积极的、策略性的情形。莫雷教授将前者称为"连贯阅读加工"(连贯阅读),将后者称为"焦点阅读加工"(焦点阅读)。"在自然阅读中,进行何种阅读加工,主要是由阅读材料的特点(包括形式特点和信息特点)引起的。读者在阅读中进行何种加工活动取决于阅读材料的不同性质特点,不同的阅读材料可能会导致不同的加工活动。"⑤但是,他又强调,"在自然阅读过程中,读者默认的是连贯阅读","随着阅读的进行,文本的内容或形式如果出现某种性质或特点,就可能引发读者转入焦点阅读的方式"。也就是说,"自然阅读"还是以"连贯阅读"为主的。

为了使行文一致,本研究以"连贯阅读"统称,包括莫雷教授界定的"连贯阅读加工"(连贯阅读)和"焦点阅读加工"(焦点阅读)两种情形。

---

① 莫雷,冷英,王瑞明.文本阅读信息加工过程研究:我国文本阅读双加工理论与实验[M].广州:广东高等教育出版社,2009:372—373.

② 莫雷,冷英,王瑞明.文本阅读信息加工过程研究:我国文本阅读双加工理论与实验[M].广州:广东高等教育出版社,2009:37.

③ 莫雷,冷英,王瑞明.文本阅读信息加工过程研究:我国文本阅读双加工理论与实验[M].广州:广东高等教育出版社,2009:373.

④ 莫雷,冷英,王瑞明.文本阅读信息加工过程研究:我国文本阅读双加工理论与实验[M].广州:广东高等教育出版社,2009:480.

⑤ 莫雷,冷英,王瑞明.文本阅读信息加工过程研究:我国文本阅读双加工理论与实验[M].广州:广东高等教育出版社,2009:373.

　　"连贯阅读"与语文教学研究中所说的"流利阅读"实际上是同义的。"流利阅读"包括朗读的流利和默读的流利,但在术语的使用上,我国语文界主要偏向于朗读的流利。从术语的辨析度角度,默读的流利还是称为"连贯阅读"较为适合。

　　阅读理解是发生在读者头脑中的事情。语篇阅读心理学将阅读理解在头脑中的表征(语篇的记忆)分为三个不同的水平(如图6-2所示)。

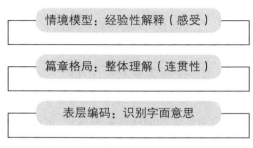

图6-2　语篇理解的三种表征

　　(1)表层编码。字词水平的表层表征,记住语篇中的语句。

　　(2)篇章格局。对语篇内容的记忆,语篇内容是以命题网络的形式存储的。又称"语篇的命题表征""语义水平的课文基础表征",或译为"文章基面"。"对同一篇章,不同读者都应能够读出一致的'篇章格局'。"①

　　(3)情境模型。语篇的命题表征与读者的背景知识相互作用,经推论和想象而形成语篇内容的心理表征②。"当我们理解语篇命题时,我们对语篇所描写的世界也建立了一个心理的或情境的模型。"③情境模型的形成,是成功的阅读理解的关键与标志。不同的读者阅读同一篇文章,可根据各自知识结构和生活经验,建构出不尽相同的情境模型。

　　金特希(Kintsch)认为:语篇阅读理解的加工过程可以分为建构和整合两个阶段。建构阶段的任务是形成语篇的命题表征,整合阶段的主要任务是形成情境模型④。

　　"连贯阅读"的心理表征,同时包含上述三个不同的水平。语篇阅读理解的建

①　谢锡金,等.儿童阅读能力进展:香港与国际比较[M].香港:香港大学出版社,2005:21.

②　莫雷.阅读与学习心理的认知研究[M].北京:北京师范大学出版社,2006:151.

③　[美]D·W·卡罗尔.语言心理学(第四版)[M].缪小春,等,译.上海:华东师范大学出版社,2007:168.

④　莫雷,冷英,王瑞明.文本阅读信息加工过程研究:我国文本阅读双加工理论与实验[M].广州:广东高等教育出版社,2009:273.

构和整合这两个阶段，也前后相连、关系密切。

不过，基于文学阅读的特点，我们将文学阅读中形成的"情境模型"，放在即将论述的"文学想象"术语下讨论，而在"连贯阅读"这一术语下，我们侧重在语篇的命题表征。也就是说，文学文本的"连贯阅读"，主要指对文本的语段和语篇的连贯理解并形成语篇的命题表征，表现为对作品内容和形式的概括、转述或描述、评述等，如对小说情节的概括、对诗歌内容和形式的描述等。正如前文所言，"连贯阅读"所形成的语篇的命题表征，有正误之分。

本研究认为，描述"测评面相的文学阅读"，要将"连贯阅读"以及事实上会不断出现的对词语和句子的字面意思的理解，纳入考量的范围。

（三）文学想象

文学阅读，有一大串同义词或近义词。传统的用语是文学鉴赏、文学欣赏、作品赏析、作品欣赏等，近年文学理论界则倾向用文学消费、文学接受、文学解读、文学反应、文本解读、文本阐释、文本分析等。不同的术语，主要的差别似乎在"语境"的变化和"理念"的不同，但其核心的指向都是一致的，指向文学文本的"阅读或欣赏的精神活动"①，即文学体验。

在"连贯阅读"的基础上，文学体验向来被描述为"想象"文本的世界。《文学是什么》的作者说："读者把作家所创造的世界当作美的对象世界进行鉴赏，第一步就是最大可能地使这个作品再现出来（再现想象），使作品世界呈现于自己的意识。"②艾德勒说："想象文学是在阐述一个经验本身——那是读者只能借着阅读才能拥有或分享的经验。我们都是经由感官和想象来体验事情。"③

然而，"文学体验""文学想象"并没有概念化，人们似乎一直把它们作为普通词语来方便地使用着，其内涵往往只通过文学批评家们对具体文本的解读实践而间接地、零散地体现。

近年来，美国文学教育研究专家朱迪思·朗格的《文学想象：文学理解与教学》一书，力图揭示"文学体验"本质，对"文学想象"加以概念化。

---

① 童庆炳.文学理论教程(修订版)[M].北京：高等教育出版社，2007：281.
② 傅道彬，于茀.文学是什么[M].北京：北京大学出版社，2002：279.
③ ［美］莫提默·J·艾德勒，查尔斯·范多伦.如何阅读一本书[M].郝明义，朱衣，译.北京：商务印书馆，2004：178.

首先,与以往把"想象"当作动词、当作"再现作品世界的手段"①这种认识不同,朱迪思·朗格是把"文学想象"当作名词来使用的,指称文学阅读时读者在头脑中的文学体验状态。

　　"想象",指特定的人在特定时刻的理解,它存在于内心的文本世界,因人而异。它关乎个体与文化体验,关乎个体与当前经历、知识、感觉及未来的关系。想象是个体在阅读、写作、说话或做其他事情时充斥于头脑中的相关理念、图像、问题、分歧、预期、争论的动态集合。通过想象,个体可获得、表达并分享自身思考与理解。每种想象都包括个体理解或不理解的部分,包括某一时刻对故事整体将如何发展的猜想和回应。想象总是处于变化或准备变化的状态,想象的变化被称为"想象建构"。想象不仅是一种文学活动,当我们试图理解自我、他者或世界时,我们也在不断构建想象②。

与以往简单化地只将"文学想象"视作文学文本所描述的场景、情境等文学形象的复现不同,朱迪思·朗格对"文学想象"的界说,"生活中的文学与文学中的生活融为一体"③,描述了"文学体验中个体内在世界的复杂性"④。然后,朱迪思·朗格又从"探索可能性视域"和"想象构建的立场"这两个方面,进一步深化"文学想象"的概念内涵。

朱迪思·朗格认为,文学是具有独特价值的学科,其核心是"文学思维":"文学在生活中常常不知不觉地扮演着关键的角色"⑤,"文学成为一种超越事物本身、寻求全新和多样性视角看待事物的方式"⑥。朱迪思·朗格把"文学思维"概念化为"探索可能性视域"的阅读取向。

　　当我们参与某文学体验时,我把我们思维运作的方式描述为探索可

① 傅道彬,于茀.文学是什么[M].北京:北京大学出版社,2002:279."读者再现作品世界的手段是想象。"
② [美]朱迪思·朗格.文学想象:文学理解与教学[M].樊亚琪,译.上海:上海教育出版社,2015:13.
③ [美]朱迪思·朗格.文学想象:文学理解与教学[M].樊亚琪,译.上海:上海教育出版社,2015:34.
④ [美]朱迪思·朗格.文学想象:文学理解与教学[M].樊亚琪,译.上海:上海教育出版社,2015:13.
⑤ [美]朱迪思·朗格.文学想象:文学理解与教学[M].樊亚琪,译.上海:上海教育出版社,2015:6.
⑥ [美]朱迪思·朗格.文学想象:文学理解与教学[M].樊亚琪,译.上海:上海教育出版社,2015:9.

能性视域。它可被视为一次开放性探究，我们肩负某项任务，却不是很清楚任务的明确目标是什么，它是一项发现活动。阅读从两个层面同时展开，我们的瞬时理解和整体的认知都处于不断变化的状态。虽然对文章局部及其内涵的想象受到不断变化的整体的影响，但是同时也通过不断衍化的局部想象来反思整体认识。因此，文学取向本质上是一种探索，它具有的不确定性与开放性都是对这种探索的正常回应，在这一过程中，新发现的可能性也会引发其他可能性①。

在《文学想象：文学理解与教学》和同时出版的《想象知识：在各学科内培养语言能力》这两本书里，作者结合学生的文学阅读具体案例（思维出声报告），从多个角度反复申明"探索可能性视域"的含义：我们把真实与虚构的知识以及已有的其他文学体验作为当前探索的基础。我们运用从生活和文学中得来的经验，借助自身已有知识、设想及其对人类的意义，探索情绪、关系、动机、反应等。在全篇阅读过程中，我们的观点不停地转换、充实，新的可能性浮现，因此产生多种理解。同时，我们的思考又超越了特定的情境，这种思考以想象来反思自己、他人的生活以及我们生活的世界。即使读完，我们仍会继续反思阐释，可能在不同的时候，会用心理学、政治学、神话学等不同的方法，研究人物的感受与行为②。

"想象构建的立场"，用于描述"文学想象"形成的动态历程。朱迪思·朗格划分了"想象构建"的五种"立场"，即文学阅读过程中的五种"视角"。在实际的文学阅读中这五种"立场"不会以线性顺序出现，每次阅读也未必都具有，"它们可能重复出现于阅读过程中的任一时刻，受到特定读者与特定文本的不同互动的影响"③。

立场 1：文本之外与进入想象。阅读之始，由文本之外进入想象。读者借助所获得的文本外部信息等线索和自己的阅读经验，形成对文本的初步认识和猜想，建立阅读预期。这一立场也会贯穿在阅读之中，比如遇到不熟悉的词语时，遇到难解的困惑时，在注意力涣散时，读到出乎意料的结尾颠覆原有想象时，都可能回到原点来重构想象。

---

① ［美］朱迪思·朗格.文学想象：文学理解与教学［M］.樊亚琪.译.上海：上海教育出版社,2015：30—31.

② ［美］朱迪思·朗格.文学想象：文学理解与教学［M］.樊亚琪.译.上海：上海教育出版社,2015：34.

③ ［美］朱迪思·朗格.文学想象：文学理解与教学［M］.樊亚琪.译.上海：上海教育出版社,2015：19.

立场 2:文本之内与经历想象。文学阅读中最常采取的立场。在这一立场中,我们沉浸于文本世界,无论认识对错,都积极生成理解。我们动用自身关于文本、自我、他者、生活和世界的知识来形成理解,找寻关联,推进理解发展,不断修正对文本的认知,已有意义生成新的意义,以暂时性理解构建起对作品的理解。

立场 3:摆脱文本与反思认知。在其他立场,我们运用自身知识和经验来探寻文本世界的意义,它们都属于构建想象的基本立场。但在这一立场中,关注点为现实世界的经验和知识,我们以不断深化的理解、文本世界来增加自身的知识与经验。我们暂时转移了对意义发展的关注,即视线从生成中的文本世界转向所构建的想象对自身生活、观念、知识的影响。

立场 4:想象的抽离与经验的客观化。将想象客观化,以一定的距离对它加以审视。在这一立场中,我们将自己的理解、阅读体验和作品本身客观化,我们反思、分析、评价并使它们与其他作品的经验相关联。我们成为批评家,关注作者的写作技巧、文本结构、文学要素和典故等,从文学理论的角度或其他文化、时代的角度进行分析性阅读,关注特定作者或作品对我们影响的原因和我们赞成或反对他人阐释的理由。

立场 5:想象的转移与超越。从已有想象转移,进入另一个全新的想象之中。这一立场的概率低于其他立场,因为它意味着我们已经构建了足够充足和完善的想象,具备一定的知识和洞察力去应对新的、时而与原有想象无关的情境。

上述五种"立场"以及"立场"之间的交互转移,具体地描述出了文学阅读中"构建想象"的文学体验中个体内在世界的复杂性。

另外,朱迪思·朗格指出,在文学作品的阅读过程中,尤其是文学教学的过程中,并不完全是"文学的"。文学阅读以"探索可能性视域"为主导取向,但同时也可能交替出现"维持一个参照点"的取向,即其他学科主导的"构建知识"(知识学习)的取向①。比如,在阅读和教学中理解作品中的陌生词语、学习文学术语、了解作

---

① [美]朱迪思·朗格.文学想象:文学理解与教学[M].樊亚琪,译.上海:上海教育出版社,2015:43—48.

者和写作背景、由作品主题延伸讨论真实世界的问题等，这时候阅读和学习的取向已经转到了"维持一个参照点"①，再把所学习和探讨的词语、术语、背景、问题等"带回到文本解读"②，又回到了"探索可能性视域"。

经过"探索可能性视域"和"想象构建的立场"这两个方面的概念化，"文学想象"成为一个内涵具体的可操作的概念。

本研究采用朱迪思·朗格所界定的"文学想象"这一概念，用"文学想象"来描述普通读者的文学阅读的结果，用"探索可能性视域"的"想象构建"来描述文学阅读的过程。

本研究认为，要突破我国文学理论中对"文学欣赏""文学鉴赏"描述的局限。对"文学欣赏""文学鉴赏"这些概念的局限，文学理论界是有反思的，认为"明显地具有一种仪式的、膜拜的、静观的或审美的性质，它所描述的其实是文学阅读活动中的理想状态"③。但这种反思还没有触及灵魂，所谓"理想状态"，就是没有（无能力）真实地描述出文学阅读的真实状态，因而只是沦落为文学理论教材和大学课堂里的自说自话。

（四）修辞阅读

朱迪思·朗格关于"想象构建的立场"，是从中学文学教学的角度来立论的，并由此发展出一套颇具成效的文学教学法。正如他所说的，"立场的概念可以帮助我们将学生的理解发展这一过程概念化"④，重复出现于阅读过程中五种"立场"，源于对中学生文学阅读过程的出声心理报告的分析，符合学生在教学情境中阅读（学习）文学作品的实际状况。将"立场"概念化，能够较好地帮助教师即时辨识学生"想象构建"的状态并予以针对性的指导。

但仔细思量，似乎也有需进一步阐明的地方：（1）关于"立场2"——"我们沉浸于文本世界，无论认识对错，都积极生成理解。"那么，文学文本理解可否判别对错优劣？该如何判别？（2）关于"立场2"与"立场4"的关系。如果说"立场2"更接近

---

① 就像我们所知道的，文学作品也完全可以作"非文学"的阅读，比如把文学作品当作信息源，首要目的是获取关于主题或问题的信息，与作品的联系是为了向特定的主题提供案例而不是讨论作品本身，等等。［美］朱迪思·朗格. 想象知识：在各学科内培养语言能力［M］. 刘婷婷，译. 上海：上海教育出版社，2015：115—130.

② ［美］朱迪思·朗格. 想象知识：在各学科内培养语言能力［M］. 刘婷婷，译. 上海：上海教育出版社，2015：118.

③ 童庆炳. 文学理论教程(修订版)［M］. 北京：高等教育出版社，1998：280.

④ ［美］朱迪思·朗格. 文学想象：文学理解与教学［M］. 樊亚琪，译. 上海：上海教育出版社，2015：25.

希利斯·米勒所说的"正确阅读文学"的"天真的方式",那么"立场4"则类似于"修辞阅读"和"批判阅读",我们还是得面对"阅读的非逻辑"。该如何对待?

1. 关于文学文本理解的对错与优劣

正如有学者指出的:"在文学鉴赏(想象构建)中,并不孤立地存在一个对文字进行解读的过程,文字的理解与鉴赏活动(想象构建)是同步进行的(如图6-3所示)①。"

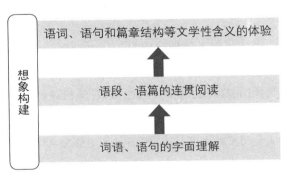

图6-3　读者"想象构建"的三个层面

然而,这个论断的成立,是有前提的。学生,正如普通读者,与一个特定的文学文本相遇,尤其是在并非完全自愿地阅读指定的经典文本的时候,实际情形有如下三种。

第一种情况,字面理解有障碍,例如古典诗文。字面理解的问题,如果是在教学情境,那么用朱迪思·朗格所说的"立场1"与"立场2"交替转换,以及"探索可能性视域"与"维持一个参照点"的相互配合,是可以得到较妥善解决的。如果在个体阅读情境,那么读者(包括大学中文系学生)所能进行的,应该是"有拐杖的阅读"(否则就是排斥阅读)。经典阅读尤其是古典诗文阅读,更多的是与传统文化素养相联系,而非单纯的文学阅读能力问题。换言之,无论是教学情境还是个体阅读情境,在这种情况下,确实存在一个相对独立的对文字(语词和语句)进行解读的过程。

第二种情况,字面理解没有大问题,认识作品中的字词,能够流利朗读。但是,有可能连贯阅读会出现问题:(1)自己也意识到对语段、语篇的连贯理解有困难,难以形成语篇的命题表征。即无法对作品内容和形式加以概括、转述或描述、评

———————————
① 傅道彬,于茀. 文学是什么[M]. 北京:北京大学出版社,2002:79.

述,也就是自己意识到没有读懂,因而也不太可能进一步建立情境模型。(2)能够进行连贯阅读,但是不能建立情境模型。这种情况,在实用性阅读中较常出现:用记背的方式学习文科的教科书或考试复习材料,学生或读者能够复述、转述材料的主要内容(在考试中能够答题),但不能"理解"文章所说的那个东西。散文和诗歌的阅读,有时也会有这种问题。(3)自以为建立了连贯的理解,但所形成的语篇的命题表征其实与原文有较大距离,要点有重大遗漏,理解有较大偏误。这种情况下,学生或者读者,能够建立情境模型,就文学作品阅读而言,即想象构建,但因其文章基面(语篇的命题表征)不正确,其所构建的想象也非"其他读者也会获得相似结果的意义"①。语体文阅读,无论是实用文章还是文学作品,阅读能力较弱的读者主要就会遇到这种问题。一旦有人指出错误并晓之以理,学生或者读者一般能够客观地承认自己的错误并乐意加以改正。如果出现上述列举的问题,那么,无论是教学还是测试的角度,都有必要将文字(语段或语篇的连贯理解)视作一个相对独立的解读过程。也就是说,文章基面(语篇的命题表征)的阅读理解,有正确或错误的客观界限。

第三种情况是对语词、语句和篇章结构等所表现的文学性含义的体验,也叫"修辞阅读"。原则上讲,"修辞阅读"没有正误之分。但是,有优劣高下的差别。劣或下,也不是完全相对主义的,下列两种情况,无疑应该定性为劣下:(1)文学阅读能力和经验不够,没有读出语词、语句和篇章结构等所表现的文学性含义,而这些文学性含义,大家(大部分具有一定文学阅读能力的普通读者)都认为是较为明显的,因而也是应该或必须读出来的。(2)在连贯阅读的前提下,对一些语词、语句等局部或者语篇整体,无论是连贯阅读意义上的理解还是文学性含义的体验,学生或者读者可能产生有异于别人的因而较为独特的理解或体验。这种理解或体验是否属于可接受范围,主要看其后续的"论证"是否合理,如果不能够或不能合理地"论证",那很可能是主观偏好乃至偏见。关于这个话题,我们在下面"表现与批评"部分中再加讨论。

2. 关于立场2与立场4的关系

实际上有两个问题:一是共时还是历时的问题,立场2与立场4是紧密相连甚至混为一体的,还是前后有别的两个阶段。这涉及"修辞阅读"是"经历想象"还是"想象的抽离"。二是"批判阅读",即对文学文本的质疑和联系外部世界的评判,这

① 谢锡金,等.儿童阅读能力进展:香港与国际比较[M].香港:香港大学出版社,2005:11.

涉及文学阅读的"文学性"问题。

关于第一个问题——共时还是历时的问题。我认为,几乎共时是一种希望的状态,但实际的状态可能是历时在先、通过历时谋求共时。寄希望于共时,因为"文字的理解与鉴赏活动(想象构建)是同步进行的"。在日常的情况下,文学作品的阅读多是一次性的,反复多次地阅读则较少发生,所以较理想的状态是在同一次阅读中交替地进行"经历想象"和"想象的抽离"。也就是说,主要以"缓板"的方式阅读文学作品,通过"修辞阅读"进行"想象构建"(如图6-4所示)。

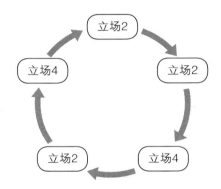

图6-4 "文学想象"中"立场2"与"立场4"的共时关系

"修辞阅读",或称"细读",意思是抵近作品客观仔细地阅读。

"修辞阅读"的要点可能是两个:一是语言的感受力,二是运用文学体裁的知识。

在文学界,"修辞阅读"差不多是"文学阅读"的另一个称呼。这两个要点,是古今中外的文学批评家和文学理论家们罕有的共识。我们来看几个例证。

英国的特里·伊格尔顿(Terry Eagleton)是著名文学理论家和政治批评家,写过一本"为读者和学生提供入行工具"的《文学阅读指南》。在该书的"前言"中,他这么解释:"我想,我最广为人知的头衔是文学理论家和政治批评家,所以有些读者可能会奇怪,这两个题目在这本书里怎么不见了。答案:如果人对作品的语言没有一定的敏感度,那么既提不出政治问题,也提不出理论问题。"[1]可见,对作品语言的敏感性,是文学阅读最基本的阅读能力。"文学作品既有报道性,也有修辞性。它需要读者高度警觉地阅读,警觉于它的口吻、气氛、速度、体裁、句法、语法、肌理、

---

① [英]特里·伊格尔顿.文学阅读指南[M].范浩,译.开封:河南大学出版社,2015:1.

节奏、叙事结构、标点、多义性——乃至一切可归为'形式'的东西。"①

　　法国的安托万·孔帕尼翁的《理论的幽灵——文学与常识》一书,关注"文学""作者""世界""读者""风格""历史""价值"这七个在他看来谈论文学必不可少的要素。在谈论"读者"时,作者专列了一节"作为阅读模式的体裁"。他说:"为了从理论上描写文学,我选了七个要素,其中没有体裁。然而,体裁理论是文学研究中发展得相当精致的一个分支,同时也是可信度最高的分支之一。"体裁如同期待视野一样,"它是一个接受模型,读者的一个能力","任何阅读对作品的具体理解都与体裁的限制密不可分,读者假设他手上的文本属于某一体裁,该体裁所特有的种种规范让读者有可能对文本所提供的资源进行筛选和圈定,然后通过阅读使之现实化。体裁,作为文学编码、规范集合、游戏规则,告诉读者应该如何阅读文本,它保证了对文本的理解"②。

　　"体裁",即读者的语篇类型的图式。将语篇类型的图式作为阅读的首要因素,古今中外几乎没有例外。刘勰在《文心雕龙·知音》中提出"六观说",认为文学鉴赏必须从六个方面入手:"是以将阅文情,先标六观:一观位体,二观置辞,三观通变,四观奇正,五观事义,六观宫商。斯术既形,则优劣见矣。"第一"观位体",也就是看作者对体裁的选用;第二"观置辞",即分析作品语言的含义和特点。列在前两位的,一是运用文学体裁的知识,二是语言的感受力——"观宫商",即看音韵声律是否与所表现的感情相符合,也就是语言的感受力。其他三项也都与语言感受力和体裁的知识息息相关:"观通变",运用比较的方法,看作品是否做到推陈出新;"观奇正",看作品的结构和风格是否多样统一;"观事义",看作品中描绘的人、事、景、物,是否生动、典型。"六观说"不但在当时是最为全面和公允的品评标准,至今也为我国文学界所公认。

　　为什么说"但实际的状态可能是历时在先、通过历时谋求共时"? 有以下三个理由。

　　第一,从文学能力形成的过程看,总是先学习后成能力。从课堂教学的案例分析,"想象的抽离"的"立场4",应该出现在"立场2"之后。然后,再将"立场4"的收获,带入"经历想象"的"立场2",循环往复。概略的模型大致如图6-5所示。

---

① ［英］特里·伊格尔顿.文学阅读指南［M］.范浩,译.开封:河南大学出版社,2015:2.
② ［法］安托万·孔帕尼翁.理论的幽灵——文学与常识［M］.吴泓缈,汪捷宇,译.南京:南京大学出版社,2011:148—149.

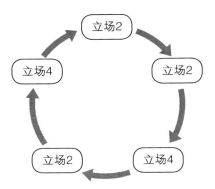

图 6-5　文学阅读过程中"立场 2"和"立场 4"的交替关系

这一概略模型,与我们在论述"寄希望于共时"所出示的,是同一个模型。也就是说,在同一次阅读中交替地进行"经历想象"和"想象的抽离",在个体的文学阅读实践中较难实现,但在文学课堂教学的情境是可以较普遍实现的。换句话说,"阅读的非逻辑"在文学课堂教学的情境,如果有好的教师引领,在一定程度上是可以破解的。但是,在个体阅读的情境,也就是一个人独立地阅读一部文学作品,"阅读的非逻辑"是很难避免的。

所以,文学理论家和批评家、文学教育专家都建议,在个体阅读的情境,文学作品——尤其是优秀的文学作品,至少要读两遍:第一遍是"快板",即希利斯·米勒所说的"天真的方式"和朱迪思·朗格所界定的"立场 2";第二遍是"缓板",主要是"修辞阅读",即朱迪思·朗格所界定的"立场 4"。换言之,"立场 2"与"立场 4","经历想象"与"想象的抽离","天真的方式"与"修辞阅读",在个体阅读的情境,可能在同一次阅读中交替进行,但主要的表现则是前后两次阅读的方式各自不同。前者是普通读者的读法,后者是"像文学教授那样的读法",也就是文学学科的读法,即文学专业学生的读法。

也就是说,谈论文学阅读,其实是谈论文学专业的学生的阅读,而文学专业的学生的阅读,是"测评面相的文学阅读"。认清这样的事实,着实令人震惊:一方面,提倡书香社会,倡导国民阅读,而关于国民阅读,许多倡导者似乎以为主要是文学阅读;另一方面,我们对普通读者的文学阅读是怎么一回事情,几乎一无所知,古今中外几乎没有可资利用的实证研究的学术资源。

况且,普通读者的文学阅读,还被认为是"低级"的。托马斯·福斯特(Thomas C. Foster)在《如何阅读一本文学书》中所描述的"普通读者",恐怕就是当今对普通读者的读法的全部认识。

普通读者读到一篇小说，主要注意故事的情节和人物，这是应该的：这些人是谁，他们在做什么，他们遇到什么好事或坏事。这样的读者对文学作品的反应最初是基于情感层面，甚至仅限于此。这些作品对他们产生影响，让他们或喜悦或厌恶，或欢笑或流泪，或焦虑万分，或洋洋自得。换句话说，他们只是对作品产生情感或本能的反应。每一位作者，当他放下笔，或在键盘上敲下最后一句话，心里默默祷告，忐忑不安地将他的作品送到出版社时，他寄望于读者的，也正是那样的情感或本能的反应。可话又说回来，当一个文学教授读这个故事时，他可以接受情感层面的反应，然而他还会把大量的心思用在小说的其他因素上：那种效果是如何产生的？这个人物和谁相似？我以前在哪儿见过这一情景的？这话是不是但丁说过？如果你学会提出这类问题，通过这些视角解析一部文学文本，那你就是在用一种新的眼光阅读和理解文学，并由此得到更多收获和乐趣①。

好吧，目前我们姑且也这样认识，承认普通读者的文学阅读要像文学教授那样，要向文学专业的学生的阅读看齐。

我们就以学生阅读学习的情境，回到关于"立场2"和"立场4"的讨论。

第二，即使学生阅读学习的情境，"通过历时谋求共时"也可能只是寄希望而已。

按直觉来推论，上一篇作品学习中"立场4"的收获，比如某种体裁的某个要点，应该可以迁移到下一篇新作品阅读的"经历想象"中。上述的直觉推论，只能去"谋求"，但难以真正实现。因为学习者要达到"立场5"的水平，即超越的水平——"观通变"的水平。朱迪思·朗格曾多次说，"立场5""出现的概率低于其他立场"②，我认为他是据实报告的。

一般来说，实用性的体裁、结构模式和语言，都较为规范，因此实用性阅读的方法或策略，较容易实现迁移。而文学作品，重在推陈出新，尤其是经典作品，每一部、每一篇都各不相同，"作为一种艺术，小说结构或组织形式都是隐性的。实际上，每个小说家都有自己独特的艺术形式"③。因此，文学阅读的"常规与模式、规范

① ［美］托马斯·福斯特.如何阅读一本文学书［M］.王爱燕，译.海口：南海出版公司，2016：4—5.
② ［美］朱迪思·朗格.文学想象：文学理解与教学［M］.樊亚琪，译.上海：上海教育出版社，2015：22.
③ ［美］彼得·孔普.如何高效阅读［M］.张中良，译.北京：机械工业出版社，2015：167.

与准则",实际上每一次都是以新面目出现的。所以,文学阅读能力更靠同一种体裁(细分的语篇类型)长期阅读的经验积累。但经验积累,其实是一把"双刃剑":"每一种(文学)体裁,无论是虚构作品还是纪实作品,诗歌还是戏剧,都创造出一系列的图式;它拣选、组织和塑造语言以达到某种标准;它提供了看待事物的某种方式,又封锁了看待事物的其他方式。"①文学创作是这样,文学阅读也如此。

文学阅读,尤其是经典名著的阅读,可能是需要向导的。编写过《西方正典》的哈罗德·布鲁姆是"大作家式的批评家",他说自己"两次读品钦的《拍卖第四十九批》才读进去,三次读麦卡锡的《血色子午线》才读进去"②,这恐怕不是个能力问题。哈罗德·布鲁姆《如何读,为什么读》一书的译者黄灿然在译著的序中说他最喜欢契科夫后期的小说,多年来反复阅读 600 多页的《契科夫选集》。在翻译哈罗德·布鲁姆的《如何读,为什么读》这本书时,获悉布鲁姆最喜欢的作品是契科夫早期只有三页半的《大学生》,他大吃一惊,立刻下载该文本来读。一读,果然是好,"我不知道如何形容我的感动,应该说,我的灵魂的提升,我的存在的连根拔起"。但后来却发现,这篇《大学生》就收录在他常读的《契科夫选集》里——"我甚至怀疑我可能不止一次读过这篇小说,却可能因为没感觉而完全忘了"。过去对该作品没感觉,这恐怕也不是原来的文学能力不足的问题。黄灿然接着说:"类似的阅读经验相信很多人都有过,例如对自己常常翻阅的某本诗集中某一首诗,长期以来视而不见,等到它收录了某个选本,或别人在文章中提醒之后,才发现它是那么好。"③

文学批评家和翻译家的上述事例告诉我们,文学阅读能力可能比从这一部迁移运用到下一部要复杂得多,其中的机制人们所知甚少,甚至还有点神秘。对文学能力,古今中外说得最多的一句话莫如"不断练习,熟能生巧"④,然而这句话,讲的是概率论而不是决定论,效果其实并不靠谱。

文学阅读,如果确实想提升读者阅读品位的话,那么目前我国中考、高考选一篇学生从没见过的陌生作品要学生现场(考场)"想象构建",这恐怕不是一个妥当的办法,其所测试的似乎也并非"文学想象"。文学阅读测试所抽样的文本,应该是读者在事先已反复阅读过的文学经典;所检测的,应该是学生已经较充分"想象建

---

① [美]芮塔·菲尔斯基.文学之用[M].刘洋,译.南京:南京大学出版社,2019:163.
② [美]哈罗德·布鲁姆.如何读,为什么读[M].黄灿然,译.南京:译林出版社,2011:2—3.
③ [美]哈罗德·布鲁姆.如何读,为什么读[M].黄灿然,译.南京:译林出版社,2011:2.
④ [美]托马斯·福斯特.如何阅读一本文学书[M].王爱燕,译.海口:南海出版公司,2016:4.如刘勰《文心雕龙》中"操千曲而后晓声,观千剑而后识器"。

构"的"文学想象"。

说到考试，就带出了历时在先、通过历时谋求共时的另一个现实的理由。

第三，测评面相的文学阅读，不仅是"经历想象"，而且重点是"论证"你所构建的"文学想象"。

与普通读者的普通的文学阅读不同，测评面相的文学阅读，需要读者（被试）以可见的表现来（向别人）"证明"自己的阅读成效。"你的阅读目的，不仅是为了分析作品，还要根据作品，形成自己的合理意见。"①换言之，测评面相的文学阅读，在"经历想象"之后，还有一个与"经历想象"明显分离的"想象的抽离"阶段。而且，阅读的大部分时间要用在"想象的抽离"（如图 6-6 所示）。不仅是"抽离"，而且还转向"维持一个参照点"：按一定要求，说出或写出一篇"论证"合理的文本分析或比较分析，或者完成一篇围绕引导性问题的鉴赏性评论（论文）。

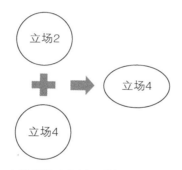

图 6-6　文学阅读中"立场 2"与"立场 4"的阶段关系

无论是教学情境还是个体阅读情境，"立场 4"中的活动内容——我们成为批评家，实际上有两种存在状态：一种是比喻意义上的批评家，在文学阅读中，"探索可能性视域"；另一种是实际状态的批评家，在阅读之后，"维持一个参照点"。

"修辞阅读"，更多的是停留在这个阅读之后的阶段。为了合理"论证"，"你需要经常回到原文"，"在书中做标记就显得特别重要"，"你需要直接引用一些重要的对话内容"，等等②。总之，文学阅读，逐渐变为业余级别的文学批评，或者变成了文学作品的学习，例如《罗密欧与朱丽叶》。

---

① ［美］亚当·罗宾逊.如何学习：用更短的时间达到更佳效果和更好成绩［M］.林悦，译.北京：中国青年出版社，2016：180.
② ［美］亚当·罗宾逊.如何学习：用更短的时间达到更佳效果和更好成绩［M］.林悦，译.北京：中国青年出版社，2016：178—185.

（五）参照式解读

"立场4"中的活动内容，不仅有"修辞阅读"，还包括希利斯·米勒所说的"批判阅读"，实际上几乎涵盖文学理论界所说的"文化研究"和"外部批评"的所有内容。

我们借用罗曼·英加登（Roman Ingarden）的文学作品层次说，来展开讨论。

20世纪30年代波兰现象学家罗曼·英加登提出，文学文本由四层次构成，分别是语音层、语意层、再现客体层及图式观相层。

1. 第一个层次是语音层

指字音及其高一级语音组合，是由语音素材传达的携带可能的意义的语音组织，包括声调、谐音、格律、节奏、押韵等[①]。

语音层具有两个功能：（1）传达语意。语音是语意的物质载体，"在许多艺术作品中，当然也包括散文在内，声音的层面引起了人们的注意，构成了作品审美效果不可分割的一部分"[②]。（2）帮助理解语意。语音是理解意义的必经通道。"读者必须对作品的语音学层次保持一种听觉"，因为"语词的语音形式与视觉形式是同一个语词躯体的两个方面"[③]。

2. 第二个层次是语意层

是由字音及其高一级语音组合所传达的意义组织，包括词、句、段和篇章等各级语言单位的意义。这个层次对于作品构成是决定性的，它是第三层次和第四层次存在的基础。

需注意三点：（1）语意层是由各个语言单位的语境义构成的。以语词为例，任何一个语词都有词典义，这个意义是固定的。在使用中，它具有了变化的语境义。（2）语意层是一个有机的整体，不是各个语言单位的意义的机械相加。"在适当地完成阅读中，作品内容半自动地组织成一个在意向上连贯的、更高级的意义整体，而不仅仅是互相完全独立的句子组成一个任意的集合体。"[④]（3）语意不是对象。

[①] ［波］罗曼·英加登. 对文学的艺术作品的认识［M］. 陈燕谷，晓未，译. 北京：中国文联出版社，1988：16—18.

[②] ［美］雷·韦勒克，奥·沃伦. 文学理论［M］. 刘象愚，刑培明，陈圣生，等，译. 北京：生活·读书·新知三联出版社，1984：166.

[③] ［波］罗曼·英加登. 对文学的艺术作品的认识［M］. 陈燕谷，晓未，译. 北京：中国文联出版社，1988：20.

[④] ［波］罗曼·英加登. 对文学的艺术作品的认识［M］. 陈燕谷，晓未，译. 北京：中国文联出版社，1988：34.

"如果我们积极地思考一个句子，我们所注意的就不是意义，而是通过它或在它之中所确定所思考的东西。"①在语意层次，句子的功能是创造出句子的对应物或者某种事态，语意创造出一条接近作品创造的对象（世界）的通路。

3. 第三个层次是再现客体层

是文本通过语意层展现的客体，即文本所描绘的虚拟世界。它可以是个别对象如人物、事物、过程、事件等，也可以是复杂多变的事态群。

再现客体层具有两个特点：（1）它是一个虚拟的世界，具有"拟实在性"。（2）再现客体存在"未确定性"。客体层是通过言语形式表现的，而有限的言语形式，不可能建立无限多的确定点，言语形式只能表现客体的不变的和必要的属性，客体的细节则留有很多未确定点，英加登称之为文本的"未确定性"。文本的"未确定性"一方面依赖于文本的言语形式，另一方面依赖于读者的经验和想象。文学作品实质上是一个"在场与缺席"结构，读者意识不到作品的"缺席"（即"未确定性"），是因为在阅读过程中读者已经以自己的经验和想象"自动"补足了"未确定"部分②。

4. 第四个层次是图式观相层

指被感知的客体的生动呈现方式。从理论上讲，"图式观相层"也称为"再现客体层"，但是它所针对的问题与"再现客体层"并不一样。"再现客体层"的重点是作者与现实的关系问题，作品中的客体是再现客体，具有"拟实在性"。"图式观相层"的重点是作品与读者的关系问题③，以读者视角形成"图式观相层"。比如一部小说，可以从精神分析、马克思主义、符号学、解释学、女性主义等各个角度去阅读和批评，视角不同，图式观相自然不同④。

"以上的各个层次在文学作品的总体构成中都起着一定的作用，但是必须对每个层次单独加以讨论，以确定它们对作品的最终形成所具有的作用。"⑤同时，文本是一个有机体，上述的文本四层次不是孤立割裂的，并不会"因为它们的异质性而互相排斥，而是作为同一个整体的构成部分而互相适应和调节"⑥。

---

① ［波］罗曼·英加登. 对文学的艺术作品的认识［M］. 陈燕谷，晓未，译. 北京：中国文联出版社，1988：39.

② 郭勇健. 文学现象学——英加登《论文学作品》研究［M］. 上海：学林出版社，2011：299—230.

③ 郭勇健. 文学现象学——英加登《论文学作品》研究［M］. 上海：学林出版社，2011：251—252.

④ 郭勇健. 文学现象学——英加登《论文学作品》研究［M］. 上海：学林出版社，2011：255.

⑤ ［德］沃尔夫冈·伊瑟尔. 怎样做理论［M］. 朱刚，谷婷婷，潘玉莎，译. 南京：南京大学出版社，2019：18.

⑥ ［波］罗曼·英加登. 对文学的艺术作品的认识［M］. 陈燕谷，晓未，译. 北京：中国文联出版社，1988：74.

按照我的理解,英加登的"文学作品四个层次",大致如图6-7所示。

图6-7　英加登的"文学作品四个层次"

文学阅读就是读者与文学文本的相遇。从读者的角度看,文学作品的"再现客体层"转化为阅读理解的"文学想象"。因此,上述图示可转化为如图6-8所示。

图6-8　读者角度的"文学作品四个层次"

也就是说,读者的"文学想象"主要取决于他们所具有的语言能力和图式观相。"图式观相"大致相当于认知心理学和语言心理学所讲的"图式"或"认知结构",指头脑中的经验和知识的表征方式。正如沃尔夫冈·伊瑟尔(Wolfgang Iser)所说:"文学需要解释,因为作者以语言营造的文本,只有通过可供参照的认知结构才能把握其意义。"①

从文学阅读的角度,我们把读者与某个文学文本相关的图式观相,大致地切分为三种成分:来自生活经验和相关背景知识的图式观相;来自文学知识的图式观相;来自现实世界的价值观点的图式观相。我们联系上面讨论过的"连贯阅读""修辞阅读"等概念,稍加展开。

(1)来自生活经验和相关背景知识的图式观相。之前我们交代过,在语篇阅读心理学研究中,连贯阅读即无特定目的的"自然阅读"。基于本研究的目的,在上面的论述中,对连贯阅读我们侧重在语篇的命题表征,而没有涉及连贯阅读所形成的情境模型。在实际的阅读中,尤其是叙事作品的阅读,如果读者能达到连贯阅

① [德]沃尔夫冈·伊瑟尔.虚构与想象:文学人类学疆界[M].陈定家,汪正龙,等,译.长春:吉林人民出版社,2003:1.

读，那么读者就能自然地结合他们的生活经验和相关背景知识对所读文本做出阐释，并自然地形成相应的情境模型。

阅读文学作品所形成的情境模型，即"文学想象"。普通读者的文学阅读，所谓"天真的方式""对作品产生情感或本能的反应"，其图式观相主要来自生活经验和相关背景知识。

（2）来自文学知识的图式观相。连贯阅读，读者自然地会动用他们已经具有的文学知识。但在图式观相这一含义上，来自文学知识的图式观相，主要指"修辞阅读"，即对语词、语句和篇章结构等所表现的文学性含义的体验，并形成具有丰富含义的"文学想象"。

不妨与"自然阅读"相比较。

文学作品的"自然阅读"（连贯阅读），相对来说是比较被动的。正如艾德勒所说："我们要让故事贯穿我们，做任何它想要做的事。我们一定得打开心灵，接纳它。"而"修辞阅读"，则是一种"焦点阅读"，是读者主动而为的，有意识地关注语词、语句和篇章结构等文学形式方面的意义和意味。

"自然阅读"，就像"自然"这个词语所暗示的，是"朴素"的。在某种程度上把文本看成是透明的，透过语言文字直接看到文本的世界。"修辞阅读"，也像"修辞"这个词语所暗示的，认为文本是意蕴丰富的，要通过抵近文本仔细地阅读，才能发现字里行间隐藏的意义和意味。

（3）来自现实世界的价值观点的图式观相。连贯阅读，读者自然地会以他们来自现实世界的价值观点来理解和解释文学文本。修辞阅读，哪怕是自娱自乐式地静观鉴赏，其行为本身不但体现了对文学的价值观点，也间接地折射着对现实世界的价值观点。但在图式观相这一含义上，来自现实世界价值观点的图式观相，主要与"文化研究"等"批判阅读"相联系。

解构主义批评的重要代表人物希利斯·米勒说，批判阅读"质疑文学作品如何灌输关于阶级、种族或性别关系的信条。这些被看成是人观看、判断、行动的模式，被表现为客观的真实，但实际上是意识形态的。它们是语言的虚构，却戴着指称真实的面具"[1]。芮塔·菲尔斯基（Rita Felski）将文化研究等笼统地归并为意识形态批评，他认为，"被意识形态吸引的批评者试图将文学完完全全地置于现实世界中"，"文学被拖来证明批评者已知之事，来说明在其他领域已有定论之事"，"它总

---

[1]　［美］希利斯·米勒.文学死了吗[M].秦立彦，译.桂林：广西师范大学出版社，2007：179.

是意味着文学文本是被诊断的而非被倾听的"①。

"文化研究"等活动基本上是专业读者的学术阅读,"它是一种公共活动,受到其他专业读者的评判"②。不过,普通读者在某些时候,也会自觉地采用业余的"批判阅读"。芮塔·菲尔斯基指出:"学术阅读与外行阅读(即普通读者的阅读)具有质的区别,后者是一种消闲,它有不同的阐释规范,是读者自己选择的,其目的是消遣,且往往关乎读者一人。"③为了与专业的、作为公共活动的学术阅读相区隔,也为了使"测评面相的文学阅读能力"的框架便于操作,我们把普通读者基于现实价值观点的"批判阅读",归入即将要讨论的"参照式解读"。

上面,我们概述了图式观相的三种成分。在实际的阅读中,这三种成分相互联系、相互作用,综合地影响着读者的想象构建(如图6-9所示)。

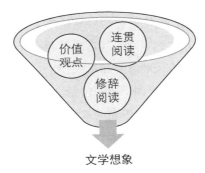

图6-9 "图式观相"的三种成分

然而,还是可以按主导的成分,将文学阅读分成不同的类别。从普通读者的角度,本研究把文学文本的阅读分为以下三种类别。

(1)连贯阅读。即基于生活经验和相关背景知识的自然阅读。维持我们之前的定位,按照语篇阅读心理学的共识,"连贯阅读"侧重在语段和语篇的连贯理解,即对"文章基面"(语篇的命题表征)的阅读理解,如对小说情节的概括、对诗歌内容和形式的描述等。有正误对错之分。换言之,虽然所读的是文学文本,但"连贯阅读"这一概念主要针对"文本"而不是其"文学"。上面说过,在自然阅读中,达到连贯阅读,读者会自然地形成相应的情境模型。在本研究中,把达到连贯阅读水平

---

① [美]芮塔·菲尔斯基.文学之用[M].刘洋,译.南京:南京大学出版社,2019:10—11.
② [美]芮塔·菲尔斯基.文学之用[M].刘洋,译.南京:南京大学出版社,2019:19.
③ [美]芮塔·菲尔斯基.文学之用[M].刘洋,译.南京:南京大学出版社,2019:19.

（即能正确理解文本）基础上的解读及其"文学想象"，归并到下面即将解说的"参照式解读"。

（2）修辞阅读。即基于文学体裁、文学手法等文学知识对文学文本的细读。关于文学文本的语音层（汉字是表意文字，字形也起着直接表达意义的作用）和语意层，我们在前面论述过，它们实际上有两个方面三个层级：一是词语和语句的字面理解，二是语段和语篇的连贯阅读，两者构成第一个方面，字面和篇章基面的局部与整体的连贯理解，有正误对错之分。第二个方面，同样是词语和语句、语段和语篇，但关注的是它们的文学性含义，即"修辞阅读"。连贯阅读基础上的"修辞阅读"，构建想象，形成对第三个层面的"再现客体层"的"文学想象"。再次强调，"文学想象"原则上无对错之分，但有优劣高下的差别。

（3）参照式解读。即基于现实世界的价值观点对文学文本进行解读。包括达到连贯阅读水平（即能正确理解文本）基础上的对文学文本的解读及其"文学想象"，以及普通读者的业余性质的"批判阅读"。无论是基于日常生活经验还是基于现实世界的价值观点，它们对文学作品的阅读反应，都是参照现实世界，把文学作品与现实世界联系起来。从理论上讲，立场观点的对错优劣，不在于观点本身，而在于对观点的论证及其基于文本的证据。对文学作品的解读，"没有哪一种是绝对正确的"。被称为西方马克思主义三巨头之一的特里·伊格尔顿曾言："尽管如此，总归有些说法比较合乎情理，有些则较为牵强。凡是有说服力的解读，一定是有文本证据的，尽管证据本身也需要解读。"[1]

"参照式解读"这一概念，来自传播学研究。

泰玛·利贝斯（Tamar Liebes）和埃利胡·卡茨（Elihu Katz）所著的《意义的输出：〈达拉斯〉的跨文化解读》，如今已成为媒介研究、文化研究与传播研究的经典著作。该著采用扎根研究的实证研究方法，对20世纪80年代一部美国电视连续剧《达拉斯》在不同国度和文化环境的传播接受进行文化分析。具体的方法是记录、编码和分析关于《达拉斯》的小组讨论，这些小组成员由家人和朋友组成，来自不同的亚文化地区。我们只取与本研究相关的一些结论。

通过对大量的小组讨论对话材料进行编码、分析，作者概括出了普通观众对影视作品的两种解读类型：①参照式解读，观众把作品中的人物角色当作真实人物来谈论，而且随后又将这些真实人物与他们自己的真实世界联系起来。②批评式

---

[1] ［英］特里·伊格尔顿.文学阅读指南［M］.范浩,译.开封：河南大学出版社,2015：166—167.

解读,观众将这部节目当作一部具有美学规则的虚构作品来进行讨论。与文学作品的"修辞阅读"含义大致相同。

据该著作者的考察,普通观众对《达拉斯》的论述,绝大多数"都建立在把这部节目当作真实的故事来对待的基础上"①。参照式论述的数量要远远多于批评式的数量,两者的数量比为3:1。尽管观众的受教育水平越高,他们提出的批评式观点的所占比例就越大,但那些发表批评式评论的人,同时也会提出大量的参照式评论。"与他们以批评式解读来使用这部节目相比,每个种族小组都更多的是用一种参照式解读来使用这个节目——作为与现实生活的一种关联,包括与他们的生活。"②

在很大程度上,观看影视作品也可以推论到小说和戏剧等叙事文学的阅读。"参照式解读"是普通观众(读者)接受文学作品的常态,因而应该理所当然地把"参照式解读"视作文学解读的一种类型。尽管该著作者仍把"参照式解读"看成是比"批评式解读"更低级的解读方式,但基于实证材料,作者提出:"我们应该将这种老练的观众当作一个在参照式解读与批评式解读之间的不断转换的读者,而不仅仅是看作或采取某种解读方式或采取另外一种解读方式的单维读者。"③这一提示对"文学学科阅读"是有启发的。或许,我们可以把"参照式解读"看成是一种与"修辞阅读"平行的文学阅读类型,但实际上是相互交错的。

该著从以下四个要素,具体阐释"参照式解读"的内涵,进一步加深了我们对"参照式解读"的认识。

① 解读框架。参照式解读关注作品的主题,谈及的内容涉及行为动机、血缘关系与道德规范、道德困境和商业关系四个方面④。

② 解读策略。有两种:第一,"认真的解读方式",既直截了当又严肃认真。第二,"游戏的解读方式","他们以一种虚拟语气把这个故事与想象性的现实生活情境联系起来,观众往往虚拟性地扮演剧中的某个角色,如想象自己如果成为某个角色

---

① [英]泰玛·利贝斯,埃利胡·卡茨.意义的输出:《达拉斯》的跨文化解读[M].刘自雄,译.北京:华夏出版社,2003:176.
② [英]泰玛·利贝斯,埃利胡·卡茨.意义的输出:《达拉斯》的跨文化解读[M].刘自雄,译.北京:华夏出版社,2003:181.
③ [英]泰玛·利贝斯,埃利胡·卡茨.意义的输出:《达拉斯》的跨文化解读[M].刘自雄,译.北京:华夏出版社,2003:184.
④ [英]泰玛·利贝斯,埃利胡·卡茨.意义的输出:《达拉斯》的跨文化解读[M].刘自雄,译.北京:华夏出版社,2003:163.

那样的话,那将会如何美妙或者糟糕";"观众对角色的虚拟性扮演,通过虚拟性的与游戏式的解读,他们把现实生活小说化了,发言者几乎成为了故事中的一个角色"①。

③ 参照对象。真实的参照对象有三类:"我",即自我与家庭。"我们",种族群体与国家的指涉对象。"他们",一般的参照对象——自我疏离的——即抽象的社会学范畴,如商人②。

④ 价值立场。有两种表现:第一,不带价值判断的论述,真实的和非价值判断的。第二,在解释中加入某种规范化的评价——赞成或者谴责,通常带有一定程度的感情色彩。

该著作将"批评式解读"区分出两种类别:一是语义的,关注主题、寓意;二是句法的,侧重文类、规则。其中关于语义的,编码材料归纳出以下三个方面:(1)关于主题。基本的、非常接近于参照式解读的主题,观众对其进行了一种推论。"这种形式的批评非常接近于参照式解读,以洞悉与归纳主题的能力为主"③,其与参照式解读的唯一区别,是"表现出他们已经认识到这部节目与现实有区别"。(2)寓意,对节目生产者的意图加以推论,如说教的意图。(3)原型,较高水平的主题批评。"对该故事的主题概括建立在观众对一条基本主题的理解的基础上,这条基本主题贯穿了一系列文本或者说行动。"④也就是说,主题概括基于互文性的主题模式识别。

在我看来,只有最后一方面——互文性的主题模式识别,无疑是修辞阅读。而另外两个方面的表现,或许应该看成"参照式解读",因为从所列举的材料看,对主题或寓意的推论,还是依附于观众(读者)的现实世界的价值立场。例如,阿拉伯人小组 43 号说:"《达拉斯》体现了西方资本主义;它表明人们拥有更多的自由,结果变得(自由)太多了,因为它导致了整个社会处于无政府状态。"⑤俄罗斯小组一位成员则声称《达拉斯》是一个"社会主义的文本"⑥。

---

① ［英］泰玛·利贝斯,埃利胡·卡茨.意义的输出:《达拉斯》的跨文化解读［M］.刘自雄,译.北京:华夏出版社,2003:164—165.
② ［英］泰玛·利贝斯,埃利胡·卡茨.意义的输出:《达拉斯》的跨文化解读［M］.刘自雄,译.北京:华夏出版社,2003:167.
③ ［英］泰玛·利贝斯,埃利胡·卡茨.意义的输出:《达拉斯》的跨文化解读［M］.刘自雄,译.北京:华夏出版社,2003:185.
④ ［英］泰玛·利贝斯,埃利胡·卡茨.意义的输出:《达拉斯》的跨文化解读［M］.刘自雄,译.北京:华夏出版社,2003:189.
⑤ ［英］泰玛·利贝斯,埃利胡·卡茨.意义的输出:《达拉斯》的跨文化解读［M］.刘自雄,译.北京:华夏出版社,2003:186.
⑥ ［英］泰玛·利贝斯,埃利胡·卡茨.意义的输出:《达拉斯》的跨文化解读［M］.刘自雄,译.北京:华夏出版社,2003:187.

　　将"参照式解读"乃至"外部研究"纳入文学课程，本来就是我国大学文学史课程的做法，或许还是主流；可能是20世纪80年代之后矫枉过正，文学界对复义、反讽等"文学性"过度关注，导致了因噎废食。

　　我们看到，朱迪思·朗格堂而皇之地把"立场3"纳入文学阅读的想象构建："立场3：摆脱文本与反思认知。""在这一立场中，关注点为现实世界的经验和知识，我们以不断深化的理解、文本世界来增加自身的知识与经验。"①他举例说："当《宠儿》一书引发我们对镇压、奴隶制和权力的反思时，我们便处于上述立场。"②

　　国际文凭（International Baccalaureate，简称IB）高中《语言与文学课程》的设计，也可供我们参考。该课程的"文学"分两个部分，一个是"文本与语境"部分，一个是"批判性学习"部分。可能是术语翻译的关系，"批判性学习"，实际是诗歌、散文、小说、戏剧的"修辞阅读"。"文本与语境"中的"语境"指外部世界，包括作品创作时和当今阅读的社会环境。这部分的教学目标如下：

　　　　（1）思考历史、文化和社会环境的不断变化，以及这种变化对文学作品的写作和接受所造成的影响。如：不同的出版发行方式，如连载；政治压力和官方审查；强势和少数社会族群；个人和家庭在社会中的作用；占据统治地位的价值观和信仰的影响；抗争。

　　　　（2）展示文学作品、体裁和结构等形式方面的因素不只会影响内容的形成，同时也受环境的影响。如：叙事技巧；性格塑造；风格和结构元素；诗化语言。

　　　　（3）理解文学作品所表现的态度和价值观及其对读者的影响。如：对同一个作品可以有非常不同的解读；接受的环境，包括个体读者的差异，会影响到阅读；不同价值观念在一个作品中可能会发生对抗③。

　　本研究认为，把"参照式解读"纳入测评面相的文学文本阅读，是实事求是的态度和做法，尽管还有许多细节问题有待于进一步研究。

　　综上所述，测评面相的文学文本阅读，合成如图6-10所示的图示。

---

① ［美］朱迪思·朗格.文学想象：文学理解与教学［M］.樊亚琪，译.上海：上海教育出版社，2015：21.
② ［美］朱迪思·朗格.文学想象：文学理解与教学［M］.樊亚琪，译.上海：上海教育出版社，2015：21.
③ 禹慧灵.国际文凭大学预科项目：中文A语言与文学课程学习指导·文学卷［M］.香港：三联书店（香港）有限公司，2013：134—135.

图 6 - 10　测评面相的文学文本阅读

（六）表现与批评

乔纳森·卡勒（Jonathan Culler）说："如果一个人从表明他自己的解释和反应开始，而且成功地提出一套正确的规则，用来说明他作出这些而不是其他解释的事实，那么他就会掌握说明文学能力的依据。"①

测评面相的文学阅读，既不同于文学专家的专业阅读，也不同于普通读者日常的随意阅读。与日常随意阅读最大的区别，就是在"想象构建"之后，读者还需要将阅读某部作品的"文学想象"用可见的形式表现出来，还需要对自己的文学体验或参照式解读加以论证，以（向别人）"证明"自己的阅读能力及其成效。

这里实际上有两件事情：一是"文学想象"的表现，二是文学批评，尽管是业余的批评家所做的初级的文学批评。这两件事情虽有联系，但并不能混同。

在教学的情境，"想象构建"伴随着师生和同伴的交流互动，文学阅读既是"想象构建"的过程，也是"文学想象"的结果表现，如果都处置得当，能够较好地把阅读、探究、体验、表现、对话和交流，统一在有效和高效的教学活动中。例如：美国基础教育"引领变革的人"琳达·达林-哈蒙德在《高效学习：我们所知道的理解性学习》一书中所推介的"读者俱乐部""共享探究""教学会话"等对文本充分讨论的教学方法②；朱迪思·朗格积极推进实践的"探索可能性视域"的"想象构建"的课堂；莎伦·白琳和马克·巴特斯比在《权衡：批判性思维之探究途径》一书中所展

① ［美］乔纳森·卡勒.文学能力［M］//中国艺术研究院马克思主义文艺理论研究所.读者反应批评.北京：文化艺术出版社,1989：192.
② ［美］琳达·达林-哈蒙德,等.高效学习：我们所知道的理解性学习［M］.冯锐,等,译.上海：华东师范大学出版社,2010：53—64.

示的"艺术中的探究"①;等等。

在有组织的文学阅读活动中,阅读、探究、表现、交流、评论也能较自然地融为一体。安托万·孔帕尼翁认为,文学批评的"最佳形式是交谈","这里所说的文学批评,指的是一种品评作品的话语,它强调阅读体验,描写、解读、分析某一部作品对(具有较好文学素养的)读者——不必非得是学者和专家——所产生的意义和效果。批评就是赏析,就是评价,它始于对作品的好感(或反感)、认同和投射。文学批评的理想之地是沙龙——书刊则是沙龙的变体——而不是高等学府,它的最佳形式是交谈"②。在当今社会,多样化的媒体平台,为各种非正式的文学阅读的团体,提供了更为方便的个性化的互动交流的途径与工具。

然而,在普通国民的、针对个体的、测评面相的文学阅读中,"文学想象"的表现和初级的表现与批评如何开展,以及如何进行较大规模的评估,则是一个崭新的问题,可借鉴的实践经验不多,或者说,我们所知甚少。

朱迪思·朗格建议采用"不间断评估",并列举了 10 个生成性目标:(1)在阅读后分享初始印象;(2)提出与阅读文本相关的问题;(3)超越初始印象,反思、发展与丰富理解;(4)发现文本内外的关联;(5)以多角度思考文本;(6)反思其他可能的阐释,批判与支持其中一种;(7)通过文学获得对自我和生活的理解;(8)通过阅读,增强对其他文化和背景的敏感性;(9)将写作作为反思与交流文学理解的途径之一;(10)以典型的文学话语来谈话或书面评价一部作品。这 10 项目标,主要涉及评估的内容,给我们提供了可资参考的思路。

国际文凭语言与文学课程的设计者,开发了在其课程体系内的一整套评估方法和工具③,也有可借鉴的地方。国际文凭语言与文学课程的评估,分校外评估和校内评估两个方面,在整个教学过程中分阶段实施。

校外评估分为以下三项。

(1) 文本分析或文本比较分析。该项评估打通课程中的语言和文学两个部分,评估在课程结束时以书面考试的方式完成。普通课程的学生对一个文本进行

---

① [加]莎伦·白琳,马克·巴特斯比.权衡:批判性思维之探究途径[M].仲海霞,译.北京:中国人民大学出版社,2014:400—426.

② [法]安托万·孔帕尼翁.理论的幽灵——文学与常识[M].吴泓缈,汪捷宇,译.南京:南京大学出版社,2011:13.

③ 禹慧灵.国际文凭大学预科项目:中文 A 语言与文学课程学习指导·文学卷[M].香港:三联书店(香港)有限公司,2013:270—427.

分析，主要是非文学文本和非虚构文学文本，高级课程的学生则要对两个文本进行比较分析，并增加诗歌、剧本节选、长短篇小说节选等。测试所用的文本，是学生未曾见过的。测试侧重在我们所说的"连贯阅读"，也可能涉及"参照性解读"和"修辞阅读"。文本分析包括：①介绍，它是什么；②描述，它有什么；③说明，加入解释；④分析，讲述感受和判断；⑤评价，对内容或形式。在测试中，文本分析或比较分析有限定的"引导题"，指明分析的范围，即该课程的学习内容，涉及语境、受众、交流目的和各种文体特征等。如：结构的编排如何体现出自传作者对自己的看法？第一人称观察视角的局限性在文中起什么作用？比较分析，包括内容和形式的比较说明，题材、主题、结构、语调语气、词语使用和修辞手法等，然后加以总结归纳并表达个人感受。

（2）论文。针对文学卷第一部分"文本与语境"，以学过的两部文学作品为例，对指定的一个论题进行响应，论题按课程内容分三组，每组两题，六题中选作一题，涉及相关的时代、社会、文化的语境问题。当场完成。评分标准有五个方面：知识和理解，回应论题，对文体特色的运用及其效果的理解，论文的逻辑及论证，语言表达。

（3）书面作业。创意式书面作业，高级课程再加一篇围绕课程内容的自选题论文。在两年学习过程内完成并按程序送校外评审。创意式书面作业侧重在"文学想象"的表现，可用多种形式，如改写、戏拟、博客、传单、书信、作品人物的日记、时空穿越、挑战作者观点的辩论等。自选题论文即文学批评，在限制的三个范围六个论题中选择，并设定自己的具体论题：①读者、文化和文本：在不同的读者眼中，同一个文本为什么会有不同的解读？联系语境说明一个文本为什么会和别的文本有差异。②权利和利益：特定社会团体，在语言和在文本中是不是呈现了一个特定的样子？在文本中，哪一个社会群体被排斥或边缘化？③文本和体裁：一个文本的体裁如何继承传统或者标新立异？一个文本如何从别的文本中借鉴方法，效果如何？

校内评估分为以下两项。

（1）个人口头评论。主要是"修辞阅读"，对已学作品中临场抽取的选段做较详细的分析和评价，选段约40行，有两个引导性问题，共35分钟，其中学生准备时间为20分钟，然后做10分钟连贯陈述，回应教师提出的问题。按评价量表评分，录音并按要求选择样本录音送校外复审。

（2）扩展口头活动。只适用于课程的语言部分，关于文化语境中语言、语言和大众媒介,涉及体裁、修辞等。活动可以是创意表演式、陈述讲座式或讨论的方式等。完成扩展口头活动之后,要写一份反思陈述,内容包括:为什么要选择这个话题,什么活动方式以及为什么选择这一方式,在准备过程中有什么收获或遇到了什么问题,活动的效果如何、有什么可改进的等方面。

从上面的介绍中可以看出,国际文凭语言和文学课程的设计者,对语言和文学课程的评估,形成了一套相互配合的评估方法和工具。口头与书面,创意与规定,现场考试与长期作业,新出文本与已学课文,多种方法和作业形式并用,这对我们很有启发。

当然,也存在一些需要讨论的问题。初步设想,针对普通国民的文学阅读,在"表现与批评"这一阶段,可设计以下三项内容。

(1)"文学想象"的表现。"修辞阅读"和"参照式解读"平行看待。可借鉴国际文凭课程中的创意式书面作业,对已读(已学)作品,采用改写、戏拟、博客、传单、书信、作品人物的日记、挑战作者观点的辩论等多种形式。

(2)鉴赏性评论。主要是"修辞阅读"。可借鉴国际文凭课程中"个人口头评论"的做法,以及我国传统的评点法,对已读(已学)作品中的选段作较详细的分析和评价,或针对某一文学要素作两个文本的比较分析。

(3)观点论述。"修辞阅读"和"参照式解读"平行看待,重点是基于文本的论证。可借鉴国际文凭课程中的"引导性问题",对论题加以制约。同时,可借鉴约翰·宾的"多样化写作活动",如"问题+论点"的两句话、长度只有一段的"微型文章"、更具个人性的"探索性写作"、指派角色的"任务型"写作回应等,以及可自选的论文。

三、"测评面相的文学阅读能力"框架

把文学和文学阅读作为话题来谈论的,似乎是两种人:一种是文学批评家和文学理论家;一种是文学教师,包括中小学语文教育研究者和语文教师。

文学批评家和文学理论家所谈论的文学与文学阅读,实际上谈论的是自己或自己主张的文学阅读,即有能力充分理解文学文本的文学阐释者的阅读,也就是超越普通读者的阅读。文学批评家和文学理论家观点各异、主张纷呈。按照安托万·孔帕尼翁的判断:"文学理论是相对主义的而非多元主义的教科书。换言之,多样答案是可能的,但一个有了可能,另一个就失去了可能;它们皆是可接受的,但却互不相容。被这些理论称之为文学的或定性为文学的东西其实并非一回事情,

它们互相排斥,无法纳入一个全面统一的文学观;它们关注的不是同一个事物的不同方面,而是不同的事物。"①所以,"要想研究文学,就必须立场鲜明,选定一条道路,因为方法互不兼容,折中将一事无成"②。

　　文学教师包括中小学语文教育研究者和语文教师,他们所谈论的文学阅读,实际上谈论的是文学教育或文学教学,即学生的文学阅读,其目的是培养学生的文学阅读能力。所用的武装,大致是从不同的文学理论听来的或读来的,再加上自己的一些猜想,也是观点各异、主张纷呈。对"文学阅读能力"是什么,如何培养以及何以如此培养,同样无法纳入一个全面统一的文学教育观。同样,"我们不可能不做选择"③。

　　与其说选择,不如说是构造。

　　经过一番左冲右突的跋涉,我们构造了下述"测评面相的文学阅读能力"的框架。这一框架是刍议的、暂拟的,有待于在试行中进一步验证。

(一) 框架的模型

　　综合上面的讨论,本研究提出"测评面相的文学阅读能力"框架模型(如图 6 - 11 所示)。

图 6 - 11　"测评面相的文学阅读能力"框架模型

---

① [法]安托万·孔帕尼翁.理论的幽灵——文学与常识[M].吴泓缈,汪捷宇,译.南京:南京大学出版社,2011:18.

② 禹慧灵.国际文凭大学预科项目:中文 A 语言与文学课程学习指导·文学卷[M].香港:三联书店(香港)有限公司,2013:249.

③ [法]安托万·孔帕尼翁.理论的幽灵——文学与常识[M].吴泓缈,汪捷宇,译.南京:南京大学出版社,2011:249.

框架由"文学生活""文学想象""表现与批评"三个部分构成。分别对应于我们在第三章"阅读活动与阅读能力"中所架构的"广义的阅读活动和阅读能力""狭义的阅读活动和阅读能力""特指的阅读活动和阅读能力"。

1. "文学生活"

"文学生活"，做两个方面的应用。

一是作为统摄性的概念，本研究所讲的"文学阅读"，指的是国民"文学生活"中的文学阅读。模型最大的一个圆弧表示这一含义"文学生活"，包含下述第二个含义的"文学生活"和"文学想象""表现与批评"这三个部分。

二是指"广义的阅读活动和阅读能力"，即普通国民在日常情境中的文学阅读生活，侧重在参与与卷入这个方面，在模型中用"参与程度"来标示。

2. "文学想象"

本研究采用朱迪思·朗格所界定的"文学想象"这一概念。用"文学想象"来描述普通读者对文学作品的阅读理解，用"探索可能性视域"的"想象构建"来描述文学阅读的理解过程。"文学想象"，指文学阅读时读者在头脑中的文学体验状态。"文学想象"是文学阅读的本质特征，经"探索可能性视域"的"想象构建"而形成。"文学想象"原则上无对错之分，但有优劣高下的差别。

"文学想象"和"想象构建"，相当于"狭义的阅读活动和阅读能力"，即指具体语篇的阅读过程和阅读理解能力。

3. "表现与批评"

包括"表现"与"批评"两个方面："表现"，指"文学想象"的表现；"批评"，即普通读者业余级别的文学批评。"表现"与"批评"贯穿在文学阅读活动中，读者在体验到"文学想象"时，自然而然会有某种表现，阅读理解伴随着读者的自我反思和对作品的评价。上述模型第二个圆弧，表示"文学想象"和"表现与批评"的相互联系，"表现与批评"被包含在"文学想象"中。不过，在本框架中，"表现与批评"主要指文学阅读之后的后续动作，视作相对独立的一个阶段。

我们在上面的讨论中反复陈述，人们所意想的普通读者的"文学阅读"有其特殊性，与日常随意阅读最大的区别，就是在"想象构建"之后，读者还需要将阅读某部作品的"文学想象"用可见的形式表现出来，还需要对自己的文学体验或参照式解读加以论证，以（向别人）"证明"自己的阅读能力及其成效。也正是因为这种特殊性，本研究把普通读者的"文学阅读"，界定为"测评面相的文学阅读"。

"表现与批评"跟"特指的阅读活动和阅读能力"相联系。特指的阅读活动,是因测试的目的而人为设置的一种阅读活动。特指的阅读能力,或可操作性定义为"一次特定的阅读作业或阅读测试所获得的成绩"。换言之,我们只能通过"表现"与"批评"来测试与评估读者的文学阅读能力。上述模型的最小一个圆弧,指示"表现与批评"和测试、评估的联系。

第一个部分的"文学生活",由两个方面构成。

(1)"参与程度"。包括阅读面和阅读量。阅读面指所读文学作品的语篇类型(体裁类型和亚类体裁),内含文本难度的考察;阅读量指单位时间的阅读数量。"参与程度"反映国民文学阅读的阅读态度和实际状况,采用问卷调查的方法进行评估。

(2)"连贯阅读"。指对文学文本的语段和语篇的连贯理解并形成语篇的命题表征。

在字面意思理解没有困难的条件下,文学阅读即是连贯阅读;但是,连贯阅读未必是文学阅读。基于本研究的目的,也为了纠正我国中小学语文界的弊端,本研究把"连贯阅读"看成是"文学阅读"的前移基础阅读能力,所以在模型中归入第二个含义的"文学生活"项,作为"文学生活"的一个构成成分。

"连贯阅读"所形成的语篇的命题表征,有正误对错之分。"连贯阅读"能力可按语篇类型(文类和亚文类)进行测试,测试成绩反映"所能适应的文本难度"及其"能达到的理解程度"。

第二个部分的"文学想象",相对独立地分为两条路径。

(1)"修辞阅读"。对语词、语句和篇章结构等所表现的文学性含义的体验,或称"细读"(抵近作品客观仔细地阅读)。简单地讲,就是"要像文学教授那样阅读文学作品"①。"修辞阅读",是通常所说的文学阅读、文学欣赏、文学鉴赏、文学解读等最重要的含义。"修辞阅读"涉及大量的文学知识,也可以表述为运用文学知识的阅读,其要点可能是两个:一是语言的感受力,二是具体地运用文学体裁的知识。学会"修辞阅读",是文学教育的最主要内容,也是国民文学阅读能力的最主要方面。"文学想象"的优劣高下的差别,主要取决于"修辞阅读"的能力。

(2)"参照式解读"。参照现实世界的价值观点对文学文本进行解读。包括在达到连贯阅读水平(即能正确理解文本)的基础上,基于日常经验的价值立场对文

---

① 文学理论和文学批评家"尽管各类批评或解释方法角度不同、目的各异,但有一点是相同的,那就是对文本的密切关注"。[德]沃尔夫冈·伊瑟尔.虚构与想象:文学人类学疆界[M].陈定家,汪正龙,等,译.长春:吉林人民出版社2003:1.

学文本的解读及批评,以及普通读者的基于某种观点的业余性质的"批判阅读"①。"参照式解读"主要关注文学文本的内容、主题。普通读者"参照式解读",多发生在对虚构的叙事作品的阅读上。从理论上讲,立场观点的对错优劣,不在于观点本身,而在于对观点的论证及其基于文本的证据。

第三个部分的"表现与批评",有两个方面的三项构成。

(1)"'文学想象'的表现"。

(2)"鉴赏性评论"。主要是"修辞阅读"的文学批评。

(3)"观点论述"。文学批评,"修辞阅读"和"参照式解读"平行看待,重点是论证及其基于文本的证据。

这部分内容在前面已有较充分论述,这里就不再展开。

(二) 框架的功能

该框架的功能主要有以下三个方面。

(1)该框架用清晰的术语结构化地概括描述国民文学阅读的整体面貌,即"国民文学阅读"是个什么样子。国民文学阅读,由"文学生活""文学想象""表现与批评"三个部分构成,包括"参与程度""连贯阅读""修辞阅读""参照式解读""'文学想象'的表现""鉴赏性评论""观点论述"七项成分。中小学语文课程中的文学阅读、大学文学教育(中文系)中的文学阅读,与普通国民"测评面相的文学阅读",实际上是同一个面相。因此,该框架实际上也描述了中小学生的文学阅读应该是个什么样子,大学生尤其是中文系师范生的文学阅读应该是个什么样子。

(2)该框架建立在"广义的阅读活动和阅读能力"(文学生活)、"狭义的阅读活动和阅读能力"(文学想象)、测试情境的"特指的阅读活动和阅读能力"(表现与批评)连贯一致的基础上,在该框架的指引下,可以较系统地描述"广义""狭义""特指"三者连贯一致的文学阅读能力及其能力要素。换言之,该框架"学""考""用"是连贯一致的,因而对架构中小学语文课程中的文学阅读的课程,对大学中文系尤其是中文师范教育专业的课程建设,应该有正确的指引的作用。

(3)在该框架中,"文学生活""文学想象""表现与批评"连贯一致又相对区隔,并辨别出"参与程度""连贯阅读""修辞阅读""参照式解读""'文学想象'的表现""鉴赏性评论""观点论述"七项成分。这种区隔和辨别,有助于对文学阅读、文学教

---

① "文学被拖来证明批评者已知之事,来说明在其他领域已有定论之事。"[美]芮塔•菲尔斯基.文学之用[M].刘洋,译.南京:南京大学出版社,2019:11.

育教学和测评的一些复杂问题加以分解，并将所分解的问题放置在该框架的不同区位做更有针对性的研究。

按照我现在的认识，在相互联系的视野下，"文学生活"这个区位，主要面对文学阅读类型的问题；"文学想象"这个区位，重点研究文类视角的文学阅读能力要素的问题；"表现与评价"这个区位，着重解决文学阅读的成效及其能力的评估标准问题。关于这个话题，我们在后续研究中再展开讨论。

（三）框架的解释力及其意义

所谓解释力，一是凭借框架能够在理论上较妥帖地解答那些研究和实践中长期困扰的问题，二是在框架的指引下能够去发现以往我们未曾注意而实际上却非常重要的问题。

获得解答的最主要问题有以下两个。

1. 用于表征文学阅读理解的概念术语问题

文学作品的阅读理解，是一种文学体验。阅读者"个体内的文本世界"，发生在读者的头脑里（或身体里）。但是，过去一直没有一个合适的概念术语用于指称、描述与实用性文本阅读理解有本质性差异的文学体验。因此，对"文学体验"在读者头脑里到底呈现了什么样子，我们一直无法去指称，更不能够去具体地描述它的实态。

文学理论界，以往常用的是作为动词的"文学鉴赏""文学欣赏"，对读者头脑中发生的欣赏、鉴赏到底是怎么一回事情的"论述"，所采用的办法是把它（朦胧的它）逻辑地切分并予以抽象化的描述，再加上论述者对具体作品或作品片段的一些解说作为支撑的例证。比如《文学：从元素到观念》一书说，文学欣赏的过程是：（1）作品语言层面的欣赏；（2）作品形象层面的欣赏；（3）作品思想层面的欣赏[①]。再如《文学解读学导论》一书说，文学解读的心理结构是：（1）感知——直观化的知觉完型；（2）理解——集体化的思维解释；（3）深悟——形而上的理智审视[②]。"文学，就是内容与表述内容之语言密不可分的作品"[③]，上述两书中对文学欣赏过程、对文学解读的心理结构的描述，都是一幅失真的图像。

西方的阐释学和接受理论，尤其是伊瑟尔的接受理论，具体地描述了在文本结构制约下的读者（隐在读者）的文学阅读行为，发明了一系列描述文学阅读的概念

---

① 杨文虎. 文学：从元素到观念［M］. 上海：学林出版社，2003：236—249.
② 曹明海. 文学解读学导论［M］. 北京：人民文学出版社，1997：110—127.
③ ［英］特里·伊格尔顿. 文学阅读指南［M］. 范浩，译. 开封：河南大学出版社，2015：3.

术语,如"召唤结构""潜文本""流动视点""隐在读者"等,但是没有给出一个描述整体模样的概念术语。其他一些术语,如"对话""互动""反应""交易"等,主要描述文学阅读的心理行为,至于读者(理想的读者)头脑中的"对话""互动""反应""交易"到底是什么样子的,只能通过文学理论家和批评家解读具体作品的案例去具体地体会。

学习科学是由心理学主导的。目前心理学的基本立场是:"知识是学习者按照理性主义—建构主义传统组织和结构化的。"①心理学用"知识结构""语义网络""图式"等概念术语来表征头脑中的"知识",但是用心理学这一套"理性"词汇,来称呼文学阅读、文学的阅读理解,实在是隔膜得很。文学文本的世界——词语营造的世界,用加涅的术语叫"言语信息",用布卢姆教育目标分类学的术语叫"事实性知识",都与"记忆""知道"相呼应,似乎被归入"低阶"的认知活动。这显然很悖谬。比较接近于文学阅读理解的术语是"情境模型",但"情境模型"这个术语,在语篇阅读心理学领域,指的是"自然阅读"(没有特定阅读任务)的短篇故事阅读,至多只能描述那种较为被动的小说消闲阅读,很不适合"需要读者高度警觉的"②文学阅读。换言之,语篇阅读心理学还没有发展到描述文学阅读的境界。

由于一直没有一个合适的学术词汇来指称文学文本世界在读者头脑中的特征,要从阅读主体这一边来谈论文学阅读,几乎是没有办法做到的事情,因而也不可能从读者的文学阅读过程去发展文学阅读教学和测评。文学阅读教学和测评的实践,只能从文本入手,通过阅读理解的结果(答案)去推测读者(考生)的文学阅读能力。而理论和经验都告诉我们,在连贯阅读基础上的文学阅读理解,原则上是没有对错之分的。但对文学阅读理解的真实状态的隔膜,又使得我们几乎没有办法辨认文学体验的优劣高下。于是造成了一个十分矛盾的"现象":一方面有人毫无节制地宣扬"个性化阅读""创造性阅读",另一方面却一直以唯一正确答案(标准答案)去进行文学阅读测评。

目前,这种状态或许可有改观。基于朱迪思·朗格"发明"③的"文学想象"以及对"探索可能性视域"的"想象构建的立场"分辨,我们能够从读者这一边去描述文学阅读理解的"本身",并依此去描述文学阅读能力,进而作用于文学阅读教学和

---

① [美]洛林·W·安德森,等. 布卢姆教育目标分类学:分类学视野下的学与教及其测评(完整版)(修订本)[M]. 蒋小平,张琴美,罗晶晶,译. 北京:外语教学与研究出版社,2009:32.
② [英]特里·伊格尔顿. 文学阅读指南[M]. 范浩,译. 开封:河南大学出版社,2015:2.
③ 作者在对"想象"这一概念进行界定时,注解说:"我希望创造一个既能体现内存思维变化又能促进学习和教学的术语。"[美]朱迪思·朗格. 文学想象:文学理解与教学[M]. 樊亚琪,译. 上海:上海教育出版社,2015:13.

测评。

2. 文学阅读中的正确答案与多元解读问题

本研究区分了"连贯阅读"和"文学想象"。对"文学想象"(文学作品解读)画出了三条界限。

第一,"连贯阅读"侧重在语段和语篇的连贯理解,"对同一篇章,不同读者都应能够读出一致的'篇章格局'"①。"连贯阅读"有正误对错的客观标准。"多元解读"不是出现在"连贯阅读"的区域,它发生于"文学想象"。

第二,"文学想象"分平行的两种类型或两条路径,即"修辞阅读"和"参照性解读"。"修辞阅读"原则上没有正误之分,但有优劣高下的差别。优劣高下也不是完全相对主义,判断的基准是有一定文学阅读经验和受过一定文学教育的人,通常都能体验到语词、语句和篇章结构等所表现的文学性含义。

第三,"参照性解读"主要关注作品的内容、主题,参照现实世界的价值观点对文学文本进行解读。从理论上讲,立场观点的对错优劣,不在于观点本身,而在于对观点的论证及其基于文本的证据。换言之,是以论证作为标尺,来判定优劣高下乃至正误对错的。

文学阅读中的正确答案与多元解读问题,是一个被我国语文教育界一些缺乏文学理论常识的人搞得乌七八糟的问题。事实上,文学理论和文学批评界从来没有人宣扬无底线、无标尺的"个性化阅读"。我们在前面也曾多次论述:

(1)文学理论所讲的"读者",是文学研究专门领域的"专业读者",即有能力充分理解文学文本的文学阐释者,主要指文学批评家和文学理论研究者。也就是说是与正在"学习阅读"的学生有实质性差别的"读者"。

(2)专业读者的文学批评,有学术的制约机制,"它是一种公共活动,受到其他专业读者的评判"②。也就是说,哪怕文学批评家提出的观点再独特,也是受学术规范制约的,文学批评家不可能离谱到胡说,除非他想自逐于文学之门。西方马克思主义代表人物之一特里·伊格尔顿在《文学阅读指南》一书中,对普通读者和学生再三强调,"意义是公共的";"意义隶属于语言,而语言是从人们对世界共同的理解之中提炼出来的,并不是只有浮动的";"它象征了特定时空下人类之间的契约,代表了共同的行为、感受和思维方式";"文学作品不可能只对我一个人具有某种意

---

① 谢锡金,等.儿童阅读能力进展:香港与国际比较[M].香港:香港大学出版社,2005:21.
② [美]芮塔·菲尔斯基.文学之用[M].刘洋,译.南京:南京大学出版社,2019:19.

义。虽然我也许能够看到别人看不到的东西,但从原则上说,我所看到的必须是可以和别人分享的,这样方可称为'意义'"①。

(3)接受理论、意识形态的"文化研究"等,从来都明确地画出"可接受"的界标。

读者导向的代表性人物露易丝·M·罗森布拉特(Louise M. Rosenblatt)认为,"文本和读者互为条件","读者和文本通过交易——而非仅仅互动——创造意义"②。文本充当刺激物,负责从读者那里引发他们以往的多种经验、思考和想法。与此同时,文本又像设计图那样发挥作用,去对读者的那些想法进行筛选、限定、排序,从而塑造读者的经验,使之更好地适应文本。"文本可以顾及多种阐释,但它同时也限定了诗歌(指文学作品)可以获得的有效意义。"③

接受理论的代表性人物伊瑟尔说,"效应与反应既不是文本的属性,也不是读者的属性;文本具有潜在效应,潜在效应在阅读过程中得以实现";"作品必然具有潜在性,因为它既不能被简单地视为文本之现实,也不能被简单地视为读者的主观感受。作品的活力衍生于这种潜在性。读者一路浏览文本提供的种种视界,将不同风景和图样联系在一起,他激活作品也激活自己"④。安托万·孔帕尼翁在引述伊瑟尔上述两段话之后解释说,"伊瑟尔描绘出一个约束性极强的文学世界,其中各角色间的游戏似乎已被预先编程。文本要求读者服从其指令";"以隐性读者为基调,阅读行为便是对文本的大样图具体化,用通俗的话讲,就是想象人物和事件如在眼前,就是填补叙事和描写的空白,汇集零散碎片以建构文本的一致性"⑤。

我们在前面讲过,21世纪初我国语文课程与教学改革中所倡导的"个性化阅读""创造性阅读",只有在对中小学语文教学中长期存在的"标准答案"弊端的纠偏这一意义上,才有合理性可言。但是,以偏纠偏,毕竟不是学术的"正经路数";以偏纠偏导致的结果,是"旧偏"仍在,更添"新偏",只会雪上加霜。

以上是框架模型能较为圆满地解答的两个最主要的问题。在框架的指引下能

---

① [英]特里·伊格尔顿. 文学阅读指南[M]. 范浩,译. 开封:河南大学出版社,2015:165.

② [美]查尔斯·E·布莱斯勒. 文学批评:理论与实践导论(第五版)[M]. 赵勇,李莎,常培杰,等,译. 北京:中国人民大学出版社,2015:12.

③ [美]查尔斯·E·布莱斯勒. 文学批评:理论与实践导论(第五版)[M]. 赵勇,李莎,常培杰,等,译. 北京:中国人民大学出版社,2015:91—92.

④ [法]安托万·孔帕尼翁. 理论的幽灵——文学与常识[M]. 吴泓缈,汪捷宇,译. 南京:南京大学出版社,2011:141.

⑤ [法]安托万·孔帕尼翁. 理论的幽灵——文学与常识[M]. 吴泓缈,汪捷宇,译. 南京:南京大学出版社,2011:143—144.

够去发现以往我们未曾注意而实际上却非常重要的问题，列举以下三个在我看来都很重要的问题。

第一，文学阅读、文学阅读教学和测评中的"独立阅读能力"与"学习经典作品"的问题。

本研究对我国语文中考、高考对文学阅读的测试方式——面对一个完全陌生的文学文本在有很大考试压力的现场做反应性答题——持谨慎的怀疑态度，认为其所测试的，很可能只是基础性的"连贯阅读"能力而非"文学阅读"能力。

这不仅是测试条件和测试技术问题。国际性大规模阅读测试中，PISA 不含文学；PIRLS 有文学阅读部分（占 50％），但该测试针对 9 岁儿童，其测试的信度和效度可能有该年龄段的特殊性。如果测试文本具有高度的新奇感刺激性（如公开题：小说《倒立的老鼠》），在较少考试压力（PISA 和 PIRLS 都是群体测试，成绩高低对个体没有直接影响）的现场，或可自然发生文学性反应。国外的语文课程，如国际文凭高中预科的语言与文学课程，测评主要是针对已读过的经典作品①，主要采用"引导性问题"制约的论文的形式，以及"个人口头评论"等形式（如表 6 - 2 所示）。

表 6 - 2　国际文凭语言与文学课程（高中预科）学习内容和考核形式②

大纲内容	举例	考查方法与考查的主要能力		
翻译作品三部	《局外人》《简·爱》《霍乱时期的爱情》	外部评价 25％	试卷一20％	小论文
精读作品两部	《史记》《聊斋志异》	内部评价 15％		口头评论
同体裁编组的作品三部	《沈从文短篇小说》《台北人》《倾城之恋——张爱玲中短篇小说选》	试卷二 25％		书面考试
学校自选作品两部	《长恨歌》《城南旧事》	内部评价 15％		口头表达

"文学阅读""文学阅读能力""文学阅读能力测评"，是侧重在阅读陌生的（非经典的）文学文本的现场反应，还是侧重在阅读已经充分学习的经典文学作品？这涉

---

① 在国际文凭语言与文学课程的校外评估中，"文本分析或文本比较分析"是对陌生文本的现场阅读能力的测试。但普通课程学生是对一个非文学文本和非虚构文学文本的分析；高级课程学生需要对两个文本进行比较分析，并增加诗歌、剧本节选、长短篇小说节选等，不过评估的重点相当于本文所说的"连贯阅读"而非"文学想象"，且现场反应的测试是其五项校内外评估中之一项，仅占总成绩的 20％。

② 钱佳楠.文学经典怎么读：从 IB 中文到批判性阅读［M］.北京：中国人民大学出版社，2018：3.

及我们对国民"文学生活"的期待,包括对中小学生"文学生活"的期待。概言之,这涉及我们对"文学阅读"的价值择取。

为什么要倡导国民文学阅读? 以我之见,在基础教育阶段,实用性阅读要分配给各学科的"学科阅读"①;中小学语文课程要回归主体,强化文学教育的比重。那为什么要强化文学教育的比重,要强化的又是"哪一种"文学,目的何在?

要强化的是两种"文学":一是古今中外的经典文学作品;二是下面要谈到的通俗文学,包括在国民"文学生活"中事实上占据很大分量的类型小说、影视和戏剧戏曲、传记和深度报道的报告文学作品等。

这里只谈经典文学作品。我们在前面介绍过英加登的文学作品四个层次,实际上,英加登还画有一个高于四个层次的"层次":"形而上学质"。根据我的理解,大致如图6-12所示。

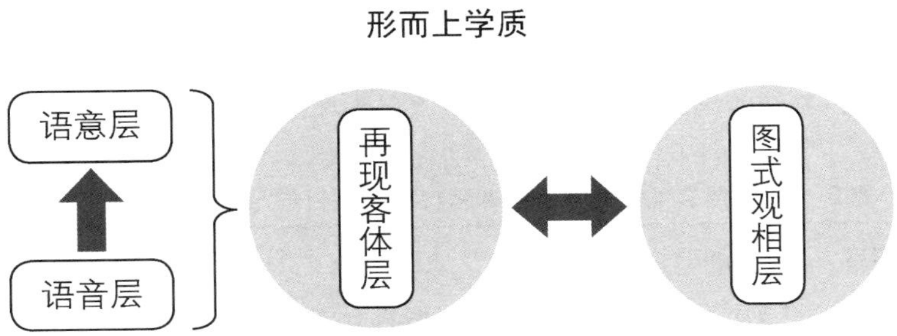

形而上学质

图6-12 英加登的文学作品"形而上学质"

对于"形而上学质",英加登是用列举的方式解说的:

> 例如崇高(某种牺牲的)或者卑鄙(某种背叛的),悲剧性(某种失败的)或者可怕(某种命运的),震撼人心、不可理喻或者神秘的东西,恶魔般(某种行动或者某个人的),神圣(某种生活的)或者和它相反的东西;罪恶或凶恶(例如某种复仇的),神魂颠倒(最高级的喜悦)或安静(最后的平静);等等。还有像某种现象或者某个形象的怪诞性这类性质的东西,某种人的举止、某个隆重的仪式,少女动作的优美和轻盈或者相反;某种严肃,某种沉重的心情和生活方式;等等。这既不是通常所说的某种客体的

---

① 参见第五章"学科阅读与学术语言能力"。根据我对中小学语文课程的实用文章教学大量的课例分析,我认为,语文教师要教会学生本质上是其他学科的实用性的"学科阅读",是不大可能的。

属性的性质，也不是这样或者那样的心理状态的特性，而通常是在一些复杂的、常常是在相互之间有很大不同的生活环境或者人们之间的一些事情中出现的一种特殊的气氛①。

英加登说：这些时不时显示的"形而上学质"，乃是我们生命中有"体验"价值的东西，同时也是我们生命和所有一切存在中最深邃的东西。它们只是在某些特定的情境下，可以让我们心醉神迷地"看到"。在现实生活中，那种"形而上学质"得以实现的情境相对地说是很少见的，"说得更确切一点，这在我们每天的日常生活中是得不到的"②。换言之，只有在文学的艺术作品的阅读中，我们才有机会"体验"到。

"形而上学质"，在文学作品中不是一个独立存在的层次，它置身于"再现客体层"，同时又有"语音层""语意层"和"图式观相层"的间接参与。英加登说，"再现客体的情境最重要的功能在于表现和显现特定的形而上学质。再现客体层发挥它的揭示功能，这个层次发挥这种功能的目的不是为了自己，至少不是在那些表现了形而上学质的作品中为了自己"；"形而上学质的显现是在再现情境中的自我揭示"，"在客体的情境的适当观相中就会明见地显现出来，即使在作品的文本中没有提到它们，也会充分地展现它们的面貌"③。当然，"只有通过具体化的观相所真正明见展示的客体的情境中，也就是在阅读作品的具体化中，才能充分地显现出来。形而上学质的具体化便获得了特殊的审美价值"④。

总之，英加登认为，文学作品的最重要的价值，是"语音层""语意层"和"图式观相层"共同参与的、通过"再现客体层"的"自我揭示"而"显示"的（在阅读中"具体化"的）"形而上学质"。

受英加登的文学作品层次说的启发，童庆炳在《文学理论教程（修订版）》中把文学作品划分为"文学言语层""文学形象层"和"文学意蕴层"。其中"文学意蕴层"大致相当于英加登所说的"形而上学质"。童庆炳认为："文学是显现在话语中的审美意识形态。"⑤文学具有一般意识形态的性质和审美意识形态性质，文学（包括

① ［波］罗曼·英加登.论文学作品［M］.张振辉，译.开封：河南大学出版社，2008：283.
② ［波］罗曼·英加登.论文学作品［M］.张振辉，译.开封：河南大学出版社，2008：284—287.
③ ［波］罗曼·英加登.论文学作品［M］.张振辉，译.开封：河南大学出版社，2008：288—290.
④ ［波］罗曼·英加登.论文学作品［M］.张振辉，译.开封：河南大学出版社，2008：287.
⑤ 童庆炳.文学理论教程（修订版）［M］.北京：高等教育出版社，1998：75.

文学阅读)既是无功利的也是功利的,既是形象的也是理性的,既是情感的也是认识的,既是审美的也是意识形态的①。文学最重要的价值在于"文学意蕴层"——通过"文学言语层"而在"文学形象层"直接"显现"的"文学意蕴",包括历史的、哲学意味的和审美意蕴的。

然而,英加登提醒我们:"我们还应当注意到,文学的艺术作品中的形而上学质的显现允许有不同的类型和程度。"②也就是说,越是优秀的作品,其"形而上学质"就越深刻;优秀乃至伟大的文学作品最能深刻地打动我们,"使我们感到我们已经上升到我们日常生活的水平之上"③。

思想、认识、情感或统称为意识,让意识上升到我们日常生活的水平之上,这就是文学阅读的意义之所在。

这就绕回到了文学经典的话题。文学经典是一座座"丰碑",其之所以是经典、丰碑,当然可能有特定历史的偶然因素。但是,毋庸置疑,经过大浪淘沙已深深烙印在人类和民族记忆中的文学经典,弥漫着超越个人和时代的、因而能够提升人的"意识"水平的"形而上学质",关乎伦理的、人生的、思想的、行为的、情感的,总之是关乎"文学意蕴"的。

可是,然而,但是——我们可以把中外所有表示"转折"的词语都加在一起,恐怕也难以表达出阅读经典作品的期待与现实实际情况的巨大反差。

这就是面临的难题。有没有办法破解?

假设在一个较大的书单里,每年选择阅读一两部甚至几篇自己感兴趣的经典名著或名篇,在国民"文学生活"中,这是不是可以实现? 需要什么样的环境? 环境能不能营造? 中考、高考、大学入学考试,中小学语文课程、大学的文学教育,可不可以有点作为? 笼统地喊话"多读书"真的有意义吗? 是不是该提倡经典名著"有拐杖的阅读"④?

第二,"修辞阅读"与"参照式解读"两条路径平行的问题。

英加登认为,"文本含有一种潜在结构,不经过阅读该结构无以具体化,还认为阅读是一个动态过程。该过程将文本与非文学价值、标准联系在一起,没有上述价

---

① 童庆炳.文学理论教程(修订版)[M].北京:高等教育出版社,1998:70—71.
② [波]罗曼•英加登.论文学作品[M].张振辉,译.开封:河南大学出版社,2008:287.
③ [波]罗曼•英加登.论文学作品[M].张振辉,译.开封:河南大学出版社,2008:287.
④ 文学阅读,即"探索可能性视域"的经历.

值和标准的参与,读者无法赋予自己的读书体验以意义"①。真实的文学阅读,"修辞阅读"和"参照式解读",或交替转换乃至难舍难分。

然而,我们的经验和传播学的实证研究表明,普通读者(观众)的文学接受有"参照式"和"批评式"(修辞阅读)的明显区别,文学理论和批评家中也有"审美的"(偏重形式的)和"批判的"(意识形态的)两大分野,所以我们把"参照式解读"视作一个与"修辞阅读"平行的文学阅读类型,或曰两条路径。

在前面关于阅读经典作品的讨论中,实际上已涉及"置身于现实世界中"的"意识形态批评",即"参照式解读"。在文学理论和文学批评界,一方面,"修辞阅读"是文学阅读的根本,"尽管各类批评或解释方法的角度不同、目的各异,但有一点是相同的,那就是对文本的密切关注"②;另一方面,也有许多人更加偏重"文学的非文学的指标,伦理的、人生的指标"③,关注"人类的感情、行为以及思想有关的问题"④,强调"认识""着魔""社会知识""震惊的体验"等"文学之用"⑤。

在普通读者的"文学生活"中,"参照式解读"可能更多地发生在自发的阅读活动中,而自发的阅读活动,主要的阅读对象是小说等叙事作品,更多地与通俗文学(大众文学)、手机等媒体阅读、影视相联系。

这里出现了很多新问题需要认真研究,一些认识问题要澄清(至少要自圆其说),关于通俗文学的立场观点可能要调适。

文学评论家胡平在《叙事文学感染力研究》一书中,采用马斯洛(A. H. Maslow)的五种主要需要的理论,从"感染力评价"角度论述纯文学和通俗文学的异同:人类有生理、安全、爱和归属、尊重、自我实现这五种主要需要,由低层次到高层次依次排列。通俗文学一般所表达的情感大都与情爱、安全、竞争、同情、报复等初级需要有关,大致称为基本性情感。纯文学的内容,则主要表现与较高层次需要有关的情感,涉及人对生存状态、存在价值、精神目的和自我实现等多方面的深层关注,其中不排斥与初级动机的混合,大致称为发展性情感⑥。"无论是表现基

---

① [法]安托万·孔帕尼翁.理论的幽灵——文学与常识[M].吴泓缈,汪捷宇,译.南京:南京大学出版社,2011:140.
② [德]沃尔夫冈·伊瑟尔.虚构与想象:文学人类学疆界[M].陈定家,汪正龙,等,译.长春:吉林人民出版社,2003:1.
③ [法]安托万·孔帕尼翁.理论的幽灵——文学与常识[M].吴泓缈,汪捷宇,译.南京:南京大学出版社,2011:18.
④ [英]特里·伊格尔顿.文学阅读指南[M].范浩,译.开封:河南大学出版社,2015:137.
⑤ [美]芮塔·菲尔斯基.文学之用[M].刘洋,译.南京:南京大学出版社,2019:23.
⑥ 胡平.叙事文学感染力研究[M].天津:百花文艺出版社,1995:259—260.

本性情感还是发展性情感,都是文学的使命,在纯文学与通俗文学实现分工的条件下,纯文学和通俗文学创作需要清醒把握自己的价值取向,采取不同的侧重点,以适应读者不同的要求,实现不同的感染效果。"①

也就是说,两者都有各自的价值,尽管给人的感觉是通俗文学的层次要低些。所以,胡平认为:纯文学的创作应该在怀有发展性需要的读者那里实现其价值,而通俗文学的价值不能单由通俗文学读者决定,因为大部分纯文学读者同时也是通俗文学佳作的读者②。由此可见,通俗文学作品的感染力是由两类读者共同实现的。

文学批评家谢有顺恐怕未必完全赞同胡平的上述意见。同样是面对作家的创作,谢有顺说,"小说的底子是人世和俗生活","它写的人世应该是家常的、日用的、世俗的,是为多数人所通晓的","世俗里也是藏着人生的真理的,小说家要发现的,正是这种个体的真理"③。小说的写作原则,应该是"从世俗中来,到灵魂中去"④,像李渔所说的那样"雅俗同欢,智愚同赏"⑤。

文学理论研究专家葛红兵在《小说类型学的基本理论问题》一书中,更往前迈进了一步,认为应建立"小说类型"研究和批评的范式,包括旧有而重生的小说类型,如武侠小说、侦探小说、言情小说、校园小说、官场小说等,也包括新生的小说类型,如打工族小说、架空小说、仙侠小说、奇幻小说、幽默小说、恐怖小说等。"任何一部类型小说,类型的传统才是其'文学传统'的具体背景,从类型传统和规约出发,是正确衡量其独创性及进行审美评价的重要前提。"⑥葛红兵反对批评界"看不起类型小说,把类型小说和通俗小说、流行小说概念混淆"⑦,认为"类型等级观念是一个古今皆然的思想毒瘤"⑧,坚持认为"不同的类型作品是不好见高低的","类型的参照系是不能失去的,不同类型的小说放在一块比赛,本身就是不遵从游戏规则的伪艺术精神"⑨。

以上是文学理论和文学批评家针对创作即作品的观点与评价。从读者阅读角

---

① 胡平.叙事文学感染力研究[M].天津:百花文艺出版社,1995:260—261.
② 胡平.叙事文学感染力研究[M].天津:百花文艺出版社,1995:266.
③ 谢有顺.成为小说家[M].太原:北岳文艺出版社,2018:47—48.
④ 谢有顺.成为小说家[M].太原:北岳文艺出版社,2018:47,207—208.
⑤ 谢有顺.成为小说家[M].太原:北岳文艺出版社,2018:47—154.
⑥ 葛红兵.小说类型学的基本理论问题[M].上海:上海大学出版社,2012:33.
⑦ 葛红兵.小说类型学的基本理论问题[M].上海:上海大学出版社,2012:33.
⑧ 葛红兵.小说类型学的基本理论问题[M].上海:上海大学出版社,2012:225.
⑨ 葛红兵.小说类型学的基本理论问题[M].上海:上海大学出版社,2012:233.

度的理论研究似乎未见,只有一些现状调查和一些读者的经验谈论。据胡平报道,20世纪90年代对大量读者的调查表明,普通青年中60％以上、大学生中50％以上,(相比纯文学)更喜欢阅读通俗文学作品①。温儒敏教授主编的《当前社会"文学生活"调查研究》中对青年白领手机阅读的调查显示,最受欢迎的是小说,占71.74％;其次是纪实文学占21.74％;散文位居第三,占10.14％。其中小说阅读,阅读量较大的依序是言情小说、玄幻小说、武侠小说、历史小说、儿童小说、官场小说等②。

另外,对大学生文学经典阅读情况的调查显示,大学生认为文学作品最具特征的在于"思想深度"的占73.2％,其次是"情感共鸣"占65.8％,"故事情节"占61.1％,"人物形象"占40.3％,"意象意境"占36.3％,选择最少的是"语言修辞",仅占34％③。从这些数据推测大学生的文学阅读的现状,似乎以"参照式解读"为大多数,与泰玛·利贝斯和埃利胡·卡茨在20世纪80年代对电视连续剧《达拉斯》的接受的调查分析的情况类似。

对普通读者的"参照式解读",显然有许多要解答的问题。无论如何,无视国民"文学生活"的实情而谈论文学阅读、文学阅读的能力及测评,都必然不得要领。

第三,"文学想象"与"表现与批评"的关系问题

上文在介绍国际文凭语言与文学课程的评估项之后,我提到:也有一些需要讨论的问题。其中之一就是文学阅读与写文学批评的关系处理问题。

"文学批评是文学阅读的后续动作。如果读者试图把文学阅读之后的所思、所感进行提炼和剪辑,形成相对系统的见解,那么,文学批评就开始了。"④阅读感想的提炼和剪辑通常是一种理论的展开与实践,"如果人们能够将一些感想加以整理,有根有据地谈论一部作品所以优或者所以劣,并且将这种谈论同深刻的理论背景或者文学史结合起来,名副其实的文学批评就可以问世"⑤。

但是,文学阅读与文学批评毕竟不是一回事情。文学批评"实际上是将普通读者的种种直观印象置换为另一种理论语言,进而纳入特定的理论范畴和系统,进行分析和判断"⑥。换言之,文学批评,无论是口头还是书面,都是"维持一个参照点"

① 胡平.叙事文学感染力研究[M].天津:百花文艺出版社,1995:260.
② 温儒敏.当前社会"文学生活"调查研究[M].南京:江苏凤凰教育出版社,2017:307.
③ 温儒敏.当前社会"文学生活"调查研究[M].南京:江苏凤凰教育出版社,2017:360.
④ 南帆.文学理论新读本[M].杭州:浙江文艺出版社,2002:235.
⑤ 南帆.文学理论新读本[M].杭州:浙江文艺出版社,2002:235.
⑥ 南帆.文学理论新读本[M].杭州:浙江文艺出版社,2002:236.

的理性思维,它不仅是对作品的理解感受,还需要有较强的论证能力,包括进行评价性判断和诠释性判断的能力。不言而喻,还需要有较强的口头表达能力或书面写作能力。论证需要通过说或写,但是论证能力与口头表达或书面写作能力,也不完全是一回事情。同理,做文学批评与说或写文学批评的论文也不能直接等同。

国际文凭语言与文学课程的上述评估项目的评分标准(如表 6-3 所示),关于文学阅读与关于说或写论文的分值大致都是对半开。也就是说,比较强调文章的组织和语言表达,这对该课程体系大学预科的学生或许是适用的。

表 6-3　国际文凭语言与文学课程论文评分标准

评分标准	该项标准总分	本考卷得分
标准 A：知识和理解	5	
标准 B：回应论题	5	
标准 C：对文体特色的运用及其效果的理解	5	
标准 D：文章的组织和议论的展开	5	
标准 E：语言运用	5	

但若针对普通国民的文学阅读,本研究认为,基于文本证据的论证能力,可能更为重要些。我同意朱迪思·朗格的观点:"学生们要认识到,(在连贯阅读基础上)文学作品的解读没有正确与否,对于文本的解读反映的是读者的生活与文学经历,以及当时社会的文化历史。学生还要学会'接受解释',因为自己做出的解释可能与他人不一样;能有力地论证自己的观点的解释才是最全面的解释。"[①]

换句话说,普通国民业余级别的文学批评,对文章的组织结构和语言表达方面的要求,可以放宽松些,论文形式也可以变化为多种更为简易的写作样式。这种处理有先例可循,我们在第五章"学科阅读与学术语言能力"的内容中曾介绍约翰·宾在《研究性学习》一书中提倡的"多样化写作活动",该著所开发的种种写作样式,可供我们借鉴。约翰·宾认为:多样化写作活动的根本目的,是为了增强各学科学生学好自己专业知识的能力,即有能力获取"本学科认为有价值的理由和证据支持的一种结论"[②],提高学生的写作能力(书面语言表达能力)只是"一个令人高兴

---

① [美]朱迪思·朗格. 想象知识:在各学科内培养语言能力[M]. 刘婷婷,译. 上海:上海教育出版社,2015:115.
② [美]约翰·宾. 研究性学习[M]. 张仁铎,译. 南京:江苏教育出版社,2009:3.

的副产品"①。

　　据一位国际文凭中文课程的名师的转述,国际文凭中文的核心课程理念是:"我们没有参考答案,只要学生言之有理,无论他的答案是什么。"②也就是说,"言之有理"是唯一依据,且"有理"的"证据"就在文本之中。

　　综上所述,我们从解答长期困扰问题和指示今后需研究的关键问题这两个方面,论述了"测评面相的文学阅读能力"框架的解释力,也初步展示了借助这一框架开展国民文学阅读和中小学文学教学的深化、细化研究的前景。

　　至此,"测评面相的文学阅读能力"框架的刍议,暂告一个段落。我们将进入国民"文学生活"中各种阅读类型的核心能力辨识、提炼、描述这一主战场,等在我们前面的,是一大堆亟须破解的难题。

①　[美]约翰·宾.研究性学习[M].张仁铎,译.南京:江苏教育出版社,2009:1(序).
②　钱佳楠.文学经典怎么读:从 IB 中文到批判性阅读[M].北京:中国人民大学出版社,2018:8.

结　语
研究结论和后续工作

一、主要研究结论
- 描述"阅读能力"的结构化框架
- 描述八种类型实用性阅读能力
- 描述文学阅读能力的框架模型

二、本研究的创新之处
- 研究方法创新之处
- 研究内容创新之处

三、待后续开展的工作

结语

　　"国民语文能力",是国民个人在真实情境中运用国家通用语言文字的能力。在本研究中,侧重在义务教育阶段之后的"普通国民"在真实情境中运用国家通用语言文字的能力。

　　本研究秉持"以筹划思维解答语文能力构成问题""按真实情境的功能类型设定描述层级""面对事情本身具体描述能力要素"三大原则,对国民语文能力构成进行创新性研究。先行完成的是阅读领域,共六章。主体内容是第三章"'语篇阅读能力'的多维度观照"、第四章"情境中的实用性阅读能力"、第五章"学科阅读与学术语言能力"、第六章"测评面相的文学阅读能力"。

　　国民语文能力,阅读是其最主要方面。辨识、确认普通国民在真实情境中的主要阅读类型,勾勒主要阅读类型的能力构成并具体地描述其能力要素,标志着本研究的重要进展,所取得的成果具有一定的开创性。

一、主要研究结论

　　研究成果主要体现在以下三个方面:(1)构建了描述"阅读能力"的结构化框架,为系统地描述阅读类型及其能力要素奠定基础。(2)具体地描述了情境中的实用性阅读能力,描述八种主要阅读类型的能力构成及能力要素。(3)构建了"测评面相的文学阅读能力"框架模型,为系统地描述普通国民"文学生活"中主要阅读类型的能力构成及其要素,奠定了基础。

(一) 描述"阅读能力"的结构化框架

　　第三章"'语篇阅读能力'的多维度观照",从"影响阅读的主要因素""阅读活动与阅读能力""阅读取向、阅读方式与阅读类型""阅读方法与阅读策略""过程维度与结果维度"这五个方面,对语篇阅读能力构成要素进行深入考察,构建了描述"阅读能力"的结构化框架。

1."广义的阅读能力"描述框架

　　"广义的阅读能力",指在真实的情境中,个人愿意、能够进行的阅读活动及其所能达到的理解程度。主要涉及以下四个方面。

（1）所持有的阅读态度，表现为阅读的主观意愿、实际的阅读面与阅读量。

（2）能适应的文本难度，包括上文中所界定的文本形式难度和内容难度。

（3）所擅长的阅读类型，如小说阅读、论说性文章的理解性阅读、操作性阅读、批判性阅读等；所擅长的阅读类型越多样，"从阅读中学习"的能力越强。

（4）能达到的理解程度，即狭义的阅读能力，也就是阅读测试所要评估的阅读理解能力。

对广义的阅读能力的评估，涉及实际的阅读面和阅读量、能够独立阅读的文本难度等。目前主要采用调查（读者自我报告）的方法，侧重在结果。测评进一步需要改进的方向，应侧重对做阅读这件事过程中的行为表现进行评估。

2. "狭义的阅读能力"描述框架

狭义的阅读能力，即阅读理解能力，指在具体语篇的阅读过程中所体现的阅读理解能力。描述"狭义的阅读能力"的框架参见图 3 - 18。

主轴是读者对文本的阅读理解过程及其阅读理解结果。一个具有特定认知水平和知识背景的读者，抱着特定的阅读目的和阅读取向，以特定的阅读方式阅读一个或多个特定语篇类型的文本。

阅读类型是阅读取向、阅读方式与语篇类型的交集。特定阅读类型，在阅读理解过程中采用相应的阅读方法和阅读策略，形成阅读理解结果。

体现在阅读理解过程中的阅读能力，主要由三方面构成：（1）解码能力，也就是认字、识词、断句的基础能力。（2）读者对语篇所涉主题（话题、内容）的生活经验和百科知识。（3）理解过程的心智活动，可以表述为阅读方法和阅读策略的运用。在基本具备解码能力、对语篇所涉主题内容较不陌生的前提下，可以认为语篇的理解主要来源于理解过程的心智活动，即阅读方法和阅读策略的运用。

阅读理解能力测评要通过语篇阅读理解的可见表现，即对阅读理解的表达。例如：实用性文本的阅读理解能力测试，倾向于阅读理解的结果维度，可采用反应式测试；文学文本的阅读理解能力测试，倾向于阅读理解的过程维度，宜采用开放的或仅有宽泛引导题的表现式测试。

（二）描述八种类型实用性阅读能力

第四章"情境中的实用性阅读能力"和第五章"学科阅读与学术语言能力"，辨析、确认"普通国民"在真实情境中实用性阅读八种阅读类型。这八种主要阅读类型,构成了普通国民真实情境中的实用性阅读能力(参见图2-7)。

第四章具体地描述了七种阅读类型的能力构成及能力要素。由于"学科阅读与学术语言能力"经常与教学情境相关联,另辟第五章专论。

1. 以获取资讯为目的的阅读

包括三种亚类型:知道"去哪里找"的探测性阅读,知道"找什么"的搜索性阅读,知道"有什么"的检视性阅读。

探测性阅读,以网页、书册、篇章为单位,读法是大致地"瞄一眼"标题、作者等信息,搜索与选择相关文本,目的是为了确定网页或读物是否具有阅读价值。在当今的网络时代,从某种意义上讲,知道信息源比知道具体的信息更加重要。具有相关的信息源知识,知道参与公共事务、学习新知识、完成工作任务等较可靠的信息源,并能在需要时加以有效利用,是国民语文能力的构成要素之一。

搜索性阅读,从相关的、相对可靠的信息源获得的陌生的文本中,或者在给定的一个或一些陌生文本中,为解决一个特定问题,快速地查找到能直接回答问题的特定信息。其阅读方式是扫读。扫读的关键是要牢记"找什么",并合理地尽量缩小搜索的范围。搜索性阅读的能力是四项:(1)锁定包含要找信息的语句(注意);(2)结合自己的经验加以理解(提取);(3)用自己的话转述(重新组织);(4)记忆或记录(记忆)。

检视性阅读,在找到相关的、可靠的信息源之后,或者对给定的一个或一些文本,进行系统而快速的跳读,目的是在不细读的前提下,高效地了解一个陌生文本的整体概貌和主要内容。检视性阅读,亦称"浏览"。如果阅读者后续对该文本还要再次进一步阅读,则称为"预览"。浏览或预览,是非常主动的阅读,所采用的阅读方法,是循着知识读物或信息类文本的语篇类型的特征、特点,进行有规律的跳读。一本知识读物的检视性阅读,以书中的篇、章节为单位;一篇信息类文本的检视性阅读,以篇章中的段落为单位。检视性阅读的成效,是能够有条理地回答"这本书/这篇文章的主要内容是什么"。

2. 程序性文本的操作性阅读

程序性文本的操作性阅读能力,或许是国民最为重要的阅读能力。

操作性阅读的对象,是程序性文本,包括纸质文本、视频课程、网络在线课程等。程序性文本描述或指示做某个行为活动的步骤与顺序,有"动作技能的操作步骤"和"具体活动的行为流程"两种类型。操作性阅读不仅是求"知",而且要去

"做"。其最大特点,是阅读中要有操作,边阅读边操作,边操作边阅读。尤其是动作步骤或行为流程那部分内容,阅读必定是断断续续的,几乎要一句一句地阅读理解,阅读一句需练习数遍,才能把别人书本上的语句,转化为自己阅读理解的实际操作。

操作性阅读的特殊性,不仅体现在阅读之中,也体现在阅读之后。程序性文本的阅读(学习),在阅读后要延续较长的一段时间,要不断地回看所依据的阅读材料,目的是发现自己动作行为的偏差,并补充学习可能遗漏的要领和细节。反复重看、回看视频或文本,通过自我发现的"主观错误"学习,是操作性阅读在练习阶段的最重要的能力。

3. 自我导向的致用性阅读

致用性阅读的对象是"方法类读物",即为解决生活、学习、工作的实际问题提供具体方法、策略或者方法论指导的图书和文章。"方法类读物"的语篇类型主要特点可以概括为三个词:原理、方法、情境。理解并相信方法、策略所依据的原理和理论,是"方法类读物"阅读理解的重点之一,往往也是难点之一。"方法类读物"中的"方法",涵盖三类知识类型,即"方法""策略"和"自我的知识"。方法、策略是情境性的,方法、策略的实施受具体情境影响。读者是否把自己纳入"同类的情境",是"方法类读物"阅读理解的关键。

致用性阅读,是以读者的致用目的为主导的阅读活动。读者在阅读前就已经有明确的致用目的,并以该致用目的来主导阅读活动,这必然导致读者对"方法类读物"做选择性地阅读。

"致用性阅读"真正的阅读对象,是书中某章节的一个节选片段或单篇文章的一个节选片段。节选语篇的致用性阅读,要求读者加入一些文本之外的东西,使方法或策略的学习得以情境化:(1)加入自己的理解;(2)加入在自己生活、学习、工作中曾遇到的实际问题,并反思在这一情境中"发生了什么";(3)加入把所学的方法或策略用于具体情境的想象。致用性阅读的最终目的,不仅是"理解",而且是"应用",把自己已学到的方法或策略迁移应用到新的情境。

4. 普通读者"有难度的"理论读物阅读

普通读者,是针对阅读一本特定理论读物时读者所扮演的角色身份来说的。"理论读物"包括自然科学、社会科学、人文学科等方面的书籍和"实用原理"类书籍等。"有难度的阅读",也就是"为了认识未知事物"的阅读。阅读包含未知事物的理论读物（知识读物），面临内容方面和语言方面的双重困难。语言表达方面的难度越高，有效的阅读方法和阅读策略就越重要。

普通读者阅读"有难度的"理论读物，"阅读目的具体化"是首要能力，包括明确具体的目的和明确具体的任务。明确具体的目的，方法是"主动提问"，通过提出一系列可以从书或文章中得到答案的具体问题，主动与这本书/这篇文章建立起对话关系。明确具体的任务，表现在阅读之后的多种形式的"输出"。

较快地"读过"一本"有难度的"理论书，既是对国民阅读能力的要求，也是国民有较高生活质量的一种体现。这需要具备三项关键能力：一是基于具体的阅读目的，选用相匹配的阅读类型及阅读方式方法；二是阅读过程中的双向"提问"能力；三是有达到"读过"水平的"输出"。

本研究经过细致辨别，确认了普通读者"有难度的"理论读物阅读的六种亚类型，包括常用阅读类型"通读—略读"两种，最主要阅读类型"选读—精读"四种，并对这六种亚类型的阅读要点和能力构成要素分别进行了具体的阐述。

5. 必读理论书的分析性阅读

分析性阅读的对象，是某个领域顶尖专家撰写的重要著作。这些著作在专业领域内产生了重要的学术影响。当普通读者面临应该更深入地了解某一专业领域的学术研究的时候，阅读专业领域的必读书就成了应该承担的任务。

分析性阅读，是对篇章重要内容仔细地、反复地阅读，形成并逐渐深化对重要内容的理解和诠释。本研究在吸纳国内外成果的基础上，将分析性阅读的核心能力概括为七项，即：（1）正确认识理论读物的"理论性"；（2）了解作者提出问题的背景；（3）按照作者的界定理解术语概念；（4）理解复杂语句和语段；（5）按照作者的大纲理清结构；（6）注意与其他章节的联系；（7）进行总结与综合。

6. 论说性文章的理解性阅读

论说性文章，指话题不是非常专业的理论性或实用性的文章，其主要内容由一些观点、理论、解释、说明、假设、推断所组成，包括偏向"说"的说明性文章和偏向"论"的议论性文章。

理解论说性文章，归根结底就是抓住文本关键点；而抓住文本关键点，则要通过对重要语句的把握。把握重要语句的前提，是认识语篇类型的文章体式特性。不同体式的文章，有不同的特性，按照体式的特性去阅读，往往就能比较准确地判断出重要语句的所在。

本研究借助以往研究成果,解析了论说性文章的主要语篇类型的阅读要点。其中,说明性文章的语篇类型,涉及科学普及文章、社科普及文章、学术演讲文、实用原理介绍文和学术随笔(说明性)等。议论性文章的语篇类型,涉及报刊言论文章、杂文和杂感、哲理散文、学术随笔(议论性)和文艺随笔等。

7. 批判性阅读与批判性反思

批判性阅读,是批判性思维在阅读中的应用。原则上,任何阅读都应该是批判性阅读。但在本研究中我们将批判性阅读设定在以下三个条件下:第一,所阅读材料的内容主题,在读者的专业工作领域内;第二,所阅读材料的内容主题,涉及国民的学习、生活、工作的一般性话题;第三,所阅读材料的内容主题,涉及国民关心或理应关心的公共话题。

批判性阅读涉及互为关联的两个方面,一是阅读对象,二是阅读主体。着眼于前者,批判性阅读的重点是对文章内容进行客观公正的评估,不妨称为"评估性阅读"。着眼于后者,批判性阅读的重点是对我们自己的观念和思想进行理性的反思,亦可称为"反思性阅读"。本研究借助以往研究成果,通过三篇课文的批判性阅读的学习活动示例,展现批判性阅读的要领及其具体技能。

8. 学科阅读与学术语言能力

学科阅读,特指以"学生"角色身份通过阅读教科书学习特定的学科知识。"学科阅读与学术语言能力"经常与教学情境相关联,但本研究的侧重点是"学生"的自学,包括在校中小学生和大学生的"自学",也包括所有国民以"学生"角色身份自居阅读学习专业教科书的情境。学科阅读与学科学习,两者相互联系。从学习的角度看,两者或有前后的分别,各自的功能或关注的重心,也有差异。

通过教科书自学,至少有两种方式:一种是学科导向的,系统地学习教科书所承载的学习内容,透彻地理解学科的核心概念及其概念性知识体系。另一种是问题导向的,基于现实世界的真实问题,在认识问题、分析问题、解决问题的探究过程中,选择、学习并利用相关的学科知识。这种方式,本质上是跨学科的。

学科阅读与学科学习,最重要的方面就是透彻理解学科的核心概念,从而获得概念视角,理解一门学科的内在逻辑和相应的思维、实践方式,学会"像专家一样思考",形成学科的学术语言能力。

学科阅读与学科学习,有自身的特点及其能力要求。阅读之前的核心能力有两项:一是关注学科的"专业问题",自我在阅读与学习之前的系统性提问能力,针对学科"专业问题",明确"我想知道的问题"。二是有意识地揭示自己的"先有概念",明确"关于这个话题,我已经知道些什么"。阅读之中的能力要求,要点是知道在什么时候、什么地方要"停住",即掌握"停住"的艺术。我们将"停住"的艺术分解为"搭积木""瞻后顾前""爬坡中的歇息""积极走神"四个方面。功夫主要在阅读之后,这是学科阅读与学科学习最突出的特点。其中最为重要的是做变形笔记、对练习活动的回应、根据学习目标做自我评估这三项。

本研究介绍了基础教育改革中引进的"基于问题的学习""基于项目的学习",以及由"基本问题"通向"大概念"深度"理解"这三种教学模式或教学方法。"问题情境"中的探究学习,势必带来教科书学习的新的变化。对这种变化,以及这种变化对学科阅读的影响,目前我们所知不多。本研究提出可以预料的两点结论:(1)越是强调"问题情境"中的探究学习,学科阅读与学科写作的能力就显得越发重要。(2)"以获取资讯为目的的阅读",对"问题情境"中的探究学习非常重要。探究过程中所需要的"资源",要知道"去哪里找"、知道"找什么"、知道"有什么",探测性阅读、搜索性阅读、检视性阅读,在学科阅读与学科学习中凸显了前所未有的重要性。

(三)描述文学阅读能力的框架模型

本研究综合文学理论、语篇阅读心理学、大学文学课程和中小学语文教学、阅读测试、传播学、批判性思维等不同的理论资源,试图描述人们在谈论国民文学阅读时,所意想的、默认的、预设的"文学阅读"的模样。人们实际所意想的普通国民的"文学阅读",既不同于文学研究者的专业阅读,也不同于人们在日常情景中的消闲阅读,我把它命名为"测评面相的文学阅读"。

第六章"测评面相的文学阅读能力",在概述"文学阅读"众多面相之后,依序对"文学生活""连贯阅读""文学想象""修辞阅读""参照式解读"和"表现与批评"这六个核心概念进行较为深入的讨论,构建了描述"测评面相的文学阅读能力"的框架模型。

该框架模型,以"文学生活"为场域、以"文学想象"为中心、以"表现与批评"为终点,分别对应于我们在第三章"阅读活动与阅读能力"中所架构的"广义的阅读活动和阅读能力""狭义的阅读活动和阅读能力""特指的阅读活动和阅读能力"。

框架模型由"文学生活""文学想象""表现与批评"三个部分构成(参见图6-11)。

1. "文学生活"

"文学生活"，做两个方面的应用：一是作为统摄性的概念，本研究所讲的"文学阅读"，指的是国民"文学生活"中的文学阅读；二是指"广义的阅读活动和阅读能力"，即普通国民在日常情境中的文学阅读生活，侧重于参与与卷入这个方面，在模型中用"参与程度"来标示。

2. "文学想象"

本研究采用朱迪思·朗格所界定的"文学想象"这一概念，用"文学想象"来描述普通读者对文学作品的阅读理解，用"探索可能性视域"的"想象构建"来描述文学阅读的理解过程。"文学想象"，指文学阅读时读者在头脑中的文学体验状态。"文学想象"是文学阅读的本质特征，经"探索可能性视域"的"想象构建"而形成。"文学想象"原则上无对错之分，但有优劣高下的差别。"文学想象"和"想象构建"，相当于"狭义的阅读活动和阅读能力"，即指具体语篇的阅读过程和阅读理解能力。

3. "表现与批评"

包括"表现"与"批评"两个方面。"表现"，指"文学想象"的表现；"批评"，即普通读者业余级别的文学批评。"表现与批评"贯穿在文学阅读活动中，但在本框架中，主要指文学阅读之后的后续动作，视作相对独立的一个阶段，与"特指的阅读活动和阅读能力"相联系。

人们所意想的普通读者的"文学阅读"，与日常随意阅读最大的区别，就是在"想象构建"之后，读者还需要将阅读某部作品的"文学想象"用可见的形式表现出来，还需要对自己的文学体验或参照式解读加以论证，以（向别人）"证明"自己的阅读能力及其成效。也正是因为这种特殊性，本研究把普通读者的"文学阅读"，界定为"测评面相的文学阅读"。

第一个部分的"文学生活"，由两个方面构成。

（1）"参与程度"。包括阅读面和阅读量。阅读面指所读文学作品的语篇类型（体裁类型和亚类体裁），内含文本难度的考察；阅读量指单位时间的阅读数量。"参与程度"反映国民文学阅读的阅读态度和实际状况，采用问卷调查的方法进行评估。

（2）"连贯阅读"。指对文学文本的语段和语篇的连贯理解并形成语篇的命题表征。在字面意思理解没有困难的条件下，文学阅读即是连贯阅读；但是，连贯阅读未必是文学阅读。基于本研究的目的，也为了纠正我国中小学语文界的弊端，本研究把"连贯阅读"看成是"文学阅读"的前移基础阅读能力，所以在模型中归入第二个含义的"文学生活"项，作为"文学生活"的一个构成成分。"连贯阅读"所形成的语篇的命题表征，有正误对错之分。"连贯阅读"能力可按语篇类型（文类和亚文类）进行测试，测试成绩反映"所能适应的文本难度"及其"能达到的理解程度"。

第二个部分的"文学想象"，相对独立地分为两条路径。

（1）"修辞阅读"。对语词、语句和篇章结构等所表现的文学性含义的体验，即贴近作品客观仔细地阅读（"细读"）。"修辞阅读"涉及大量的文学知识，也可以表述为运用文学知识的阅读，其要点可能是两个：一是语言的感受力，二是具体地运用文学体裁的知识。学会"修辞阅读"，是文学教育的最主要内容，也是国民文学阅读能力的最主要方面。"文学想象"的优劣高下差别，主要取决于"修辞阅读"的能力。

（2）"参照式解读"。参照现实世界的价值观点对文学文本进行解读。包括在达到连贯阅读水平（即能正确理解文本）的基础上，基于日常经验的价值立场对文学文本的解读及批评，以及普通读者的基于某种观点的业余性质的"批判阅读"。"参照式解读"主要关注文学文本的内容、主题。普通读者"参照式解读"，多发生在对虚构的叙事作品的阅读上。从理论上讲，立场观点的对错优劣，不在于观点本身，而在于对观点的论证及其基于文本的证据。

第三个部分的"表现与批评"，有两个方面的三项构成。

（1）"'文学想象'的表现"。如：对已读（已学）作品，采用改写、戏拟、博客、传单、书信、作品人物的日记、挑战作者观点的辩论等多种形式。

（2）"鉴赏性评论"。主要是"修辞阅读"的文学批评。可借鉴国际文凭课程中"个人口头评论"的做法，以及我国传统的评点法，对已读（已学）作品中的选段做较详细的分析和评价，或针对某一文学要素做两个文本的比较分析。

（3）"观点论述"。"修辞阅读"和"参照式解读"平行看待，重点是论证其基于文本的证据。可借鉴国际文凭课程中"引导性问题"，对论题加以制约。同时，可借鉴约翰·宾的"多样化写作活动"，如"问题＋论点"的两句话、长度只有一段的"微型文章"、更具个人性的"探索性写作"、指派角色的"任务型"写作回应等，以及可自选的论文。

二、本研究的创新之处

感谢国家社科基金重点项目的立项，据我所知，本研究成果《国民语文能力构成研究（阅读篇）》，是目前国内系统论述国民阅读能力构成的第一部专著。

(一) 研究方法创新之处

研究方法主要表现为研究思路。

本研究针对"语文能力包含哪些部分""要哪种取向的语文能力""在哪个层级上描述语文能力""如何描述语文能力要素""语文测试系统建设的关键是什么"这五个问题,对所涉主题和内容的研究现状做了较详细的综述,发现在上述五个方面,以往研究的研究思路和方法都不太可行。

在较全面了解研究现状和存在问题的基础上,本研究提出研究语文能力的三大原则:(1)以筹划思维解答语文能力构成问题;(2)按真实情境的功能类型设定描述层级;(3)面对事情本身具体描述能力要素。

其中与以往研究思路最大的不同,就是按真实情境的功能类型来设定描述语文能力的层级,并具体描述普通国民在真实情境中语文生活的主要类型的能力构成要素。

本研究对情境中实用性阅读八种主要类型的辨识、确认,对八种主要类型的能力构成要素进行的系统、具体的描述,表明秉持上述三大原则的研究思路和方法是可行且卓有成效的。

按照"真实的"阅读类型——语篇类型,描述阅读能力要素;按照"真实的"的写作样式——任务类型,描述写作能力要素;按照"真实的"沟通场景类型,描述口语沟通的能力要素。阅读、写作、口语沟通,统一按"真实情境"来描述语文能力要素,这将彻底改变我国语文教育和语文测试研究中"阅读""写作""口语沟通"的能力要素描述理据不明、视角混乱的状态,逐步形成属于我国的、在语文各领域共同的、互通的学术话语体系。

(二) 研究内容创新之处

研究成果的创新之处,主要体现在以下三个方面。

1. 构建了描述"阅读能力"的结构化框架

本研究在课题主持人和课题组成员长期研究的成果基础上,进一步深化研究,构建了描述"阅读能力"的结构化框架,为系统地描述阅读类型及其能力要素奠定了基础。

描述"广义的阅读能力"的框架,其明显的功效是能把"广义的阅读能力""狭义的阅读能力""特指的阅读能力"贯通一致。这有利于形成在"广义的阅读能力"(真实情境)为指引下的"狭义的阅读理解能力"研究,并形成适合于"特指的阅读能力"的测试框架和测试工具。

描述"狭义的阅读能力"的框架,其最大的优势是在阅读主体(读者)与阅读对象(读物)的相互关联中来研究"阅读"和"阅读能力",形成了以"阅读类型"为聚焦点、以与"阅读类型"相匹配的"阅读方法"和"阅读策略"为能力构成要素的阅读能力描述系统。

2. 辨识、确认情境中的实用性阅读八种主要类型并具体描述能力构成要素

情境中的实用文阅读八种主要类型,较全面地勾勒出了普通国民真实情境中的实用性阅读的实际状况。这八种阅读类型的归纳、命名、描述,多是原创。

在具体描述每一种阅读类型时,也多有发现。例举如下。

(1)以获取资讯为目的的阅读。梳理国外高效阅读和高效学习专家的著作,归拢各著作中零散的论述,比照各著作论述的异同,择要取精,准确而较具体地描述"探测性阅读""搜索性阅读""检视性阅读"这三种亚类型。

(2)程序性文本的操作性阅读。借鉴认知心理学对动作技能研究的新成果,对程序性文本阅读之后的练习——通过"主观错误"学习,做了具体描述。通过自我发现的"主观错误"学习,是操作性阅读在练习阶段的最重要的能力。

(3)自我导向的致用性阅读。"方法类读物"的致用性阅读,事实上是国民在生活、学习、工作中最主要的阅读类型。借鉴职场培训专家的实践经验,本研究对该阅读类型进行深度描述,有两条主要发现:①致用性阅读真正的阅读对象,是书中某章节的一个节选片段或单篇文章的一个节选片段。②节选语篇的致用性阅读,要求读者加入一些文本之外的东西,使方法或策略的学习得以情境化。

(4)普通读者"有难度的"理论读物阅读。对通读、选读和精读、略读进行系统地配伍,归纳出普通国民阅读理论读物的六种主要类型,其中常用阅读类型"通读—略读"分一步略读和两步略读两种,最主要阅读类型"选读—精读"分一步选读、两步选读、三步选读和三步通读四种,对每种阅读类型的阅读情境、阅读要点和阅读能力,做具体描述。终于将一直朦胧状的"读整本书"这件事情讲清楚了。

(5)必读理论书的分析性阅读。参考艾德勒的名著《如何阅读一本书》并结合本人的自身经验,针对我国读者阅读理论书的具体情况,概括七项核心能力。在七项能力中,"正确认识理论读物的'理论性'""了解作者提出问题的背景"是本研究提出的新见;"按作者的界定理解术语概念"侧重在我国读者阅读理论书的特有难

点,有较多新内容;"进行总结与综合",对"总结"和"综合",以及"总结加综合"这三项能力做了明晰分辨。

(6)论说性文章的理解性阅读。发现二手来源(语文教材里)的论说性文章的语篇类型和语域,与原始来源(真实世界中)的论说性文章的语篇类型和语域,有严重偏离。语文教材所偏好的论说文的语篇类型,大多属于"论说性散文",其语域绝大多数是不正式的,甚至是非常不正式的。这显示出一种值得警惕的阅读取向的倾向性。

(7)批判性阅读与批判性反思。根据普通国民的实际,设定批判性阅读读物的三个前提条件,即专业工作领域内的话题、涉及国民生活的一般性话题、国民关心或理应关心的公共话题。强调批判性阅读中的批判性反思,即强调批判性思维是对自己的思维的展开,进行批判性思维是为了考量自身(或者他人)的思维是否符合逻辑、是否符合好的标准。

(8)学科阅读与学术语言能力。梳理国外高效阅读和高效学习专家的著作,择要取精,准确而较具体地描述学科阅读与学科学习的要点。所论述的阅读之前的两项核心能力、阅读之中掌握"停住"艺术的四个要点、阅读之后的三项重要学习活动,都是本研究梳理概括后提出的。该部分是我国语文教育研究者第一次系统地论述学科阅读问题的专论。

3. 构建"测评面相的文学阅读能力"框架模型

本研究构建的"测评面相的文学阅读能力"框架模型,为系统地描述普通国民"文学生活"中主要阅读类型的能力构成及其要素奠定了基础。

该框架用清晰的术语结构化地概括描述了国民文学阅读的整体面貌,即"国民文学阅读"是个什么样子。中小学语文课程中的文学阅读、大学文学教育(中文系)中的文学阅读,与普通国民"测评面相的文学阅读",实际上是同一个面相。因此,该框架实际上也描述了中小学生的文学阅读应该是个什么样子,大学生尤其是中文系师范生的文学阅读应该是个什么样子。

该框架建立在"广义的阅读活动和阅读能力"(文学生活)、"狭义的阅读活动和阅读能力"(文学想象)、测试情境的"特指的阅读活动和阅读能力"(表现与批评)连贯一致的基础上。在该框架的指引下,可以较系统地描述"广义""狭义""特指"三者连贯一致的文学阅读能力及其能力要素。

在该框架中,"文学生活""文学想象""表现与批评"连贯一致又相对区隔,并辨别出"参与程度""连贯阅读""修辞阅读""参照式解读""'文学想象'的表现""鉴赏性评论""观点论述"七项成分。这种区隔和辨别,有助于对文学阅读、文学教育教学和测评的一些复杂问题加以分解,并将所分解的问题放置在该框架的不同区位做更有针对性的研究。

三、待后续开展的工作

首先,是阅读领域的深化研究。主要有以下两个方面。

一是文学领域。本研究构建的"测评面相的文学阅读能力"框架模型,虽为以"文学想象"为核心的文学阅读能力深化研究奠定了基础,但从某种意义上讲,这只是个开端,后续则是具体地描述虚构文学、非虚构文学和综合性文艺的阅读能力构成及能力要素。这里的类型辨别或归纳,情形特别复杂,有古今中外的交错关系。

阅读虚构作品,涉及小说阅读的小说理论和小说解读,资料丰富且查找容易。但我们以往对短篇小说和中长篇小说的分野重视不够,从小说类型学角度研究文学阅读,学界也刚起步,从读者阅读的角度打通"纯文学"与"通俗文学"的阻隔也是个难题。诗歌涉及古今中外,好在徐建顺《吟诵概论——中华传统读书法》①对古典诗歌的"读"法已有较详尽的描述,西川等诗人也对现代诗及外国译诗的读法有较多研究。

非虚构文学中现当代散文本是个难题,幸好本人长期一直较多关注现当代散文的教学问题,刚完成教育部哲学社会科学研究后期资助项目"语文课程内容的合理性研究——散文为主导文类的困境与突围"(研究成果由华东师范大学出版社出版中)。而传记、深度采访等非虚构文学作品,虽有一些相关学术研究专著,但从读者角度切入的资料却很少。

戏剧、影视等带有综合性的文艺作品类型,需要跨界研究,打通不同领域和不同行业的联系。以往在文学界,戏剧主要是剧本,如何处理"文学性"和"演剧性"在文学界也是个刚提出不久的问题②。

当然,这并非说要包打天下;最好是由专长的学者担纲,如果文学专业的专家愿意加入的话,应该更得心应手。但文学专家术有专攻,如果说文学史、说文学文本,尤其说到所钻研的作品,自然头头是道。不过据我与一些文学专家的接触所感,如果稍微抽离一些,如转而谈论语文教育、谈论文学教育,大多数文学专家所谈

① 徐建顺.吟诵概论——中华传统读书法[M].桂林:广西师范大学出版社,2019:51—228.
② 陈平原.作为学科的文学史[M].北京:北京大学出版社,2011:380—391.

论的似乎也并不在行,或者说,很让人怀疑是否把语文教育、文学教育当作一件正事做过一些像样的研究工作。如果把聚焦点从阅读对象的文本,转移到读者头脑中的"文学体验",如果任务是具体地描述出普通读者文学体验的"想象构建",那么文学专家所能谈论的,或许与普通读者的谈论并无多少差别——我国基础教育语文课程与教学中小说教什么、诗歌教什么、散文教什么、古典散文教什么、实用文章教什么等,至今都是个大的问题。据我所知,文学界对解决这些看似"浅易"的问题,好像贡献不多——当然有谈论,但多数也只是随口谈论而已,如果我们执意追问"你是怎么知道答案"的话,其所谈论的似乎还不大靠谱。

二是与古代文学作品阅读联系密切的传统文化素养这个方面。语言是文化的载体,也是文化的集中体现,如何描述基于语言的文化素养,如何来界定普通国民应具有的传统文化素养,是极富挑战性的问题。事实上,已经有好几个"重大项目"锚定了这个问题。

其次,是扩展研究领域,扩展到写作和口语沟通能力构成研究。

本研究为国家社科基金重点项目,研究主题聚焦在"国民语文能力构成"。原拟研究内容是两个方面:阅读能力与传统文化素养,交流能力与语言文字素养。鉴于研究的难度和实操性,目前只完成了阅读领域的研究。交流能力部分,包括写作和口语沟通,本研究组虽有较多的前期研究成果,但并不顺畅,突破尚有较大难度。人文学科的基础研究,终究还是要靠研究者的个人才智和所下的功夫——在人文学科领域,团队攻关是做产品(如编写教材)的有效办法,不太像是做基础研究的好办法。

其实,写作和口语沟通,相关的著作近些年引进众多,如果愿下功夫,肯下足功夫,按照"真实的"写作样式——任务类型,描述写作能力要素,遵循"真实的"沟通场景类型,描述口语沟通的能力要素,我想应该是可以做到并且有可能做好的。

再次,将本研究成果回馈到基础教育语文课程与教学研究中。

本研究的主要成果:描述"阅读能力"的结构化框架,八种实用性阅读类型及能力构成要素,"测评面相的文学阅读能力"框架模型,对语文课程标准研制、语文教材编制、语文教学和测评,应该都有现实意义。

今天的成人都是昨天的中小学生,今天的中小学生即将走上社会而成为社会的栋梁。可惜,本研究所归纳的普通国民真实情境中的八种实用性阅读能力,几乎都是我国中小学语文课程教学中的短板甚至缺门。

比如,程序性文本的操作性阅读能力,这或许是国民最为重要的阅读能力,在中小学中几乎没有教过；自我导向的致用性阅读，事实上是国民在生活、学习、工作中最主要的阅读类型，中小学没有像样教过；普通读者"有难度的"理论读物阅读，其最主要的阅读类型——"选读—精读"，中小学没有教过；问题导向的探究性学习，基础教育界喊得震天响亮，但是，探究过程中凸显其重要性的探测性阅读、搜索性阅读、检视性阅读，中小学也都没有像样教过。

在本研究过程中，我们发现，中小学语文教材的论说性课文，显示出一种必须警惕的阅读取向的倾向性：真实情境中语域较为正式的论说性文章，如，社论和报刊言论文章、学术演讲文、知识普及文章、学术随笔等，我国国民从中小学开始就很少接触，因而缺少学习阅读的机会；而历届中小学生作为教科书来学习的篇目——带有较强"文学性"的议论性散文（教材和任课教师都认定为"议论文"，按"议论文三要素"教学），在真实情境中的成人的实用性阅读中，却是很少有的。

在讲述文学阅读的面相时，我们还看到"趣味阅读"与"学业阅读"的撕裂。

上述种种问题，在我看来都是非常严重的问题，谋求解决，其事应在必为。

主要参考文献

1. 莫雷.阅读与学习心理的认知研究[M].北京：北京师范大学出版社,2006.

2. 莫雷,冷英,王瑞明.文本阅读信息加工过程研究：我国文本阅读双加工理论与实验[M].广州：广东高等教育出版社,2009.

3. 《心理学百科全书》编辑委员会.心理学百科全书[M].杭州：浙江教育出版社,1995.

4. 朱智贤,林崇德.思维发展心理学[M].北京：北京师范大学出版社,2002.

5. 沈德立.学生汉语阅读过程的眼动研究[M].北京：教育科学出版社,2001.

6. 闫国利.阅读发展心理学[M].合肥：安徽教育出版社,2004.

7. 白学军,闫国利,等.阅读心理学[M].上海：华东师范大学出版社,2017.

8. 邵瑞珍.教育心理学(修订本)[M].上海：上海教育出版社,1997.

9. 皮连生.智育心理学[M].北京：人民教育出版社,1996.

10. 吴庆麟.教育心理学[M].北京：人民教育出版社,1999.

11. [美]William Damon, Richard M. Lerner.儿童心理学手册(第六版)：第二卷[M].林崇德,李其维,董奇,译.上海：华东师范大学出版社,2009.

12. [美]D·W·卡罗尔.语言心理学(第四版)[M].缪小春,等,译.上海：华东师范大学出版社,2007.

13. [俄]列夫·谢苗诺维奇·维果茨基.思维与语言[M].李维,译.杭州：浙江教育出版社,1997.

14. [美]斯特兰·奥尔松.深层学习：心智如何超越经验[M].赵庆柏,唐云,陈石,等,译.北京：机械工业出版社,2017.

15. [美]特里萨·M·麦克德维特,珍妮·埃利斯·奥姆罗德.儿童发展与教育：上册[M].李琪,闻莉,罗良,等,译.北京：教育科学出版社,2007.

16. [美]玛格丽特·马特林.认知心理学：理论、研究和应用(原书第8版)[M].李永娜,译.北京：机械工业出版社,2016.

17. [美]罗伯特·斯莱文.教育心理学：理论与实践(第7版)[M].姚梅林,等,译.北京：人民邮电出版社,2004.

18. [美]简妮·爱丽丝·奥姆罗德.学习心理学(第六版)[M].汪玲,等,译.北京：中国人民大学出版社,2015.

19. [美]Richard E. Mayer.教育心理学——认知取向(第二版)[M].林清山,译.台北：远流出版公司,1991.

20. [美]理查德·迈耶.学科教学心理学(第2版)[M].姚海林,严文蕃,等,译.南京：江苏教育出版社,2010.

21. 倪梁康.面对实事本身：现象学经典文选[M].北京：东方出版社,2000.

22. 文秋芳,张天伟.国家语言能力理论体系构建研究[M].北京：北京大学出版社,2018.

23. 石中英.知识转型与教育改革[M].北京：教育科学出版社,2001.

24. 胡曙中.语篇语言学导论[M].上海：上海外语教育出版社,2012.

25. 刘辰诞.教学篇章语言学[M].上海：上海外语教育出版社,1999.

26. [英]戴维·克里斯特尔.现代语言学词典[M].沈家煊,译.北京：商务印书馆,2000.

27. [荷]托伊恩·A·梵·迪克.作为话语的新闻[M].曾庆香,译.北京：华夏出版社,2003.

28. 顾晓鸣.阅读的战略[M].上海：上海人民出版社,1985.

29. 王余光,徐雁.中国读书大辞典[M].南京：南京大学出版社,1993.

30. 赵周.这样读书就够了[M].北京：中央广播电视大学出版社,2012.

31. 秋叶.秋叶：如何高效读懂一本书[M].北京：北京联合出版公司,2015.

32. 吕凤芳.英语阅读技巧[M].上海：上海外语教育出版社,1994.

33. 谢锡金,等.儿童阅读能力进展——香港与国际比较[M].香港：香港大学出版社,2005.

34. 章熊.中国当代写作与阅读测试[M].成都：四川教育出版社,2000.

35. 祝新华.促进学习的阅读评估[M].北京：人民教育出版社,2015.

36. 彭懿.图画书应该这样读[M].南宁：接力出版社,2012.

37. 汤锐.童话应该这样读[M].南宁：接力出版社,2012.

38. 鲍善淳.怎样阅读古文[M].上海：上海古籍出版社,1982.

39. 周振甫.怎样学习古文[M].北京：中华书局,1992.

40. [美]莫提默·J·艾德勒,查尔斯·范多伦.如何阅读一本书[M].郝明义,朱衣,译.北京：商务印书馆,2004.

41. ［美］彼得·孔普. 如何高效阅读［M］. 张中良，译. 北京：机械工业出版社，2015.

42. ［美］艾比·马克斯·比尔，普林斯顿语言研究中心. 如何阅读：一个已被证实的低投入高回报的学习方法［M］. 刘白玉，韩小宁，孙明玉，译. 北京：中国青年出版社，2016.

43. ［美］隆恩·弗莱. 有效阅读［M］. 尤淑雅，译. 广州：新世纪出版社/花城出版社，2001.

44. ［美］隆恩·弗莱. 如何学习［M］. 蔡朝旭，译. 广州：新世纪出版社/花城出版社，2001.

45. ［美］菲利普·钟和顺. 会读才会写：导向论文写作的文献阅读技巧［M］. 韩鹏，译. 重庆：重庆大学出版社，2015.

46. ［日］外山滋比古. 阅读整理学［M］. 吕美女，译. 北京：北京联合出版公司，2014.

47. ［日］奥野宣之. 如何有效阅读一本书：超实用笔记读书法［M］. 张晶晶，译. 南昌：江西人民出版社，2016.

48. ［日］大岩俊之. 实用性阅读指南：把读到的知识转化成能力［M］. 陈怡萍，译. 南昌：江西人民出版社，2017.

49. ［日］桦泽紫苑. 过目不忘的读书法［M］. 张雷，译. 北京：中国青年出版社，2016.

50. ［日］加藤周一. 高效率读书法［M］. 杨国强，译. 新北：新雨出版社，1980.

51. ［日］齐藤英治. 最厉害的图解速读术［M］. 李毓昭，译. 台中：晨星出版有限公司，2007.

52. ［日］斋藤孝. 深阅读：信息爆炸时代我们如何读书［M］. 程亮，译. 南昌：江西人民出版社，2016.

53. ［美］亚当·罗宾逊. 如何学习：用更短的时间达到更佳效果和更好成绩［M］. 林悦，译. 北京：中国青年出版社，2016.

54. ［美］肯尼思·希格比. 如何高效记忆（原书第2版）［M］. 余彬晶，译. 北京：机械工业出版社，2017.

55. ［英］博比·尼特. 阅读：阅读技巧指南［M］. 贺微，张荣建，江地，译. 重庆：重庆出版社，2004.

56. ［英］柯林·罗斯. 快速学习新概念［M］. 李华民，译. 郑州：河南人民出版社,2000.

57. [英]毛姆,等.阅读的艺术[M].陈安澜,等,编译.上海：上海翻译出版公司,1988.

58. [美]莎朗·沃恩,希尔维亚·L·汤普森.教会学生阅读：方法篇[M].顿祖纯,译.北京：教育科学出版社,2008.

59. [美]卡伦·坦珂斯莉.教会学生阅读：策略篇[M].王琼常,古永辉,译.北京：教育科学出版社,2008.

60. [美]肯尼·古德曼.谈阅读[M].洪月女,译.台北：心理出版社,1998.

61. [美]莎伦·H·菲珀.牛教师教阅读[M].于泽元,译.重庆：西南师范大学出版社,2016.

62. [加]阿德丽安·吉尔.阅读力：文学作品的阅读策略[M].岳坤,译.南宁：接力出版社,2017.

63. [加]阿德丽安·吉尔.阅读力：知识读物的阅读策略[M].王威,译.南宁：接力出版社,2017.

64. [美]珍妮佛·塞拉瓦洛.美国学生阅读技能训练[M].刘静,高婧娴,译.北京：北京科学技术出版社,2018.

65. [美]约翰·宾.研究性学习[M].张仁铎,译.南京：江苏教育出版社,2009.

66. [美]朱迪思·朗格.想象知识：在各学科内培养语言能力[M].刘婷婷,译.上海：上海教育出版社,2015.

67. [美]朱迪思·朗格.文学想象：文学理解与教学[M].樊亚琪,译.上海：上海教育出版社,2015.

68. [美]托马斯·福斯特.如何阅读一本文学书[M].王爱燕,译.海口：南海出版公司,2016.

69. [美]托马斯·福斯特.如何阅读一本小说[M].梁笑,译.海口：南海出版公司,2015.

70. [美]哈罗德·布鲁姆.如何读,为什么读[M].黄灿然,译.南京：译林出版社,2011.

71. [英]特里·伊格尔顿.文学阅读指南[M].范浩,译.开封：河南大学出版社,2015.

72. [英]特里·伊格尔顿.如何读诗[M].陈太胜,译.北京：北京大学出版社,2016.

73. ［英］尼尔·麦考. 如何阅读不同的文本［M］. 苏新连，译. 北京：商务印书馆，2017.

74. 温儒敏. 当前社会"文学生活"调查研究［M］. 南京：江苏凤凰教育出版社，2017.

75. 童庆炳. 文学理论教程（修订版）［M］. 北京：高等教育版社，1998.

76. 南帆. 文学理论新读本［M］. 杭州：浙江文艺出版社，2002.

77. 王先霈，王又平. 文学批评术语词典［M］. 上海：上海文艺出版社，1999.

78. 傅道彬，于茀. 文学是什么［M］. 北京：北京大学出版社，2002.

79. 葛红兵. 小说类型学的基本理论问题［M］. 上海：上海大学出版社，2012.

80. 胡平. 叙事文学感染力研究［M］. 天津：百花文艺出版社，1995.

81. 陈平原. 作为学科的文学史［M］. 北京：北京大学出版社，2011.

82. 曹文轩. 思维论［M］. 上海：上海文艺出版社，1991.

83. 孙绍振，孙彦君. 文学文本解读学［M］. 北京：北京大学出版社，2015.

84. 孙绍振. 名作细读：微观分析个案研究（修订版）［M］. 上海：上海教育出版社，2009.

85. 曹明海. 文学解读学导论［M］. 北京：人民文学出版社，1997.

86. 杨文虎. 文学：从元素到观念［M］. 上海：学林出版社，2003.

87. 方为平. 儿童文学教程［M］. 上海：复旦大学出版社，2015.

88. 谢有顺. 成为小说家［M］. 太原：北岳文艺出版社，2018.

89. ［美］M·H·艾布拉姆斯. 文学术语词典（第7版）［M］. 吴松江，主译. 北京：北京大学出版社，2009.

90. ［美］查尔斯·E·布莱斯勒. 文学批评：理论与实践导论（第五版）［M］. 赵勇，李莎，常培杰，等，译. 北京：中国人民大学出版社，2015.

91. ［美］雷·韦勒克，奥·沃伦. 文学理论［M］. 刘象愚，刑培明，陈圣生，等，译. 北京：生活·读书·新知三联出版社，1984.

92. ［美］芮塔·菲尔斯基. 文学之用［M］. 刘洋，译. 南京：南京大学出版社，2019.

93. ［美］希利斯·米勒. 文学死了吗［M］. 秦立彦，译. 桂林：广西师范大学出版社，2007.

94. ［波］罗曼·英加登. 对文学的艺术作品的认识［M］. 陈燕谷，晓未，译. 北京：中国文联出版公司，1988.

95. ［波］罗曼·英加登. 论文学作品［M］. 张振辉，译. 开封：河南大学出版社，2008.

96. ［德］沃尔夫冈·伊瑟尔. 虚构与想象：文学人类学疆界［M］. 陈定家，汪正龙，等，译. 长春：吉林人民出版社，2003.

97. ［德］沃尔夫冈·伊瑟尔. 怎样做理论［M］. 朱刚，谷婷婷，潘玉莎，译. 南京：南京大学出版社，2019.

98. ［法］安托万·孔帕尼翁. 理论的幽灵——文学与常识［M］. 吴泓缈，汪捷宇，译. 南京：南京大学出版社，2011.

99. ［加］佩里·诺德曼，梅维丝·雷默. 儿童文学的乐趣［M］. 陈中美，译. 上海：少年儿童出版社，2008.

100. ［英］泰玛·利贝斯，埃利胡·卡茨. 意义的输出：《达拉斯》的跨文化解读［M］. 刘自雄，译. 北京：华夏出版社，2003.

101. 谷振诣，刘壮虎. 批判性思维教程［M］. 北京：北京大学出版社，2006.

102. ［美］Gerald M．Nosich. 学会批判性思维——跨学科批判性思维教学指南［M］. 柳铭心，译. 北京：中国轻工业出版社，2005.

103. ［美］加里·R·卡比，杰弗里·R·古德帕斯特. 思维：批判性和创造性思维的跨学科研究(第4版)［M］. 韩广忠，译. 北京：中国人民大学出版社，2010.

104. ［加］莎伦·白琳，马克·巴特斯比. 权衡：批判性思维之探究途径［M］. 仲海霞，译. 北京：中国人民大学出版社，2014.

105. ［美］约翰·查菲. 批判性思维［M］. 姜丽蓉，刁继田，李学谦，译. 太原：山西人民出版社，1989.

106. ［美］M·尼尔·布朗，斯图尔特·M·基利. 走出思维的误区［M］. 张晓辉，王全杰，译. 北京：中央编译出版社，1994.

107. ［美］M·尼尔·布朗，斯图尔特·M·基利. 学会提问——批判性思维指南(第七版)［M］. 赵玉芳，向晋辉，等，译. 北京：中国轻工业出版社，2006.

108. ［美］布鲁克·摩尔，理查德·帕克. 批判的思考［M］. 余飞，谢友倩，译. 北京：东方出版社，2007.

109. ［美］布鲁克·诺埃尔·摩尔，理查德·帕克. 批判性思维(原书第10版)［M］. 朱素梅，译. 北京：机械工业出版社，2015.

110. ［美］理查德·保罗，琳达·埃尔德. 批判性思维：思维、写作、沟通、应变、解决问题的根本技巧［M］. 乔苗，徐笑春，译. 北京：新星出版社，2006.

111. ［美］理查德·保罗，琳达·埃尔德. 批判性思维工具(原书第3版)［M］. 侯玉波，姜佟琳，译. 北京：机械工业出版社，2013.

112. ［美］理查德·保罗,琳达·埃尔德.思考的力量:批判性思考成就卓越人生［M］.丁薇,译.上海:上海人民出版社,2006.

113. ［美］斯蒂芬·D·布鲁克菲尔德.批判性思维教与学:帮助学生质疑假设的方法和工具［M］.钮跃增,译.北京:中国人民大学出版社,2017.

114. ［美］乔尔·卢迪诺,文森特·巴里.号召批判性思维［M］.任朝迎,周小勇,译.上海:学林出版社,2018.

115. ［英］斯特拉·科特雷尔.批判性思维训练手册［M］.李天竹,译.北京:北京大学出版社,2012.

116. ［英］约翰·巴特沃斯,杰夫·思韦茨.思维技能:批判性思维与问题解决［M］.彭正梅,邓莉,方蓉,等,译.上海:学林出版社,2018.

117. 顾彼思商学院,［日］嶋田毅.逻辑思维［M］.张雯,译.北京:北京时代华文书局,2017.

118. ［美］约翰·D·布兰思福特,等.人是如何学习的:大脑、心理、经验及学校(扩展版)［M］.程可拉,孙亚玲,王旭卿,译.上海:华东师范大学出版社,2013.

119. ［丹麦］克努兹·伊列雷斯.我们如何学习:全视角学习理论［M］.孙玫璐,译.北京:教育科学出版社,2014.

120. ［美］M·戴维·梅里尔.首要教学原理［M］.盛群力,钟丽佳,译.福州:福建教育出版社,2016.

121. ［美］洛林·W·安德森,等.布卢姆教育目标分类学:分类学视野下的学与教及其测评(完整版)(修订本)［M］.蒋小平,张琴美,罗晶晶,译.北京:外语教学与研究出版社,2009.

122. ［澳］约翰·B·彼格斯,凯文·F·科利斯.学习质量评价:SOLO分类理论(可观察的学习成果结构)［M］.高凌飚,张洪岩,主译.北京:人民教育出版社,2010.

123. ［美］理查德·E·梅耶.应用学习科学——心理学大师给教师的建议［M］.盛群力,丁旭,钟丽佳,译.北京:中国轻工业出版社,2016.

124. ［法］安德烈·焦尔当.学习的本质［M］.杭零,译.上海:华东师范大学出版社,2015.

125. ［美］Tracey E. Hall, Anne Meyer, David H. Rose.学习的通用设计:课堂应用［M］.裴新宁,陈舒,译.上海:华东师范大学出版社,2019.

126. ［美］戴维·珀金斯.为未知而教,为未来而教［M］.杨彦捷,译.杭州:浙江人民出版社,2015.

127. [美]琳达·达林-哈蒙德,等.高效学习:我们所知道的理解性学习[M].冯锐,等,译.上海:华东师范大学出版社,2010.

128. [美]林恩·埃里克森,洛伊斯·兰宁.以概念为本的课程与教学:培养核心素养的绝佳实践[M].鲁效孔,译.上海:华东师范大学出版社,2018.

129. [美]H. Lynn Erickson.概念为本的课程与教学[M].兰英,译.北京:中国轻工业出版社,2003.

130. [美]格兰特·威金斯,杰伊·麦克泰格.追求理解的教学设计(第二版)[M].闫寒冰,宋雪莲,赖平,译.上海:华东师范大学出版社,2017.

131. [美]Grant Wiggins, Jay McTighe.重理解的课程设计:专业发展实用手册[M].赖丽珍,译.台北:心理出版社,2008.

132. [美]格兰特·威金斯,杰伊·麦克泰.理解为先模式:单元教学设计指南(一)[M].盛群力,沈祖芸,柳丰,等,译.福州:福建教育出版社,2018.

133. [比]易克萨维耶·罗日叶.学校与评估:为了评估学生能力的情境[M].汪凌,周振平,译.上海:华东师范大学出版社,2011.

134. [比]易克萨维耶·罗日叶.整合教学法:教学中的能力和学业获得的整合(第二版)[M].汪凌,译.上海:华东师范大学出版社,2010.

135. [美]Linda Torp, Sara Sage.基于问题的学习——让学习变得轻松而有趣[M].刘孝群,李小平,译.北京:中国轻工业出版社,2004.

136. [美]巴克教育研究所.项目学习教师指南——21世纪的中学教学法(第2版)[M].任伟,译.北京:教育科学出版社,2008.

137. [美]约瑟夫·S·克拉斯克,等.基于项目的学习[M]//[美]R·基思·索耶.剑桥学习科学手册.徐晓东,等,译.北京:教育科学出版社,2010.

138. [美]吉姆·奈特.高效教学:框架、策略与实践[M].方彤,罗曼丁,译.上海:华东师范大学出版社,2017.

139. [美]加里·D·鲍里奇.有效教学方法(第四版)[M].易东平,译.南京:江苏教育出版社,2002.

140. [美]理查德·I·阿兰兹.学会教学(第六版)[M].丛立新,等,译.上海:华东师范大学出版社,2007.

141. [美]戴维·H·乔纳森.学习环境的理论基础[M].郑太年,任友群,译.上海:华东师范大学出版社,2002.

142. 《新中国中学语文教育大典》编写组. 新中国中学语文教育大典[M]. 北京：语文出版社,2001.

143. 洪宗礼,柳士镇,倪文锦. 母语教材研究(6)：外国语文课程标准译介[M]. 南京：江苏教育出版社,2007.

144. 王荣生. 语文课程与教学内容[M]. 北京：教育科学出版社,2015.

145. [比]Kris Ven den Branden. 任务型语言教育：从理论到实践[M]. 陈亚杰,薛枝,粟霞,译. 北京：外语教学与研究出版社,2011.

146. [美]美国国家社会科协会. 美国国家社会科课程标准：卓越的期望[M]. 高峡,杨莉娟,宋时春,译. 北京：教育科学出版社,2008.

147. [英]温·哈伦. 科学教育的原则和大概念[M]. 韦钰,译. 北京：科学普及出版社,2011.

148. 国际文凭组织. 小学项目的实施：国际初等教育课程框架(中文修订版)[R]. 加的夫：国际文凭组织,2010.

149. 禹慧灵. 国际文凭大学预科项目：中文 A 语言与文学课程学习指导·文学卷[M]. 香港：三联书店(香港)有限公司,2013.

150. 钱佳楠. 文学经典怎么读：从 IB 中文到批判性阅读[M]. 北京：中国人民大学出版社,2018.

151. 杨惠中,朱正才,方绪军. 中国语言能力等级共同量表研究：理论、方法与实证研究[M]. 上海：上海外语教育出版社,2012.

152. 国际学生评估项目中国上海项目组. 质量与公平：上海 2009 年国际学生评估项目(PISA)研究报告[M]. 上海：上海教育出版社,2013.

153. 欧洲理事会文化合作教育委员会. 欧洲语言共同参考框架：学习、教学、评估[M]. 刘骏,傅荣,主译. 北京：外语教学与研究出版社,2008.

154. [芬]Sari Luoma. 口语评价[M]. 徐海铭,导读. 北京：外语教学与研究出版社,2010.

155. [美]Sara Cushing Weigle. 写作评价[M]. 韩刚,导读. 北京：外语教学与研究出版社,2011.

156. [英]J. Charles Alderson. 阅读评价[M]. 王笃勤,导读. 北京：外语教学与研究出版社,2011.

附 录
匿名评审专家项目鉴定意见

评审专家一：

  国民语文能力是国民个人在真实情境中运用国家通用语言文字的能力，它不仅关涉个人的学习、工作、生活和发展，而且反映着国民的基本素质和文化底蕴，事关国家的软实力和发展潜力。在当今这个文字密集、语言文字功能得到进一步释放的时代，科学建构国民语文能力测试系统、准确把握国民语文能力发展水平、有效提升国民语文能力显得特别重要，而这一切的重要理论前提是能准确、具体地描述国民语文能力的现实表现及其要素结构。国民语文能力涉及语言文字运用的方方面面。那么：基于何种立场解答语文能力构成问题？在哪个层级上描述语文能力？如何描述语文能力要素？国家社科基金重点项目研究成果《国民语文能力构成研究（阅读篇）》在分析已有相关研究不足的基础上，将研究视角和路径设定为"以筹划思维解答语文能力构成问题""按真实情境的功能类型设定描述层级""面对事情本身具体描述能力要素"三大原则，由此出发，重点参阅国外研究成果，采用德尔菲法、专家经验反思法、文献研究法等方法，构建了描述"阅读能力"的结构化框架，离析出了普通国民（侧重在义务教育阶段之后的"普通国民"）在真实情境中的八种实用性阅读类型，构建了"测评面相的文学阅读能力"框架模型。这"三大原则"，尤其是"按真实情境的功能类型设定描述层级"，根据国民语文活动的实际，判别不同阶段、不同行业国民语文生活中"真实情境"阅读的具体类型，突破了已有的研究框架和视角，致力切近国民阅读的"真实"样态，对于重新审视国民语文能力测评框架和测评方式的科学性、重新估量语文教育领域能力要素描述的合理性皆具有重要的启示意义。在国民语文能力问题的研究上，这可以说已经带来了"范式转型"。对八种实用性阅读类型的辨析、确认和对其能力要素的具体描述，以及对"测评面相的文学阅读能力"框架模型的建构，则是在"三大原则"的创新研究思路下取得的对于国民阅读能力的认识新成果，它极大地深化了阅读能力及其构成要素的认识和理解，在理论上具有开创性意义，并取得了突破性进展。

  首先，作者从"影响阅读的主要因素""阅读活动与阅读能力""阅读取向、阅读方式与阅读类型""阅读方法与阅读策略""过程维度与结果维度"五个方面,对语篇阅读能力构成要素进行了考察,构建了描述"阅读能力"的结构化框架。作者认为:"广义的阅读能力"可从"所持有的阅读态度""能适应的文本难度""所擅长的阅读类型""能达到的理解程度"四个方面进行描述;而"狭义的阅读能力"则是在具体语篇的阅读过程中所体现的阅读理解能力,其描述框架的主轴是读者对文本的理解过程及阅读理解结果。阅读取向、阅读方式与语篇类型的交集,构成阅读类型。特定阅读类型,在阅读理解过程中采用相应的阅读方法和阅读策略,形成阅读理解结果。在这一部分,作者对"阅读态度""语篇类型""阅读能力""阅读取向""阅读类型""阅读方法""阅读策略"等概念进行了辨析,深入地揭示了阅读能力各相关要素的本质、操作性内涵及相互间的关系,分析精当,新见迭出。比如,作者指出:"阅读方法受制于语篇类型",有效的阅读方法能有效地使阅读者"看到"语篇的关键点并"看出"这些关键点的意义,而在常态的阅读取向下,语篇的关键点又主要受制于语篇类型——这就突破了过去抛离语篇类型,孤立地谈"阅读方法"的局限,揭示了真实阅读情境中"阅读方法"的本质性内涵。

其次,本研究从纷繁复杂的国民阅读生活中辨析、确认了"普通国民"在真实情境中八种实用性阅读类型,并逐一对其能力构成及能力要素进行了细致描述。这八种阅读类型分别为:以获取资讯为目的的阅读,程序性文本的操作性阅读,自我导向的致用性阅读,普通读者"有难度的"理论读物阅读,必读理论书的分析性阅读,论说性文章的理解性阅读,批判性阅读与批判性反思,学科阅读与学术语言能力。阅读类型是阅读取向、阅读方式与语篇类型的集合,八种实用性阅读类型的离析,是作者对"普通国民"真实情境实用性阅读能力纵深挖掘、精微辨析的结果,视角新颖,见解独到。对八种实用性阅读类型能力构成和能力要素的分析,则涉及阅读取向、语篇特点、阅读情境、阅读方法、阅读策略等问题,对此,作者不仅从阅读学、篇章语言学、心理学、教育学、传播学等宏阔的理论视野出发给予了深入论析,而且结合具体案例进行了清晰的操作性分析,立论精审,文理严密,填补了阅读研究不少知识空白。关于程序性文本的操作性阅读,作者指出:"操作性阅读的特殊性,不仅体现在阅读之中,也体现在阅读之后","通过自我发现的'主观错误'学习,是操作性阅读在练习阶段的最重要的能力",这就抓住了操作性阅读的关键。关于自我导向的致用性阅读,作者指出其关键在于读者要"加入一些文本之外的东西,使方法或策略的学习得以情境化"。关于普通读者"有难度的"理论读物阅读,作者建构了选读、略读、精读、通读四个象限交互组合的八种基本类型,并指出其能力关键在于"阅读目的具体化""双向提问""有达到'读过'水平的'输出'"。可以说,对于每一种实用性阅读类型,作者都经过审慎分析指出了其关键能力要素,从而构建了一个系统描述、分析和阐释国民实用性阅读能力的精密理论体系。

再次,作者综合文学理论、语篇阅读心理学、大学文学课程和中小学语文教学、阅读测试、传播学、批判性思维等不同的理论资源,描述了"测评面相的文学阅读能力",构建了以"文学生活"为场域、以"文学想象"为中心、以"表现与批评"为终点的描述"测评面相的文学阅读能力"框架模型。其中:"文学生活"由"参与程度"和"连贯阅读"两方面构成,"文学想象"相对独立地分为"修辞阅读"和"参照式解读"两条路径,"表现与批评"由"'文学想象'的表现""鉴赏性评论""观点论述"三项构成,这一框架在揭开文学阅读理解的"心理黑箱"上迈出了重要的一步,为系统地描述普通国民"文学生活"中主要阅读类型的能力构成及其要素奠定了基础,对于解决文学阅读、文学教育、文学阅读测评中的一些复杂问题具有重要的参考价值。

国民阅读具有丰富的具体形态,而能力作为一种类化了的经验结构,又具有内隐性和复杂性,因此,揭示国民阅读能力构成及能力要素,具有很大的研究难度。本研究成果的作者突破传统的阅读学研究套路,"以筹划思维解答语文能力构成问题","按真实情境的功能类型设定描述层级","面对事情本身具体描述能力要素",多方搜集研究资料,大胆探索求证,深入考辨探析。对阅读领域一些笼统含混甚至长期遭到误解的重要概念,如"阅读方法""阅读能力""语篇类型"等进行了精审的辨析,对一些关键性问题,如"要哪种取向的语文能力""在哪个层级上描述语文能力""文学阅读的多重面相"等进行了理论上的"清算",就一些重大问题提出了突破性的新见解,构建了系统化的理论阐释框架,开创了阅读研究的新领域,其研究成果对于阅读理论创新具有创造性的贡献,对于构建阅读能力测评体系、改进中学阅读教学、推进国民阅读活动和阅读能力发展具有重要的指导意义。从整部著作来看,研究思路清晰,材料翔实,逻辑严密,体现了作者深厚的学术积淀、敏锐的学术眼光和鲜活的学术思想。

评审专家二:

该成果没有涉及政治敏感话题,与中央现行方针政策保持一致,符合马克思主义基本原理。

该成果能够基于宽广的研究视角,借助大量的相关文献和跨学科文献,紧扣"阅读能力",对中小学生、大学生,以及人们在社会工作情境下的阅读行为进行了深刻反思，揭示了许多广泛存在但又不为人所重视的阅读现象。同时，创造性提出了一些具有创新性的理论概念来描述这些现象，其中所提出的真实情境中的八种实用性阅读类型具有突出的创新价值，为学校阅读教学和阅读测评等，提供了较好的理论框架。

　　该成果的研究细腻深入，密切联系阅读实践，对实践保持了高度的敏感和大量的关注，因此所得出的结论非常贴切、鲜活。比如，从输出的角度把阅读分为 A、B 两大类，并且区分了"读者思考型"和"文本分析型"两类阅读的差别，使得惯常的阅读情形得以精准地描述和表达。这样的创新型概念在成果中出现的频率较高。

　　该成果整合利用文献的能力较强，能够充分理解并有效提取加工出新的观点。研究者的工作量较为饱满，研究工作认真，研究态度端正。该成果是同类研究中的高水平研究成果。

评审专家三：

　　本研究应该是国内目前具有开创性的一项。从总体看，研究者运用统筹思维、整体思维，很好地构建了关于此课题工作开展的逻辑框架和研究思路，应该说很不容易，十分艰难，非常具有突破意义。从课题引用的材料和论证阐述的观点看，富于探索性和科学性，与主流价值观和思想并无相悖之处。研究者以国际比较视野，引述大量的经典理论著作，立论鲜明，持据充分，令人信服。同时，研究者思维严谨，思路清晰，表达精准流畅，集中体现了其所研究阐明的国民语言能力素养的较高水平，而由此呈现的成果——相关国民语言能力素养各观点应该说比较切合我国国民的实际，从学术价值而言，处在一个较高的水平上。因此，本课题成果是优秀的。